Madrid
1799

Florez, Enrique

Espana sagrada

Orense

Tome 17

ESPAÑA
SAGRADA.
TOMO XVII.

ESPAÑA SAGRADA,
THEATRO GEOGRAPHICO-HISTORICO
DE LA IGLESIA
DE ESPAÑA.

Origen, Divisiones, y Limites de todas sus Provincias. Antiguedad, Traslaciones, y estado antiguo, y presente de sus Sillas, con varias Disertaciones criticas.

TOMO XVII.

DE LA SANTA IGLESIA DE ORENSE
en su estado antiguo y presente.

SEGUNDA EDICION.

SU AUTOR EL Rmo. P. M. Fr. HENRIQUE FLOREZ, Doctor, y Catedratico de Teologia de la Universidad de Alcalá, y Ex-Asistente General de las Provincias de España, Orden de N. P. S. Augustin, &c.

En Madrid: En la Oficina de Pedro Marin.

Año de MDCCLXXXIX.

PROLOGO.

A LA Iglesia de Astorga se sigue ahora la *Auriense*; y no solo se sigue en el orden alfabetico que nos viene conduciendo, sino en el método de ofrecer sus Memorias desde el principio hasta hoy, como en la precedente.

Es Galicia la Provincia mas gloriosa de España en la multitud de Monumentos y Privilegios Reales, à causa de que honrada con la mas frequente residencia de los antiguos Principes, y siendo menos, ò casi nada, poseida de los Moros, tuvo mayor proporcion para obtener favores de unos Reyes sumamente devotos, que no peleaban tanto con las Armas, como con Oraciones que movian, y empeñaban al Dios de los Exercitos. Al egemplo del Rey andaba el Reyno. Señores, y personas distinguidas se esmeraban en que tuviese Dios parte en sus bienes. Ofrecian Donaciones à la Iglesia, y à cada paso consagraban à Dios un nuevo sitio, donde los Religiosos hiciesen Oraciones al Cielo.

De esta piedad de Reyes, y Señores, provino la multitud de Monumentos, que ilustran à Galicia; y siendo al mismo tiempo la mas privilegiada en série de Prelados, por no haverla dominado como à otras los Moros; no deberá extrañarse que la diferenciemos de todas las demás. Muy delicado será (por no darle otro nombre) el que sienta lo que aqui acrecentamos. Yo pruebo bien, que no es por huir del trabajo. Y si todas las Iglesias de Galicia contribuyeren (como las tengo suplicado) con los documentos necesarios para llenar su historia; podremos (si Dios quiere) dejar concluida una Provincia, ya que no es consequible, que yo, ni otras dos vidas, acaben las restantes. La Santa Iglesia de Orense, y la del Tomo siguiente te (que anda ya en la prensa) se han servido manifestar de buena fé los instrumentos, que componen sus Libros; y viendo yo à los Ilustrisimos Cabildos tan francos y benevolos, no he podido, ni debido escasear el trabajo, sino servirlos en todo quanto pueda.

La gratitud que manifiesto à la Santa Iglesia de Orense, no debe dejar fuera à su ilustre individuo el Señor *Don Francisco Xavier Alvarez de Guntin*, Canonigo y Cardenal de esta Santa Iglesia, à quien el Ilustrisimo Cabildo se sirvió diputar para mi correspondiencia, cuyo cargo ha desempeñado perfectisimamente, tomando la molesta fatiga de reconocer Escrituras, desenrollar legajos de pergaminos viejos, y sobre todo usar de ellos con superiores luces, y discernimiento puntual, sin preocupacion en causa propria, que suele deslumbrar à los mas, quando no es mayor la claridad y fondos de las potencias. A su plausible diligencia debemos todo lo principal que brillare de nuevo en este Libro. Si huviere algo mal puesto en la cita de los particulares documentos del Archivo, será mala inteligencia mia, no del Señor Alvarez de Guntin, que solo es acreedor à las gracias que le doy, y deben tributarle quantos lean el Libro.

En orden à Escrituras antiguas, tenemos que sufrir mientras nos quiten las guerras de los Moros el ocio de las letras: pues aunque algunas de las que van aqui, parecen originales, con todo eso el tiempo consumidor las maltrató; y sobre la mala formacion de las letras, y multitud de abreviaturas, lo peor es la falta de latinidad, sin cuya luz no puede à veces discernirse el sentido, ya por la indiferencia à ésta, ò aquella voz, y ya por la misma barbarie. Sin embargo, la substancia del documento queda franca en lo perteneciente à la Historia, y ésta es la utilidad; pues el instrumento no manifiesta vicio por el estilo proprio de la edad en que se hizo, antes seria sospechosa la elegancia en tal tiempo; como hablando de vicios de algunas Escrituras, supuestas con relacion à buen tiempo, culpamos la barbarie, que de ningun modo se halla

A LA SANTA IGLESIA
DE ORENSE.

IL.ᴹᴼ SEÑOR.

EL blanco de este Libro es publicar las glorias de esa Santa Iglesia. Quanto nuevo y antiguo he podido recoger de memorias autorizables por buenos documentos, se recopila aqui. Las principales son franqueadas por V. S. Il.ᵐᵃ y como suyas se las debo volver, ya que no con mejoras, à lo menos con respetuosa gratitud, dandole eternas gracias por sus honras.

El Theatro de esa Santa Iglesia es un campo de prosperidades è infortunios. Antes de ser Catholicos los Godos brillaba ya Galicia con la gloria de ser el primer Reyno que ofreció à Dios el Cetro dorado con los dogmas Catholicos. Orense fue la Iglesia en cuyas Aras ofreció el Suevo à Dios las primicias de su verdadero culto, dando à V. S. Ilᵐᵃ y à todo el Orbe Catholico, un dia que tardó en amanecer algunos Siglos.

glos. Esta prosperidad continuó muchos años, eximido ese Templo de que el Godo Leovigildo introdugese en él Obispo Ariano. Pero despues que por excesos de los Godos castigó Dios la Nacion, padeció Orense el infortunio de que, como à otras Ciudades, la arruinasen, dejandola en estado de no poder mantener Prelado proprio. De esta angustia respiró por zelo del glorioso Monarca Don Alfonso III. que como Grande en armas y piedad, restableció la Sede. Pero volvió à sentir nuevo infortunio, hasta que cesando las guerras, y viendo nuestros Monarcas ser una de las primitivas, mencionada en los antiguos Canones, la redujeron à su primer honor, prosperandola con dones, y particulares Privilegios.

Este es el asunto del Libro, con los Santos, Santuarios, Prelados, y Varones ilustres de esa Iglesia; y esto es lo que consagra à mayor gloria de Dios, y perpetua memoria de V. S. Il.^{ma} su devotisimo y agradecido Siervo

Fr. Henrique Florez.

en documentos legitimos del siglo à que pretendieron reducirlas. Diversos tiempos tienen diverso caracter. Informemonos primero del que tratamos, y no juzguemos indiscretamente al bueno por el malo, porque eso será no distinguir de tiempos.

La Iglesia de que hablamos, no es de las mas dilatadas, à causa de que el furor de los Enemigos arruinó algunas veces la ciudad, dejando destruida la Diocesi, de modo, que no pudieron continuar los Prelados. Estas desgracias nos cortan repetidamente el hilo del Catalogo, por lo que el volumen del Libro es mas reducido, que otros: y asi nos diò lugar à ingerir la continuacion de nuestros documentos generales, poniendo aqui el *Chronicon del Silense*, que sigue à los estampados en el Tomo XIV.

NOTA.

En esta segunda edicion se han inxerido en sus sitios respectivos diferentes correcciones, adiciones, y advertencias que el Rmo. Florez tenia hechas en éste y otros Tomos de su Obra.)

INDICE

DE LOS TRATADOS, Y CAPITULOS de este Tomo XVII.

TRATADO LVII.

DE la Iglesia Auriense, hoy *Orense*.
Capitulo I. Del nombre, y situacion de la Ciudad. Pag. 1.
Cap. II. Algunas poblaciones antiguas. 8.
Quarquernos. 10.
Limicos. 11.
Bibalos. 14.
Cap. III. Principales Monasterios de este Obispado. 16.
S. Esteban de Ribas de Sil. 16.
Santa Christina. 20.
San Vicente de Pombeyro. 20.
S. Salvador de Celanova. 21.
Santa Maria de Monte de Ramo. 26.
Junquera de Espadañedo. 28.
Osera. 28.
S. Clodio. 30.
Cap. IV. Antiguedad de la Santa Iglesia de Orense, y Conversion de los Suevos en esta Ciudad. 31.

Orense no fue erigida Obispado en tiempo de los Suevos, sino antes. 37.
Descubrese un Obispo en el año de 433. y sig. 37.
Cap. V. Catalogo de los Obispos de Orense desde el fin de los Suevos. 40.
Cap. VI. Obispos despues de la entrada de los Moros 47.
Cap. VII. Estado actual de esta Santa Iglesia, y de su Diocesi. 201.
Cap. VIII. De los Santos. 209.
Santa Marina, Virgen, y Martyr. 209.
Santa Eufemia, Virgen, y Martyr. 214.
De los Martyres S. Facundo, y Primitivo. 218.
San Vintila, Anacoreta. 221.
S. Ansurio. 223.
S. Rosendo. 223.
S. Quardo, llamado Famiano. 223.
S. Francisco Blanco, Mart. 236.

APEN-

APENDICES.

S. Gregorii Turonensis de Miraculis S. Martini. De uva apud Galliciam. 233.
Vita S. Vintilæ Eremitæ. 234.
Scripturæ nunc primum editæ ex Tabulario Auriensi. 235.
Chronicon del Monge Silense. 256.
Prevenciones. 256.
Monachi Silensis Chronicon. 262.

TRA-

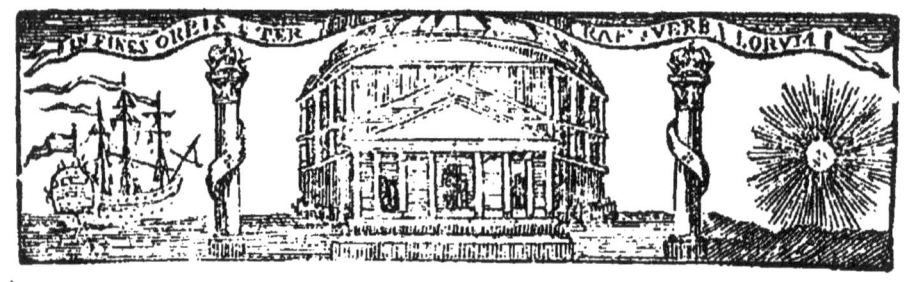

TRATADO LVII.

DE LA IGLESIA AVRIENSE, hoy *Orense*.

CAPITULO I.

DEL NOMBRE Y SITUACION de la Ciudad.

EL no estar averiguado el nombre que los antiguos dieron à la Ciudad de Orense, ha sido causa de aplicarla muchos los modernos: pues en lo antiguo dicen se llamó *Amphilochia*, *Aquæ Calidæ*, ò *Celenæ*, *Auria*, *Obobriga*, y *Urium*. De este ultimo hizo Argaiz asunto, atribuyendole à los Caldeos que condujo à España Jason en la Nave *Argos*, y acordandose del *Ur Chaldæo-rum*, acomodó el mismo nombre à esta que dice su poblacion, en virtud de que *Ur* significa en aquella lengua *el fuego* (segun dice) y en Orense hallaron unas fuentes, cuyas aguas participan del fuego, saliendo tan calientes, que abrasan. Todo esto como tegido por arbitrio, sin pruebas que lo den autoridad, se rompe con la misma facilidad, negandolo, y esperando las pruebas.

2 Lo mismo sucede con *Obobriga*: porque no tiene mas fundamento, que el antojo del fingido Marco Maximo

mo sobre el año 531. y aun el compañero Julian Peret, que repitió el Obobriga, no le quiso asegurar en Orense, reduciendole à *Moncio* en Galicia (*Adver.* 38.) todo lo qual muestra la falta de fundamento por su misma inconstancia: pues añadieron la variante de *Abobriga* (poniendo A en el principio) con fin de alegar à Plinio, que menciona en Galicia, como insigne lugar el de *Abogriga*. Pero no reflexionaron en la situacion, muy impertinente para aplicarla à Orense, pues la coloca entre los pueblos de la costa (que recorre) sobre la boca del Miño, correspondiente à *Bayona*. Aquella A del principio le sirvió tambien à Argaiz, para acercarse mas a la voz de *Aurobriga*, que dijo se havia desfigurado en Abrobriga (poniendo *b* por *v*, y suprimiendo la *r*) por cuya transformacion de Obobriga en Aurobriga, sacó el nombre de *Civitas Auriensis*, que es hoy *Orense*. Pero como esto es quitar y poner arbitrariamente, no se debe poner en ello atencion séria, porque la precisa mencion lo deja desarmado para el credito.

3 El nombre de *Amphilochia*, ò *Amphilochium*, se halla mencionado en Strabon lib. 3. pag. 157. diciendo que pararon en Galicia algunos de los que siguieron à Teucro, y que alli levantaron dos Ciudades: una, llamada *Hellenes*; otra, *Amphilochi*, por haver muerto alli Amphiloco, con lo que los compañeros se esparcieron entrando tierra adentro: *Apud Callaicos autem consedisse quosdam, qui Teucrum in bellum fuerant secuti, ibique fecisse urbes, quarum una* Hellenes *diceretur; altera* Amphilochi: *mortuo scil. ibi Amphilocho, & sociis usque ad mediterranea vagatis.* La llegada de los griegos à Galicia se halla tan recibida, como se podrá ver en el Tomo XV. pag. 21. Pero segun los que tratan del sitio donde hicieron asiento, no pertenecieron à Orense, sino à las costas, desde el Duero à Bayona: y en el caso presente de la Ciudad *Amphilochi*, muestran las palabras referidas, que era maritima; pues fundada, y muerto allí Amphiloco, se esparcieron los compañeros por lo mediterraneo, ò tierra adentro: y esto favorece mas à que estaba la Ciudad en la costas:

tas: y como Orense no es litoral; parece que suponiendo tal Ciudad de Amphilochia en Galicia, necesitan alegarse nuevos documentos en prueba de que estuvo tierra adentro, donde Orense: pues de otra suerte queda la contraccion de tal sitio desautorizada, como establecida sin pruebas.

4 Lo mismo sucede en el nombre de *Aquæ Calidæ*, ò *Celenæ*. Huvo en Galicia Cilenos, ò Celenas. Tenian la poblacion de *Aquæ Calidæ*, à quien sola menciona Ptolomeo en los Cilinos del Convento de Lugo. Pero segun el mismo que la menciona, no puede contraerse à Orense: porque la pone debajo de *Iria*, occidental a Lugo, y distante de la costa en solos quarenta minutos; nada de lo qual es prueba de que estuvo en Orense, sino de que no lo estuvo. Convencese mas claramente por el Itinerario de Antonino, à quien tambien alegan para el nombre de Aguas Celenas: pues estas sin duda no pertenecen à Orense: pues eran primer lugar donde iba el que caminaba desde Braga à Astorga por mar (segun consta por el viage maritimo, en que señala 165. Stadios) y el que sale por mar de Braga, repugna que haga en Orense la primera mansion. Lo mismo declara en el viage por tierra, señalando de Aguas Celenas à Iria, doce millas, ò tres leguas, lo que no puede aplicarse à Orense. El caso es, que viendo los Autores en Orense las Burgas, ò aguas calientes, con sola esta alusion, sin reparar en la situacion, ni en que debajo de Iria huvo y hay ácia la costa el lugar llamado *Caldas*, insigne por sus aguas; aplicaron à Orense el nombre que los antiguos citados dieron à otro pueblo muy distante.

5 De aqui nació que el Cardenal Aguirre pensase haver correspondido à Orense el Concilio que dice congregado en *Celenis*. (Tom. 2. Concil. pag. 205.) Pero ni el Concilio fue en Celenes, ni aun dado esto resultaba haverse congregado en Orense: pues no la corresponden los nombres de Aquæ Calidæ, ò Celenes: y asi se conocerá la utilidad de examinar la antigua geografia, por mezclarse con otras materias muy notables.

6 Desembarazados de los nom-

nombres referidos, resta el de *Auria*. Este es el legitimo de Orense, conservado hasta hoy: pero el origen no es cierto: pues unos quieren sacarle del latin, por el oro (*aurum*) que atribuyen al rio Miño: y otros despreciando la opinion, le hacen nombre moderno, posterior al de *Orense*, diciendo que Orense no proviene del oro, sino de la lengua de los Suevos, que dominaron en Galicia, y llamaron à esta Ciudad *Warmsee* (esto es, *lago caliente*) pasando luego el uso à Waremse, y finalmente à *Orense*, y añaden que los que ignoraban este origen, usaron en latin la voz de *Auria*, como si proviniera del oro. Asi Ludovico Nonio, D. Nicolás Antonio, y otros con Alvar Gomez en la Vida del Señor Cisneros, pag. 988. de la España Ilusda Tomo I. Pero tambien esto padece dificultades.

7 Que el nombre de Auria fuese puesto por los que ignoraban el origen de la voz *Orense* derivada de Warense; no se puede autorizar: antes bien convence lo contrario el Concilio de Lugo del tiempo de los Suevos, donde existe la voz, que aunque (como hoy le tenemos no es Escritura original) parece el documento mas antiguo del asunto, formado sobre otro del tiempo de los Suevos legitimo en quanto à la substancia de erigir nuevas Sedes, y señalarlas limites. Pero sin esto supone el nombre de *Auria* el Concilio segundo Bracarense, quando da titulo de Auriense al Obispo: y éste Concilio, como fue reynando actualmente los Suevos, sabria bien el nombre de la Ciudad, si ellos le huvieran puesto. No puede pues decirse que usarian la voz de *Auria*, por ignorar el nombre de los Suevos: sino que esta era la que venía de lo antiguo.

8 Tampoco hay fundamento para atribuirles que pusiesen nombre nuevo à la Ciudad: porque aunque en caso de hacer los Suevos una poblacion nueva, pudiesen valerse de su idioma, para ponerla nombre; no asi en Ciudades mas antiguas: pues su práctica nos muestra, que no pensaron en mudar los nombres que hallaron. Braga (que fue su Capital) se quedó Bracara: Lugo, Astorga, Tuy, y las demás que conocemos, conservaron el nombre que tenian.
Pues

Pues qué fundamento hay para decir que à sola esta Ciudad se le mudaron? Lo cierto es, que los Barbaros no tenían el genio y gusto que los Romanos sobre introducir nombres de su lengua. Tampoco los Autores atribuyen à los Suevos la fundacion de Orense, y la suponen antes en tiempo de los Griegos, y de los Romanos. El nombre que tuviese antes, ese conservaria despues: porque (como vamos arguyendo) el exemplar de las demás Ciudades prueba que no alteraron nombres. Pues cómo se llamaba antes de los Suevos? Ya vimos, que no se prueba el nombre de Amphilochia: ni la corresponde el Aquæ Calidæ de los Romanos. Ahora decimos, que tampoco los Suevos la pusieron nombre. El que subscriba esto, dirà que *Auria* no provino de Orense, ò Waremse, porque no huvo mutacion de lo antiguo. Resta pues, que el Auria es mas antiguo que los Suevos, y por tanto se halla en el Concilio mencionado de aquel tiempo: y este es el que debemos reconocer antes de los Suevos.

9 El moderno *Bullet* en sus Memorias sobre la lengua Celtica, recurre à la lengua de aquella gente, que sabemos vino à España: y dice que *Or* significa en ella *agua*: y *Ennes*, ò *Enns*, cosa *caliente*: por lo que reduce a los Celtas la voz de *Orense* por la agua caliente. Pero esto tiene contra sí el ser etimología de la voz moderna, no de la antigua: pues el nombre que proviniera de los Celtas havia de ser el mas antiguo, no solo antes de los Suevos, sino antes de los Romanos. Y esto no se verifica en *Orense*, cuya voz es moderna, que no se oye en documento del tiempo de los Suevos, ni de los Godos, sino despues de los Saracenos: y como el conocido en lo mas antiguo es *Auria*, y à este no corresponde la citada derivacion de los Celtas, no sirve para el asunto. Bullet probó poco, por adoptar demasiado. Cuidó de nombres modernos, que no pertenecen à los Celtas; y à veces violenta el indubitable origen de la voz antigua, como se verá en *Emerita*.

10 Si los Romanos introdugeron la voz de Auria,

corresponde la etimología al latin, por el tema de *Aurum*, sin que obste el que hoy no se conozcan minas de este metal, ò no se desfrute el que ministra el Miño, pues en lo antiguo fue otra cosa: y al hablar de Tuy referiremos lo que pasaba en tiempo de Phelipe II. sobre el oro del Miño. En aquel Obispado nos expresa la citada Escritura de los Suevos el pueblo *Aureas*: señal de que esta voz no era peregrina por aquellas comarcas.

11 Si aun no aquieta este origen, puede la misma incertidumbre conducirnos à otro discurso sobre si *Auria* tiene alguna desfiguration, que viniese de otra, v. g. de *Auregium*, en que hay mas fundamento: porque el insigne Gallego Idacio dice en su Chronicon (sobre el año 4. de Mayoriano, pag. 380. de mi 1. edicion, ò 378. de la 2.) que Remismundo taló las cercanías de los *Auregenses*, y partes maritimas del Convento de Lugo: *Remismundus vicina pariter Auregensium loca, & Lucensis Conventus maritima populatur* (anno 460.) El Convento de Lugo llegaba à Pontevedra por la costa: Orense es mediterraneo, pero confinante: y por tanto el juntar Idacio los Auregenses con lo maritimo de Lugo, favorece al territorio de Orense, así por lo geografico, como por lo politico, en virtud de que esta Ciudad ha sido sobresaliente por su situacion junto al Miño, y poblacion mayor que los pueblos de aquel territorio, lo que la hizo ser ilustrada con Silla Pontificia. Todo esto la supone famosa desde tiempos muy antiguos: y hallando por allí el nombre de los Auregenses, que se acerca mucho al actual de los Aurienses; podemos recelar si este es desfiguracion de aquel (pues hay otras mayores variaciones) y en tal caso será la etimología una misma. Y si Auregium no fue latino, tampoco lo será el actual.

12 Todo esto proviene de la corta noticia que los Geografos Griegos y Romanos nos dieron de lo mediterraneo de Galicia: porque Plinio, copioso en otras partes, aquí es muy escaso. Ptolomeo, demás de su desorden, no demarca lugares entre Lugo y Braga. Antonino dirige los viages de Bra-

ga

Nombre, y situación de la Ciudad.

ga à Astorga por mas arriba, y mas abajo de Orense. Las Inscripciones, que pudieran suplir mucho, se han consumido, ò no han cuidado los de Orense de publicarlas. No falta quien recurra à la de Chaves, en que nombrandose diez Concejos de Galicia, el segundo es AOBRIGENS*es*. Pero si uno quiere corregir aqui Au*x*obriga, otro recurrirá al Abobriga de Plinio; y asi no tendremos cosa cierta. Puede ser que picados de mejor gusto los Ciudadanos, soliciten reconocer sus piedras, y que alguna nos asegure el nombre antiguo. Mientras tanto insistimos en el de Auria, que recibido sin saber el origen, pide ser reconocido por el mas antiguo.

13 Su situacion es al margen del rio Miño, unido ya con el Sil, que la baña por el norte, y riega su ameno valle, adornado de frondosos arboles, y enriquecido con muchas y buenas viñas, que juntas con las demás del Obispado, no solo le proveen de vino con abundancia, sino que sobra para surtir otros paises.

14 Lo mas notable son las fuentes, que llaman *Burgas*, à la parte occidental de la Ciudad, y forma un continuo portento de la naturaleza, no solo porque ni crecen, ni menguan (conservandose iguales en Invierno y Verano) sino por sus raras circunstancias. Los principales manantiales son tres: uno tan caliente, que no puede sufrirse ni media Ave Maria. Su caudal es como del grueso de una pierna. El segundo caño brota à 25. pasos del primero, pero no sale tan caliente. Las aguas de ambos sirven para lavar platos y colar ropa, sin necesitar de leña para calentar el agua; que es providencia de la naturaleza, por no haver madera de corte en los contornos, y se conserva mas el calor en estas aguas, que en otras calentadas à la lumbre. Reposadas y frias sirven tambien para beber, y aun son medicinales para algunos achaques, sin que tengan color, olor, ni sabor à cosa peregrina. El tercer manantial brota ocho, ò diez pasos del segundo, pero de calor tan intenso, que aplicando por medio Credo manos de Carnero, ò de Baca, pelan y ar-

arrancan las uñas, y si las detienen algo mas, salen cocidas. Este maniantal tiene olor y color de azufre. Todos arrojan humo y efluvios tan ardientes, que no permiten hielos, ni que la nieve quaje en sus contornos por mas que la Ciudad se cubra de ella. Pero esto causa tambien que sean mas ardientes en Verano aquellos barrios: y junto esto con la abundancia de frutas de que es liberalisimo el terreno, se reputa poco sano, contribuyendo el ardor, y el desorden con que en especial los mozos sirven al apetito de las frutas.

15 El terreno de la Diocesi es muy quebrado y montuoso, pero entre aquellos montes se forman valles muy fértiles. Abunda en caza, frutas, castaña, viñas, Bacas, y pesca. Sus rios son el Miño, Sil, Arnoya, Limia, Tamaga, Avia, Bubal, y otros. Tiene tambien venas de metales, sobresaliendo la de estaño (cerca de Monterrey) mas puro y limpio que el de Inglaterra.

16 Confina con los Arzobispados de Braga, y Santiago: con las Diocesis de Miranda de Duero (en Portugal) Tuy, Lugo, y Astorga.

CAPITULO II.

ALGUNAS POBLACIONES ANTIGUAS.

1 LA escasa mencion que hicieron de pueblos de Galicia los antiguos, nos priva de noticias geographicas de estas Diocesis. El Itinerario es el mas apto para descubrir algunos lugares por las distancias que expresa desde Braga á Astorga en el tercer viage de los quatro que propone de una Ciudad á otra: el qual camino corria desde Braga por unas Montañas muy altas y dilatadas, que llaman Monte *Geres* en el límite de Portugal y Galicia, à cuyo camino llaman *la Geira*, obra soberbia de Romanos, que con varias calzadas, puentes, y giros, formaron un camino llano entre las asperezas: y aunque hoy no se practica este camino por lo deteriorado, perseveran sus vestigios en varias colunas mi-

Algunas poblaciones antiguas.

miliarias, por las quales se conoce haverse hecho esta obra en tiempo de los Vespasianos, continuada por Trajano, y otros posteriores, como se vé en Contador Tom. 2. de las Memorias de Braga: donde sigue la referida via militar desde Braga hasta entrar en Galicia, y señala la primera mansion, llamada *Salaniana*, en la Feligresía de *Moymenta*, en que se hallaron vestigios Romanos, y una piedra que de alli à Braga expresa las 21. millas que cuenta el Itinerario.

2 Pero no vá bien fundado: porque son mas los egemplares que proponen *once millas* de Braga à Salaniana: y en esta suposicion estuvo junto à Santiago de Villela, donde el mismo Contador ofrece la Inscripcion publicada por Brito con diez millas de distancia hasta Braga.

3 Prosigue Contador hasta dejar su via dentro de Galicia, à nueve leguas y media de Braga, ò 38. millas, que es el espacio señalado en la Inscripcion que D. Mauro Castella estampó en el fol. 158. b. y propone como existente en los *Baños de Bande* (dentro ya de Galicia à media legua de Santa Comba, donde estuvo el cuerpo de S. Torquato.) Por alli venia la via militar: pues en la misma Iglesia de Santa Comba hay una coluna dedicada LARIBVS VIALIBVS (segun propone el mismo D. Mauro) y unida ésta con la de los Baños A BRACARA AVG. M. P. XXXVIII. no hay duda en que iba por alli el camino: y consiguientemente se descubre el sitio de la segunda mansion del Itinerario llamada AQVIS ORIGINIS, en que el Itinerario propone XXVIII. millas; que juntas con las once de la precedente Salaniana, forman 39. desde Braga hasta *Aquis Originis*. Acaso la Inscripcion de los Baños de Bande tenia los mismos numeros XXXVIIII. y el poco escrupulo del copiante leyó 38. à causa de que en el uso moderno solo ponemos con la V y las unidades el numero de ocho, y no el de nueve, como usaban antes. Pero prescindiendo de esto no altera nada la corta diferencia de una milla: ò porque la piedra de las 38. estaba un poco antes, y la pasaron alli; ò por lo dicho, de que el copiante despreció una unidad.

4 Sabemos por estos docu-

cumentos que la mansion de Aquis Originis corresponde à los *Baños de Bande*: lo 1. por la distancia de las millas, y por saber que la via militar iba por alli: lo 2. por la combinacion del nombre de AQVIS en la mansion, y de *Baños* en el sitio actual: y acaso por el dictado Originis: pues las Aguas de estos Baños no vienen de afuera, sino que brotan en el mismo sitio, y forman un Estanque grande, cercado de piedra, cuya agua es caliente. Pero tampoco es firme el dictado de Originis: pues algunos Codices ponen Ogirinis: por lo que Zurita sospechó si era nombre de gentes. El Ravenate pone *Aquis Ocerensis*: y asi la etimologia se expone à varias sospechas: pero el sitio queda con mas firmeza.

QUARQUERNOS.

5 En el Convento Juridico de Braga mencionó Plinio à los *Querquernos*. Ptolomeo los escribió *Cuacernos*: el Ravenate, *Cercenos*: la Inscripcion de Chaves *Quarquernos*: el Itinerario *Querquennos*: y el tema es *Quercus*, que significa el Roble, ò Carballo, comunes en aquella tierra, pues por lo mismo refiere Plinio otros Quarquernos en Italia lib. 3. cap. 19. entre cuya variedad parece debe adoptarse la *e* en la primera silaba, como en *quercus*.

6 Su situacion la ha investigado con esmero el Cl. Benedictino Sarmiento en papel que me ha comunicado: y cotejada la distancia que despues de *Aquis Originis* pone el Itinerario à AQVIS QVERQVENNIS (que son 14. millas, ò tres leguas y media) viene à dar en un lugar llamado hoy S. Andres de *Zarracones*, à quien favorece la distancia mencionada, el vestigio del nombre, y una Fuente copiosa, que todo autoriza el *Aquis Querquênis* del Itinerario: porque la distancia de la segunda mansion à la tercera es la que hay de Baños de Bande à Zarracones: y este nombre nos descubre ser aquel terreno de Quarquernos, ò Querquernos: pues como de aqui pasa el Ravenate à *Cercenos*, facilmente puede pasarse à Cerequenos, y *Zarracones*, por la frequente mutacion de C en Z, de A en E (como Quarquernos y Querquernos) y de una R en dos (como
Ario

Algunas poblaciones antiguas.

Ario y Arrio.) En esta conformidad es el actual Zarracones vestigio de los Quarquernos: y nos puede asegurar de que allí vivieron los de aquel nombre.

7 Descubrese tambien la etimología de la voz actual, que no es mas distante de la antigua, que *Valdeorres* de los *Gigurros*, y una proviene de otra, como digimos en el Tomo precedente. Favoreciendo pues al territorio de los Quarquernos el nombre que persevera en Zarracones, se añade el agua de la Fuente, para fijar allí el *Aquis* de Antonino. Llamase hoy *Fonte Caldoniga*, que parece se deriva de *Calido*, y viene encañada desde el Norte; brota en el lugar, y riega el campo por un quarto de legua. Acaso tuvo tambien Estanque en lo antiguo. Hoy muestra el lugar haver sido notable poblacion, pues se compone de tres barrios, dos Torres, y un Castillo no muy apartado, cerca del qual pasa un pequeño rio, diverso de la Fuente referida. Puede ser que con esta prevencion velen los de aquella tierra por si aparece alguna piedra, que con el nombre antiguo de Quarquernos acabe de convencer la situacion.

8 La Inscripcion mencionada de Chaves se pondrá luego, donde nombrando diez Ciudades concluye: QVARQVERNI. TAMAGANI, los quales eran confinantes: porque el rio Tamaga (de quien los Tamaganos) nace mas abajo del sitio mencionado de los Quarquernos: y ambos ocupan la parte superior de Chaves; donde se puso la memoria: y segun la situacion declarada vemos la proporcion de que se nombren los Quarquernos en la referida Inscripcion: pues era uno de los principales lugares de aquella parte.

LIMICOS.

9 Menciona tambien la referida Inscripcion de Chaves à los Limicos, que tomaron el nombre por el rio *Limia*, el qual con los Limicos es natural de este Obispado: pues nace en el lago *Beon* àcia el Sudeste de Orense sobre Guinzo en una llanura nombrada por él *la Limia*, que se extiende de Oriente à Poniente por espacio de tres leguas, y por to-

todos lados la defienden montes, que son tan fértiles como el valle. En la parte oriental de esta llanura se extiende de Norte à Mediodia un monte llamado *do Viso*, que ácia Poniente tiene un llano como de dos millas de circunferencia, que domina y registra la planicie del valle, y llaman à dicho sitio *la Ciudad*, aunque solo persevera una Ermita dedicada à S. Pedro: y aqui estuvo la Ciudad de los Limicos, segun prueban las Inscripciones que pusimos en el Prologo del Tom. 12. y tocan à este sitio: la una es

    IMP CAES DIVI H *ad*
    RIANI F DIVI TRAIANI
    PARTHICI NEP DIVI
    NERVAE PRONEP
    AELIO HADRIANO
    ANTONINO AVG PIO
    PONT M TRIB POT
    IIII COS III P. P
    *ci*VITA*s* LIMIC*o*RVM

La otra:
    IMP CAES DIVI TRA'
    IANI PARTHICI F
    DIVI NERVAE NEP
    TRAIANO HADRIA'
    NO AVG PONTIF
    MAX. TRIB. POT. XVI
    COS. III. P. P. CIVITAS......

10 El final que está borrado, diria sin duda despues de C*ivitas* LIMIC*orum*, como en la precedente, pues ambas existen en un sitio, y por ellas sabemos donde estuvo la Ciudad de los Limicos, pues son piedras geograficas, que hablan en nombre de la Republica, y existen en el lugar primordial, como prueba la situacion en despoblado, y en altura, cerca del nacimiento del rio Limia, donde corresponde señalar la Ciudad de los Limicos, aunque no huviese otro fundamento: por lo que

Algunas poblaciones antiguas.

que estando apayado con los referidos, no debe quedar mas duda en la reduccion de la Capital de los Limicos al sitio referido, que en sí mismo brindaba à los antiguos para la fundacion de una Ciudad, por la elevacion del terreno, que les favorecia para la defensa, cuyo buque bastaba para una buena poblacion, en sitio que predomina al valle, surtido de agua por la misma naturaleza, pues en el mismo monte del Viso brotan dos Fuentes copiosas y perenes de bella agua, y forman un arroyo que puede surtir à dos Molinos. Tiene tambien el sitio diferentes fragmentos de sepulcros, piedras labradas, ladrillos, y aun Monedas antiguas, que todo califica la poblacion, y seria en aquel tiempo fortaleza de las principales, porque demás de lo que domina al Valle, se levanta al Sudeste del monte un pequeño cerro, cuya parte superior es llana con una milla de circunferencia, cercada al rededor de foso y contrafoso, que en todo tiempo podia hacer muy dificil su conquista.

11 Estos Limicos se hicieron muy famosos entre los Gallegos: por lo que son muy mencionados en documentos antiguos, asi de Inscripciones, como de Geografos: pues demás de la Inscripcion mencionada de Chaves, en que estan los Limicos, quedó su Ciudad perpetuada como patria de algunos individuos, como se vé en el Tomo XV. pag. 77. en Inscripcion puesta en Tarragona à *M. Flavio Sabino*, natural de Limica, su Duumvir, y Sacerdote Flamen del Convento de Braga: y otra en Salengre Tom. III. col. 857. cap. 7. de un *Pompeyo Rufo*, y *Calfurnio Vegeto*, ambos Limicos, enterrados en Antequera. Y fuera de estos se hallan mencionados à los Limicos en Plinio sobre el Convento de Braga, y en Ptolomeo con la voz de *Forum Limicorum*. En Antonino, y en el Ravenate hay mencion de otro Limia; pero muy diverso lugar del presente: pues aquel distaba de Braga solo quatro leguas, esto es, 18. ò 19. millas, cerca de donde hoy *Ponte de Lima*: pero la Ciudad de los Limicos, ò Forum Limicorum de Ptolomeo, y de las dos primeras Inscripciones, es muy diversa de la de An-
to-

tonino, segun convencen las distancias, sita la Capital al nacimiento del rio Limia, y la mansion del Itinerario, no lejos de la entrada en el mar. Lo mismo convence Ptolomeo: pues aunque está desordenado en la situacion de Braga, y de la boca del Limia, no coloca al Forum Limicorum ácia la costa, sino en lo mediterraneo, como convencen sus Tablas puestas en el Tomo XV.

12 Por tanto no hicieron bien Celario y Weseling en aplicar el Foro de Ptolomeo à la mansion de Antonino: pues ésta caìa muy cerca de la boca del Limia, à quatro leguas de Braga, de que distaba mucho el *Forum*, y *Civitas Limicorum* de las mencionadas Inscripciones, y de Ptolomeo. Pero tienen disculpa los Autores por no haver visto los mencionados documentos, y el sitio en que se hallan, es muy dentro de Galicia en la presente Diocesi de Orense. A la qual por lo mismo resulta una gran gloria de haver nacido en ella el Insigne Obispo Idacio, continuador del Chronicon de S. Geronymo, que publicamos en el Tomo IV. y alli mismo confiesa haver nacido en la Ciudad de *Lemica*, la qual debe contraerse à la presente de los Limicos, como digimos en el citado Tomo num. 34. del Idacio ilustrado.

Del rio *Limia*, llamado tambien *del Olvido*, que nace en este territorio, hablamos ya en el Tomo XV.

BIBALOS.

13 Entre los pueblos del Convento Bracarense nombró Plinio à los *Bibalos*, sin darnos mas noticia que el Convento y el nombre. Ptolomeo tratando de los Bibalos en el mismo Convento (esto es en la clase de los Gallegos Bracaros, que contrapuso à los Lucenses) nombra unicamente à *Forum Bibalorum*. La famosa Inscripcion de Chaves que dimos en el Tomo IV. §. 4. del Idacio ilustrado, y se vá à mencionar dice, que una de las 10. Ciudades, que hicieron aquella dedicacion à los Vespasianos, era la de los Bibalos. Y porque son de Galicia, la ofrecemos aqui:

Algunas poblaciones antiguas.

CIVITATES X
AQVIFLAVIENSES. AOBRIGENS.
BIBALI. COELERN. EQVAESI
INTERAMnICI. LIMICI. AEBISOC
QVARQVERNI. TAMAGANI

La dificultad es averiguar el sitio; cuya decision pende de que se descubra alguna piedra que nombre la Ciudad, como sucedió con los Limicos. El nuevo Lexicon Geographico de Baudrand hace dos reducciones: una, que es *Fomillan*: otra, que *Celme*: y cada una parece tan desconocida ò mas, que el nombre antiguo. Argaiz en el Tomo III. pag. 267. dice que el pueblo *Bubal* aplicado à Orense en la division de los Suevos (en que otros leen *Bebalos*) es la tierra de S. Esteban de Ribas del Sil, à cuyos montes llamaron los antiguos Bubalos, y hoy Bubaces, acaso, dice, por los Búfalos, que se criarian alli. Pero esta voz *Bubal* persevera hoy en el *Arcedianato de Bubal* y en el rio *Bubal*, que sobre Orense entra en el Miño por su banda occidental. Este es el denotado en la division de los Suevos como territorio de Orense, pues lo es hasta hoy: pero no son estos los Bibalos de Plinio y Ptolomeo, porque aquellos tocaban al Convento Bracarense, y el rio Bubal era del Lucense, pues corre mas alto que Orense, y si ésta pertenecia al Convento de Lugo, (como diremos) mejor le pertenecia el territorio del referido rio: y asi debemos recurrir mas abajo.

En efecto Ptolomeo coloca à los Bibalos debajo de los Tiburos y Egurros, que dejamos ya reducidos à los de *Tribis* y *Valdeorres*. Debajo de estos nace el rio *Bibey*, que baja por *Viana* del Bollo, y nuestra Señora de las Ermitas, à meterse en el Sil por Tribis, y debajo de Valdeorres, junto al *Montefurado*. Y esta situacion, con el nombre de Bibey, pueden conducir para poner alli à los Bibalos, cerca de la mencionada *Viana*. Esto cae al oriente del nacimiento del Limia, y de los Limicos, en una latitud, y muy cercanos.

nos. Siendo pues los Limicos del Convento Bracarense; es conforme la situacion referida, para que los Bibalos fuesen tambien de aquel mismo Convento. Finalmente confirma esta situacion lo dicho en el Tomo XVI. pag. 14 sobre que el rio Bibey, que corre entre Tribis y Valdeorres, es el rio *Bibalorum*: y asi aqui dejaremos reducidos à los Bibalos.

CAPITULO III.

PRINCIPALES MONASTERIOS de este Obispado.

UNA de las cosas sagradas de este Obispado son los Monasterios que le ilustran, famosos por su antiguedad y observancia, y conducentes para las noticias Eclesiasticas, por las repetidas veces, en que es preciso mencionarlos en las vidas de Obispos y de Santos.

S. ESTEBAN DE RIBAS de Sil.

1 Sobre la Ciudad de Orense tres leguas al Nordeste hay una elevada montaña à la orilla meridional del rio Sil poco antes de meterse en el Miño, en el territorio llamado *Bubalo*, segun dice el Privilegio del Rey, que mandó labrar el Monasterio. En aquella montaña y soledad huvo antiguamente Convento que sirvió de refugio à los que burlandose del mundo querian asegurar el Cielo. Con la entrada y guerra de los Saracenos quedó desamparado: y faltando habitadores vino al suelo. Recobrado por nuestros Reyes el territorio volvió à reflorecer el amor de habitar los desiertos: y como un insigne despreciador del mundo, llamado *Franquila*, reconociese aquel sitio, y le hallase muy acomodado para emplearse en vida espiritual; resolvió acudir al Rey, valiendose de la mediacion del Conde Gutier Menendiz, padre de S. Rosendo: los quales fueron juntos al Valle de *Varoncelo*, donde à la sazon estaba el Rey

Rey D. Ordoño II. y le rogaron se sirviese restaurar la fábrica del mencionado sitio, como lo hizo, erigiendo el Monasterio con nombre del Protomartyr *S. Esteban*, y dotandole con término redondo.

2 De aqui provino llamarse el Monasterio de *S. Esteban*, por el titular, y *de Ribas de Sil*, por el sitio, al margen del rio Sil. Ferrario en las notas al Catalogo General de los Santos, nombró *Ripense* à este Monasterio (hablando de los Santos Obispos que se veneran alli) pero erró la ribera, ò *ripa*, recurriendo à *Ribadavia*, que está diametralmente opuesto à S. Esteban, y no à orilla del Sil, sino del Miño, quando lleva ya incorporado el Sil.

3 El tiempo de esta fundacion no se halla averiguado. Bolando leyó en Marieta que el Rey D. Ordoño le fundó: y como no dice, qual Ordoño; y Bolando tenia pocos Libros Españoles; no supo si fue el primero de aquel nombre, ò el segundo. Entre nuestros Autores consta que fue el *segundo*, cuyo reynado empezó en el año de 914. Pero aunque la Escriptura de dotacion expresa el año *septimo*, no convienen los Autores en el de la data, por estar la Era mal conservada, ò no bien entendida. Morales dice, que es la Era 909. (*lib.* 15. *cap.* 48.) Yepes recurre al año de 909. y estampó la Era 947. correspondiente al tal año (*Tomo* 4. *fol.* 450. *Escritura* 31.) Y como el año *septimo* de D. Ordoño II. no conviene con aquella data, recurren à que en vida de su padre reynaba ya en Galicia, y que de aquel reynado se entiende el año septimo.

4 Esto no fue asi: pues aunque gobernó à Galicia, viviendo el padre, no contó los años de su reynado antes del 914. como convencen varios documentos alegados por Morales lib. 15. cap. 39. y 43. de los quales, y de lo dicho sobre ellos, se olvidó al tratar de este Monasterio, donde se contradijo. El 1. es de 30. de Enero del 915. en que dice corria su año *primero* (que empezó en el 914.) El 2. es de 7. de Julio del 917. (Era 955.) en que expresa su año *tercero*, como refiere Sandoval en los 5. Obispos pag. 254. Morales añade un año à la Era, unien-

Tom. XVII. do

do el año *tercero* con el 918. pero esto contradice mas à que el año *septimo* de la Escritura corresponda al 909. (que señala en la restauracion de este Monasterio) porque si en el año 918. corria el año 3. el septimo alcanzó al 922. Del año *nono* hay otro insigne documento, explicando Era y año del Señor, como se vé alli en Sandoval, pag. 256. 12. *Kal. Novembris Era 961. anno feliciter Regni nostri nono... anno Incarnationis D. N. Jesu Christi 923.*

5 A este modo hay muchos testimonios, que convencen no haver contado el Rey los años de su reynado sino desde el año 914. en adelante: y consiguientemente si la ereccion y dotacion de este Monasterio fue, como declara el Privilegio y confiesan los Escritores, en el año *septimo* de D. Ordoño II. no puede colocarse el principio de esta Santa Casa antes del año 921. En efecto Sandoval en los 5. Obispos pag. 254. alegando este Privilegio señala la Era 959. que es el referido año de 921. en el qual debe fijarse su restauracion, y no el de 909. à que se hallaba mal reducido. Vease el Privilegio en Yepes, y constará ser tomado de una copia mal arreglada, en lo que mira à las firmas: pues las confirmaciones de Reyes posteriores que havian de estar al fin., se hallan anticipadas; y tres Obispos (de Iria, de Orense, y de Dumio) que solo debieron firmar al tiempo del Privilegio, están muy dislocados. El de Orense es *Ansur*: y esta es otra prueba de que el Privilegio se otorgó en el 921. (en que sabemos presidia en esta Iglesia) y no en el de 909. en que todavia no era Obispo de ella.

6 La singular observancia que empezó à florecer en este Monasterio desde su origen, y fue prosiguiendo en adelante, se deja bien conocer por la especialidad de haver dejado nueve Obispos sus Sillas., por gozar en quietud de aquella vida santa, y ellos mismos son tenidos por Santos, como despues diremos, al hablar de S. Ansurio. Los nombres de todos son: Ansurio, Vimarasio, Gonzalo Osorio, Froalengo, Servando, Viliulfo, Pelagio, Alfonso, y Pedro. De todos escribe Mabillon en sus Anales Tomo 3. pag. 334.

334. que de Monges de este Monasterio fueron sacados para Obispos; pero no se informó bien: pues el Ansur perteneciente à la Iglesia de que hablamos, era Obispo antes de haver Monasterio. Y lo mismo se verifica en Froalengo, ò Froarengo, como consta por lo dicho en el Tomo 14. pag. 85. De sus Iglesias hablaremos al tratar de S. Ansurio.

7 Aun pareciendo poco la vida Cenobitica de aquella Santa Casa, pasaban algunos Monges à ser Anacoretas, à cuyo fin estaba poblada la montaña de diversas Ermitas, donde los mas egercitados en la Comunidad salian à luchar brazo à brazo en la soledad contra el enemigo, al modo que digimos hablando en el Tomo precedente de S. Pedro de Montes. El Abad que tenia S. Esteban al tiempo de escribir Yepes le dió noticia de las que havia. Una al pie de la ribera del Sil, dedicada al Bautista, y llamada S. Juan de Cachon, que fue morada del Santo Franquila, y edificada por él, segun prueba por Inscripcion gravada à la puerta de la Iglesia, que Yepes dice haver sido Parroquial por conservarse Pila del Bautismo. La Inscripcion dice:

✠ CUM DEI ADMINI
CLO
FRĀKILA ABBA CON-
DIDIT OPUS.
ERA D.CCCCLVI.

8 Esta Era corresponde al año 918. Enfrente de esta Ermita hay otra dedicada à S. Cosme. Mas arriba en lo aspero de la cuesta, una que se llama S. Mamés. De la otra parte del rio, media legua del Monasterio, hay otra Ermita muy devota dedicada à S. Miguel: y cuesta arriba, otra de nuestra Señora: y poco mas adelante, una llamada Santa Cruz. En la Montaña, otra dedicada à S. Lorenzo. En el circuito, una que se llama Santa Baya, (que dice es Santa Eulalia) otra de S. Facundo, y mas abajo la de S. Juan Bautista, que hoy es Iglesia de la Feligresía de Moura. Item nuestra Señora de Bazal: S. Cosme de la Fraga: y S. Juan Bautista: en las quales dice hay señales de su antiguedad, asi en el modo del edificio, como en sepulcros, y letreros antiguos, que dicen la Religion que en ellas hu-

huvo: pero no las expresa. El instituto es el del Gran Padre S. Benito.

9 Aquella grande observancia movió à los Reyes para que le concediesen muchos bienes y prerogativas, conservandose todavia la jurisdicion de seis leguas en largo, y tres en ancho, en que se comprehenden Santa Christina, S. Vicente de Pombeiro, Sobradelo, Tobes, Beocal, Pesquera, Fronton, y Nogera.

Como Matriz principal tuvo debajo de sí varios Monasterios referidos por Yepes en esta forma:

S. Lorenzo de Sanabalo, en tierra de Bubal.

Monasterio de Papelle, cerca del rio Miño.

Santa Victoria, en tierra de Lemos.

El Monasterio de Temanes, en el Obispado de Lugo.

Santa Marina, y S. Vitorio en Sabinao.

El Monasterio que llaman de las Donas, en el Obispado de Lugo. Estos dos fueron de Monjas, sujetas à la casa, como consta de papeles antiguos del Archivo.

Monasterio de Viñero, en el Arzobispado de Braga.

S. Pedro, en el Obispado de Lugo.

SANTA CHRISTINA.

10 A la orilla del Sil, antes de bañar à S. Esteban, huvo un antiguo Monasterio llamado Santa Christina, de quien se halla mencion en el Siglo diez, en Escritura que le dice fundado debajo del Monte *Baro* en un valle muy profundo: sitio muy á proposito para librarse de las burlas del mundo. Hoy es Priorato dependiente de S. Esteban de Ribas de Sil. Vease Yepes Tom. 5. fol. 136.

SAN VICENTE
de Pombeyro.

11 A la otra vanda del Sil, quando vá à meterse en el Miño, junto al arcoyo *Peduca*, está Pombeyro, llamado antiguamente Polumbario, debajo de la Peña Columbaria, de donde parece tomó el nombre. Alli huvo Monasterio consagrado al Martyr S. Vicente, segun consta por Escritura del 964. y despues por otra de D. Bermudo el II. publicada en Yepes Tomo 5. fol. 439. Perteneció antiguamente al Monasterio de Cluni; pero despues de la nue-

nueva Reformacion y Congregacion de Valladolid, se anejó al de S. Esteban de Ribas de Sil, por Bula de Clemente VIII. en el 1526. segun refiere Yepes Tomo 5. fol. 137.

S. SALVADOR de Celanova.

12 El insigne Monasterio de Celanova tiene su asiento ácia el Mediodia de Orense, à tres, ò quatro leguas, en el territorio Bubalo (como el de S. Esteban) debajo del monte Leporario, hoy Leboreyro, entre los rios Arnoya, y Limia, donde antes havia un pueblo, llamado *Villar*; sitio tan sano, ameno, y apacible, que con dificultad se hallará otro que le exceda. El Monge Esteban, ù Ordoño, dice en la vida de S. Rosendo, que deseando el Santo renunciar la dignidad de Obispo, le reveló Dios fundase un Monasterio en el *Villar*, junto al Limia. Reconoció el Santo el lugar, y se complació mucho de verle tan acomodado para el fin (como correspondia à la eleccion del Cielo.) El dominio del sitio era estado proprio de sus padres, que aplicaron à su hijo Fruela, y al mismo S. Rosendo, todo aquel territorio, desde Barbantes, à Ambas mestas, (donde el Sil entra en el Miño) como expresa la Escritura V. del Tomo 5. de Yepes.

13 Sabido por Fruela el pensamiento de su hermano S. Rosendo, al punto ofreció à Dios todo el derecho que tenia sobre aquella Villa con su jurisdiccion, à fin que allí se edificase Templo en nombre del Salvador, y Monasterio, bajo la direccion de su hermano, el qual sitio, llamado antes *Villar*, tendrá (dice) en adelante nombre de *Celanova*, sin que nadie pueda agregarle à otro Monasterio, ò Cathedral, como declara la Escritura 4. del Tomo 5. de Yepes, fecha à 12. de Setiembre de la Era 974. año de 936. segun lo qual no estaba edificado el Monasterio en el 935. ni en el siguiente, en que la citada Escritura dice: *Ut constituatur ibi Templum... ædificetur ibi Monasterium, & congregetur ibi fratrum congregatio.*

14 Tampoco se havia empezado entonces la obra: pues Yepes cita una Escritura del 937. en que refiere haver pasado San Rosendo à

Tom. XVII.

Leon à pedir licencia al Rey para levantar el Monasterio: y esto denota no haver empezado la obra. Es increible la obscuridad que hay sobre esto. Morales en un mismo Capitulo dejó pasar varios yerros: pues hablando de la Escritura de fundacion de Celanova dice que se otorgó en el año de 971. y luego insiste en que empezó à fundarse en el 935. dejando escrito antes que el Monge Ordoño (de quien hablarémos al tratar de S. Rosendo) dice se comenzó en el 973. y al punto atribuye al mismo Monge el año de 935. Creo equivocó la Escritura 5. de Yepes con la de Fundacion (pues en aquella, no en ésta, se halla el nombre del Rey D. Alfonso V. que refiere) Y en el Monge Ordoño (conforme le conocemos) no hay lo que le atribuye.

15 Yepes erró la Escritura 1. de S. Rosendo poniendo la Era DCCCC.XXX. con grave perjuicio; pues la faltan no menos que *cinquenta años*. En el cuerpo de la Historia señala el principio de la fábrica en el año de 935. pero sin pruebas. El Monge Ordoño dà à entender aquel año: mas segun le tenemos no es puntual, porque dice duró la fábrica *ocho años*: y asi empezando en el 935. acabaria en el 943. lo que no es verdad: porque en el antecedente se hallaba concluida, como convence la Escritura de Dotacion hecha por el Santo con su madre, donde declara estar ya fabricado el Monasterio, y su data fue en 26. de Setiembre de la Era DCCCCLXXX. año de 942. como refiere Morales, y Castella (aquel fol. 251. b. y éste en el fol. 165) y de ningun modo puede tolerarse la Era DCCCCXXX. estampada por Yepes, en cuyo año 892. no havia nacido S. Rosendo, ni nació hasta 15. años despues. Y como no es creible que el Santo dilatase la dotacion despues de concluida la Casa, reducimos la conclusion del Monasterio al año de 942. en que el Santo firmó la dotacion.

16 Su principio fue despues del 936. en que el hermano cedió el sitio: y no hallo inconveniente en que se abriesen cimientos en el mismo año de 937. en que el Santo logró licencia del Rey para la fundacion, segun refiere Yepes. En cinco años pu-

pudo concluirse la fábrica, aunque era magnifica para el tiempo. Dotóla el Santo (con su madre Ilduara) copiosamente, de quanto era necesario para el Templo y Comunidad de Religiosos; ofreciendolo todo al Salvador por mano del Siervo de Dios *Franquila*, que era Abad de S. Esteban (como se ha dicho) à quien S. Rosendo escogiò para el primero de esta nueva Casa, y el mismo Santo viviò debajo de su regimen (despues que renunciò el Obispado) hasta que muriò el Abad: lo que es insigne recomendacion de Franquila, no solo por haver merecido la aprobacion del Santo, escogiendole por primera piedra de una obra que deseaba emparentase con el Cielo, si no por haverse rendido el mismo Santo à su conducta, viviendo dulcemente en su obediencia por muchos dias, hasta que conversando con él en uno de los ultimos viò salir y entrar en la boca de Franquila una Paloma, que el Santo le dijo ser aviso con que Dios le anunciaba pasaria al Reyno eterno dentro de pocos dias: y asi fue como testifica el Monge Esteban, que otros llaman Ordoño. Esto fue despues del año 959. en que la Escritura del fol. 179. del Becerro de Celanova le nombra vivo, Era 997. y otras en los años antecedentes 950. 953. y 54.

17 Entonces nombraron los Monges por segundo Abad al mismo S. Rosendo, que egerciò aquel empleo hasta la muerte. Estando cercano à ella, le rogaron señalase quien los cuidase: y el Santo declaró por tercer Abad à *Mamila*, hijo espiritual suyo, de quien el hecho declara lo bueno que seria. Yepes refiere, que deseoso de mayor abstraccion pasò à vida Eremitica en el valle de Cesar, de donde un Concilio de Leon le mandó salir y volver à Celanova à instancia de sus Monges. Vease el Autor en su Tomo 5. fol. 34. donde refiere los demás Abades de aquella Santa Casa, y personas ilustres que se han criado y salido de ella.

18 En el Tomo 7. referimos haver parado aqui el cuerpo de S. Torquato, Obispo de Guadix, que con el de S. Rosendo ilustra aquel Santuario.

19 Tambien persevera alli la piedra del sepulcro de la Condesa *Ilduara*, madre de

S. Rosendo, la qual Señora se dice *Confesa* en el Epitafio, que daremos en la vida de su hijo S. Rosendo.

El título de *Confesa* denota haver sido Religiosa despues de fallecer el Conde D. *Gutierre*, su marido; pues aquel era dictado de las que no siendo Virgenes se consagraban à Dios. Tambien se cree estar cerca de la madre su hija *Adosinda*; que despues de muerto el marido, siguió los pasos de la madre, y llegó à ser Abadesa del Convento de Villanueva. De una y otra hablaremos en la vida de S. Rosendo en el Tomo siguiente.

20 Como S. Rosendo y sus hermanos eran tan poderosos en bienes temporales, y muy propensos à las cosas sagradas, dotaron copiosamente el Monasterio, de suerte que en hacienda, vasallos, y privilegios, es de los mas ilustres, sin embargo de haver perdido mucho. Fue tambien sobresaliente por los muchos Monasterios, que le estuvieron sujetos, cuya noticia conduce para tenerla del estado de aquel tiempo, y de la mucha observancia que floreció en Galicia. Yepes formó Catalogo de aquellos Monasterios en el cap. 7. del Tomo 5. fol. 28. segun el qual resultan los siguientes:

1 S. Salvador, junto al monte Paramo, Obispado de Lugo, acrecentado por los padres de San Rosendo, y fundado antes por el Abad Quintila.

2 Santa Maria de *Ribalogio*, en Puerto Marin, labrado por los padres de S. Rosendo.

3 Santa Maria de *Villanueva de las Infantas*, media legua de Celanova, dotacion de la madre del Santo, en que ella y su hija Adosinda fueron Monjas.

4 S. Vicente de *Loredo*, no lejos del Miño, donde S. Rosendo solia recogerse antes de concluir el de Celanova.

5 S. Pedro, junto al rio Sorga, donde tambien estuvo el Santo algunas veces.

6 S. Salvador de Herias, fundado por el Presbytero *Beato*, en el 939.

7 Santa Maria de *Barreto*, junto al Miño, Monasterio duplice, de que hay memoria en el año de 782. labrado por el Abad *Senior*, con otros dos de *Santa Eugenia*, y *S. Martin* de Laureto, cuyas Iglesias consagró Adulfo, Obispo [de Iria, segun Yepes]

pes] de lo que hablarémos en el Catalogo, *cap. 6. en el segundo Obispo*, num. 4.

8 S. Vicente, cerca del rio Miño.

9 Santa Maria y S. Jorge en la Villa de *Nanton*, junto al rio Tamar: Monasterio duplice.

10 S. Salvador, y Santa Maria, junto à *Arnoya*, y Belasar.

11 Santa Maria y S. *Pedro*, junto al rio Sorga y monte Leboreyro de Celanova, dotado copiosamente por Adosinda, (que se dice hermana de S. Rosendo) con su marido Placenclo, y puesto bajo la direccion del Santo, no en el año de 927. como juzgó Yepes, sino en el de 959. como refiere Argaiz, y explicaremos en la vida de S. Rosendo.

12 S. Vicente y S. Esteban, anejados por los mismos à Celanova.

13 S. Pedro de la Nave.

14 Santa Eulalia.

15 S. Pedro *de Rocas*, tres leguas largas de Orense, famoso por su Iglesia, cuya Capilla mayor con otras dos Colaterales, y una porcion del cuerpo del Templo, es todo de una sola peña, labrada à pico, en cuyo hueco quedaron formadas las Capillas (cada una de veinte pies en quadro) y el cuerpo de la Iglesia: cosa verdaderamente pasmosa, no solo por el enorme trabajo, sino por el primor de las molduras, tales como si la materia fuera yeso. No se sabe el origen de cosa tan extraña en semejante sitio, que es de unas asperas montañas: pero sabese que en tiempo del Rey D. Alfonso III. se labró alli Monasterio, sujeto à Celanova, en tiempo del tercer Abad, y hoy es uno de sus Prioratos.

16 Santa Comba *de Naves*, una legua de Orense al rio Miño, diverso de otra Iglesia de Santa Comba en el Limia, donde estuvo el cuerpo de S. Torquato.

17 S. Mamés de *Palmes*, que estuvo anejo al de Santa Comba.

18 S. Esteban de *Untes*, tambien unido antes à Santa Comba.

19 S. Pedro de *Vande*, una legua del Limia, y dos de Portugal.

20 N. S. de *Verin*, junto à Monterrey.

21 S. Maria de *Mijos*, junto à Verin, de Religiosas.

22 S.

22 S. Felix de *Pazos*, cerca de los precedentes.
23 Santa Maria de *Loreda*.
24 S. Benito de *Refojos*.
25 Santa Baya de *Barredo*.
26 S. Martin de *Candaes*.
27 Santa Maria de *Atanes*.
28 Santa María de *Coaledro*.
29 Santiago de *Vilella*.
30 Santa Marina de *Aguas Santas*.
31 Monasterio de *Grou*.
32 Monasterio de *Lorujo*, Obispado de Tuy.
33 Santa Maria de *Algadefe*, hoy Priorato de Eslonza.
34 S. Salvador del *Villar*.
35 S. Pelayo del *Villar*.
36 Sta. Maria de *Ribera*, y
37 S. Pelayo de *Lemos*, su anejo.
38 S. Andres de *Congosto*.
39 Monasterio de *Palaciolo*; el *Trustino*; el de *Arlocinos*; S. Pedro de *Laragia*, y S. Salvador de *Calvos*; el de *Barra*, junto al arroyo *Barbantes*, que entra en el Miño, y se menciona en Escrituras: Santa Maria en Lemos, Priorato: S. Salvador y S. Agustin junto à *Nabiola*, Monasterio duplice: S. Salvador y Santa Maria de *Paratela*: otro de *Labozeto*: S. Miguel de *Albarcos*: y S. Esteban de *Araugio* en una isleta del Miño: que todos hacen cinquenta, y muestran bien la piedad y devocion de los antiguos.

SANTA MARIA de Monte de Ramo.

21 Otro insigne Monasterio de este Obispado es el de Monte de Ramo, cuyo origen se reduce al año de 1124. en la Escritura de la Condesa Doña Teresa, hija de Alfonso VI. que se tiene por Fundadora de su primera situacion en el lugar llamado *Rivoira Sacrata*, previniendo que pudiese mudarse à mejor sitio, como se vé en la Escritura 34. del Tomo 7. de Yepes, aunque la tal Escritura es juzgada apocrifa por los Portugueses que niegan el segundo casamiento de la referida Doña Teresa con el Conde D. Fernando Perez de Trava, cuya decision total no es propria de este sitio: y en lo que mira à la impugnacion de Barbosa en el Catalogo de las Reynas de Portugal pag. 98. no se descubre urgencia, quando opone el estilo de que Doña Teresa diga alli que reynaba desde el Mar Oceano hasta el rio que cor-

corre entre Tribes y Valdeorres (el Bibey) y que diga que reynaba en Leon, y Galicia su hermana Doña Urraca. Estos argumentos no pueden probar vicio en la Escritura. No el primero: porque como el sitio de la fundacion era àcia el rio Sil dentro de la antígua y presente Galicia, oportunamente declaró pertenecer à su jurisdiccion lo que havia al Mediodia del Miño, desde su embocadura en el Oceano, hasta Limia y el rio Bibey, dentro de cuyo límite se incluye el sitio del Monasterio. El segundo argumento es menos digno de oponerse: pues no se puede dudar que Doña Urraca reynó hasta el año de 1126. por espacio de 16. años, ocho meses y siete dias, como digimos en la Obra de las Reynas Catholicas: y asi por estos titulos no se prueba ficcion en la Escritura.

22 Llamóse este Monasterio de *S. Juan*, hasta que entró en poder de los Cistercienses, que segun costumbre le intitularon *Santa Maria*, con cuyo titulo le recibio en su proteccion el Papa Alejandro III. en el año de 1163. expresando sus posesiones, y entre ellas la Granja de *S. Juan* el viejo, solar primitivo, por estar ya el Monasterio donde hoy, cosa de una legua mas abajo de la Ribera sagrada donde estuvo al principio, habitado de Monges negros.

23 Agregóse al Cister, segun Yepes, Tomo 7. fol. 324. en el año de 1142. Pero Manrique refiere la ereccion de la Abadía, colocandola en el 1153. en que la pone la Chronología de los Monasterios Cistercienses: y esto es mas cierto: pues en el año de 1144. todavia perseveraba el Monasterio con titulo de *S. Juan*, como prueba la donacion que entonces le hizo el Emperador, y publicó Yepes alli, Escritura 35. y asi parece que todavia no eran Cistercienses. El mismo Emperador como tan aficionado à S. Bernardo, introdujo alli su instituto: y luego que donó al Monasterio de S. Juan lo que refiere la mencionada Escritura del año 1144. se trató mudar el Monasterio al sitio en que ahora está, dandole la advocacion de Santa Maria, con que le nombra ya el Papa en la Bula del 1163.

24 Havia en aquel distrito otro Monasterio llamado

do S. Martin de *Piñeyra*, à quien el mismo Emperador concedió algunos bienes à instancia del Conde D. Fernando: y por la Escritura vemos su situacion junto al Sil, por la parte que recibe al Lor (ácia el Norte de Monte Ramo) y por quanto el sitio era estrecho, previene que pueda agregarse aquella casa con sus bienes à otro Monasterio. La data no fue en la Era MCLXII. (como proponen Yepes, y Manrique) sino la MCLXII. año de 1154. en virtud del rasgo de la X como convencen los confirmadores. En efecto se unió despues la casa de Piñeyra à Monte de Ramo: y en la mencionada Bula del Pontifice consta ya las muchas posesiones que tenia este Monasterio, que el Papa nombra Granjas à estilo Cisterciense.

25 Floreció la casa con notable observancia, por no haver tenido Abades Comendatarios: pues Yepes solo conoce à Pedro, Cardenal de S. Eusebio: y éste renunció la Abadía en tiempo de Leon X. y entonces se unió la casa à la Congregacion de Castilla, comenzando Abades trienales de la nueva reforma desde el año 1518. y fue el primer Abad Fr. Antonio de Palomero, hijo de la Espina. Hoy es Casa de Estudios.

JUNQUERA DE ESPAdañedo.

26 De este Monasterio es filiacion el de *Junquera*, dos leguas de alli, fundado por D. Fernando II. de Leon. Su hijo confirmó la dotacion en el 1227. Pero quando llegó el infeliz tiempo de las Encomiendas, se redujo à Priorato. Volvió la Abadía; pero no entró la observancia hasta el 1546. en que por instancia de Carlos V. se unió à la Congregacion Cisterciense de España, en que florece.

OSERA.

27 Al Norte de Orense, y à quatro leguas, entre los términos de Castella, Cambia, Bubal, y Asma, junto à un riachuelo y monte llamado *Ursaria* se fundó el Monasterio del mismo nombre (hoy *Ossera*) cuyo principio fue en el año de 1137. en que el Emperador D. Alfonso à peticion del Conde de Galicia D. Fernando (Perez de Tra-

Trava) dotò la Iglesia dedicada à Santa Maria, para que se hiciese Monasterio con la Regla de San Benito, como muestra el Privilegio publicado en Manrique, sobre el año 1140. cap. 13. y aunque suena la Era 1173. que es el año de 1135. debe leerse Era 1175. año de 1137. por Setiembre, pues añade la Escritura corria el año *tercero de su Corona Imperial*, tomada en el 1135. por Pascua del Espiritu Santo.

28 El motivo de la fundacion del Monasterio fue que quatro Monges, llamados Garcia, Diego, Juan, y Pedro, deseosos de servir à Dios en total abstraccion del mundo, escogiendo la aspereza de aquel monte solitario, y empezaron à labrar Iglesia. Eligieron por Abad à *Garcia*: y no solo les donò el Emperador el monte con sus pertenencias, sino que para vivir en la quietud de vida religiosa, convocaron à los comarcanos, para que declarando cada uno lo que era suyo, no huviese pleytos en adelante. Todos convinieron en cederles quanto se incluía en el coto redondo que el Emperador les havia señalado: y de este modo empezò el Monasterio sin sujecion al Cister, pero por poco tiempo: pues à los tres años (en el de 1140) refiere ya la Chronología Cisterciense la Abadia de Ursaria, como propone Manrique en aquel año cap. 10. La suma inclinacion del Emperador al Abad de Claraval, y acaso la solicitud del Abad Garcia, causò la introduccion, dirigiendo à Osera el mismo Padre San Bernardo unos Monges, que estableciesen allí las leyes y costumbres de Claraval. Quedóse por Abad el mismo *Garcia* (cuyo nombre prosigue hasta el año de 1166.) y es gran recomendacion de su merito, que el Padre San Bernardo le conservase en el gobierno, sin duda por gran fama è informes de su merito.

29 Desde luego floreció esta Santa Casa en una singular observancia, que en lugar de resfriarse, fue creciendo con tanta edificacion de los fieles, que todos como à porfia querian tener parte en sus oraciones. Los particulares, los Grandes, los Reyes, y aun los Papas, le colmaron de donaciones, Privilegios, è immunidades. Su fábrica ha llegado à ser tan mag-

magnifica, que le llaman el *Escorial de Galicia*. Sus rentas, sus vasallos, sus Privilegios, le hacen de los mas distinguidos: pero esto mismo le hizo ser codiciado de Obispos, Arzobispos, y Cardenales, que tomando en Encomienda la Abadía, y no residiendo en ella, la causaron grandes perjuicios. Duró esto por cosa de un Siglo, desde cerca del medio del decimo quinto hasta cerca del medio del siguiente, en que por renuncia del Cardenal Arzobispo de Burgos D. Juan de Toledo, se incorporó en la nueva Observancia del Cister de España: y quemandose en el 1552. toda la antigua fábrica, renació la nueva con la mejoría y grandeza que hoy la ilustra. Pero aun es mas digna de alabanza por la virtud, Culto Divino, y copiosas limosnas, en que expende lo que Dios la ha dado. Vease Peralta en el libro que imprimió del Monasterio de Osera.

30 Entre los muchos que han glorificado à Dios en esta sagrada palestra sobresale *S. Quardo*, llamado *S. Famiano*, cuya vida ponemos entre los Santos.

SAN CLODIO.

31 En el territorio de Castella à orilla del rio *Avia*, tres, ò quatro leguas mas abajo de Osera, existe el Monasterio de S. Claudio, Luperco, y Victorio, al Occidente de Orense. Hallase su memoria en el año de 928. en en que unos Caballeros llamados Alvaro y Sabita levantaron aquel Monasterio, haciendole duplice, para hombres y mugeres, como se vé en la Escritura publicada en Manrique sobre el año 1182. cap. 6. No era en su principio Cisterciense, ni Manrique averiguó el año de su incorporacion. Pero Yepes en el Tomo 4. fol. 412. señala el año de 1151. en que dejando los Monges el habito negro, dice, recibieron el blanco. Añade que tuvo la desgracia de caer, como otros, en manos de Abades Seglares Comendatarios, que duraron hasta el año de 1530. en que recibió por Abad à Fr. Bernardo Cornejo, hijo de Toledo, donde empezó la reforma de la nueva Congregacion del Cister en España, y asi ha ido prosiguiendo hasta hoy.

CAPITULO IV.

ANTIGUEDAD DE LA SANTA IGLESIA de Orense, y Conversion de los Suevos en esta Ciudad.

1 ACerca del origen de Christiandad y Sede Episcopal de Orense andan bastante liberales los modernos, expresando hasta el nombre del primer Obispo, que dicen discipulo de Santiago. Hoy procuran los Escritores hablar de un modo que concilie credito, por medio de las pruebas; pues si damos rienda à la particular inclinacion, sin fijar margenes de lo que autorice el documento; correrá la pasion hasta donde quisiere, y no podrá separarse lo vil de lo precioso. Los Siglos primeros de la Iglesia se hallan por lo comun faltos de monumentos. No es poco, si al punto que empiezan las memorias Eclesiasticas, las hay de alguna Iglesia: y esto sucede aqui; pues luego que la Provincia de Galicia respiró de las funestas guerras de los Barbaros, y empezó à celebrar los Concilios que perseveran, hallamos documento de la Iglesia de Orense con Obispo en tiempo de los Suevos, año de 572. en que se tuvo el Concilio II. Bracarense: y muestra el Prelado una total antiguedad de consagracion, que prueba no haver sido su Iglesia ninguna de las que empezaron en tiempo de los Suevos. De esto hablamos largamente en el Tomo 4. cap. 3. y ahora se volverá à tocar. Pero antes conviene referir otra noticia que antecedió al Concilio, y contribuye al asunto.

LA CONVERSION DE LOS Suevos empezó en Orense.

2 Desde el año de 411. en que los Barbaros sortearon entre sí las Provincias de España, empezaron à dominar en Galicia los Vandalos y Suevos. Lidiaron unos con otros, y saliendo de Galicia y de España los primeros, quedaron los segundos solos en la Provincia. Al principio pare-

rece que poseían la tierra de las costas del Oceano occidental; pues Idacio refiere que rompiendo en el año de 430. la paz con los Gallegos, hicieron hostilidades por las partes de en medio de Galicia. Cada dia renovaban guerras, porque no gustaban de la paz, ni guardaban palabra. Desde el año 465. siguieron los delirios Arianos contra la Fé, reynando Remismundo, cuyos sucesores se ignoran, por acabar alli la historia del coetaneo Idacio.

3 Al medio del Siglo sexto vuelven à oirse nombres de Reyes Suevos, por haver querido Dios alumbrarlos con la Fé Catholica. La ocasion queda ya referida en el Tomo 15. pag. 114. en virtud de un milagro que obró Dios por intercesion de S. Martin Turonense, dando salud al hijo del Rey Suevo Carrarico. Este imploró la proteccion del Santo, dedicandole una Iglesia que labró en honor suyo, y ofreciendo abrazar la doctrina que los Sacerdotes le expusiesen, si alcanzaba la sanidad del hijo. Envió à Francia Embajadores con dones para la Iglesia del Santo; y volviendo estos à Galicia con reliquias del sepulcro de San Martin, oyó Dios los ruegos del Monarca. Sanó el hijo, y salió à recibir las reliquias. El Rey cumplió sus votos. Abrazó la Fé, y siguióle el Palacio. Llovió el Cielo misericordias: acabóse la enfermedad de lepra, que infestaba la tierra: recibieron salud todos los enfermos; y fueron tantos los milagros, que S. Gregorio Turonense reputó cosa larga el referirlos. Con las reliquias llegó enviado por Dios otro S. Martin vivo, que venía à evangelizar à los Suevos; y en efecto por su predicacion abrazaron la Fé, como explicamos en la vida de S. Martin Bracarense.

4 Todo esto se halla recibido en nuestros Escritores, como proprio de la Ciudad de Orense, por haver acontecido en ella, segun prueba la particular circunstancia de que su Cathedral conserva hasta hoy por Titular al esclarecido Obispo San Martin Turonense, siendo la única que conocemos con tal titulo, y la primera que tuvo el dicho Santo en estos Reynos. Otra prueba es, que Orense tenia antes por Titular de su Iglesia à la Madre de Dios, cuyo Templo era la Cathedral

dral primitiva, sita no lejos de la actual: y esta misma situacion apoya, que el Templo erigido à Dios por Carratico con nombre de S. Martin es el del sitio de la Cathedral presente: porque no debió demoler la Iglesia antigua de la Ciudad para edificar Templo à S. Martin; sino conservando el primitivo de la Virgen, levantar otro nuevo para el Santo. Asi fue: pero uno cerca de otro. Y como el obsequio de los Reyes puede tanto, no debieron los Eclesiasticos de Orense ser ingratos à un Monarca, que engrandecia la Iglesia, abrazando la Fé. La mayor excelencia de la fábrica Real fue ocasion de tomarla por Cathedral, obsequiando en ello al Soberano, y logrando la mejora que ofrecia su mayor capacidad, pues S. Gregorio Turonense la publíca de obra maravillosa. Los milagros que allí obraba Dios por intercesion de S. Martin engrandecerian el Templo. El Principe que sanó, y los sucesores immediatos, todos prosiguieron Catholicos. Esto obligaba à continuar lo empezado. Continuó tan sin interrupcion, que hasta hoy persevera la Cathedral con Titulo de S. Martin: y con esto se descubre el origen de cosa tan particular, como es, que una Cathedral de España, tenga por Titular à un Santo forastero.

5 Sabese tambien el tiempo, que fue cerca del año 550. como mostramos en el Tomo 15. al hablar de la llegada de las reliquias del Santo, juntamente con la venida de S. Martin Bracarense. Sabese que no fue esta la Iglesia primitiva, sino la de la Virgen, que hasta hoy persevera con advocacion de *Santa Maria la Madre*, y segun el Obispo D. Fr. *Juan Muñoz de la Cueba* en sus *Noticias Historicas de Orense*, era la antigua Cathedral, para lo que recurre à tradicion y escritos, en que parece se conservaba la noticia. Asi ésta, como la de S. Martin, necesitaron renovarse por los daños de prolongados Siglos: pero ambas conservaron su invocacion y lugar: sirviendo ahora la mencion, para el asunto de que Santa Maria *la Madre*, fue la Matriz antigua, como indica la conservacion de aquel Titulo, la tradicion, y las particulares Escrituras. Hasta hoy perte-

Tom. XVII.　　　　　C　　　ne-

nece al Cabildo de la Santa Iglesia el culto y gobierno de aquel Templo. Todos los Sabados concurre à cantar la Salve: y en algunas festividades asiste capitularmente por devocion antigua y cumplimiento de algunas dotaciones. El Señor Siuri atendiendo al honor de esta Matriz, y viendola ya muy envegecida, la empezó à hacer de nuevo en el 1722. como se dirá en su lugar.

6 Demás del Titulo de S. Martin en Orense, favorece à esta Ciudad otro milagro que obró Dios por el Santo en el sitio de la misma Cathedral. Refierele el mismo S. Gregorio, diciendo que le oyó de un Embajador de Francia, llamado Florenciano, que vino al Rey *Miro* de los Suevos, y este Rey se le contó à Florenciano, conforme le ponemos en el Apendice. Fue el caso: que en el Atrio de la Iglesia de S. Martin, edificada por un antecesor del Rey Miro (que ya digimos haverse llamado *Carrarico*, y parece fue abuelo de Miro, segun la Chronología y nombres de los Suevos) havia una entrada à la Iglesia, cubierta toda de vides, que levantadas en alto formaban una hermosa Galería, por donde el que iba à pie se metia en la Iglesia. Hallabase el Rey Miro en esta Ciudad, quando vino el expresado Embajador: y ya por la circunstancia del Emparrado que tenian presente, como por estar en Francia el cuerpo del Santo Titular, le contó, que entrando el Rey en la Iglesia por debajo del Emparrado en ocasion de estar cubierto de racimos, dijo à los que le acompañaban: Cuidado, no toqueis à las ubas: no sea que ofendais à S. Martin, pues quanto hay en el Atrio, todo es consagrado al Santo. Oyendo esto un gracioso que divertia al Rey con bufonadas, dijo dentro de sí: Yo no sé cuyos son los racimos: lo que sé es, que tengo gana de comerlos. Y alargando la mano, lo mismo fue tocar uno para arrancarle, que empezarsele à secar la mano, sin poderla apartar de la parra, padeciendo muy intensos dolores. No recurrió à sus chistes: clamó à todos, que le socorriesen, suplicando al Santo le librase de la grande tribulacion en que se hallaba. Saliendo el Rey al ruido, fue tanta su ira contra el irreve-

Antiguedad de la Iglesia de Orense. 35

verente, que le huviera cortado las manos, si no fuera por un grande empeño de los suyos. Volviendose à la Iglesia, se postró delante del Altar, derramando tantas lagrimas, que lavó con ellas el delito del Siervo. Logró éste la sanidad: y entrando à dar las gracias en el Templo, se levantó el Rey gozoso, y volvió à su Palacio con el criado sano.

7 Todo este contexto es nueva prueba de que el Templo de San Martin fue el de Orense, y que alli hizo Dios el milagro; pues ninguna Ciudad de Galicia es tenida por fructifera en parras, sino ésta. Aqui pues debemos reconocer acontecido todo lo que en el asunto refiere el Turonense. Aqui edificó el Templo Carrarico: aqui logró salud su hijo: aqui empezó la Conversion de los Suevos: aqui llegó y predicó S. Martin, que fue despues Dumiense y Bracarense: aqui es donde S. Gregorio añade, que el pueblo se hallaba tan aficionado en el amor de Dios, que todos padecerian de buena gana martyrio, si fuera entonces tiempo de tiranos: aqui es donde residieron algunas veces los Reyes Carrarico y Miro, que por tanto sabemos no vivian de asiento en Braga (aunque era la Capital de la Provincia) sino donde les parecia conveniente, desfrutando cada sitio segun las estaciones del año en que eran mas benignos.

8 Casi resuelto estuve à no hacer mencion del pensamiento de algunos Portugueses, que hablando de la Iglesia fabricada por el Rey Suevo para el fin de las reliquias, quieren sea la de S. Martin *Dumiense*, ò la de *Cedofeita*, situada en el arrabal septentrional de Porto, alegando para esto el nombre de *Citofacta*, por la brevedad con que el Rey la levantó, y porque alli se halló un cofrecito de piedra con algunas reliquias en el año de 1630. y aunque no tenian nombre, *se asentó que eran del glorioso S. Martin*: y como las de Francia llegaron à un *Puerto de Galicia*, infieren que éste fue Porto. Mas no alcanzan las pruebas: porque la Iglesia edificada por el Rey Suevo, se concluyó antes de llegar à Galicia las reliquias, como dice San Gregorio Turonense, unico texto en la materia. (Vease

el Tomo 15. y como la Iglesia *Dumiense* se hizo despues de llegar à Galicia las reliquias, se convence no ser ésta la edificada por el Rey.

9 Para la de *Cedofeita* tampoco hay fundamento: pues el nombre (en que insiste Cerqueira) es comun à varias Iglesias de Galicia: y por tanto inutil para establecer la presente. Que se hallasen reliquias en el Altar, tampoco prueba: pues en lo antiguo se ponian en el mayor de cada Iglesia. Y el decir que no teniendo nombre, *se asentó* que eran de S. Martin (como dice el documento citado por Cerqueira) es voluntario; porque no dando pruebas, ni se asienta, ni se dà asenso. Que llegasen à un Puerto de Galicia las reliquias de Francia, prueba menos: pues en Galicia hay muchos puertos: y el que venía de Francia no necesitaba recurrir al ultimo. Demás de esto sabemos que en Portugal no hay Tradicion sobre tal Iglesia de *Citofacta*: pues Brito no conoció tal cosa, y recurrió sin fundamento à la Dumiense. El Señor Acuña solo dice, que Fr. *Luis de los Angeles* le escribió tenia para sí haver sido esta la fabricada por el Rey Suevo: y su Ilustrisima no se quiso meter en averiguarlo: ni lo aseguró el mismo Angeles. Es pues conjetura moderna mal fundada. Ni podrán probar que en Porto huviese Obispo (como pretenden, ò suponen) antes, ni en tiempo de los Suevos, que le pusieron en Magneto, como declararémos en su sitio. Orense tiene à su favor la Tradicion, la Cathedral, el Patronato de S. Martin, y la hermandad con la Turonense de Francia.

10 Convertidos los Suevos à nuestra Santa Fé, concedió el Rey à los Obispos el gozo y el consuelo de que se juntasen en Concilio, para reparar los daños que tan prolongadas guerras y heregias havian ocasionado en la Provincia. El primero se tuvo en Braga año de 561. asistiendo ocho Prelados, ninguno de los quales manifestó su Iglesia. Los quatro (Lucrecio, Andres, Martin, y Lucencio) quedan ya aplicados en el Tomo 15. à Braga, Iria, Dumio, y Coimbra. De los otros quatro (Cotto, Ilderico, Timotheo, y Malioso) uno perteneció à Orense, como una de las nueve

ve Sillas de aquel tiempo: pero no hay documento para decir qual de ellos.

11 La paz de la Iglesia, y sus Canones pedian que cada año se juntasen los Padres à Concilio. Era Galicia de mucha dilatacion en tiempo de los Suevos: pues no solo abrazaba desde Astorga à Porto (segun límites antiguos) sino gran parte de Lusitania, por conquista de los mismos Suevos. Aquella dilatacion no estaba proveida suficientemente de Pastores. Resultaba de aqui perjuicio en las Visitas. La concurrencia anual à la Metropoli para el fin de Concilios, era tambien incomoda, por causa de la distancia y del terreno. Para ocurrir à todo propuso el Rey Theodomiro à los Prelados, que erigiesen nuevas Sillas Pontificias, y escogiesen otra Ciudad demás de Braga donde concurriesen al Concilio. Todo se cumplió asi. Nombraron à la Ciudad de Lugo por segunda Metropoli, donde se juntasen anualmente los Obispos septentrionales à Braga; y à esta, para los meridionales. Añadieron tambien quatro Obispados, como todo consta en lo expuesto sobre los Concilios Bracarenses.

12. Desde entonces quedó Orense aplicada à la Metropoli de Lugo, sin eximirse de la primera Bracarense, segun consta por la concurrencia al Synodo segundo de Braga. Pero este mismo Concilio ofrece prueba de no haver sido Orense ninguna de las Sillas erigidas de nuevo en aquel tiempo, sino una de las antiguas, que es à lo que se ordena quanto vamos diciendo. De esto hablamos ya en el Tomo 4. pero conviene epilogar lo que es de nuestro asunto.

ORENSE NO FUE erigida Obispado en tiempo de los Suevos, sino antes.

Descubrese un Obispo en el año de 433. y sig.

13 Yepes en su Tomo 1. fol. 240. tuvo por cosa cierta, que Orense fue una de las Iglesias erigidas de nuevo por los Suevos. Pero como estas materias tan remotas no penden de autoridad extrínseca de modernos, harán todos poca fuerza, si no la hacen sus pruebas. No las muestra el Autor, ni yo las ha-

hallo, sino de que es Iglesia mas antigua: pues antes del Concilio que se dice Lucense, donde vemos la ereccion de nuevas Sedes; constan *ocho* en el primero Bracarense, en que faltó el Obispo de Viseo, ya existente, y por tanto eran *nueve*, incluído el de Dume, que poco antes erigieron los Suevos. Con este no huvo mas que *trece* en el mayor auge de aquel Reyno, segun prueba el Synodo II. Bracarense. Restan pues quatro Sedes erigidas despues del primer Concilio: y estas fueron *Egitania*, *Lamego*, *Magneto*, y *Britonia*, Ciudades menos famosas y pobladas que Orense: porque de ésta sabemos que antes de los Concilios de Braga residió alli la Corte de Carrarico, y levantó la Iglesia de S. Martin, à que precedió la de *Santa Maria*, como se ha dicho. Y haviendo antes de los Concilios una Ciudad digna de residencia Real, no podemos decir que ésta carecia de Sede, y suponerla en pueblos menos dignos.

14 A esta excelencia de Ciudad se añade la mayor antiguedad que el Obispo de Orense mostró en el Concilio segundo de Braga, sobre los de Egitania, Lamego, Magneto, y Britonia: pues aunque no subscriben en un orden, ocupan los tres primeros el ultimo lugar entre los Bracarenses; y el de Britonia, el ultimo de todos los Lucenses. No asi el de Orense, que firma segundo sufraganeo, precediendo à los Obispos de Tuy, y de Astorga, cuyas Iglesias eran de las antiguas. Viendo pues que solo quatro Iglesias pueden decirse erigidas despues del primer Concilio, y que hallamos ocupando el ultimo lugar en el segundo à los Prelados de Egitania, Lamego, Magneto, y Britonia; solo estos pueden decirse nuevos, y que por tanto eran menos antiguos: el de Orense precedió aun à otros de Iglesias primitivas, porque tenia mayor antiguedad de ordenacion: segun lo qual no puede este Obispado decirse nuevamente erigido, sino uno de los que precedieron al Concilio I. Bracarense, cuyo Obispo concurrió al tal Concilio.

15 De aqui resulta, que podemos aplicar à Orense uno de los dos Obispos que Idacio en su Chronicon dice fueron consagrados en el Conven-

vento Lucense año de 433. La razon es: porque en el distrito del Convento de Lugo (y fuera de su Obispado) no habia en tiempo de Idacio mas que dos Sedes, la de Celenes (que se pasó à Iria) y la de Orense. Y el que afirme otra cosa debe producir fundamentos. Yo sé que aun despues de convertirse los Suevos, reconocieron los Obispos que habia pocas Sedes en Galicia, y aumentaron quatro, una de las quales solamente perteneció al Convento de Lugo, que fue Britonia (como se probó en el Tomo 4.) Y si despues del total numero de Sedes no huvo en el Convento de Lugo mas que tres Obispados (fuera de la Capital) resulta, que antes de aumentar el tercero, no havia mas que dos: y uno de ellos fue Orense; sin que jamás se haya oido en documento fidedigno mas que otro Obispado en aquel territorio: el qual en el Siglo V. en que vivia Idacio, fue Celenis, y despues pasó tres leguas de alli à la Ciudad de Iria, como probarémos en su Iglesia. Constando pues solo dos Obispados en el Convento Lucense, quando escribia Idacio, es preciso reducir à Orense uno de los dos Obispos que menciona: porque aun despues no huvo sino Orense y otro, hasta que los Suevos erigieron tercero. En esta suposicion diremos, que en el año de 433. se consagró por Obispo de Orense *Pastor*, ò *Siagrio* (nombres de los dos referidos por Idacio) uno en Celenis, otro en Orense; dudandose unicamente qual de los dos nombres pertenece à nuestra Iglesia: pero calificando la antiguedad de Sede: pues en el Siglo V. sabemos la gozaba, y no consta el principio. Debe pues reconocerse una de las primeras Iglesias.

16 Asi como se descubre por este medio un Obispo en el año de 433. irian continuando otros en adelante. Pero ignoramos sus nombres hasta el que presidia en Orense antes del 571. que se llamó Witimiro.

CAPITULO V.

CATALOGO DE LOS OBISPOS
de Orense desde el fin de los Suevos.

1 Aunque segun lo prevenido pudiera empezar este Catalogo por Pastor, ò Siagrio, desde el año 433. nos contentamos con la prevencion, pues ignoramos qual de los dos nombres fue el de Orense: y asi empezamos por nombre conocido

WITIMIRO.
Desde antes del 571. hasta despues del 572.

2 Witimer se escribe el nombre de este Prelado en el Concilio II. Bracarense (celebrado en el año de 572.) en que se halló: y por el nombre denota ser de la gente Sueva, que años antes se hallaba ya Catholica en Galicia. No asistió al Concilio I. de Braga del 561. pero se hace creible, que concurrió al llamado Lucense, donde erigieron los Padres nuevas Sillas poco antes del segundo de Braga: pues en éste mostró alguna antiguedad de consagracion, firmando immediato al Obispo Andres, cuyo nombre se halla entre los Obispos del Concilio primero, y precediendo à los Obispos de Tuy, Astorga, y Britonia. Este ultimo fue uno de los quatro establecidos de nuevo poco antes: pero como los otros eran mas antiguos, y los precedió el de Orense, mostró no ser esta Iglesia de las nuevas, y que el Prelado tenia algunos años de consagracion.

3 Este Concilio es el ultimo que tenemos del tiempo de los Suevos, porque luego se apoderaron los Godos de Galicia, y cesa la mencion de aquel gobierno, en que Orense seguia la Metropoli de Lugo, quedando todos agregados à Braga, como al tiempo del Concilio I. Siguióse el tercero Toledano en el 589. pero ya no vivia Witimiro: y por falta de documentos ignoramos sus particularidades.

4 No falta quien nombre modernamente al padre yà
la

la madre: pero esto necesita apoyo antiguo. Añaden tambien el apellido de *Araujo*, reduciendo la expresion al Epitafio: lo que no corresponde à tales tiempos, y asi no podemos insistir en semejante Epitafio, que ya no existe (si acaso le huvo) pues el Obispo Muñoz no alega mas que à Gil Gonzalez.

5 Mas ilustre y segura es la memoria que de Witimiro persevera en las Obras de S. Martin Bracarense, publicadas en el Tomo 15. en cuya pag. 406. se vé el tratado *de la Ira*, que el Santo escribió por influjo de Witimiro, à quien por lo mismo le dirigió con este sobreescrito: *Domino ac Beatissimo, mihi desideratissimo in Christo Patri, Witimiro Episcopo, Martinus Episcopus*. Ambos eran Obispos; Martin, Metropolitano de Braga: Witimiro, de Orense, pues este titulo declaró en el Concilio I. de Braga en que se halló con el mismo S. Martin: y aquel trato dió ocasion al tratado referido: pues el mismo Santo declara, que hallandose juntos conversando familiarmente, le pidió nuestro Obispo, que escribiese algo sobre la pasion de la Ira, y sus efectos. El Santo lo hizo prontamente con gusto, remitiendole luego aquel tratado. La familiaridad entre los dos, el gusto que el Santo mostró en la conversacion con Witimiro, (llamandole *muy deseado*) y la materia de vencer las pasiones, todo cede en elogio de nuestro Obispo, que sin duda era muy espiritual, quando confrontó con el Santo, quando trataba con él sobre interiores afectos, y quando S. Martin mostró tanto gusto en complacerle; segun la maxima de que cada uno busca su semejante, y que con el Santo, serás Santo.

6 En el mencionado Concilio de Lugo se hizo, demás de la ereccion de nuevos Obispados, reparticion de Diocesis, expresando las Iglesias de que debia cuidar cada Prelado. Al de Orense le dieron: *Palla, Auna, Verugio, Bebalos, Ceporos, Tennes, Pinea, Sassavio, Verecanoe, Senabia, & Calapages majores*, voces no solo desconocidas entre los Geografos antiguos, sino inconstantes en su leccion; pues el Tudense escribe *Vesugio, Biviale, Teporos, Geursos, Pinera, Casavia, Vereganos, Sanabria, & Calabazas majores*. La Division atribuida à Vamba

ba dice: *Auria teneat de Cusanca usque Silum* (*Silam* escribe el Tudense) *de Veregas nos usque Calabazas majores.* Autor hay que dice ser lo mismo *Sassavio*, que *Casavia*, y *Cusanca*, lugar hoy existente con este nombre ácia el nacimiento del rio *Avia*, que entra en el *Miño* mas abajo de Orense.

7 Los *Bebalos*, ò *Biviale*, se escriben en Morales *Bubale*. De los *Bibalos* hablamos ya al principio.

LUPATO.

Vivia en el año de 589.

1 Convertidos los Godos á la Fé, dispuso el Rey Catholico Recaredo, que se juntasen à Concilio todos los Obispos de sus dominios, asi para que los Godos protestasen la Fé publicamente, como para que los Prelados arrancasen las espinas que en el campo de la Iglesia havian brotado por falta del cultivo de los Synodos. Este fue el *tercero* de Toledo, en que se hallaron 62. Obispos en persona, y otros por Vicarios. De esta clase fue el de Orense, que no pudiendo concurrir à la Corte, envió al Arcipreste *Hildemiro*, para que hiciese sus veces, y como tal firmó entre los Vicarios, asi: *Hildemirus Archipresbyter Auriensis Ecclesiæ agens vices Domini mei Lupati Episcopi, subscripsi.* Las ediciones antiguas salieron viciadas en esta parte: porque omitiendo la firma del Vicario de *Pegasio* Astigitano, aplicaron el nombre de Pegasio al de Orense: y el Obispo Muñoz, careciendo de manuscritos, y aun de las ediciones modernas, cayó en el mismo yerro, y añadió el de citar para esto al Concilio IV. de Toledo.

2 Aun mas es, que despues de Pegasio pone como Obispo à Lupato, haciendo dos Obispos de uno, y citando una Lapida, en que Ildemiro se nombra Arcipreste de Amphiloquia, y Legado al Concilio de Toledo por el Obispo Lopaca. Su Legacía al Concilio consta por la firma citada. La voz Lopaca es barbara, desfigurada por el que introdujo la de Amphiloquia. Pero el Obispo es uno, llamado Lupato. (ò Lupario) El Pegasio, introducido por el motivo dicho, pertenece al mismo Concilio: y esto convence que no denota Obispo diverso de Orense, sino de otra Iglesia, que era la Astigitana.

THEO-

THEODORO.
Vivia en el año de 610.

1 Despues de Lupato introduce el Señor Muñoz à *Pedro*, de quien dice hay memoria (sin expresar donde) en el año de 612. y en otra piedra de S. Andres del Castro (à una legua de Orense). Aqui acaba su noticia. Yo no la hallo de tal Pedro, ni me sientan bien las piedras del referido Castro: porque la de Lopaca, y Amphiloquia, no parece bien labrada. Mas firme es la de otro Prelado, no conocido en Orense, y se llamó *Theodoro* (ò Theudoro, segun escribe otro Codice) y vivia en el año de 610. en que concurrió à Toledo con motivo de la exaltacion al Trono del Rey Gundemaro, segun consta por el Decreto con que el Rey confirmó lo establecido por los Obispos de la Cartaginense acerca de su Metropoli, cuyo Decreto firmó entre otros el presente: *Ego Theodorus Ecclesiæ Aurisinæ Eps. ss.*

2 Loaysa imprimió *Ausesinæ*, y *Theudorus*. El Codice Vigilano del Escorial *Theodorus*, y *Aurisinæ*. La *r* y *s* se confunden facilmente en el caracter de los Godos: y leyendo *Ausesinæ*, se desfiguró la voz, para que à los Lectores no les ocurriese Orense. Pero el *Auresinus*, corresponde à Auria en estilo de aquel tiempo, como convencen los Codices, que en el Concilio VI. de Toledo escriben al Obispo de esta Iglesia, *David*, con titulo de *Auresino*: y el mismo David se lee *Auriense* en el Concilio IV. Era pues libre el uso de Auriense, ò Auresino; pero siempre denotaba al Obispo de Orense: y asi tenemos en el Catalogo un Prelado no conocido antes por los que escribieron de esta Iglesia: sabiendose que vivia y concurrió à Toledo en el año de 610. Pasaronse muchos años sin Concilio Nacional, ni de Galicia; y por tanto ignoramos los sucesos.

DAVID.
Desde antes del 633. hasta despues del 638.

1 Al tiempo de celebrarse en Toledo el Concilio quarto Nacional, en Diciembre del año 633. presidia en Orense el Obispo *David*; pero no pudiendo concurrir personalmente, envió Vicario, que se llamaba Marcos, y era Pres-

Presbytero, como declaró en la subscripcion de los Decretos: *Marcus Presbyter, Vicarius David Auriensis Eps. ss.* La Escritura del Rey D. Sancho II. que ponemos en el Apendice, menciona à este Prelado y su Vicario.

2 Congregóse en la misma Ciudad el Concilio *sexto* à 9. de Enero del 638, y entonces pudo David pasar allá, y se halló en el Concilio, que firmó en el num. 17. precediendo à 31. Prelados menos antiguos. Pero aqui cesa la memoria, empezando poco despues la del sucesor, que se llamó

GAUDESTEO.
Desde antes del 646. hasta cerca del 50.

1 Unos Codices escriben Godestus, otros Gudestheus: pero lo mas comun es *Gaudesteus*. Su mencion persevera en el Concilio septimo de Toledo, celebrado en el año de 646. en que concurrió personalmente à la Corte nuestro Obispo, y subscribió entre los menos antiguos, manifestando que havia sido consagrado poco antes. No desfrutó la Sede muchos años: pues en el 653. presidia ya en Orense el sucesor

SONNA.
Desde antes del 653. hasta despues del 56.

1 Con dos nn. escriben à Sonna los mas de los Codices Mss. del Concilio octavo de Toledo, tenido en el año de 653. y compuesto entre otros por Sonna Obispo Auriense, que le firmó en el num. 47. de Loysa, precediendo à cinco menos antiguos. Tres años despues volvió à la Corte, convocado para el Concilio X. que se tuvo en el 656. Pero los Escritores no le aplican esta memoria, por no expresarle en aquel Concilio las ediciones. Vease el Tomo XIV. pagin. 23. donde se halla su nombre num. 46. de las firmas del citado Concilio.

2 El Señor Muñoz previene, que el Rey Don Sancho, y su hermana Doña Elvira en privilegio concedido à esta Iglesia hacen de este Prelado memoria particular, de la qual (dice) se colige su santidad, y la fama de virtud continuada en tiempo tan posterior. Pero no se informó bien; pues en el mencionado privilegio no hay memoria particular de este Prelado, sino comun, nombrandole con otros

Catalogo de los Obispos de Orense. 45

otros del tiempo de los Godos, como se vé en el Apendice. El nombre que alli tiene es *Somna*.

ALARIO, ò HILARIO.
Desde antes del 675. hasta despues del 83.

1 No pudiendo congregarse en mucho tiempo las Provincias à Concilio Nacional, por las circunstancias del Estado civil; logró el Metropolitano de Galicia congregar en Braga à sus Obispos en el año de 675. y formaron el tercer Concilio Bracarense. Entre los siete sufraganeos que asistieron, fue uno el de Orense, cuyo nombre escriben unos Codices *Alario*, otros *Hilario*, y algunos *Alarico*. El primero tiene mas apoyos. Subscribió en sexto lugar, quinto despues del Metropolitano: y aqui vuelve à sonar el titulo de *Aurisino*, ò Auresino, que otras veces (y son las mas) es *Auriense*.

2 No pudo nuestro Obispo concurrir al Concilio XII. de Toledo, tenido en el año de 681. pero dos años despues presidia todavia en su Iglesia, y concurrió al decimotercio del 683. en que precedió à 22. Obispos. Gil Gonzalez cometió el yerro de hacer dos Obispos de uno: llamando al primero Alario, y al segundo Hilario, por la variedad con que se escribe el nombre; sin reparar (por ser poco escrupuloso) en que aquella variedad se halla en un mismo Concilio; y la persona que le componia, havia de ser una, no dos, por una sola Iglesia en aquel tiempo.

3 El Señor Muñoz dice, que Alario se retiró à la Parroquia del Castro (distante una legua de Orense) y que la consagró. Añade, que para morir en quietud, debió de renunciar el Obispado, y que le sucedió

ESTEPHANO.

4 De este dice hay memoria en una Lapida antigua de la dicha Iglesia del Castro, por la qual (añade) consta, que fue el sucesor immediato de Alario. Pero no propone la Inscripcion, ni se conoce en el publico, qué antiguedad tengan, ò qué fé merezcan las memorias del dicho Castro. Yo he recurrido à la benignidad del Ilustrisimo Cabildo, suplicando me instruya en el asunto: y haviendo di-

ri-

rigido allá al Señor D. Francisco Alvarez de Guntin, Canonigo Cardenal de aquella Santa Iglesia, no halló Inscripcion de ningun Obispo, sino solo memoria de haverse enterrado alli algunos antiguos, y que parece tuvieron Lapidas en sitio terraplenado hoy con motivo de una fábrica nueva, que no se podia demoler.

5 Por tanto no podemos adelantar, ni individualizar la materia. Solo consta que huvo alli poblacion antigua por una Inscripcion del Emperador Hadriano (pero mal conservada) y otra, ordenada à la memoria de tres que parecen *Gaditanos*, puesta por *Tito* Fontio, la qual dice:

L. SCIPION. C
SILANO. CN.
MAGON. GAD.
T. FONTIO P. S.

FRUCTUOSO.
Desde antes del 688. hasta despues del 93.

1 Por Mayo del 688. se celebró en Toledo el Concilio decimoquinto, siendo uno de los 61. Prelados el de Orense, que se llamó Fructuoso. Subscribió en el num. 46. precediendo à quince Obispos, que le suponen de alguna antiguedad: y la manifestó mas claramente cinco años despues, en que concurrió al Concilio XVI. del año 693. pues firmó alli entre los primeros sufraganeos, que con los Metropolitanos dicen los Codices haver sido *sesenta*.

2 Hasta aqui nos dieron luz las Actas Conciliares: pero faltando en este Prelado, quedamos en tinieblas. Algunos, sin buscar quien los guie, se arrojan temerarios à caminar por donde quieren, con solo oir que hay senda, sin reflexionar en quien lo dice: y como no havia quien supiese el camino, tomaron varios rumbos. Unos ponen por sucesores de Fructuoso à Gudila, Gotho, Tomiro, y Servando, y de este dicen que vivia al tiempo de la ultima batalla de los Godos: otros dicen, que *Servando* sucedió à Fructuoso: y segun el corto espacio que huvo desde el 693. (en que Fructuoso vivia) hasta la pérdida de España, era esto lo mas creible. Pero todo es palpar sombras, faltando luz que guie: pues el escrito que se atribuye à Servando, Canonigo, y Obispo de Orense, es una de las ficciones modernas, tegida de
pa-

patrañas, con tanta liberalidad, qué antes de la entrada de los Moros contó *cinquenta Obispos Aurienses*, nombrando á cada uno, pero adoptando el yerro de hacer dos del vario modo de escribir á Alario: y antes del Witimiro, que empieza á sonar en tiempo de los Suevos, adivinó el nombre de treinta y un Obispos, ò mas (pues en mi copia faltan dos para la suma general de cinquenta, y no sabemos, si los meteria antes, ò despues de Witimiro) mas para formar aquel esquadron de Obispos reclutó con intolerable anachronismo dos que florecieron despues de la entrada de los Moros, *Vimarasio, y Ansurio*, remachando su yerro con decir, son los que yacen en S. Esteban de Ribas de Sil. Los que alli yacen, florecieron mucho despues de los Suevos, segun escriben todos los que tratan del asunto: y el impostor, que tomó nombre de Servando, no solo los pone antes de acabarse los Suevos, sino como que precedieron á Witimiro con nueve, ò mas Obispos intermedios quando ni havia Monasterio de S. Esteban, ni aquel de quien se dice descendiente, atribuido á S. Martin Dumiense, en cuyo tiempo vivía Witimiro. Despreciado pues el sueño del escrito de Servando, decimos, que si de allí pende la dignidad de Obispo de Orense, será ésta tan fingida como el escrito: y Fructuoso quedará como ultimo Obispo del tiempo de los Godos, mientras no se descubra texto de autoridad legítima. Vease *Franckenau* en la Bibliotheca pag. 388. donde hablando del Servendo de Orense, dice: *Verum ejusdem esse farinæ ac pseudo-Dextri, Hauberti, aliorumque opera supposititia, expedita apud doctos hodie res est.*

CAPITULO VI.

OBISPOS DESPUES DE LA ENTRADA de los Moros.

1 UNA de las Ciudades que espérimentaron el furor de los Arabes, fue la de Orense, que no tanto empieza desde

de aqui à mostrarnos el estado de cautiverio, quanto el de su desolacion: pues varios documentos refieren haver sido totalmente destruida. El privilegio que el Rey D. Alfonso el Casto dió à la Iglesia de Lugo, confiesa que en el año de la data, que fue el 832. perseveraba en sus ruinas, sin muros, ni gente, y que el Rey no se hallaba en estado de restaurarla, como ni tampoco à Braga: *Quæ omnino à Paganis destructa esse videntur & populo & muro.* El Chronicon anonimo (citado por Brito en el lib. 7. de la Monarchía Lusitana cap. 6. y por Sandoval en los Cinco Reyes pag. 85.) dice, que Abdelazin tomó en la Era 754. à Porto, Braga, Tuy, y Lugo: y que à Orense la asoló: *Aurium vero depopulavit usque ad solum.* Aquella Era fue el año de 716. desde el qual perseveró destruida hasta el año de 832. segun el testimonio del Rey Casto, que por suponerla asolada, como à Braga, anejó sus territorios à Lugo: *Ecclesiæ S. Mariæ, seu urbe Lucensi ceteras dono & concedo Civitates, Bracaram scil. Metropolitanam, & Auriensem urbem.* Esta aplicacion de Orense à Lugo no tuvo efecto en lo sucesivo: y si hemos de creer à las menciones de Prelados de Orense, que hallamos en algunos Escritores, tampoco perdió el Obispo en tiempo del Rey Casto, pues vemos al siguiente.

MAYDO.
Vivía en timpo del Rey Casto.

2 Este nombre y Dignidad de Orense se halla en el privilegio del Rey Casto concedido à la Iglesia de S. Salvador de Oviedo, donde entre los confirmadores uno es *Maydo Obispo de Orense*, como se vé en Morales lib. 13. cap. 40. La Era allí señalada es la 830. que corresponde al año 792. pero Morales tomó los numeros de la Era por año, en virtud de que 38. años antes no podia haverse hecho la confirmacion de los bienes dados à la Iglesia, por quanto entonces (esto es en el 792.) se hallaba el Rey al principio de su reynado, en el año segundo. Esta reflexion hace fuerza. Sin embargo el Chronicon Albeldense refiere como primera accion la fabrica del Templo: mas si constare que fue años despues, no por eso tomaremos la Era por año (de que no veo exemplar)

plar) siendo mas seguro el recurso de que hay yerro en la copia de la data, poniendo X. por L. ò cosa semejante: pues otros lances de tomar Era por año nacieron de no distinguir el valor de 40. que tiene la X con rasgo, y reputandola diez, coincidia con el cómputo de año.

3. Lo que prueba la citada Escritura (si no tiene yerro) es, que Maydo floreció en tiempo del Rey Casto, pues el alli nombrado declara ser hijo de Froyla y Nuña, y este es el Alfonso II. intitulado el Casto. Sabese tambien que Maydò vivia despues de acabar el Rey la Cathedral de Oviedo. Por entonces, vemos continuado el título de Obispado en Orense: cosa que podrá hacer alguna dificultad, en vista de que el mismo Rey Casto refiere en el privilegio mencionado de Lugo, haver concedido à esta Santa Iglesia las de Braga, y Orense, por estar arruinadas: y si huviera Obispo titular de Orense, no necesitaba el Rey encomendar esta Iglesia al Lucense: porque aquel podia hacer lo que atribuían à este: y sobre tocarle à él, se hallaba mas desocupado que el de Lugo. Parece pues que si Maydo era Obispo de Orense, debe ponerse antes de aplicar el Rey su territorio al Prelado de Lugo: porque despues de concedido, no parece hay lugar para admitir en Orense Prelado diverso del Lucense.

4. Se dirá, que Braga estaba igualmente atribuida à Lugo, y con todo eso hallamos Prelados con título de Bracarenses, distintos del Obispo de Lugo. Confieso, que pongo el argumento por que otro le desate. Yo puse ya mis dificultades, al tratar del de Braga. Ahora digo, que acaso perseveró Lugo con jurisdiccion sobre Braga, porque à costa suya, y por medio de sus familias, empezó à restablecer aquella Iglesia. Debió pues Lugo continuar con su derecho sobre aquel territorio mientras Braga no estuviese del todo restablecida; y pudo continuar su Obispo titular, para mantener el derecho de Prelado peculiar, luego que recobrase el estado antiguo, pues con esta excepcion fue atribuida à Lugo. Lo mismo digo de Orense. Pudo continuar su Obispo Titular: pero no consta desde D. Alfonso el II. hasta el III. y asi le suponemos

mos incluido en Lugo, mientras no se restableció la Sede Auriense. Despues que D. Alfonso III. la restauró, cesó la atribucion de Orense à Lugo. Pudo pues el Lucense tener jurisdiccion en nuestra Iglesia, desde D. Alfonso II. hasta el III. pero no despues, porque desde entonces gozó Orense de Prelado proprio, diverso del de Lugo, hasta fin del Siglo X. En aquel espacio de gobernarse Orense por el Obispo de Lugo, desde D. Alfonso el Casto, pueden aplicarse à nuestra Iglesia los Lucenses: y acaso sucedió esto en el siguiente.

DE ADULFO.

1 En Escritura de Celanova, aplicada al año de 820. refiere Sandoval (en la Historia del Rey Casto, pag. 170.) al Obispo de Orense *Adulpho*, como presente à la fundacion, dotacion, y eleccion de Abad que hicieron unos Monges en las riberas del Miño.

2 Deseando yo enterarme del asunto, obtuve copia de Celanova: y la data no es de la Era 858. (año de 820. sino de la DCCCXX. con rasgos en cada X. de suerte que por valor de 40. en cada una por el rasgo, sea la Era 880. (año de 842.) en que se verifica la clausula adjunta: *Regnante dominissimo Ranemiro Principe*, pues reynaba entonces D. Ramiro I. Pero esta data no corresponde à la mencion del Obispo Adulfo; ni este se dice presente à la eleccion de Abad, sino que consagró las Iglesias allí mencionadas, reynando D. Alfonso: *Omnia ipsarum Ecclesiarum ex sua obtatione sacravit Dñs. Adulfus Episcopus tempore dominissimi Adefonsi Principis*. El tiempo de este Alfonso parece fue el reynado del Casto, como antecesor de Ramiro I. y asi à este reducimos à Adulfo, sin declarar el año, por no señalarle la Escritura. Su data de 80. por dos X con rasgos es irregular: pero no hay mas recurso que al genio del Escritor del Tumbo de Celanova: pues el reynado de D. Ramiro, despues de D. Alfonso, pide la Era 880.

3 No expresa la Escritura la Sede de Adulfo. Yepes en el Tomo 5. fol. 28. dice que era de *Iria*. Pero yo no veo tal nombre en tiempo del Rey Casto en aquella Iglesia: y en vista de que el mismo Ye-

Yepes dice haver aplicado el Rey D. Ramiro à Celanova las Iglesias de que habla la Escritura, parece que el territorio pertenecia à Orense, à cuyo Obispo le aplica Sandoval: y esto pudo componerse siendo Obispo de Lugo, por lo que luego se dirá.

4 La materia de la Escritura es notable, por las Iglesias que refiere à la orilla del Miño, en el lugar *Barreto*, donde concurrieron hombres y mugeres à formar un Monasterio duplice con el Abad *Senior*, y despues de éste lo fue *Bellarifonso*, su sobrino; por cuya muerte presidió su hermano *Astrulfo* (cuya es la Escritura), sobrinos del Abad Senior, ò Seniorinus (pues de ambos modos se escribe). Demás de la Iglesia y Monasterio de Sta. Maria de Barreto, refiere la Escritura las Iglesias de Lausato, ò Lausata, de Sta. Eugenia *ad portum Abbatis Senioris*, de S. Martin, sobre el Miño; S. Roman, sobre el mismo rio; y de Santiago en Laurento: las quales fundó el Abad Senior con los que concurrieron à él; algunos de los quales vivian al tiempo de hacerse la Escritura: por cuya expresion es preciso recurrir, para la consagracion hecha por el Obispo Adulfo, à tiempo de D. Alfonso el Casto en el Siglo *nono*; pues al tiempo de otorgarse la Escritura, vivian unos, y havian muerto otros (con los dos Abades, Senior, y Bellarifonso) y esto favorece tambien à que la data no se anticipe del año 842. pues se necesita tiempo para salvar los hechos: y sobre todo, solo asi sale bien que reynaba Ramiro.

5 De esta historia se infiere la devocion que reynaba en las orillas del Miño, y que el territorio gozaba por entonces de alguna tranquilidad, quando concurrian hombres y mugeres à consagrarse à Dios en vida Religiosa, levantando diferentes Iglesias.

6 Sin embargo la Capital Orense estaba sin recobrarse: pues asi resulta por lo que se dirá en el Prelado siguiente, donde vemos que en tiempo de D. Ordoño I. (que empezó à reynar despues de D. Ramiro) fue conquistada Orense, Y segun esto podrá alguno decir que Adulfo no fue consagrado por titulo de Orense, sino de Lugo, y que con todo eso cuidaba como Pas-

tor del territorio de Orense, porque desde el tiempo de D. Alfonso I. restauró Lugo (por medio del Obispo Odoario) mucha tierra de la despoblada, hasta llegar à Braga; y en medio está Orense. Fundase el pensamiento, en que D. Alfonso el Casto hizo concesion expresa de Braga y Orense à la Santa Iglesia de Lugo, por estar destruidas: y en aquel reynado se vé en Argaiz y en Pallares que presidia en Lugo el Obispo Adulpho, ò Adaulfo, por los años de 832. Podemos pues decir, que el Adulfo mencionado en tiempo de D. Alfonso como consagrante de Iglesias en el territorio de Orense, fue el de Lugo, que tenia jurisdiccion hasta Braga.

7. Deben pues aplicarse à Orense desde el año 832. los Obispos de Lugo

Adaulfo   }
Gladiaro   } Lucenses.
Flaviano   }

y acaso el sucesor *Recaredo* en el principio de su Pontificado, hasta que (viviendo el mismo Recaredo) restauró el Rey D. Alfonso III. la Sede Auriense, poniendo alli Obispo diverso del de Lugo, que se llamó Sebastian, como vamos à explicar con novedad, pues no es cosa que se ha visto en el público.

De los Prelados mencionados de Lugo, trataremos en su Iglesia.

SEBASTIAN.
Desde antes del 877. *al de* 881.

1. Es increible el desorden con que proceden los Autores acerca de los Obispos de este tiempo: pero tambien es en parte disculpable, por no haver visto el público el principal documento sobre que estriba lo historial, que es un privilegio del Rey D. Alfonso III. al qual citan, sin haverle visto. Por él consta el nombre y orden de tres Obispos, en la conformidad que se và à exponer. El primero se llamó Sebastian; del qual nos dice el Rey en su privilegio, que fue Obispo de Arcabica, en la Celtiberia: pero que los Moros le expelieron de alli. Refugióse el Obispo à Galicia, y el Rey D. Alfonso III. (à quien el padre dió el gobierno del territorio de Orense como expresa el mismo privilegio) le encomendó esta Iglesia, y él

la tomó à su cargo, declarando el mismo Rey que fue su primer Obispo: *Adveniente quoque Sebastiano Archabiensis peregrino Episcopo ex Provincia Celtiberiæ, expulsus à Barbaris, mirabiliter* (f. *miserabiliter*) *hanc Sedem illi concessimus, qui prius idem Ecclesiam Antistes fuit.*

2 Esta particular noticia es como fundamento, ò primera piedra sobre que debe fabricarse el Catalogo presente, en virtud de referirnos el Monarca lo que hasta hoy se ignoraba del timpo à que se alargó la Silla Arcabiense, ò Arcabicense, de la Celtiberia, y que su Obispo Sebastian, expelido de ella por los Barbaros, fue el primero que tuvo Orense despues de la asolacion, segun consta por el mismo Rey, que nombra primer Obispo à Sebastian, despues de haver referido la restauracion de esta Iglesia, diciendo que su padre el Rey D. Ordoño fue el primero que conquistó à Orense despues de la entrada de los Arabes: *Ipse primus hanc Sedem aprehendit cum Villis vel omnibus adjacentiis suis.* Su conquista no tuvo firmeza: porque luego redugeron los Arabes aquella tierra à soledad: pero el Rey D. Alfonso III. consiguió expelerlos de allí: poblóla de nuevo, haciendo habitable lo desierto, y dotó la Santa Iglesia, segun todo consta por el Real privilegio que se dá en el Apendice.

3 En vista de esto se puede corregir un punto de los Chronicones Albeldense, y de Samphiro, quando refieren que D. Alfonso III. dilató los terminos de la Iglesia, y que pobló de Christianos las Ciudades de Porto, Braga, Viseo, Flavias, y otra que alli se escribe *Aucense.* Yo creo debe leerse *Auriense*: porque Auca, como tan distante de las alli nombradas, no tiene conexion con ellas, y Orense es confinante. Demás de esto en el señalamiento de Parroquias de Oviedo para los Obispos que concurrian al Concilio, no se hace mencion de Auca, sino de Auria (à quien con el de Britonia, aplicaron la Iglesia de S. Pedro de Nora) pues aunque Sandoval juntó al de Oca con Tarazona, equivocó el Oscense con el Aucense, como se vé en Morales lib. 15. cap. 26. y en mi Tomo 15. pag. 402. No haviendo pues en Oviedo Decanía para el de Auca, sino

para el Auriens: ; à este mas que al primero debemos aplicar las memorias de aquel tiempo; pues el contexto del Albeldense, y de Sampiro favorece à Orense, y no à Oca, en el orden de las Ciudades que refiere. Otros egemplares hay de haverse equivocado el nombre de Orense con el Aucense, y estos quitan la extrañeza del presente. Pero lo mas es el privilegio de que vamos hablando, donde se dice expresamente que D. Alfonso III. restauró, pobló, y dotó la Sede Auriense: y por tanto debe ser entendida esta Ciudad entre aquellas que refieren los antiguos hover sido conquistadas y pobladas por aquel Monarca.

4 Todo esto vá à parar à otra especie de que desde ahora podemos señalar como residente en Orense à su Obispo, y no puramente titular como antes, pues ya havia casa de la Esposa, y el Pastor tenia ovejas, y restaurado el territorio, necesitaba emplear la solicitud en apacentarlas. El primero à quien correspondió este cuidado fue Sebastian: y como estaba ya práctico en solicitud Pastoral (como Obispo que havia sido antes de Arcabica, y en tiempo de sobresaltos por grave persecucion) podria conseguir mas progresos. Haviendo pues empleado su atencion en la planta de aquel nuevo rebaño, acabó en paz.

5 El tiempo de su Pontificado y muerte no consta individualmente por este privilegio; pero el Chronicon Albeldense contrae la noticia del Obispo Sebastian à determinado año: pues hablando de los que vivian al tiempo de escribir aquel Autor, esto es, en el año de 881. dice, que Sebastian presidia en Orense: *Sebastianus quidem Sedem Auriensem*, como se lee en el Tomo 13. pag. 437. Vivia pues Sebastian en el año de 881. y segun el tiempo, nombre, y Sede, podemos adelantar la noticia de que ya estaba en Orense en el año de 877. pues en aquel año concedió el Rey dos privilegios al Obispo de San Martin de Mondoñedo; y ambos fueron confirmados por el Obispo *Sebastian*. No expresa la Iglesia (como tampoco los demás confirmantes) pero el tiempo, y nombre favorecen al presente. En cuya suposicion sabemos gobernaba à Orense en el 877. y quatro años

años siguientes, en el 881. Pero ignoramos los años que llevaba en el 77. ni los que sobrevivió al 81. Es creíble, que falleció por entonces, à vista de que entre aquel año y el de 887. huvo otro Obispo immediato sucesor de Sebastian, llamado Censerico, que havia ya muerto, y tenia sucesor en el año de 886. como se vá à decir.

CENSERICO.
Vivia en el 884.

1 Con notable desorden de tiempo, y falta de seguridad en las noticias, hablan los Autores del Obispo Censerico, nombrandole Acenserico. Gil Gonzalez le pone despues de Maydo, antes de Sebastian, siguiendole Muñoz. Argaiz le antepone à Maydo, reduciendole al 781. El primero dice, que con poco temor de Dios destruyó la Dote de la Iglesia, y la vendió à los Barbaros. Argaiz se burla de esto. Pero en el privilegio de que vamos hablando consta aquel hecho, y lo demás que culpó Argaiz en la omision de Gil Gonzalez, sobre el tiempo, y Rey que refiere haver depuesto al mal Obispo, y puesto otro.

2 El caso es, que Censerico no fue depuesto, porque no tuvo sucesor hasta la muerte, como declara el Rey, el qual nos dice, que despues de fallecer Sebastian, entró por segundo Obispo Censerico, el qual con atrevimiento maligno, rendido à la ambicion de las cosas mundanas, no solo se atrevió à quebrantar los piadosos deseos de el Monarca, que acababa de dotar la Santa Iglesia, sino que disipó la dotacion vendiendola, y recibiendo precio de los compradores: *Post parsationem (f. pausationem) vitæ illius (scil. Sebastiani) Censericum in loco ejus Episcopum ordinavimus, quam dotem factam Ecclesiæ taxavimus, malitiose, ut superius diximus, & sacrilege evertit. Post ejus discessum, &c.* Lo que antes dijo es: *Sed profanator Antistes Clericus ausu maligna, & mundanarum rerum arreptus beneficio non solummodo visus est nostra pia dissolvere vota, sed etiam in tanta inhæsit vesania, ut ipsam Ecclesiæ dotem dissipare, vendere, & licitari ipsam cum precio ab emptoribus accipere.*

3 Aqui no expresa que los bienes fueron vendidos à los Barbaros, ni esto corresponde à los que se hallaban

expelidos de alli, siendo mas verosimil que la venta de la hacienda se hiciese à las nuevas familias de Christianos que entraron à poblar el territorio. En esta conformidad gimió la Iglesia destituida de sus bienes, hasta despues de muerto Censerico, cuyo año determinado no sabemos, constando unicamente que fue corto su Pontificado: pues falleció antes del 28. de Agosto del 886. en que el Rey otorgó este privilegio, y dice vivia ya el sucesor, que era tercer Obispo de Orense despues de la restauracion. Su nombre fue

SUMNA.
Vivia en el 886.

1. No conocieron à este Obispo los citados Autores. El Señor Muñoz pone despues de Acenserico siete Obispos, nombrando al ultimo Somna segundo, que aplica al año de 897. recurriendo al 31. del reynado de D. Alfonso III. Pero el privilegio original no señala el año 31. del Rey, sino el XXI. ni al Obispo le nombra Somna, sino Sumna con firmeza: y por tanto no puede intitularse segundo, pues no precede otro de este nombre; porque el del tiempo de los Godos fue Sonna, ò Somna, y este es Sumna. Lo mas notable es el orden de sucesion, que el Rey propone, como vamos diciendo, esto es, que muerto Censerico, entró por tercer Obispo de Orense Sumna, que vivia actualmente: *Deinde post ejus discessum* (id est, Censerici) *tertius Auriensis Ecclesiæ præest Sumna Episcopus.*

2. Este Prelado puso gran solicitud en reconocer los bienes de su Iglesia: y hallandola defraudada por la disipacion de Censerico, acudió al Rey D. Alfonso III. suplicandole volviese à restaurar, y de nuevo declarase el dote de la Iglesia: *Cum omnia* (dice el Rey) *vivide perquireret, ut sacros Principum Canones, & inventa esset cuncta demolita, nostris auditibus è vestigio intimavit, & affatim dignum ac providum duximus, ut instaurata dote, novoque stilo plantaremus, sicut & factum est.*

3. Viendo el Rey los terminos antiguos de la jurisdiccion de esta Iglesia, los renovó, declarando pertenecerla, Pala aurea, Limia, Berrugio, Lemaos, Bebaios, Ze-

Zepastos, Geurres, Pinza, Casavio, Vereganos, Senabria, y Calabazas mayores. Prosigue la dotacion señalando los terminos por montes y rios, como se vé en la misma Escritura, fecha en 28. de Agosto de su año 21. que corresponde al 886. de Christo; pues el año 1. empezó eu Mayo del 866. y acabó el año XX. en Mayo del 886. empezando desde entonces el XXI. que corria por Agosto del mismo año hasta Mayo del 87. Con este documento se disuelven los nudos dados por los Autores acerca del tiempo y Rey que gobernaba en tiempo de estos Prelados, y sobre el orden que tuvieron entre sí; que es como vá declarado en virtud del privilegio referido.

4 No sabemos el tiempo de la muerte de Sumna. Pero sí que por ahora vivia junto á Orense el Anacoreta S. Vintila, que pasó á mejor vida en el año de 890. como referirémos en su vida.

EGILA.
Vivia en el año de 900.

1 El Chronicon de Sampiro expresa como Obispo de Orense á Egila en tiempo del mismo Rey D. Alfonso III. refiriendole entre los que concurrieron á consagrar la Iglesia de Santiago, sobre cuyo año hay mucha variedad. Unos recurren al de 876. otros al de 900. en que vivia el mismo Rey. La principal variedad proviene del modo con que se refiere aquel suceso en el Chronicon de Sampiro, y por los años del Rey que señalan algunos privilegios, donde se menciona el asunto.

2 En el Tomo 2. adoptamos la primera opinion, como mas arreglada con los numeros y circunstancias del mencionado Chronicon. Pero en vista de estar muy desordenado, y que se mezcló en él mano posterior con varias interpolaciones; ni le tenemos por original en esta parte, ni digno de prevalecer contra la autoridad de los privilegios. Uno de ellos es el presente, por el qual se convence que Egila fue posterior á Sebastian, y á los demás expresados, los quales vivieron antes del 887. y como estos fueron los primeros que Orense tuvo en el Reynado de D. Alfonso III. (pues él mismo les dá orden de *primero*, *segundo*, y
ter-

tercero) resulta que Egila no puede anticiparse de *quarto*: y si este, que vivió despues del 887. concurrió á la Consagracion de la Iglesia de Santiago, no puede ésta colocarse once años antes, sino despues del referido, y por tanto en el de 899. correspondiente al año del reynado de D. Alfonso, que declara otro privilegio.

3 Segun esto vivia el Obispo Egila en el año de 899. en que concurrió con otros al suceso referido, y once meses despues al Concilio de Oviedo, en que fue aquella Iglesia erigida en Metropoli, como expresan las Actas incluidas en el Chronicon de Sampiro: por las quales resulta otra especie, que viene prometida acerca de que la Iglesia de Orense no estaba sujeta á la de Lugo; pues alli se refiere en cada una su Obispo: la de Lugo tenia á Recaredo; la de Orense á Egila. Esto se convence mejor por el privilegio que dejamos mencionado; pues el Rey dice con expresion, que encomendó la Sede Auriense á Sebastian, que fue su primer Obispo: y esto no puede componerse con que Orense estuviese sujeta al Obispo de Lugo. Lo mismo califica la sucesion de Obispos que iremos refiriendo en esta Iglesia, diversos de los que havia en Lugo.

4 Al tiempo de estar juntos los Obispos en Oviedo, y viendo que Dios les iba concediendo libertad, por medio de los triunfos con que cada dia alejaban á los enemigos; renovaron los Canones sobre celebrar Concilios, disponiendo que los Obispos concurriesen annualmente á la Metropoli colocada en Oviedo. Esto prueba que algunos tenian residencia ordinaria fuera de alli en sus Iglesias: y como la de Orense se hallaba ya restablecida, era su Prelado uno de los que debian concurrir al Synodo.

5 Pero como ésta, y otras semejantes no tenian bien repoblada su Diocesi, les faltaban subsidios para los gastos. Oviedo como mas apartada del teatro de la guerra tenia algunos fondos: y portandose como madre liberal, aplicó á las demás Iglesias sus Parroquias, para que mientras los Obispos se hallaban en aquella Capital, tuviesen con que mantenerse, sin gravamen de sus proprias Iglesias. Al de Orense junto con el de Britonia aplicaron la Igle-

Iglesia de *S. Pedro de Nora*, como se vé en la Escritura publicada en el Tomo XIV. pag. 401. la qual dice expresamente que esto era para manutencion de los Obispos en el tiempo que asistiesen al Concilio: *Cum statuto tempore ad celebrandum Concilium in Metropolis Ovetensis Sedem venissent*. Y aunque se quiera alargar esta concesion para congrua habitual de los Obispos titulares, que todavia carecian de Iglesia; no se debe aplicar al de Orense mas que en el tiempo del Concilio: porque restaurada ya su Sede, debia residir en ella, y no habitar en la Parroquia de Oviedo, sino en el preciso tiempo del Concilio.

6 Egila vivió poco despues del año 900. porque en el 905. propone otro Prelado de Orense el documento que se referirá en el sucesor Esteban.

EXCLUYESE DIEGO, ò Jacobo.

7 Es comun entre los Autores nombrar despues de Egila à Diego (en latin Jacobo) no faltando quien duplicando los Egilas, multiplique los Diegos. Uno y otro proviene de las varias opiniones sobre el año de la Consagracion de la Iglesia de Santiago: no reflexionando en que el Obispo de una accion debe ser uno mismo en qualquiera opinion: de suerte que ninguna sostiene haver sido dos Obispos de Orense los que consagraron la mencionada Iglesia, sino uno: y la duda sobre el tiempo de la accion, prueba duda del tiempo del Obispo, pero de ningun modo sirve para distinguir las personas.

8 Morales, y Sandoval dieron ocasion à que otros pusiesen en Orense el nombre de Diego, ò de Jacobo, à quien aplicaron el titulo de Orense al hablar de la consulta que el Rey D. Ordoño II. tuvo con éste y otros Obispos sobre la restauracion de la Diocesi de Tuy y de Lamego. Y aplicando unos el suceso al año de 915. otros al Siglo precedente, duplicaron los nombres y personas. Sandoval en los 5. Obispos pag. 249. erró el titulo de Jacobo proponiendo el de *Iriense*, que Argaiz (por ver ocupada à Iria con el Obispo Sisnando) corrigió, substituyendo el titulo de *Auriense*, pero sin razon: porque

no basta excluir à Iria, para inferir à Auria: pues resta el titulo de *Coria*, en que Sandoval en la misma plana propone à Jacobo, nombrandole *Cauriensis* en el año de 905. en que la Escritura publicada en la Fundacion del Monasterio de Sahagun §. 5. dice: *Jacobus Corense Sedis*, y como la misma Escritura se halla confirmada por Esteban de Orense, resulta que Jacobo no se debe aplicar à esta Iglesia, sino à Coria.

9 Lo mismo se califica por el Chronicon de Sampiro, que hablando de la Consagracion de la Iglesia de Santiago dice, que el Obispo Jacobo tenia el titulo de Cauriense, y Egila el de Orense. Lo mismo puede probarse por la Escritura mencionada de la restauracion de Tuy, y de Lamego: (*) pues en la copia que yo tengo se aplica à dos Obispos el titulo de Auriense: (uno de los quales es Jacobo) y como es preciso suponer que en el uno hay errata, debe aplicarse à Jacobo el titulo de Coria declarado por otros documentos. El tiempo de este suceso anda mal referido, y por tanto multiplican los Jacobos; pero Morales, y Sandoval proponen el 915. y este es el que corresponde al original; pues el Tumbo de Santiago dice al margen de este privilegio: *Eram & horam quære in originali, quæ est Era DCCCCLIII.* la qual corresponde al año 915. Entonces vivía Jacobo, muerto ya Egila, y su sucesor: con lo que se infiere bien que Jacobo, ò Diego no fue Obispo de Orense.

ESTEBAN.
Vivia en el 905.

7 El nombre y tiempo de este Prelado se halla en un privilegio concedido por el Rey D. Alfonso III. al Monasterio de Sahagun en el año de 905. donde entre otros Prelados confirmantes fue uno, el de Orense, llamado Esteban: *Stephanus Auriense Sedis* (Eps.) *conf.* como se vé en la Historia de aquel Monasterio §. 5. y en el Tomo 3. de Yepes fol. 169.

2 En virtud de este año 905. consta haver hecho mal Argaiz en querer corregir el nombre de Esteban en Sebastian, de quien hablan los Ver-

(*) [*Impresa en el Tom.*19. *pag.*349. *Vease alli pag.*110.]

Versos del Chronicon Albeldense arriba mencionados: pues aquel Prelado vivia en el 881. y este en el 905. interpuestos los referidos: y por tanto el nombre y la persona son diversos.

3 Omito el que Muñoz propuso despues de Egila à Obeco, alegando la firma del privilegio de los votos de Santiago, con poca exactitud: pues en aquel privilegio no hay confirmacion de Obispo que tenga titulo de Orense: y el Obeco que alli subscribe, se intitula de Astorga. A este modo procede aquel Autor sin cultura sobre el tiempo de Reyes y de Obispos, multiplicando Diegos, y Jacobos, con individualidades que no es necesario referir, por no resultar utilidad.

De Esteban no tenemos mas noticia que la del mencionado privilegio

DE MARTIN.
Si fue Obispo de Orense.

1 Tampoco hay memoria del Obispo Martin, mas que por la Escritura del Monasterio de *Lerez* (junto á Pontevedra) en que se refiere la siguiente firma: *Mar-tinus Episcopus Auriensis*, como propone Argaiz en latin, Sandoval, y Yepes en romance. El año que ofrecen es el 886. Era 924. reynando D. Ordoñó II. con su muger Doña Elvira: y desde aqui empiezan las dudas: pues en el año de 886. no reynaba D. Ordoño, sino su padre D. Alfonso III. Se dirà, que el padre le dió el Reyno de Galicia. Pero aun asi es dificil admitir aquel año: pues el padre casó en el 869. (como digimos en la Obra de las Reynas) y antes de D. Ordoño tuvo (à lo menos) otro hijo (que le sucedió). Diez y siete años es espacio muy estrecho para dos hijos, y para que el segundo estuviese casado, y reynante en vida del padre, y del hermano mayor: pues la vida del heredero eximia de celeridad en casar al segundo en sus primeros años. No es pues asegurable el año de 886. con aquellas circunstancias.

2 Otra es, que la Escritura añade corria el año *segundo* de su Reynado, segun me asegura un Cl. Benedictino, que la reconoció: y esto corresponde al año 915. en que por Agosto (en cuyo dia 17. se otorgó la Escritura) con-

contaba su año segundo el que empezó despues del 30. de Enero del 914. (como digimos en el Tomo 14. pag. 433.) Dado esto, no vivia el padre, ni el hermano mayor: pues D. Ordoño no contó los años de su Reynado, hasta el año de 914. como probamos aqui en el num. 4. del cap. 3. pag. 17. y por tanto no otorgó la Escritura, reynando por su padre en Galicia. Y adviertase, que Yepes sobre el año de 886. dijo, que ponia la Escritura en el Apendice, y no la puso; sin duda por las dificultades que se le ofrecerian despues (sin acordarse de borrar la promesa) pues (sobre lo dicho, y lo que se va à añadir contra el año) la Escritura empieza diciendo: *In Xpti nomine Nos Ordonius Secundus Rex, & conjux mea Dña. Gelvira.* El titulo de *Secundus* no le he visto jamás en documento antiguo de Reyes, que tuvieron compañeros en el nombre: y acaso contribuyó para que Yepes la omitiese.

3 El tercer argumento contra el año de 886. se toma del privilegio que ponemos en el Apendice, del mismo año, y del mismo mes de Agosto, y de la misma Provincia de Galicia, como concedido à la Iglesia de Orense por el Rey D. Alonso III. con la Reyna Doña Gimena. Era pues este el que reynaba entonces en Galicia, y no su hijo D. Ordoño, à la sazon muy niño.

4 Otro argumento en favor del 915. se toma de la misma Escritura por los Obispos confirmantes, *Sisnando de Iria, Branderico de Tuy, Sabarico Dumiense, Recaredo de Lugo, Ermogio Portucalense,* los quales vivian en el 915. y antecedentes, como convencen las Escrituras X. y XI. del Tomo 4. de Yepes, confirmadas por ellos en el 912. y 913. y no todos eran Obispos en el 886. pues Ermogio de Porto no empezó hasta el 912. En el 886. presidia en Porto *Justo* (que vivia en el 81.) ò Gumado, que le sucedió: y aunque entre los dos quieren algunos meter à otro Ermogio diverso del presente, no tienen mas fundamento que el yerro de esta Escritura: y así es multiplicar Obispos sin prueba suficiente.

5 Finalmente se convence que la Escritura no es del año 886. por la firma del Obispo Martin de que tratamos, el qual no gobernaba entonces à Orense, sino *Sumna*, como ma-

Catalogo de Obispos.

manifiesta el privilegio primero del Apendice del mismo año, y del mismo mes de Agosto, sin que permita introducir ningun Obispo Martin por aquel tiempo, ocupado con Sebastian, con Censerico, y Sumna.

6 Adviertase tambien que hoy no existe el original de Lerez: y en las copias es menos de extrañar el yerro, como prueban las que tienen falta de *treinta* años, por la X con rasgo, que es *quarenta*; y despreciado por el mal copiante, ocasiona yerro de 30. años. Aqui puede recelarse algo de esto: pues si al año de 886. se añaden 30. sale el de 916. en que solo hay una unidad de sobra, poniendo al fin de la Era 924. un IIII. por III. correspondiente al año 2. de D. Ordoño por Agosto del 915.

7 Tampoco hay seguridad en el nombre de *Martin*, porque la Escritura parece obscura en los nombres: pues Sandoval leyó *Sabarico*, *Rotano*; y *Hermoygio*, donde Yepes ofrece à *Ianarico*, *Rorando*, y *Ermogeo*: y como leyeron Rocano y Rorando por *Recaredo*, puede recelarse que la Escritura no se halla clara, y por tanto no es segura para el nombre de Martin, en lance donde hay motivo del recelo, como sucede aqui: pues en el mismo año de 915. hallamos en Orense al Obispo *Ansuri*, ò Asuri, de quien se và à tratar. Por todas estas incertidumbres no puede asegurarse el nombre de Martin, pero en especial por el tiempo: pues el unico documento en que se halla, no es seguro: ni puede atribuirse al 886. (como se ha probado) ni al 915. en que por Agosto presidia en Orense S. Ansurio.

8 Muñoz pone un Martin en el año de 850. citando, pero no exhibiendo, una Lapida, que dice escrita en letras Goticas, donde se referia haver consagrado la Iglesia del Castro en la Era de 888. correspondiente al año de 850. A mí no me suenan bien estas citas que recurren al Castro, porque tienen malas señas: y en el caso presente hay nueva dificultad: porque segun el privilegio mencionado de D. Alfonso III. no se havia restaurado en aquel tiempo el territorio de Orense, ni mucho menos estaba poblado de Christianos, ni asegurado; pues esto lo hizo despues

pues D. Alfonso III. Y si no tenia antes repoblaciones, ni seguridad, es dificultoso persuadir que consagrasen la Iglesia. Despues del 830. hasta Alfonso III. estuvo atribuido al Obispo de Lugo el territorio de Orense: y en aquel espacio no huvo en Lugo Obispo que se llamase Martin, y menos en Orense.

9 Por tanto omitimos el nombre de Martin en aquel tiempo, y ahora solo le referimos por ocacion de la Escritura mencionada de Lerez, en que recelamos si ha de leerse Asuri, ò cosa semejante, por lo que se vá à exponer.

S. ANSURIO.
Desde antes del 915. hasta el de 922. ò poco mas.

1 Con variedad escriben los Autores este nombre: *Ansurio* es el que prevalece. Tal vez se lee *Asurio, Aduri, Assuri*, y *Asurius. Isauri* propusieron Morales y Yepes, al dar la Inscripcion de su sepulcro en latin: pero en la traduccion convienen en Ansurio, por lo que al ponerla se dirá. La Escritura de Samos, que he visto original, y queda puesta en el Tomo XIV. pag. 372. dice, *Assuri Auriense Sedis Eps. conf.* A este nombre alude el del Epitafio desfigurado por algun copiante, ò errado en la impresion de Morales. Seguiremos el ya vulgar de Ansurio.

2 Su primera mencion empieza en el año de 915. pues aunque la Escritura 31. del Tomo 4. de Yepes le nombra en la Era 947. (año de 909.) mostramos ya el yerro de la Era pag. 17. pues aquella Escritura no precedió al año de 920. como alli se probó: y asi insistimos en el año de 915. à 30. de Enero, por la Escritura referida sobre aquel año en Morales lib. 15. cap. 40. en Lobera fol. 233. y en las Antiguedades de Tuy fol. 50. la qual expresa los Obispos con quienes el Rey D. Ordoño II. trató la restauracion de las Diocesis de Tuy y Lamego, y la dotacion que hizo à Santiago, entre los quales nombra à Ansurio con expreso titulo de *Auriense* en el texto (pues en las firmas no declaran los Obispos su Iglesia : *Asurius Eps. Froarengus Eps.* &c.) y aunque los Autores suelen escribirle *Aucense*, queda ya declarada la equivocacion, que se

Cotalogo de Obispos. S. Ansurio 65

se desvanece (fuera de lo dicho) por la copia que tengo de la Escritura mencionada, donde se escribe *Auriense*. Es verdad que dá el mismo titulo à Jacobo: pero tambien notamos ya, que fue *Cauriense*. Pruebase tambien el titulo de *Auriense* en Ansurio, por la firmeza con que en el año siguiente le aplica el mismo titulo la Escritura alegada por Lobera fol. 236. otorgada en 11. de Abril del 916. y confirmada entre otros por *Ansur de Orense*. En mi copia: *Ansur Auriense Sedis Eps. conf.* Esta constancia en el título de Orense, en el nombre irregular de Ansur, prueba que el mencionado en el privilegio precedente del 915. fue de Orense, y que es yerro el título de Aucense, por Autiense. El yerro fué perjudicial: pues Yepes Tomo 4. fol. 298. creyó por él, que Ansurio fue primero Obispo titular de Auca, y despues en propriedad de Orense. Con lo dicho no se le puede aplicar mas que esta Iglesia. Según lo prevenido debe entenderse el mismo Obispo de Orense en Escritura que tengo de Mondoñedo, que es del año 914. à 1. de Enero de la Era DCCCCLII. firmada por *Assurii Dei gr. Eps.* En cuya suposicion se califica haver empezado antes del 915.

3 Persevera la memoria de este Obispo en otro privilegio de D. Ordoño II. y su muger Doña Elvira, dado al Monasterio de S. Pedro y S. Pablo en el territorio de Tria-Castela en Galicia, junto al Monte Serio, ò Seiro, restaurado por *Gaton*, abuelo de estos Reyes (como alli se dice) donde uno de los confirmantes es *Asurius Eps.* y aunque no expresa Iglesia, consta por el nombre y tiempo que es el presente; porque el año fue el 919. Era 957. à 10. de las Calendas de Diciembre, segun copia que tengo del privilegio existente entre los de Santiago, mencionado por Morales lib. 15. cap. 43. y sabemos que Ansurio gobernaba à Orense antes y despues del año 919. porque en el privilegio de Samos, (ya citado) que es del 922. persevera la memoria de este Prelado, con el mismo titulo de Auriense, como prueba la firma ya exhibida.

4 Alcanzó este Prelado à S. Rosendo, que empeza-

Tom. XVII.

ba entonces à mostrar los rayos de su luz; y como era de familia ilustrisima, se hacia mas visible. Nuestro Obispo le dió la Iglesia de Santa Maria de Bonata en Armena (que Argaiz dice estar en la Limia) y el mismo S. Rosendo refiere esta donacion en la Escritura I. de Yepes Tomo 5. donde dotando à Celanova, expresa: *In Armena, Bonata & Ecclesia ibidem S. Mariæ, quam habeo ex concessione Patris Asueri Episcopi.* El Asueri parece corrupcion de Ansuri, ò Asuri, unico nombre de Obispo de aquel tiempo: y por tanto inferimos particular amistad, ò conexion de nuestro Prelado con la casa y persona de S. Rosendo.

5 Otra circunstancia notable del tiempo de este Obispo fue la ereccion del Monasterio de S. Esteban de Ribas de Sil (de que hablamos arriba) levantado por el Santo Abad Franquila en el año septimo del Rey D. Ordoño II. y ennoblecido con particular observancia, que llevaba à sí los ojos de los varones mas espirituales: y enamorandose de ella este Prelado resolvió dejarlo todo por su amor, renunciando la Dignidad, y retirandose à vivir con los Monges, segun consta por el Epitafio que pusieron en su sepulcro, publicado por Morales lib. 16. cap. 3. y por Yepes Tomo 4. fol. 298. en este mal latin:

En quem cernis cavea saxa tegit compago sacra presul Isauri per omnia illustrissimi viri. Affatim fuit dogma sancta, & vita militavit clara. Non extitit anceps de Domini vita, quia sic prorsus * faleravit confessio pia. Sinens Cathedra prædicta, conglutinans se norma monastica, ibique egit cuncta, qui Domino congruit, subsequens Domini voce, requievit in pace, in puncto nempe sacri corporis simul depositio sub die vij. Kal.

* Yepes *Dominus* en lugar de *prorsus.*

Fe-

Februarij. Era nongentesima sexagesima tertia ætate porrecta per ordinem sexta.

6 Aqui erraron el nombre del Obispo, tomando las dos ultimas letras de Presul*is* por principio de la diccion siguiente Asuri, con lo que resultó Isauri : y con todo eso Morales y Yepes en la traduccion à la lengua vulgar ponen *Ansurio*, sin advertir nada sobre el yerro de la voz en el texto latino. Marieta en el libro 5. cap. 63. publicó la Inscripcion, poniendo bien *presulis Ansurii*. En ella vemos como dejó la Cathedra Episcopal, y se juntó con los Monges à vivir en la norma Regular, que cumplió con exactitud : y llamado por el Señor descansó en paz à 26. de Enero del año 925. Hoy no existe la piedra : pero asegura Morales que havia testimonio autentico de como cien años antes se havia copiado fielmente : y aquel tiempo corresponde al año de 1463. en que el Administrador de la Abadía de S. Esteban D. Alfonso Pernas, con zelo de que no se perdiese la memoria de los Santos Obispos, que estaban enterrados en el Claustro, trasladó sus nueve cuerpos sobre el Retablo del Altar mayor. Despues por los años de 1594. el Abad Fr. Victor de Najara, viendo que los santos cuerpos aunque estaban elevados, no tenian el adorno que merecian, colocó à cada uno en su Arca, cinco à un lado del Altar mayor, y quatro à otro, como refiere Yepes en el lugar citado.

7 Esto prueba la santidad con que Ansurio, y los demás Obispos eran venerados como tales desde tiempos antiguos: pues de otra suerte no fueran colocados sobre el Retablo. Lo mismo autoriza el privilegio (mencionado allí por Yepes) de D. Alfonso *nono* de Leon, dado al Monasterio en el año de 1220. concediendole todo el derecho que en sus cotos pertenecia al Rey, por respeto de los nueve cuerpos de los Obispos Santos que alli están, por los quales, dice, obra Dios infinitos milagros: *Do & concedo Monasterio S. Stephani, & novem corporibus Sanctorum Episcoporum qui ibi sunt tumulati,*

pro quibus Deus INFINITA MIRACULA FACIT, omnia quæ pertinent, ac pertinere debent ad jus Regale in toto copto Monasterii.

8 Esta multitud de milagros, esta veneracion y culto con que veneraban los Fieles à los Santos Prelados, nos aseguran de la fama de santidad en que murieron, y fueron prosiguiendo despues, atestiguandola Dios con sus milagros. Por ahora solo tratamos de S. Ansurio: y aunque el Epitafio no declara la Iglesia, consta haver sido la presente por tradicion de el Monasterio, por el nombre, y por el tiempo en que vivió y murió, comprobado por los referidos documentos: segun los quales resulta que vivió pocos años en el Monasterio: pues en Agosto del 922. administraba la Iglesia como prueba el privilegio de Samos: y haviendo fallecido à los dos años y medio, fue corta su residencia en el Monasterio: porque la renuncia corresponde despues de las Calendas de Agosto del 22.

9 En el Martyrologio Benedictino de Menard se vé puesto sobre el dia 26. de Enero à este Obispo: *In Hispania, Sancti Isauri Episcopi Auriensis*; pues aunque el texto salió con la voz *Auciensis*, la corrigió bien entre otras erratas, poniendo *Auriensis*. El nombre del Santo no le corrigió, por hallarse asi en la Inscripcion latina de Morales y Yepes, y no miró al texto de la lengua vulgar, ni à Marieta, que le puso bien. Ferrario en su Catalogo de Santos, y en la Topographía del Martyrologio Romano, siguió el yerro de Morales, nombrando al Santo Isauro: pero tambien previno que otros le nombraban Ansurio. No asi Mabillon en sus Anales; pues solo le menciona con nombre de Isauro, hablando del Monasterio de S. Esteban de Ribas de Sil, donde erró en contarle por uno de los Monges que fueron de alli sacados para Obispos; pues el presente era Prelado de Orense antes de haver tal Monasterio, segun consta, por hallarse el nombre de este Prelado entre los confirmantes de la dotacion primera de aquella Santa Casa, como se deja dicho. Bolando en su *Acta SS.* menciona à éste, y los demás Obispos en el 26. de Enero, recogiendo lo escrito por Molina, y por Marieta; pero ni unos, ni otros mencionan las me-

memorias que hay del Santo en los privilegios Reales, que nos aseguran del tiempo y de la Iglesia. Lo principal es la santidad, en que todos convienen.

10 Molina en su Descripcion de Galicia, fol. 10. dice, que en los dedos de los cuerpos de los Obispos se hallaron muy ricos anillos, *en los quales agora* (dice) *se halla mucha virtud, que procede ansi de las piedras, como de sus dueños*. Esto denota la veneracion en que por entonces, esto es, al medio del Siglo XVI. eran tenidos los mencionados anillos. Quejase de un Reformador que vino al Monasterio quarenta y tantos años antes de escribir el referido Autor, porque no preciandose de la excelente memoria, y autoridad de los Sepulcros de aquellos santos Obispos (en cuyas lapidas se hallaba el nombre de cada uno, y el tiempo en que murieron) los deshizo, y juntando los huesos de los unos y los otros en una arca, los puso detrás del Altar mayor, donde agora, dice, están.

11 Bolando discurre variamente acerca del Reformador que menciona Molina, si seria enviado por la Sede Apostolica? si por algun Obispo comarcano? y qué idéa fue la de deshacer los sepulcros, y confundir los huesos. Pero segun lo que Yepes ya citado refiere, fue efecto de santo zelo, para colocar los cuerpos en sitio mas honorifico; y por tanto pusieron en el Altar mayor los vultos de los nueve Obispos, con sus nombres, cerrando alli con grande elevacion sus huesos, como escribe Morales, lib. 15. cap. 48. lo que es muestra de la grande opinion de santidad en que los tenian: y aunque Morales alli duda, si fue bastante motivo para tan solemne elevacion el privilegio ya citado de D. Alfonso IX. no se le debe alabar: pues el motivo provino de la santidad calificada por el continuo culto de los Fieles, originado de las virtudes sobresalientes que practicaron en vida, y en que perseveraron hasta la muerte, como declaró Dios por los milagros hechos à su invocacion: y esto constaba en aquella santa Casa antes que el Rey otorgase su privilegio; porque la noticia alli inserta no nació de revelacion que hiciese Dios al Monarca, sino de lo que el Rey supo por tradicion de el

Mo-

Monasterio y notoriedad de los milagros entre los Fieles de toda la comarca.

12 Molina quedó corto en el numero de los Santos, contando solo siete, quando el privilegio, la tradicion de la Casa, y los Escritores, convienen en haver sido nueve. Tambien omitió los nombres; y al referir las Sillas añadió las de Oviedo, Mondoñedo, y Tuy (que los demás no refieren) omitiendo la de Coimbra. Morales, lib.15. cap.48. y Yepes, Tomo 4. pag. 298. convienen en estos nombres y titulos.

Ansurio.	} Obispos
Bimarasio.	} de Orense.
Gonzalo Osorio.	} De Coim-
Froalengo.	} bra.
Servando.	
Viliulfo.	} De Iria.
Pelagio.	
Alfonso.	} De Astorga, y de Orense.
Pedro.	}

cuya Sede se ignora: y podemos aplicarle à Orense, por lo que se dirá sobre el año 1088.

13 Yo no sé qué pruebas hay para estos Titulos. Del Froalendo dudé en el Tomo XIV. sobre si fue Obispo de Coimbra. De Alfonso no hallo pruebas para Astorga, y menos para ser trasladado à Orense. Argaiz dice, que Bimarasio fue trasladado desde Orense à Tuy; pero sin testimonios muy urgentes no podemos admitir traslacion. En Tuy no hay Obispo Bimarasio, sino Vimara. A este de Tuy reconoció Sandoval en S. Esteban, sin acordarse de Orense. Los citados no se acuerdan de Tuy: y parece preciso admitir este titulo en *Viliulfo*, aplicado sin razon à Iria; pues en ella no huvo Obispo de tal nombre despues de restaurar el Monasterio de S. Esteban, y le hallamos en Tuy. Parece pues que no hay documento firme acerca de las Iglesias de estos santos Obispos. Pero esto no perjudica para la santidad de unos y otros, en que todos convienen.

DE S. BIMARASIO.

1 Despues de S. Ansurio ponen Gil Gonzalez y Argaiz à Bimarasio; pero Muñoz le coloca en tiempo del Rey D. Al-

Alfonso el Catholico (esto es, al medio del Siglo VIII.) añadiendo que se retiró al Monasterio de Ribas de Sil, y murió allí: cosa bien desacertada; pues no havia tal Monasterio entonces, ni en el Siglo siguiente. Yo no hallo pruebas de que fuese Prelado en esta Iglesia, mas que por decirlo algunos modernos, al tratar de S. Esteban de Ribas de Sil, y por la memoria del mismo Monasterio, en que se fundan. Pero ya vimos no ser firme la voz en el num. precedente, y que si aplicaron à Iria el Viliulfo de Tuy, pudieron dar à Orense el Vimara de Tuy.

2 Lo cierto es, que en Orense no vemos pruebas para Bimarasio: y Tuy nos las dá de su Vimara. El que tiró à concordar ambas Iglesias, diciendo que de Orense fue trasladado à Tuy, supuso que lo mismo era Vimara, que Bimarasio. Lo mismo entendió Sandoval; y dado esto (negando la traslacion) ofrece Tuy mas pruebas que Orense para S. Bimarasio. Orense debe distinguir à Bimarasio de Vimara, y cubrirse con la citada Memoria de S. Esteban, recurriendo, para introducirle en su Catalogo, al espacio entre el 925. y el 42. en que hay noticia de otro, sin recurrir al *Floresindo*, mencionado en escritos de mala fé.

3 Esto vá en suposicion de los que ponen à Bimarasio aqui en el Siglo X. Pero si no hay yerro en la Escritura 30. del Tumbo de Lugo, Era 1080. año de 1042. tiene Orense un *Vimarano*, que confirma diciendo: *Auxilio Xpti fultus Vimarani Auriensi Sedis Epus. sf.* y este es el que podrá aplicarse al Monasterio de San Esteban en constando haver fallecido alli un Obispo de Orense, llamado Vimarano, ò Bimarasio. Vease lo que despues diremos sobre este Vimarano.

DIEGO I.
Vivia en el 942.

1 No conoció Gil Gonzalez à este Prelado. Muñoz le introdujo en el 934. sin dar prueba, y añade, que en su tiempo empezó S. Rosendo à edificar el Monasterio de Celanova en el 941. de cuyo año tampoco ofrece prueba, y solo puede salvarse en caso de haver concluido la obra en un año, (pues en el de 942. ya estaba concluida, como se dijo)

y un año parece poco, leyendose *ocho* en la vida y milagros de S. Rosendo. Al tiempo de dorar el Santo aquella Casa confirmaron la Escritura varios Obispos, y entre ellos Diego de Orense, como muestra la Escritura 1. del Tomo quinto de Yepes Era DCCCCLXXX. (segun Morales y Castella Ferrer, aunque en Yepes falta la L.) y por tanto sabemos que presidia aqui este Prelado en el 942.

2 Sandoval en los cinco Obispos, pag. 148. ofrece una Escritura del año 951. à 17. de Febrero, corriendo todavia el año 1. del Rey D. Ordoño (el III.) que tiene confirmacion del Obispo Diego: *Didacus Dei g. Eps. of.* No declara la Sede: pero el nombre y el tiempo favorecen al presente. (*es la Escritura 93. del Tumbo de Samos*) Por lo mismo es creible firmase la Escritura del Monasterio de Lorenzana, que en el 958. confirmó el Obispo Diego, como se vé en el Apendice del Tomo siguiente.

FREDULFO
Vivia en el de 962.

1 Tambien es muy escasa la noticia del presente: reduciendose à la Escritura mencionada por Sandoval, pag. 149. que yo tengo copiada, y es la 39. de Samos, año de 962. donde entre otros Obispos confirma éste, diciendo: *Sub divino nutu Fredulfus Oriense Sedis Eps. of.* Cuya expresion de Sede nos descubre al que otros no conocieron: y muestra como se iba vulgarizando el latin *Auriensis* en *Oriense*. Sobrevivió poco despues de aquel año, segun la mencion del sucesor, llamado

GONZALO.
Vivia en el 964.

1 En el año de 964. dice Gil Gonzalez que confirmó una donacion hecha al Monasterio de S. Pedro de Antealtares de Santiago, sin añadir otra cosa. Pero en fin sirve para llenar el Catalogo en tiempo de tan escasas noticias.

DIEGO II.
Desde antes del 974. hasta despues del 77.

1 El nombre, y dignidad de este Prelado consta en una Escritura de Astorga, cuya da-

data anduvo mal estampada, y fue del año 974. como prevenimos en el Tomo precedente, donde la publicamos: y alli firma: *In nomine Trinitatis & unione Deitatis Didagus Auriensis Episcopus conf.*

2 Tres años despues continúa su expresion en la Escritura de S. Rosendo, notada poco antes de morir, y publicada en Yepes, Tomo 5. fol. 426. pero con la Era 1016. (año de 978.) que debe corregirse en 1015. pues el mismo Yepes confiesa, que el Santo murió en el 977. Alli confirma un solo Obispo, que es el Diocesano de Celanova, (donde se hallaba el Santo) y firma asi: *Sub divina potentia Didacus Auriensis Epis. conf.*

3 Acaso fue este hijo de *Pallito* (por lo que se intitulaba *Didacus Pallitiz*) como leo en Escritura de Samos, num. 153. de su Tumbo, donde vemos tuvo un hermano, llamado *Fonsino*, Presbytero y Confesor, al qual dió la Iglesia de Santa Maria de *Humano*, junto al riachuelo de este nombre, debajo del monte *Eribio*, territorio de Lemos, que pertenecia à la Sede de Orense: *Ipsa Ecclesia mihi Fonsino, ceu Presbytero & Confessori tradita est per manus fratris mei in Xpti noie Didacus Pallitiz, Dei gr. Eps. cujus ditioni concessa est Auria Sedes.* Mas abajo dice: *Dno Didaco proles Palliti: & per manum ipsius Dni. Didaci Epi. mihi Fonsino, fratri suo tradita est atque concessa cum omnibus adjacentiis suis de tempore Regis D. Ranemiri, D. Ordonii Principis, D. Ranemiri Principis, D. Veramundi Principis, &c.* y confirma solo el Rey D. Ramiro, con los Obispos, Villiulfo, Armentario, Pelayo, Pedro, Godesteo, Gimeno, Froylan, y el Abad Atila: los que dificultosamente pueden conciliarse en un año, y menos en la Era de la data DCCCCXX. (de qualquier modo que se entienda). Para el asunto hace la clausula del apellido del Obispo *Pallitiz*, y que le pertenecia la Iglesia de Orense. Pero como la data y conjunto incluyen tantas dificultades, no podemos asegurar el año, ni aun si fué Pallitiz el primero, ó el segundo.

DE VILIULFO, Y VIMARA, ò Vimarana.

1 Si no hay yerro en la Escritura de Morales. lib. 17. cap. 1. era Obispo de Orense en el año 986. Villulfo, que

que como tal confirmó la citada Escritura. Argaiz jugó tan puerilmente con este nombre, que le dió al Obispo de Tuy, luego le pasó à Orense, y otra vez à Tuy. Yo no tengo seguridad de Viliulfo en Orense. Sandoval (en la Obra de Tuy fol. 98. b.) afirma que no se hallará tal Obispo entre los que Orense ha tenido. Yo no veo memoria suya en las que me remitió la Santa Iglesia, ni en otra mas que en la referida de Morales. En Tuy hay firme noticia de Viliulfo desde el 960. por mas de 30. años. Es pues de recelar yerro en la mencion que le reduce à Orense.

2 Añade à esto, que desde la entrada de los Normanos en Galicia, cerca del 970. quedó la tierra de Tuy, y de Orense, tan destruida, que ni los Obispos pudieron residir en sus Ciudades, ni los huvo. Asi consta por el privilegio de Santiago, de que habla Morales lib. 17. cap. 37. El territorio de Tuy se encomendó despues à la Santa Iglesia de Santiago, como se vé en el lugar citado de Morales. El de Orense à Lugo: de suerte que pasada una viudéz muy larga, no volvió à tener Obispo proprio hasta el año de 1071. en que el Rey D. Sancho II. con su hermana Doña Elvira, puso Obispo en Orense, diciendo, que se havian pasado muchos tiempos sin Prelado, arruinadas, y olvidadas sus Parroquias, como se vé en la Escritura II. del Apendice. Con esto se desvanece la continuada série de Obispos, que se ofrece sin pruebas: y queda desautorizado el Viliulfo del año 986. (posterior à la invasion de los Normanos) constando unicamente con titulo de Tuy.

3 El Notario que dictó la citada Escritura de D. Sancho manifestó poca noticia de lo antiguo: pues omitió las del tiempo de D. Alfonso III. y estado posterior, cuidando solo de explicar era Sede de las antiguas. Pero la desolacion y olvido en que dice estuvo muchos años, se debe contraher al tiempo que pasó desde la ruina ocasionada por los Normanos, y *Almanzor*, al fin del Siglo X. hasta el año de 1071. en que se formó la Escritura.

4 Lo mismo digo acerca de lo que añade, de que la Iglesia de Orense se hallaba sujeta à la de Lugo, como
la

la de Braga: *Bracarense etenim Sede subjugata erat ad Luco, sic & ista Auriense prædicta:* cuya subordinacion debe entenderse antes de Alfonso III. y desde la entrada de los Normanos hasta D. Sancho II. y no de todo el espacio precedente: pues ya vimos que desde Alfonso III. gozó Orense de Prelados proprios diversos del de Lugo. Pero desde los Normanos no hallamos mencion autentica de Obispos en Orense: y juntando con este silencio la expresion de que vacó la Sede muchos años, sujeta à la de Lugo, no podemos admitir série de Obispos que no conste por firmes documentos.

5 Lo mas extraño es la Escritura mencionada pag. 71. que en el año 1042. pone Obispo de Orense à *Vimarano*. Este parece no lo pudo ser en realidad, segun los documentos referidos: y si no hay yerro en la mencion (que no le descubro) diremos que era puramente titular, como los de otras Iglesias destruidas. Y esto supone que precederian otros despues de la entrada de los Normanos, pues no hay fundamento para reconocer solo uno en el 1042.

Desde la destruccion causada por los Normanos cerca del 970. corresponden aquí los Obispos de Lugo:

Pelagio
Diego
Pedro I.
Maurelio
Vistrario

los quales cuidaron de esta Diocesi, y de la de Braga, (segun la Escritura referida) hasta la restaucion en tiempo del Obispo Ederonio.

EDERONIO.
Desde el 1071. *hasta cerca del* 1088.

Ya digimos como por mas de setenta años gimió viuda la Ciudad de Orense, hasta que entrando en Galicia el Rey D. Sancho II. con su hermana Doña Elvira en el año de 1071. se compadecieron del infeliz estado en que se hallaban las Iglesias de Braga, Lamego, y Orense, à las quales tomaron por su cuenta para restaurarlas y dotarlas. (La Infanta Doña Urraca, su hermana, cuidó de la de Tuy, dotandola en aquel año, como refiere la historia de esta Iglesia) Nombraron por Obispo de Orense à *Ederonio*, y
por

por su mano volvieron à ofrecer à Dios las posesiones antiguas, y algunos dones proprios, para los Ornamentos sagrados, como dice la Escritura del Apendice. A 13. de Enero del 1071. ya era Ederonio Obispo de Orense, pues como tal confirmó la dotacion de Tuy hecha en aquel dia.

2 Argaiz recogió bien otras memorias de Ederonio, aunque no conoció la mencionada. Una es del año 1073. en que confirmó Ederonio la dotacion del Monasterio de S. Salvador de Chantada, junto al Miño, cuya Escritura pone Yepes en el Tomo 6. num. 4. *Ederonius Auriensis Epis. conf.* Otra del 1080. publicada por el mismo Autor, Tomo 3. num. 9. aunque alli se escribe *Oronius* en lugar de Ederonius: pues sabemos que quatro años despues vivia el mismo Ederonio, en virtud de su mas ilustre memoria, que fue la de fabricar la Iglesia, (que hoy llaman *Santa Maria la Madre*) ò bien porque el tiempo de su ancianidad obligaba à renovarla, ò porque Almanzor la huviese derribado. Esta noticia ha quedado perpetuada en una Inscripcion, que persevera hoy sobre la puerta que cae al Claustro antiguo, la qual anda mal publicada, y no ha salido à luz en su propria forma de letra, que es como se sigue:

✠ PANDITVR· HENCVNTIS· SACRATI
IANUA TEMPLI· ANE FORES· DÑI FVN-
DIE CORDA VIRI HIC MESTA FACES LACRI
MS RORESCAT OBORTIS QVI TRISTIS VENIET·
LÆTI OBIND·REDDIT OMIA HMA XPS DLET ERRATA
FANTI SI SCM EMV DXERIT ESSE REM· EDRONV ÆPS
H·COÆBIT· OPVS· SVB ERA· TA· CA· XXIIA·

Es-

Esto es: Panditur ben cuntis sacrati ianua Templi:
Ante fores Domini fundite corda viri.
Hic mesta' facies lacrimis rorescat obortis
Qui tristis veniet, lætus obinde reddit.
Omnia humana Christus delet errata fatenti,
Si se cum gemitu dixerit esse reum.
Ederonius aepiscopus incoabit opus sub Era
Milesima centesima vigesima secunda.

4 Acerca de los caractéres se vé que prosiguen la A sin linea intermedia, que à veces pónen encima. Usan de la a que hoy: y el Cincelador permutó el rasgo de la Q poniendole inverso. La Orthografia usa de la H y del diptongo de Æ quando no corresponden, como *ben*, y *Æpiscopus*: y no pone diptongos, ni aspiracion, donde debia. Usa tambien B por V.

5 El año de la Era fue el 1084. Entonces empezó Ederonio la fábrica de esta Iglesia, que segun refiere Gil Gonzalez, duró cinco años, pues dice se concluyó en el 1089. Esta servia de Cathedral en aquel tiempo, como dicen lo fue antes de la consagrada à S. Martin: y allí se enterraban los Obispos. No consiguió el Prelado ver la obra concluida: pero se continuó y acabó en tiempo del sucesor, que se intitulaba solo *electo* en el año de 1088. y por tanto decimos que se acabó la obra en su Pontificado.

PEDRO.
Desde el 1088. hasta despues del 96.

1 El orden chronologico nos dá por sucesor de Ederonio à *Pedro*, que en el año de 1088. se hallaba electo Obispo de Orense, y como tal concurrió al Concilio celebrado entonces en Husillos sobre el arreglamiento de límites entre las Iglesias de Osma y de Burgos, y firmó diciendo: *Ego Petrus in Ecclesia Oriensi electus conf.* segun consta en Loaysa, pag. 145. donde existe el Concilio.

2 Tengo por probable la conjetura de Argaiz de que este es aquel Obispo Pedro, cuya Iglesia no podia leerse en la memoria de Ribas de Sil, donde escribieron los nombres y Sedes de los nueve

ve Obispos, que renunciando la dignidad acabaron santamente sus vidas en aquel Monasterio: pues el tiempo, el nombre, y la cercanía del sitio, no lo hacen inverosimil.

3 En el año de 1096. (Era 1134. 12. Kal. Sept.) confirmó el privilegio en que el Conde Don Ramon con su muger Doña Urraca (que despues fue Reyna) concedió á San Martin de la Sede Minduniense la mitad de la Iglesia de S. Julian de Noys: *Petrus Auriensis Præsul conf.*

4 Este fue uno de los Obispos, con quienes el mencionado Conde D. Ramon, marido de Doña Urraca, hija de Alfonso VI. trató restablecer los daños que padecia la Diocesi de Santiago, quando nombraron por su Protector y defensor al Canonigo D. Diego Gelmirez, que fue luego el primer Arzobispo de Santiago. Los Obispos de la Consulta fueron Pedro de Lugo, Gonzalo de Mondoñedo, Auderico de Tuy, y Pedro de Orense, como expresa la Historia Compostelana.

DIEGO III.
Desde antes del 1100. al 1132.

1 Este Prelado fue Canonigo de la Santa Iglesia de Santiago, y uno de los que por titulo de Canonigos hicieron juramento de obediencia y fidelidad al Obispo D. Diego Gelmirez en su año segundo, à primero de Mayo (que contando desde su consagracion corresponde al año 1102.) segun consta por el Catalogo puesto en la Historia Compostelana, que acaba asi: *Arias Gunsalviz, Petrus Fulco, Arias Didaci, Episcopus Auriensis Didacus. A. Tudensis Episcopus.* Cuya colocacion prueba que el nombre del Obispo de Orense no era Arias Diaz, como anda publicado, sino el que empieza con D, que es el de *Didacus*, como en el Tudense la A, que fue *Audericus*. Y segun esto no huvo tal Arias Diaz entre los Obispos de Orense, sino D. Diego, que en virtud de lo prevenido estaba ya consagrado en esta Iglesia en el año de 1102. y aun antes del 1100. porque la Compostelana dice haver sido uno de los Obispos que concurrieron (en fin de Junio del 1100.) à la eleccion del Obispo de Santiago D. Diego Gelmirez (*lib. 2. cap 2.*) *en la distribucion de capitulos que tengo dispuesta en aquella Obra.*

Por

2 Por aquel tiempo hizo el juramento de obediencia à S. Giraldo, Metropolitano Bracarense, en esta conformidad: *Yo D. Diego, que ahora soy ordenado en Obispo de la Iglesia de S. Martin de Orense, prometo la sujecion y reverencia establecida por los Santos Padres, segun lo tienen ordenado los Canones, à la Iglesia Bracarense y à sus Rectores, en presencia del Señor Arzobispo Giraldo, al qual para siempre me sujeto, y esto confirmo, poniendo la mano sobre el Altar.* Asi lo copia Roman, sacandolo del Archivo de Braga, Sandoval en la Historia de Tuy propone estas formulas en latin.

3 En la competencia de los Arcedianos de Trasancos y Beancos, que en el año de 1103. tuvo el Prelado de Santiago con el de Mondoñedo, resolvieron los Obispos, que apartando aquellas Diocesis del manejo de el Obispo de Mondoñedo, se pusiesen en manos de nuestro Obispo de Orense mientras se concluía un negocio tan largo: *Sub regimine Auriensis Episcopi retinerentur, &c.* como refiere sobre aquel año la Historia Compostelana.

4 En el 1105. confirmó D. Diego la donacion hecha à S. Juan del Poyo (cerca de Pontevedra) por el Conde D. Ramon y su muger Doña Urraca, hija de Alfonso VI. como refiere Sandoval, fol. 95. de los cinco Reyes.

5 Siguieronse luego los desordenes de la funesta guerra que el Rey de Aragon, marido de Doña Urraca, tuvo en Castilla y en Leon: pues propasandose à prender Obispos, fue el nuestro uno de los que padecieron la opresion, como expresa la dicha Historia Compostelana. Por la qual sabemos tambien, que quando el Arzobispo de Braga pasó à Lerez à la consagracion de los electos Obispos de Porto y Mondoñedo, concurrió nuestro Obispo de Orense con el de Tuy (que todos eran Canonigos de Santiago, como expresa el Autor) à la consagracion dispuesta en el año de 1112. En aquel año confirmó el privilegio que la Reyna dió à la Santa Iglesia de Mondoñedo.

6 Fue tambien nuestro Obispo uno de los que trataron con el Arzobispo de Toledo sobre remediar los graves daños que padecia España por las violencias de la guerra de Aragon, à cuyo fin se juntaron en Concilio de Palen-

lencia. Y luego concurrió à la consagracion del Obispo de Lugo, que hizo el Prelado de Santiago por comision de el Legado Apostolico D. Bernardo Arzobispo de Toledo.

7 Por Octubre de el año 1115. juntó en Leon otro Concilio el mencionado Arzobispo: y no pudiendo concurrir los Prelados de Galicia por las guerras del Rey de Aragon, se juntaron en Santiago, y aprobaron lo establecido en el Concilio de Leon, que se redujo à diez titulos: y uno de los Obispos fue nuestro D. Diego, como refiere la Historia Compostelana. En el mismo año concurrió D. Diego con el Obispo de Santiago à consagrar los Altares del Monasterio de S. Martin de aquella Ciudad, y confirmó la Escritura otorgada por el Compostelano: *Didacus Auriensis Præsul, qui huic consecrationi interfui conf.* como propone Yepes en el Tomo 4. Escritura XII.

8 Ocurrió por entonces la eleccion del nuevo Arzobispo de Braga por vacante del Anti-Papa Mauricio, à quien el de Santiago havia hecho Canonigo de su Iglesia, y le havia dado en prestamo la mitad del derecho que su Iglesia tenia en Braga, y en los confines. El sucesor de Mauricio (que se llamó D. Pelayo Menendez) retenia violentamente aquel derecho: y deseando recobrarle el Compostelano, pasó à Segovia, (donde el Arzobispo de Toledo havia de consagrar al mencionado electo) à fin de sentenciár el punto por medio de los Prelados concurrentes. Pero levantandose en la Ciudad una sedicion contra la Reyna, no pudo concluir el negocio. Determinaron, que para las Kalendas de Setiembre se juntasen en Tuy para la decision nuestro Obispo de Orense y el de Lugo: los quales concurrieron alli; pero no pudieron sentenciar la causa, por quanto el Bracarense no quiso pasar el rio Miño, ni sujetarse à la sentencia de los Obispos.

9 Entonces meditaba el de Santiago ensalzar el Templo del Apostol al honor de Metropoli: y à este fin resolvió enviar à nuestro Obispo D. Diego con el Canonigo de Santiago Girardo, à tratar el negocio con el Papa Gelasio II. Ardía nuestro Reyno en la guerra de los Aragoneses, y poca union de los Gallegos, con lo que estaban los caminos

in-

intransitables. Nuestro Obispo se expuso á caminar con su compañero en trage de pobres por sendas extraviadas. Llegaron à Sahagun: y tratando con la Reyna Doña Urraca el negocio, no quiso ésta permitir que prosiguiesen, teniendo por mas acertado enviar al Prior de Carrion, que presidia en San Zoil, cuyo Monasterio estaba en poder del Rey de Aragon, como se hizo. Al mismo tiempo convocó à los Obispos el Papa Gelasio para tener un Concilio en Alvernia à 1. de Marzo del 1119. y el de Santiago resolvió pasar allá con una gran comitiva de Canonigos, y especialmente de nuestro Obispo Don Diego, de quien parece no podia nunca apartarse. Mas tampoco se efectuó este viage, oyendo en el camino la muerte de el Pontifice, que falleció à 29. de Enero del 1119.

10 Sucedióle Calisto II. de quien obtuvo el Prelado de Santiago el honor de Metropolitano en 26. de Febreró del año 1120. logrando tambien ser Legado Apostolico: y para reducir à efecto sus honores, convocó un Concilio en Santiago para 9. de Enero: y uno de los Obispos fue D. Diego de Orense.

11 Volvió otra vez à Santiago à obsequiar al Cardenal *Boso*, Legado Apostolico, donde fue uno de los que asistieron à la Consagracion del Obispo de Abila D. Sancho, sufraganeo de Santiago, en virtud de haver trasladado alli la Metropoli de Mérida.

12 Algunos de los Obispos convocados para el Concilio mencionado de Santiago, no asistieron, ni alegaron excusa justa. El nuevo Arzobispo se valió de sus armas, y se quejó al Pontifice. Este dispuso que les volviese à amonestar: y asi por esto, como porque realmente havia necesidad de remediar muchas cosas, convocó otro Concilio para Compostela à mediado de Quaresma del 1122. y uno de los Prelados que estuvieron presentes, fue nuestro D. Diego.

13 En el mismo año de 1122. à 17. de Febrero concedió à Orense un Privilegio la Condesa de Portugal Doña Teresa, (que se decia Reyna desde el Mar Oceano hasta el rio que corre entre Tribes y Jeurres, que es el Bivey) en que renueva el titulo de Ciudad que havia tenido antes de ser destruida por los

Tom. XVII. F Mo-

Moros: y concedió à la Iglesia su jurisdiccion desde la peña del vado hasta el arroyo de Ervedelo, y desde alli hasta Parderrubias, segun consta por Escritura del Tumbo 1. de Orense fol. 9. Por Octubre del año 1124. confirmó D. Diego la Escritura que la misma Doña Teresa otorgó à favor del Monasterio de Monte de Ramo (seis leguas distante de Orense, en el sitio llamado Rivoira sacrata) como se vé en el Tomo 7. de Yepes Escrit. XXXIII.

14 Sabese que el mismo Obispo D. Diego, mirando por la prosperidad y buen gobierno de la Ciudad de Orense, la concedió fueros y Privilegios con acuerdo y aprobacion de la Reyna Doña Urraca, de su hijo D. Alfonso, y de su hermana Doña Teresa, que entonces tenia la Limia con el Conde D. Fernando, segun consta por Escritura del año 1189. que relaciona lo dicho, en el Tom. 2. de Privilegios de Orense fol. 3. Y este gran zelo en dar fueros, y conseguir Privilegios para la Ciudad, muestra bien la mucha solicitud por sus ovejas en ambas prosperidades, digno de que le aclamasen honra de la patria y luz de la Iglesia, como manifiesta el Epitafio.

15 Prosigue su memoria en el año de 1127. en que Fernan Nuñez y su muger Mayor Rz donaron à la Iglesia, y à su Obispo D. Diego la sexta parte del Monasterio de Santa Maria de Porquera, que havian heredado de su abuela la Condesa Doña Gonzina, y de su padre el Conde Nuño Midiz, segun consta por Escritura de la Era 1165. en el Tomo 1. de Privilegios de Orense.

16 En el año de 1131. logró nuestro Obispo Privilegio del Emperador D. Alfonso VII. en que le dió y confirmó la Ciudad de Orense, con la expresion de que la Sede Auriense havia sido *ex famosissimis Ecclesiis Galleciæ*, y la Ciudad *ex loculentis Civitatibus*: cuya Escritura persevera en el Tomo 1. fol. 15. su data en Palencia à 4. de los Idus de Mayo de la Era 1169.

17 Por Mayo del 1132. vivia todavia D. Diego; pues à 5. de las Calendas de Junio de la Era 1170. le concedió el Emperador con su muger Doña Berenguela en Carrion, el Monasterio de Servoi, ò *Servo Dei*, *in valle varoncelidis currente rivulo Tamega*, como

mo declara la Escritura del Tumbo fol. 19. En este año falleció D. Diego, llevando ya 30. años de Obispado, segun las memorias referidas, por las quales se arregla el desorden con que anda publicado su Epitafio: pues Gil Gonzalez pone la Era MCXXX. y el Obispo Muñoz, la MCLXVIII. entre las quales parece deberse anteponer la MCLXX. que es el año 1132. en el qual sabemos vivia D. Diego, y que à principio de el siguiente ya tenia sucesor. Hoy no existe el Epitafio que desapareció con motivo de obra nueva, por lo que no podemos exhibirle mas que segun le alegan los antiguos, corregida segun lo prevenido la Era.

LAVS PATRIÆ, LVX ECCLESIÆ IACET HIC TVMVLATVS DIDACVS ANTISTES, OMNI VIR PARTE BEATVS OBIIT ERA MCLXX.

18 Estos elogios de honra de la patria, y luz de la Iglesia, à ninguno mejor pueden aplicarse que al presente Prelado, en quien nos consta una larga presidencia, que le proporcionó ocasiones para perpetuar su nombre, à diferencia de otro no conocido Diego que introducen en el año de 1092. los que pusieron la Era 1130. en el Epitafio: pues sabemos que florecia poco antes de aquel año el Obispo D. Pedro; y à sugeto que no ha dejado memorias, ni casi tuvo lugar de darse à conocer, no podemos aplicar aquellos elogios. Añadese que los Autores que aplican la Inscripcion à Don Diego del 1092. ponen por sucesor à D. Martin: y esto solo consta en el presente D. Diego: y segun esto hicieron dos Obispos de un solo Diego, que empezó à florecer en el Siglo XII. y acabó en el año de 1132. dejando muy gloriosas memorias.

MARTIN.
Desde fin del 1132. hasta fin del 1156.

1 Sucedióle Don Martin, de quien sabemos haver sido Capellan del Emperador, como declaran las Escrituras que iremos alegando. La primera se halla en Segovia, otorgada en tres de Febrero del año 1133.

1133. confirmada por nuestro Obispo, en esta forma: *Martinus Deo volente, vel eo permittente, Auriensis Eps. & Regis Capellanus conf.* Y en vista de hallarle ya presidiendo en Orense à la entrada de Febrero del 1133. puede reconocerse consagrado à fin del precedente, en que falleció su antecesor.

2 A primero de Abril del mismo año confirmó un privilegio concedido à Santiago por el Emperador D. Alfonso en Palencia, segun pone à la letra la Historia Compostelana sobre el citado año: *Martinus Auriensis Episcopus conf.* y por la misma Historia sabemos que en 25. de Julio de aquel año concurrió à Santiago, y asistió à la Consagracion de D. Iñigo Obispo de Abila. Las Escrituras de Orense le mencionan tambien en el mismo año, sabiendose que en 3. de los Idus de Abril le concedió el Emperador un privilegio en Abila, ampliando el coto viejo de Orense, y concediendole el Castillo de *Louredo*, con sus pertenencias, segun consta por el Quaderno 1. de Escrituras fol. 21. En 5. de Mayo del mismo año se hallaba ya el Emperador en Toledo, y confirmó la referida donacion, añadiendo la Villa de *Loyro*, segun privilegio conservado alli fol. 24.

3 Por otro del año 1136. sabemos que el Emperador estando en Burgos à 15. de las Calendas de Setiembre le donó la Iglesia de Santiago de *Allariz*, expresando era por servicios que le havia hecho D. Martin, siendo su Capellan, como declara la Escritura del fol. 26. Del mismo año 1136. es la confirmacion del privilegio referido por Colmenares pag. 118. y en el siguiente confirmó tambien la Escritura de Fundacion del Monasterio de Valparaiso en su primer sitio, publicada por Yepes Tomo 7. Escritura IX. Lo mismo hizo con la Escritura de Fundacion del Monasterio de Osera (que es de su Diocesi) en el año de 1135. como se vé en Manrique sobre el año 1140. cap. 13. Lo mismo con otra à favor de Morerueld en el año de 1143. *Martinus Auriensis Episcopus*, que existe en el Tomo 5. de Yepes Escritura XXVI.

4 Al año siguiente (1144.) cambió con el Emperador las Villas de Guicanonde, Quintian, y Ardena, que le dió por

por la Villa de S. Martin de Cornoces, segun el Quaderno 1. fol. 27. Cedióle tambien el Emperador todas las Decimas de las Villas de *Allariz*, y *Ancéa*, estando en Leon en 21. de Agosto de la Era 1183. (que fue el año de 1145.) corriendo ya el undecimo en que recibió la Corona del Imperio en dicha Ciudad (à 26. de Mayo de 1135.) Dos años despues donó el mismo Emperador à D. Martin y su Iglesia el Hospital de Montemisero, con todas sus pertenencias. Fecha en la Ribera de Guadiana, junto à Calatrava, à 9. de Junio Era 1185. año segundo en que havia conquistado à Cordoba, y hecho vasallo à Abengamia (que fue el año de 1147.)

5 Ocurrió por entonces una competencia de jurisdiccion entre nuestro Obispo y el Abad de Celanova D. Pedro: pero reduciendose à concordia hicieron escritura confirmada por el Emperador, por D. Ramon, Arzobispo de Toledo, y otros, la qual Escritura se conserva en el Tom. 1. de Privilegios fol. 27. firmada en 6. de Enero del 1149.

6 Otra mayor competencia andaba por entonces sobre límites, entre los Obispos de Astorga, Oviedo, y Orense. La Sede Apostolica mandó al Emperador mantuviese en justicia, juntamente con el Arzobispo de Toledo Don Raymundo, ò Ramon, à las dichas Iglesias. La concordia con la de Astorga queda ya puesta en el Tomo precedente en la Escritura del año 1150. à 9. de las Calendas de Febrero. La de Orense con Oviedo se hizo en 1. de Marzo del mismo año en Burgos, resolviendo el Rey, con acuerdo del Arzobispo Don Raymundo, y de otros, que D. Martin Obispo de Oviedo cediese à D. Martin de Orense la Limia desde el monte Baron, hasta Donia; y desde el rio Zor hasta el Arnoya, como entra en el Miño, y à Barroso con las Iglesias de Petrayu, Castela, y Orcellon, con S. Juan de Pena Corneiras; y mas las Iglesias de Avia, y Avion, dandole en recompensa el Castillo de Goela, con Labianas: y de no estar à esta convencion, ordenó que el de Oviedo pagase 70. marcos de plata, y el de Orense 80. Firmaron el Emperador, el Rey D. Garcia de Navarra, y el Conde de Barcelona, sus Vasallos, y

el Rey Don Sancho, hijo del Emperador, y dicho Raymundo Arzobispo de Toledo, y otros.

7 Prosigue la memoria de D. Martin en el año de 1154. en que confirmó el privilegio publicado en el Tomo precedente sobre aquel año, y el impreso en Manrique sobre el año 1153. cap. 16. pero con el yerro de poner la Era 1162. en lugar de 1192. (dando al X. valor de quarenta) esto es, año de 1154. y no de 1124. en que alli mismo ofrece otra Escritura de aquel año de 1124. confirmada por Diego de Orense, y Alon de Astorga: y por tanto la segunda Escritura que es del Emperador Alfonso VII. con titulo de Emperador, no puede aplicarse al año de 1124. en que no tenia tal titulo, y vivia su madre la Reyna proprietaria: y lo mismo convencen los confirmantes, Pedro de Astorga, y Martin de Orense, los quales no pueden reducirse al año de 1124. en que la Escritura precedente convence que havia otros Obispos, y asi no tengo duda en que la confirmada por Martin de Orense, y Pedro (Christiano) de Astorga, es del año 1154. En el mismo confirmó la de Sandoval en los 5. Reyes, fol. 207.

8 En el siguiente vivia D. Martin, segun el privilegio concedido à Segovia, y publicado en Colmenares sobre aquel año, en que perseveraba à 27. de Diciembre de la Era 1193. (año de 1155.) pues confirmó entonces el privilegio otorgado en Palencia, y publicado en Manrique sobre el año 1142. cap. 11. en que tambien erró el nombre del Obispo de Abila, poniendo *Enricus* en lugar de *Ennecus*, ò como tal vez se lee, *Ennigus*. En 6. de Octubre de 1156. le supone vivo la Escritura que refiere Sandoval en los cinco Reyes, fol. 210. Otra que hay en Mondoñedo de 9. de Noviembre del mismo año, fue confirmada por el mismo, y poco despues falleció: pues en el año siguiente hay memoria del sucesor.

9 El Señor Muñoz dice que Don Martin consagró la Iglesia de Graizes, y otras del Obispado, y que en el año de 1156. fue trasladado à Zaragoza: de lo que no ofrece mas prueba que su dicho, y ni se les ofreció tal co-

cosa á Gil Gonzalez, y Argaiz, ni se halla fundamento.

10 Un privilegio del 1194. refiere, que el Emperador concedió á nuestro Obispo una parte del Monasterio de Santa Maria de *Porquera*, sin declarar el año, por lo que no vá mencionado en orden chronologico; pero se coloca en el Apendice bajo el citado año, en que fue confirmada la donacion al Obispo D. Alfonso.

PEDRO SEGUIN.
Desde el 1157. *al de* 1169.

1 A este Prelado dán los Autores el apellido de *Seguin*: y en efecto le nombra con apellido el libro de las Dotaciones, aunque en Gil Gonzalez se lee Segrino: *Petrus Segrinus, natione Pictaviensis. Obiit Era MCCVII. qui sedit in Episcopatu annos XIII.* Segun este documento fue Francés. Añade el mencionado, que fue de los primeros Canonigos Reglares de Santa Cruz de Coimbra. Por esto le nombran otros Discipulo de San Theotonio.

2 Lo cierto es lo que las Escrituras nos descubren. Una, que mencionarémos sobre el año de 1160. califica el apellido de *Seguin*. Otras confirman que presidia en Orense en el año de 1157. en que el Emperador D. Alfonso no solamente le confirmó quanto estaba concedido á su Iglesia, sino que declaró hacerlo por amor de D. Pedro, de cuya promocion á la Sede dice se complacia mucho: *Vobis & Ecclesiæ Auriensi ex amore vestro, de cujus promotione Nos multum gaudemus, concedimus.* Elogióle tambien diciendo, que por voluntad divina, y consentimiento del Emperador, havia sido electo Obispo de Orense, cuya Iglesia con razon se alegraba de gozarle Pastor: y que al llegar al Palacio le recibió el Emperador con el honor correspondiente, y condescendió á todas sus peticiones despachandole con gracia y con honor: *Quem divino nutu nostroque consensu Ecclesia Auriensis merito gaudet habere Pastorem, quem etiam ad Nos venientem sicut decuit honestè accepimus, atque honoratum & in omnibus petitionibus suis exauditum cum honorificentia & gratia nostra remisimus, &c.* Fecha Era MCLXXXXV. (año de 1157.) *apud Aquam de Celere* (que parece son los Celerinos de Plinio y de Ptolomeo) y confirmada

por el Rey D. Alfonso, *apud Castellum de Veiga*, en el año de 1228.

3 En aquel año de 1157. falleció el Emperador: y entonces su hijo D. Fernando II. de Leon cedió al Obispo D. Pedro à *Villarrubin*, y *Toubes*. A los vecinos de Orense dió permiso para vender libremente el vino en Santiago. Dada en Leon à 8. de las Calendas de Diciembre, Era 1195. en el año en que murió el Emperador D. Alfonso en el Puerto del Muradal. (folio 33.)

4 Este Rey D. Fernando fue muy afecto à nuestro Obispo: porque en una Escritura le llama Confesor, ò Maestro de su conciencia, y amigo muy amado: *Tibi carissimo & dilecto amico nostro Petre Auriensis Episcope, quem animæ Magistrum constitui*. Por cuya Escritura le concedió el Monasterio de S. Lorenzo de Sinapale, ò *Siabal* con todos sus derechos. Fecha en Leon à 3. de las Calendas de Marzo del 1160. El motivo fue una gravisima enfermedad que padeció el Rey por entonces. Nuestro Obispo, que como director de su conciencia le asistia, le persuadió se encomendase à la intercesion de San Martin, Patron de Orense, y de la Virgen y Martyr Santa Eufemia, que por entonces havia sido trasladada à la Ciudad. Oyó Dios las oraciones del Rey, è intercesion de los Santos, y le concedió la salud: por lo que agradecido ofreció à la Iglesia la donacion del referido Monasterio.

5 En el mismo año de 1160. y à honra de los mismos Santos, San Martin, y Santa Eufemia, hizo otra donacion *al Obispo D. Pedro Seguin* una devota Señora llamada Sancha Gomez, hallandose en Santiago, donde le concedió la mitad de la Iglesia de San Juan de Arcos, y otra mitad de la Iglesia de *Eclesiola*, en honor de los expresados Santos, S. Martin y Santa Eufemia, cuya Escritura persevera en el Tomo 1. de Privilegios de Orense.

6 Quatro años despues, hallandose el mismo Rey D. Fernando en Compostela, concedió al Obispo D. Pedro y à su Iglesia, en reverencia de S. Martin, y de Santa Eufemia, cuyo cuerpo, dice, descansa en dicha Iglesia, la de Santiago de *Caldas*, con todas sus pertenencias. Fecha en Compostela, à 2. de los
Idus

Idus de Marzo de la Era 1202 que fue el año 1164. En cuyo año se fundó la Iglesia de Santa Maria de Junquera de Ambia, que hoy es Iglesia Colegial, en que persevera la Inscripcion siguiente.

Ista Ecclesia fundata fuit Era MCCII. 4. Non. Jun. Cum fueris felix quæ sunt adversa caveto.

7 Agradecido el Rey à los servicios del Obispo D. Pedro, y al patrocinio de S. Martin y de Santa Eufemia, concedió al Prelado el dominio de la *Ciudad de Orense*, en reverencia de los expresados Santos. Fecha en Salamanca 2. Non. Decemb. Era 1203. (que fue el año 1165.) junto con su muger Doña Urraca. Y este privilegio (con otros) le confirmó su hijo D. Alfonso en el Castillo de Veiga Era 1266. (año 1228.)

8 Dos años despues dió el Rey al Obispo D. Pedro la Iglesia de Santa Maria de *Castrelo* con su derecho Eclesiastico y Laical, à honra de S. Martin y de Santa Eufemia, segun el privilegio del año 1167. conservado en el fol. 38. del Tomo 1. firmado por el Rey, por la Reyna, y otros. Y queriendo mostrar mas su devocion, concedió al Obispo D. Pedro la Iglesia de *Guillamil*, con sus pertenencias, firmandolo tambien su muger la Reyna Doña Urraca en Lugo à 5. de Febrero de la Era 1205. (año de 1167.) que dice ser el mismo en que el Rey quitó à los Moros à Alcantara (en el año de 1166.) pero estos sucesos se contaban de dia à dia, no de Enero à Enero.

9 Perseveró D. Pedro gobernando esta Iglesia hasta el año de 1169. en que falleció, segun el documento referido al principio, que dice acabó en la Era de 1207. que fue el año de 1169. y parece fue no lejos del principio de aquel año, en que por Julio estaba ya consagrado el sucesor. Añade el documento que gobernó la Sede por 13. años, y si no hay yerro en el numero, empezó en el 1156. no lejos del fin: pues à principios de Octubre vivia el antecesor.

10 A este Obispo D. Pedro atribuyen algunos que tradujo y añadió la Historia escrita por D. Servando, tambien Obispo de Orense, que
in-

intitularon Confesor del Rey D. Rodrigo. Pero como no huvo tal Escritor Servando, no pudo traducirle, ni adicionarle D. Pedro: y todo fue ficcion de uno que quiso emparentar con otro las primeras familias. Vease arriba pag. 47. de Servando. Y Franckenau pag. 360. de su Bibliotheca.

11 Atribuyen tambien á D. Pedro Seguino, que escribió una Relacion de la invencion del cuerpo de la Virgen y Martyr Santa Eufemia, y que la trasladó á la Iglesia de Santa Maria la Madre, y escribió los milagros que havia visto, todo en lengua vulgar, que dicen tradujo en Latin su mediato sucesor D. Alfonso, como se vé en Tamayo sobre el dia 7. de Agosto. Pero se necesitan las pruebas que no hay para admitir en aquel tiempo Historia en lengua vulgar: y el que tomó el nombre de D. Pedro para Escritos apocrifos de Servando, no concilia autoridad para el asunto presente de Santa Eufemia.

12 Lo que sin escrupulo aplicaré al tiempo de este Obispo es la fundacion del Convento de S. Miguel *de Boveda*, territorio de Bubal cerca del rio Miño (fundado para Monjas por los ilustres y piadosos Señores Arias Fernandez y Gudina Oduariz, su muger) sin embargo de que Manrique en el Tomo 2. pag. 22. aplica su fundacion al año 968. y dice que por los años de 1145. se cree haver recibido las leyes del Cister, en cuya calidad es tenido por primero, de donde despues se propagó á otros Monasterios de Religiosas, especialmente al de *Nogales* (entre Benavente y la Bañeza) de que trata sobre el año 1150. aunque confesando que esto se funda en tradicion, mas que en documentos, pues estos no declaran de dónde vinieron las Fundadoras á Nogales.

13 Todo esto vá mal fundado sobre la data de la dotacion de Boveda, errada en 200. años, pues tiene la Era *M. VI. VIII. Calend. Octob.* y debe ser MCCXXVI. ò cosa posterior à la Era 1203. pues concluye diciendo: *Regnante Rege Fernando, Episcopo Auriensi Petro.* En la Era 1006. año de 968. no havia en Leon ningun Rey Fernando, pues el primero de este nombre fue despues. Tampoco Orense tenia Obispo que se llamase Pedro. Y des-

despues del 1157. se verificó todo esto; pues entonces empezó à reynar D. Fernando II. y presidía en Orense D. Pedro. Consta pues que omitieron numeros en la data de Boveda, y que no es verdadera la voz de que fuese el primer Monasterio de Monjas Cistercienses. Sus Fundadores le dejaron muy encomendado à la proteccion del Rey y del Obispo, previniendo à éste que si en la familia de los Fundadores huviese muger digna de ser Abadesa, fuese antepuesta: si no que la eligiesen de qualquiera parte. Vease la Escritura en el Tomo 2. de Manrique, pag. 22. y lo que diremos sobre el año 1453.

ADAN.
Desde el 1169. *hasta el* 1173.

1 Por Julio de 1169. presidia ya en Orense el Obispo D. Adan, segun consta por Escritura de la Era 1207. en que estando el Rey en Ciudad Rodrigo le concedió à 7. de las Calendas de Agosto el Coto de *Cañedo*, con todas sus pertenencias à honra de Dios, de S. Martin, y de Santa Eufemia. Añade la data ser año, en que el Rey hizo prisionero al de Portugal en Badajoz: [lo que corresponde con otras Escrituras de aquel año 1169. y del 1170. que refieren ser todavia año de aquella provision en meses antecedentes à Julio.] (1)

2 En el 1170. confirmó un privilegio original de Mondoñedo, dado en Tuy por el Rey D. Fernando II. con la Reyna Doña Urraca, à 15. de las Calendas de Abril Era 1208. (año 1170.) El Bulario de Santiago pone Escrituras confirmadas por este Obispo en los años 1171. y 1172. (fol. 79.) Del siguiente 1173. hay en el Quaderno 14. de Escrituras públicas de Orense fol. 43. una de Foro, en que consta vivia D. Adan: y aqui acaba su memoria; correspondiendo todo esto con el Libro de las Dotaciones, que dice falleció en la Era 1211. (año de 1173.) y que gobernó quatro años: *Episcopus Dns. Adam sedit in Episcopatu annos IV. Obiit Era MCCXI.* Empezó pues en el 69. y acabó en el 73.

3 La Escritura mencionada del Foro fue otorgada en el Jueves de la Octava de Pascua

(1) *Correccion del Autor.*

cua de la misma Era 1211. y así sabemos que vivia por Primavera del 73. La data es muy notable: *Facta Charta in Feria 5. Octavæ Paschæ Era 1211. regnante in Legione Fernando; Episcopo in Auria Adam; Decano Adfonso; Comite Urgel in Limia. Quando Sedes Auriæ erat interdicta; & electus B. Jacobi petebat Romam.* Por ella se descubre que en el año 1173. no tenia la Iglesia de Santiago Obispo consagrado, sino *Electo*: lo que dá alguna luz para la obscuridad de aquel tiempo. Mas falta otra para descubrir el motivo del Entredicho que refiere en la Sede de Orense. Su corta duracion parece no dió argumento à los Historiadores para referir el motivo, si acaso fue por el casamiento del Rey con su parienta, favoreciendo el Obispo aquel consorcio, que se deshizo en el año siguiente, muy cerca de su fin: y si quando empezó la instancia sobre la separacion favorecia el Obispo la causa de la Corte (como despues se vió en otros Prelados) puede ser que el Legado Pontificio le hiciese desistir con censuras. Pero tengo por mejor, que fuese el Entredicho causado por los Jueces: pues tenemos egemplares de otros lances en que la Iglesia los tiró à contener con sus censuras.

En el año 1173. consta que el *Dean* se llamaba Don Alfonso.

ALFONSO I.
Desde el 1174. hasta el 1213.

1 Uno de los varones ilustres que Sandoval refiere como hijos del Real Monasterio de Sahagun, fue D. Alfonso, Obispo de Orense, que con otros dos Prelados (de Astorga, y Ciudad-Rodrigo, hijos de la misma casa) concurrió alli à consagrar la Iglesia en el año 1183. como se vé en el fol. 71. b. Aquel año corresponde al Prelado presente, segun consta por el espacio de su Pontificado, que abrazó desde el 1174. hasta el 1213. Pero yo quisiera mas pruebas de que Don Alfonso huviese sido Monge de Sahagun: porque dentro del Cabildo de Orense veo Dean à D. Alfonso en el año antes de hallar el mismo nombre en el Obispo; y era muy frequense tomar para la Sede à una de las Dignidades del Cabildo.

»[En Abril del 1174. erá
»ya

"ya Obispo electo de Orense "D. Alfonso; pues como tal "confirmó un Privilegio del "Rey D. Fernando, dado en "Zamora en aquel mes y año: "*Alfonsus Auriensis electus* "*conf.* como prueba la Escri- "tura 23. del Tomo 1. de "Brandaon en la Monarquia "Lusitana.] (1)

2 Las Escrituras de Orense empiezan à nombrar Obispo à D. Alfonso en el año 1175. por medio de un privilegio que en Junio de aquel año concedió el Rey D. Fernando, con su hijo, à la Iglesia de Orense, y à su Obispo D. Alfonso, dandole el Coto de *Rio Caldo*, junto al Castillo de *Araujo*. Y en el año siguiente le alargó tambien aquel Castillo, segun consta por las Escrituras del fol. 41. y sig. donde vemos tambien que le concedió à *Gomariz de Limia* por Mayo de la Era 1214. (año 1176.) estando el Rey en Mayorga. Y alli mismo le concedió à los quatro años despues las tierras de *Gomariz* y de *Gondulfes*, segun consta por el Tomo 3. fol. 1. Otras Escrituras hay de los mismos años: y una de ellas refiere la venta de una herencia en la Villa de Sorveira, *donde* (dice) *vivió el Rey D. Bermudo*, Quad. 14. fol. 155.

3 Los servicios que el Obispo y su Iglesia de Orense hicieron al Rey D. Fernando II. de Leon fueron tan notables, que obligaban el Real ánimo à remunerarlos, y estando en Benavente à 24. de Octubre del año 1181. concedió à D. Alfonso y à su Iglesia la tercera parte de *Porquera*, declarando ser *por los muchos servicios que le havia hecho*, como expresa el privilegio primero del Tomo 2. Tres años despues confirmó el Obispo D. Alfonso una Donacion que el Rey D. Fernando II. con su muger, la Reyna Doña Teresa, y su hijo D. Alfonso hizo à Munio Arias, y à su muger Maria Munis con sus hijos. Fecha en Zamora, Era 1222. (año de 1184.) estando en guerra campal con el Rey de Castilla, segun consta por el Tomo 1. de Privilegios fol. 47. A los dos años siguientes confirmó otra Donacion hecha por el Rey à Gonzalo Mendez. Y à los otros dos años el Rey D. Alfonso IX. (que em-

(1) *Adicion del Autor.*

empezó à reynar por muerte de su padre D. Fernando) concedió al Obispo D. Alfonso, y su Iglesia, que ningun vecino de Orense que fuere à Santiago, pague portazgo del vino, ni de otro genero que llevare: y tambien quitó el portazgo de *Cudeiro*, y *Bubal*, estando en Villalpando à 15. de las Calendas de Diciembre Era 1226. (año de 1188.)

4 En el siguiente confirmó el Rey los Fueros y Privilegios concedidos à la Ciudad de Orense por el Obispo D. Diego, segun arriba digimos: y estando el Rey en Orense à 28. de Setiembre de 1190. confirmó al Obispo D. Alfonso, y à su Iglesia, la Ciudad con sus Cotos y Dominios: y ofreció este Privilegio en el Altar de S. Martin, sirviendole la Iglesia con quatrocientos aureos, segun refiere la Escritura del Tomo 2. fol. 5. Esta Escritura tiene la circunstancia de que expresando en el principio ir à confirmar una concesion de su padre D. Fernando, no es de este el Privilegio que inserta y confirma, sino suyo del año 1190. cuya confirmacion es del mismo en el 1228. En el cuerpo del privilegio inserto, menciona los de su abuelo y padre D. Fernando: lo que junto con el año de 1190. convence que la Escritura es de D. Alfonso IX. y asi parece que en lugar de la del padre D. Fernando (que ofrece en el exordio) insertaron otra que el mismo Alfonso concedió en el 1190. y ratificó en el 1228. Despues la confirmaron D. Sancho IV. y su hijo D. Fernando IV. Tratóse entonces el casamiento del Rey con la Infanta de Portugal Santa Teresa. Pasó el Rey à Portugal, y estando en Vimaraens con el fin de desposarse, concedió à nuestro Obispo en 15. de Febrero de la Era 1229. (año 1191.) la mitad de *Rio Caldo* (fol. 7.)

5 Tenia hacienda propria nuestro Prelado, y haviendo hecho Foro de una porcion, añadió el Rey su Cedula de confirmacion de aquel Foro, estando en Castro Nuño à 17 de Octubre del año de 1192. segun el Tomo 1. de Privilegios (fol. 49.)

6 A 29. de Marzo del siguiente se hallaba el Rey en Orense; y en reverencia de San Martin y Santa Eufemia concedió à la Iglesia Canonigos, Clerigos, y Vasallos, que

que no pagasen ningun pecho, sino lo que graciosamente quisiesen dar. Y en el siguiente de 1194. confirmó la Donacion que el Emperador Don Alfonso hizo al Obispo D. Martin de una parte del Monasterio de *Porquera*, segun el fol. 14. del Tomo 2. Y deseando el Obispo gozar por entero de aquella posesion, le compró al Rey quanto le havia quedado en la Villa de Porquera, dandole tres mil sueldos: lo que firmó el Rey con su hijo el Infante D. Fernando, en Benavente à 5. de las Calendas de Julio de la Era 1242. (año de 1204.) en cuyo año teniendo guerra el Rey de Leon con el de Castilla, y pidiendo los Ministros del Rey cierto tributo que se debia pagar en tiempo de guerra, declaró el Rey, estando en Orense à 25. de Setiembre, que los Canonigos, y vecinos de esta Ciudad eran esentos de la paga, (fol. 2. del Tomo 4.)

7 Aquellas guerras fueron causa de que el Rey vendiese algunas Villas: y deseando nuestro Obispo acrecentar sus rentas, le compró la Villa de *Niñodaguia*, y el Lugar de *Peradela*, por quatrocientos sueldos. Fecha en Salamanca en Mayo de 1209. (Tom. 2. fol. 26.) Sabese que vivia en el 1212. por Escritura de una venta otorgada en Setiembre de aquel año, la qual persevera en el Quaderno 14. de Escrituras publicas, fol. 143.

8 Hasta aqui llegan las memorias de D. Alfonso en las Escrituras de su Iglesia: y segun el libro que llaman Santoral, alcanzó el año de 1213. hasta el Sabado de Pasion, (que en aquel año fue el 6. de Abril) en que parece murió, pues en aquel dia señala el Aniversario. La memoria dice asi: *Alfonsus Episcopus Auriensis sedit in Episcopatu annos XXXVIIII. Obiit Era MCCLI.* (año 1213.) *Reliquit Ecclesiam S. Mametis cum multis casibus, & quasdam vineas in Laonia. Anniversarium hujus Episcopi Sabbatum Passione Domini.* Segun el año de la muerte y los 39. del Obispado, resulta haver empezado à gobernar en el año de 1174. pues añadiendo los 39. sale el 1213. en que acabó. Sabemos tambien por la citada memoria, que dejó à la Cathedral la Iglesia de S. Mamed con muchas casas, y algunas viñas en Laonia

nia (nombre de un pequeño rio, no lejos de S. Pedro de Rocas.)

9 Hicieronse en Orense otras muchas Escrituras, fuera de las citadas, en que declaran el Rey, y el Obispo, que presidia en esta Iglesia, D. Alfonso, diciendo en unas: *Episcopo Dño. Alfonso regente Auriam*; y en otras: *Ecclesiam Auriam regente Episcopo D. Alfonso.* Abrazan desde el año 1175. al de 1212.

10 Fuera de las memorias particulares de su Iglesia han quedado muchas de D. Alfonso en el Bulario de Santiago desde el año 1177. en adelante: en el de Alcantara desde el 1180. al de 1209. en Sandoval Historia de Sahagun, §. 43. Yepes, Tomo 3. fol. 201. donde tratan de la consagracion del Altar de Sahagun, cuya memoria se vé en el Tomo precedente, pag. 220. Argaiz propone tambien la consagracion que hizo en el año de 1200. de la Iglesia de Fuente Fria, donde persevera esta Inscripcion.

Consecrata fuit Ecclesia ista ab Alphonso Auriensi Episcopo in honorem Beati Martini cum reliquiis, & Sanctæ Mariæ Magdalenæ, & Sanctæ Eufemiæ, & Sancti Vincentii Martyris cum reliquiis. Era MCCXXXVIII. XVII. Kal. Maii URRACA fecit, quæ & ædificavit.

11 El Señor Muñoz añade otras Consagraciones de Santa Comba de Bande, San Christobal de Bubal, y otras. La principal fue la del Altar de la Cathedral, hecha con gran solemnidad por el Arzobispo de Braga *Godino*. asistido de nuestro Obispo, del de Lugo, y de Tuy, cuya memoria traducida de latin en romance, propone de esta suerte:

Dedicóse este Altar por Gadino, Arzobispo de Braga, y por los Obispos Alfonso de Orense, Rodrigo de Lugo, y Pedro de Tuy, à honra de Dios, y del Gloriosisimo Confesor S. Martin, con la imposicion de las Reliquias del mismo Santo Confesor; las quales à peticion de Fernan-

nando Rey de Leon, y Galicia, y de Pedro, que era entonces tercero Arzobispo de Compostela, y de Alfonso, Obispo de Orense, y de su Cabildo; el Dean, el Tesorero, y todo el Cabildo de Turon, enviaron á la Iglesia de Orense; conviene á saber, del polvo de la carne del mismo Confesor, que se recogió del sepulcro en que se puso su santo cuerpo. Item, un cierto pedacito de hueso, con otras particulas, y fragmentos menudos, que se pudieron coger de tan santo, y sacro Sarcofago, Era M.CC.XXII. á quatro de las Nonas de Julio, reynando en Francia Philipo, hijo del Gloriosisimo Rey Luis, y reynando en Leon, y Galicia Alfonso, hijo del Piisimo Rey Fernando.

12 Esta fecha está errada; pues no reynaba entonces D. Alfonso, ni el Obispo D. Pedro de Tuy; y así parece falta en la Era un decenario (1232.) que dé el año 1194.

13 Atribuyenle haver escrito un libro de milagros de Santa Eufemia, y que tradujo del Griego en Latin la Vida de S. Antonio Abad: lo que no sé en qué verdad estriba: pues antes de S. Geronymo se hallaba ya traducida en Latin aquella vida.

Tom. XVII.

14 Litigó este Prelado con el Monasterio de *Celanova* acerca de sujecion. El Abad defendia su libertad. Llegó el empeño á censuras, que no fueron atendidas por los Monges, y recurrieron á Roma, esforzando su exencion. El Papa dió comision al Obispo de Leon, y al Abad de Melon en el año 1198. los quales declararon la exencion del Monasterio, como refiere Manrique en el Tomo 3. de los Anales Cistercienses, pag. 324.

15 Por muerte del Prelado tomó el Rey D. Alfonso de Leon varios bienes suyos, y de la Iglesia, que luego procuró satisfacer al sucesor.

16 En tiempo de este Prelado era Dean, en el 1182. D. Pelayo. Y en el de 88. D. Fernando, que vivia en el 97.

FERNANDO MENDEZ.
Desde el 1213. hasta el 18. de Julio de 1218.

1 A 15. de Setiembre del 1213. presidia ya en Orense el Obispo D. Fernando Mendez, segun consta por Privilegios concedidos en aquel año y dia por el Rey D. Alfonso IX. de Leon á este Prelado y á su Iglesia, por medio

G

dio de los quales procuró el Rey resarcir los bienes que muerto el antecesor D. Alfonso, havia tomado para sí: à cuyo fin estando en Allariz concedió al Obispo D. Fernando Mendez (que asi le nombran los Privilegios) la Villa de *Gomariz*; y por otro Privilegio del mismo dia y sitio, el coto de Villar de *Payo Muñiz* con todo el Realengo. Y esto lo confirmó el Rey D. Fernando con su muger Doña Constanza en las Cortes de Medina del Campo à 4. de Junio de 1302.

2 Obtuvo tambien D. Fernando la heredad de *Gomesende*, que le concedió el mismo Rey en Sahagun à 6. de las Calendas de Mayo de la Era 1252. (año de 1214.) segun todo consta por el Tom. 2. de Privilegios desde el fol. 29. En el 1215. confirmó la Escritura publicada en el Tomo precedente sobre aquel año por Febrero. En el mismo mes y año permutó con acuerdo del Cabildo una posesion à orilla del rio Avia, en la Villa de Eigon con todas sus aderencias y pertenencias, que dió al Maestre de Calatrava D. Rodrigo, por otra de su Orden en *Penedo*, como consta en la Escritura publicada en el Bulario de Alcantara sobre el año 1215. Por Noviembre del mismo año aforó el Prelado de Santiago D. Pedro Muñiz, la herencia que tenia en Palacios de Arenteiro, à favor de Juan Pelaez: y añade la Escritura del Quaderno 7. fol. 37. que era Obispo de Orense D. Fernando.

3 Desfrutó la Sede poco tiempo; pues se redujo à cinco años, y esos no de perpetua residencia dentro del Obispado, pues pasó à Italia, y allá falleció en 18. de Julio del año 1218. segun refiere el Libro de Dotaciones, en que hay esta memoria: *XV. Kal. Augusti Era MCCLVI. obiit Dñs. Ferdinandus Mendez Episcopus Auriensis apud Sanctum Angelum in monte Gargano. Dedit Capitulo Quintas de Castello, & alia multa. Sedit in Episcopatu annos quinque.* La noticia de su muerte no llegó à Orense hasta despues del 5. de Setiembre: pues una Escritura otorgada en aquel dia dice que era Obispo D. Fernando: sin duda por ignorar que havia fallecido. No declaran los Autores el motivo de pasar à Italia, antes le obscurecen: pues Argaiz le reduce à peregrinacion. Muñoz, que à valerse del auxilio

llo del Papa en los pleytos que tuvo, ò mandado comparecer. Es creible que el haver muerto en S. Miguel de Monte Gargano supusiese el pasar allá por devocion de visitar aquel Santuario, ya que estaba en Italia. El Castillo cuyas Quintas dejó al Cabildo, le nombra Muñoz *Ramiro*: y dice que le dejó tambien las Tercias de penas y multas, con otras cosas en que testificó el amor y benevolencia à su Iglesia.

4 Acaso el poco tiempo que vivió, y la hacienda referida, pueden contribuir à que este fuese el que en Escrituras del 1194. y 1197. se halla Dean de Orense con nombre de D. Fernando, que luego vemos colocado en la Sede.

LORENZO.
Desde fin del 1218. à 15. de Diciembre del 1248.

1 Uno de los mas ilustres Prelados de nuestra Iglesia fue D. Lorenzo, famoso por obras, y por doctrinas. En la literatura de la Jurisprudencia era tan aplaudido, que su contemporaneo el Tudense le aclama no menos que *Regla del Derecho*. El Señor Muñoz dice que ascendió à la Mitra, siendo Arcediano de esta Iglesia. El año fue el de 1218. y parece que empezó en ultimo dia de Noviembre de aquel año, segun el numero de dias que atribuye à su Pontificado la Memoria que pondremos al fin. Pero una Escritura del Quad. 13. fol. 8. le nombra electo en 11. de Marzo del 1219.

2 Desde luego se aplicó à engrandecer la Cathedral y Ciudad, por medio de obras magnificas, que muestran la grandeza de su espiritu: y digo *desde luego*, porque aunque desfrutó la Sede muchos años, todos parece fueron necesarios para concluir obras tan corpulentas. Perpetuó la noticia un testigo fidedigno, que vivia à la sazon, D. Lucas (el Tudense) y dice que edificó la Iglesia, y Palacio del Obispo, con piedras quadradas, para que las obras fuesen permanentes. Hizo tambien (añade) el Puente de la Ciudad sobre el gran rio Miño: *Regula Juris Laurentius Auriensis Pontifex, ejusdem Ecclesiam, & Episcopium quadris lapidibus fabricavit: & pontem in flumine Mineo juxta eamdem Civitatem fundavit.* (fol. 113. del Tudense.) El *Episcopio* es la habitacion ò Palacio Epis-

copal, como declara el Synodo Meldense cap. 26. *Episcopium, quod domus Episcopi appellatur*: y no sé dónde leyó Gil Gonzalez, que el Tudense dice de nuestro Obispo, *que edificó el Campanario de su Iglesia de piedras quadradas*. Las palabras del Tudense son las alegadas. Mira si en ellas descubres el Campanario. Estas obras califican el zelo del Prelado, y la grandeza de su ánimo: pues el Puente es obra de magificencia, contandose en lo largo 1319. pies, en lo ancho 18. Desde lo alto al fondo, 135. pies. El arco principal tiene de ancho, de pilar à pilar, 156. pies: pero aunque la obra es de tanta grandeza, fue mayor el ánimo del Obispo.

3 Las Escrituras de Orense hacen de él repetidas menciones (desde el año 1219. al de 1248. inclusive) ya expresando que era Obispo D. Lorenzo, ya por medio de varios Foros que hizo de heredades en *Siabal*, en *Bobadela*, y en término de *Lagares*. Del año de 28. hay muchas por medio de varios Privilegios confirmados por el Rey D. Alfonso IX. en el Castillo de Veiga à 14. y 15. de las Calendas de Junio, Era 1266. (año de 1228.) donde firma el Obispo D. Lorenzo, y el *Infante D. Pedro* (de Portugal, hijo del Rey D. Sancho I. que discorde con el Rey su hermano, se pasó à la Corte de Leon, y firma privilegios con expresion de Mayordomo del Rey: *Infante D. Pedro existente Mayordomo Domini Regis, tenente Legionem, Zamoram, Taurum, Extremaluram, & Transerram.*)

4 Muerto luego el Rey de Leon D. Alfonso IX. le sucedió su hijo S. Fernando en el año de 1230. y como era tan propenso à honrar los Prelados, informado de que el nuestro se trataba con alguna escasez, le concedió la Iglesia de Caizanes, ò *Quizanes*, para que tuviese pan de trigo para su mesa. Fecha en Salamanca à 13. de Enero de 1231. En el mismo concedió al Obispo D. Lorenzo y sucesores, que pudiesen visitar las Iglesias de su Real Patronato, segun consta por el Tomo 2. fol. 35. y 36.

5 Cuidó tambien del mayor culto Divino en la Colegiata de *Junquera de Ambia*, que era de Canonigos Reglares de nuestro P. S. Augustin, agregando algunas Parroquias y Beneficios, para que surti-

tidos los Canonigos de congrua sustentacion se empleasen en divinas alabanzas, abstraidos de solicitudes temporales, como escriben Gil Gonzalez, y el Señor Muñoz.

6 Desde el tiempo de este Prelado parece tuvo principio, que el Abad de Celanova tuviese el honor de ser Arcediano de Orense, en cuyo Coro tiene asiento entre las Dignidades, y por este titulo le coresponde jurisdiccion en el territorio del Arciprestazgo de Celanova, segun consta por Escritura alegada en Yepes Tomo 5. fol. 35. *Ego Laurentius Episcopus Auriensis una cum ejusdem Ecclesiæ Capitulo, præsente Domno Stephano Bracarensi Episcopo, damus & concedimus tibi Petro Abbati Cellanovæ, & omnibus successoribus tuis canonicè intrantibus, ligandi, & solvendi & de causis cognoscendis, potestatem plenariam, tanquam Vicario Archidiacono in tota terra illa in qua Archipresbyter Cellanovæ solet institui per Episcopum Auriensem.* Aplica esto Yepes al Abad D. Pedro IV. del año 1328. y solo corresponde à D. Pedro III. que coloca en el 1226. quien solo concurrió con el Obispo D. Lorenzo, y con el Arzobis-

po de Braga D. Esteban.

7 El Señor Muñoz dice, que el Papa se valió de este Prelado en la causa movida contra el Rey de Portugal D. Sancho II. y que en el año de 1245. concurrió D. Lorenzo al Concilio General tenido en Leon de Francia.

8 Persevera su memoria en el año de 1248. por Mayo, en que le nombra una Escritura de venta, que existe en el Quaderno 14. de Escrituras públicas fol. 20. y en aquel año falleció à 15. de Diciembre, dia Martes, como dice el Libro de las Dotaciones, que expresa haver gobernado su Iglesia 30. años y 16. dias, notando hasta el sitio en que fue sepultado: *Laurentius Episcopus jacet in grota juxta portam qua itur ad Ecclesiam Sancti Joannis. Rexit Episcopatum annos XXX. & diebus XVI. Obiit Era MCC.LXXXVI. XVIII. Kal. Januarii feria tertia.* La Iglesia de S. Juan es hoy Capilla y Parroquia dentro de la Cathedral: y alli dice el Señor Muñoz se conservaba el sepulcro con alguna mudanza, por la ruina de la Capilla. Pero hoy no hay certeza del sitio en que descansa.

9. En tiempo de este Prela-

lado fue Cancelario del Rey el Maestre-Escuela de Orense, D. Pedro Perez, por los años 1226. y sig.

JUAN DIAZ.

Desde el 1249. hasta el 1276.

1 Cerca del principio del año de 1249. fue electo el sucesor, llamado Juan, á quien Gil Gonzalez, y Muñoz dán el apellido de Diaz de Solis; el de Diaz consta por las Escrituras. El Señor Muñoz dice que era Chantre de la misma Iglesia, natural del Reyno de Galicia, y de sangre ilustre. Añade que ayudó al Rey D. Alfonso el Sabio en las guerras que tuvo contra D. Sancho su hijo: cosa que no sé dónde la vió; pues la guerra mencionada no empezó hasta seis años despues de morir nuestro Obispo. Dice, que hay memorias de haver sido muy valeroso y muy leal; sin mencionar cosa alguna del cargo Pontificio, sin embargo de haver gobernado la Iglesia muchos años.

2 La Dignidad de *Chantre*, que le aplica, tampoco la autoriza. Sabese que viviendo el Obispo D. Lorenzo vacó esta Dignidad. Obtuvóla uno por Roma; pero el Obispo y Cabildo se opusieron, elegando tocarles la provision, cuyo pleyto prosiguió despues de muerto el Obispo D. Lorenzo, siendolo ya D. Juan Diaz: y si este fuera el Chantre, cesaba la competencia despues de ocupar la Sede. Viendo pues que prosiguió, parece que no era el Chantre. El pleyto se acabó por Concordia, hecha por el Obispo D. Juan, en terminos que no se perciben, á causa de estar maltratado el pergamino. La data fue á 7. de las Calendas de Junio del año 1249. (*Quad.* 12. *fol.* 112.) El Chantre se llamaba *D. Juan Bibianes*, que otorgó su Testamento en 28. de Enero del año siguiente 1250. y se abrió de orden del Obispo D. Juan (*Quad.* 1. *fol.* 35.) El Dean se llamaba *D. Alfonso*, que en el Testamento otorgado en 26. de Noviembre del 1252. mandó al Obispo D. Juan la Mula con su freno, y la mejor silla. (*Alli fol.* 25.)

3 En el año de 1254. confirmó el privilegio que D. Alfonso el Sabio dió á Ubeda, publicado sobre aquel año en Argote. Y el Obispo obtuvo del mismo Rey en el año siguiente 1255. que le confir-

mase la exencion de Portazgos concedida à su antecesor D. Alfonso en el año de 1188 segun consta por el *fol.*21. del *Quaderno* 4. de Privilegios de Orense, en Escritura otorgada en Aguilar de Campo por el Rey con la Reyna Doña Yolant, y sus hijas Doña Berenguela, y Doña Beatriz, à 10. de Marzo de la Era 1293. tercer año de su reynado, y en que armó de Caballero al hijo del Rey de Inglaterra, cuyo año corria en Marzo del 1255.

4 En el siguiente se quejó el Obispo con su Cabildo ante el Rey D. Alfonso por medio de dos Capitulares, que le dixeron havia recibido el homenage de el Concejo de Orense, siendo proprio del Obispo y Cabildo. El Rey manifestó que no havia intentado perjudicar los Privilegios de la Iglesia: y en prueba de ello lo firmó en S. Esteban de Gormaz à 14. de Febrero de la Era 1292. (año de 1256.) segun consta por el Quaderno 4. fol. 40.

5 Estando el Rey en Valladolid, à 1. de Marzo de 1258. concedió al Obispo D. Juan, y à su Iglesia de Orense, libertad de pagar cierta moneda. Y en el mismo dia dió orden al Cabildo sobre que no permitiese que muerto el Obispo se extragese cosa alguna de las que debian conservarse para el sucesor: y ambas Cedulas Reales se hallan confirmadas por el Obispo D. Juan, como se vé en el Tomo 3. fol. 22. y sig. por el qual sabemos tambien que havia à la sazon algunas contiendas entre el Obispo, Cabildo, y Ciudad. Queriendo el Rey extinguirlas firmó un Real Orden en Toledo, à 5. de Febrero del año 1259. en que estableció varias Ordenanzas para el buen gubierno de la Ciudad de Orense, y para cortar las contiendas del Obispo D. Juan, Cabildo, y la Ciudad.

6 En el año 1260. concedió el Rey un Privilegio à mi Convento de Toledo, y entre los demás Obispos del Reyno de Leon confirma nuestro Prelado, diciendo: *D. Juan, Obispo de Orens, conf.* como se lee en la Historia del Convento de S. Agustin de Salamanca, por Herrera, pag. 186.

7 Sabese tambien que la Ciudad de Orense continuó quejandose del Cabildo, y Obispo D. Juan Diaz sobre el modo de cobrar sus rentas.

Pero el Rey estando en Sevilla à 6. de Julio del año 1263. dió sentencia à favor de dicho Obispo y Cabildo, la qual persevera en el fol. 26. del citado Libro de Privilegios. El Bulario de Alcantara le nombra confirmando un Privilegio del año 1264. *Don Juan Obispo de Orens, confirma,* y Cascales, fol. 44. de la Historia de Murcia, en el año de 1266. Las Escrituras de Orense le suponen vivo en el 1275. en que por Mayo dió à foro unas viñas: y todavia prosiguió D. Juan gobernando su Iglesia: pues el Libro de las Dotaciones alarga su Pontificado hasta el año de 1276. diciendo, que le obtuvo por espacio de veinte y siete años y medio: *Obiit Dominus Joannes Episcopus Auriensis Era MCCCXIV. qui sedit in Episcopatu annos XXVII. & dimidium.* Y este numero de años prueba haver empezado en el 1249. acabando en el 1276.

8 En este Pontificado era Chantre Don Juan Bibianes, año de 1250. Despues lo fue D. Pedro Yañez. Dean, Don Alfonso, en el 1252. Arcediano, D. Andres Perez, en el 1262. y otro D. Ares en el 1263. Canonigo, D. Pedro Juan, en el 68. y otro D. Rodrigo Dieguez. Thesorero D. Juan Pelaez en el 1270. que prosiguió adelante.

PEDRO YAÑEZ
de Noboa.

Desde el 1286. al de 1308.

1 Mucho me ha dado que hacer, y deshacer el sucesor de D. Juan, por el encuentro de especies que ocurren despues de aquel Prelado. En algunas partes suena vacante la Iglesia por muchos años. En otras se vé ocupada, ya con D. Pedro Yañez, ya con D. Fernando Perez. Muchas Escrituras nombran Obispo electo durante aquel espacio: pero como no están publicadas, ni dieron luz, ni aumentaron dudas; segun los años que Gil Gonzalez y Muñoz aplican al sucesor de D. Juan, (diciendo que gobernó 25. años, y murió en el 1308.) resulta que empezó en el 1283 y como D. Juan acabó en el 1276. quedan vacantes los siete, desde el 76. al 83. En esto no reparó Muñoz, quando introduce à Don Pedro en el 1276. pues no puede empezar su Pontificado antes del año expresado en la memoria que allí

Catalogo de Obispos. Pedro Yañez.

alli alega, el qual correspondia al 83. en caso de estar puntual.

2 Argaiz viendo desocupado aquel espacio desde el 1276. en adelante, le llena con D. *Fernando Perez*, Monge que dice haver sido de Celanova; pero no alega documento. El lugar que dice halla de su gobierno es desde el año de 1276. al de 1283. ù 85. Pero no dice dónde halló tal gobierno. Parece se fundó en que no hay memoria en lo público del sucesor de D. Juan en todo aquel espacio, y por tanto llena los siete, ò nueve años con D. Fernando. Pero esto se falsifica con Escrituras públicas que señalan vacante nuestra Iglesia en el año de 1278. (como se vé en Colmenares) y en el 1279. (como expresa el Bulario de Alcantara). Vacaba tambien la Sede en el año de 1284. de que el citado Bulario ofrece tres Escrituras con la expresion de *la Iglesia de Orens vaga*. Que tampoco gozaba de Obispo en el año de 1286. consta en Escrituras de aquel año, publicadas por Berganza Tomo 2. pag. 493. y por Argote fol. 156. que son del mes de Julio, y consiguientemente no puede introducirse D. Fernando en aquel tiempo.

3 Esto se acaba de convencer, porque las Escrituras de Orense nombran Obispo *Electo* à D. Pedro, desde el año 1277. y ván continuando con preciso titulo de electo hasta el 1286. desde el qual en adelante cesa aquel dictado, y le nombran Obispo sin restriccion. No debe pues introducirse otro Prelado llamado D. Fernando en aquel espacio, en que estaba y se intitulaba *Electo* D. Pedro, y en que otros reputaban à la Iglesia *vacante*. Esto consistió en que la eleccion no fue de la naturaleza de otras, à causa de tener obice, que tardó en vencerse todo el tiempo señalado: y asi unos reputaban à la Iglesia vacante; otros expresaban al electo. El motivo de tan larga detencion, se explicará despues.

4 La entrada y Consagracion de D. Pedro corresponde al año 1286. despues de los Idus de Julio en que acaba su mencion con titulo de electo, y la expresion de los que nombran à la Iglesia vacante, perseverando en esto hasta Julio de aquel año 86. Segun lo qual hay yerro en la

la copia del Libro de Dotaciones, quando aplica XXV. años al Pontificado del que dice murió en el 1308. pues rebajados de este los 25. resultaba la posesion en el 1283. lo que no debe afirmarse, en vista de que tres años despues todavia publicaban à la Iglesia vacante. Parece pues, que pusieron XXV. en lugar de XXII. por ser facil equivocar el V. con el II. y en esta conformidad sale bien que murió en el año de 1308. haviendo gobernado su Iglesia XXII. años, desde el 1286. despues de Julio.

5 Sabese que fue *Chantre* de la Cathedral, y Procurador del Cabildo en pleyto movido en tiempo de D. Juan Diaz, entre el Obispo, Cabildo, y Ciudad, pretendiendo ésta que se anulasen los Privilegios pertenecientes al dominio y jurisdiccion de la Ciudad de Orense. Este pleyto continuó hasta el año de 1291. en que el Rey D. Sancho estando en Valladolid à 3. de Agosto dió Sentencia, declarando por buenos los dichos Privilegios. Consta lo referido, por la misma Sentencia que se conserva en el fol. 33. del Quad. 3. de Privilegios. Por el qual vemos tambien que el dicho Rey en el mismo año y Ciudad declaró à 25. de Agosto, que aunque havia tomado algunas Fosaderas y servicios de los vecinos de Orense con consentimiento del Obispo D. Pedro, no perjudicase esto en algun modo à los Privilegios de dichos vecinos.

6 Ya digimos que desde el año 1277. empieza à intitularse Obispo *electo* D. Pedro, y prosigue con aquel dictado hasta Julio del 86. En aquel intermedio se renovó la hermandad de esta Santa Iglesia con la de Astorga, à 10. de las Calendas de Octubre del 79. y hasta hoy perseveran los dos Cabildos muy unidos. La Escritura en que acaba el titulo de Electo, es un Codicilio del Dean D. Alfonso Perez, en que declara deberle el Obispo Electo D. Pedro cien florines, cinquenta libras tornesas, y veinte marcos. Otorgóse en los Idus de Julio del 86. y parece murió luego aquel Dean; pues en el 95. suena ya el Dean D. Pedro en Escritura, que expresa era Obispo de Orense Don Pedro Yañez (con este apellido) y Rey de Castilla y de Leon D. Fernando IV.) Desde el año siguiente 1287. por

Abril

Catalogo de Obispos. Pedro Yañez.

Abril le nombra Obispo, sin título de electo, la Escritura del Quad. 13. fol. 48. y asi prosigue en adelante: declarando otra Escritura del año 1290. que tenia por Vicario General al Canonigo D. Rodrigo Perez. Martin Fernandez dejó en su Testamento (del año 1294.) un Legado al Obispo D. Pedro, en que le mandó cien maravedis.

7 Sabese que en el mismo año de 1294. à 20. de Noviembre estando el Rey Don Sancho en Valladolid, hizo declaracion de que el Obispo D. Pedro Yañez, y la Iglesia pueden librar à 56. hombres de los pedidos, y servicios concejiles. Asi consta por el fol. 37.

8 En el año de 1295. à 3. de Agosto concedió el Rey Don Fernando el Privilegio publicado por Argote folio 165. y uno de los confirmantes fue Don Pedro Obispo de Orense, el qual compró en aquel año à Maria Yañez un Casal en *Ourantes.* Y en el siguiente de 1296. perdonó el Rey D. Fernando à los sobrinos del Obispo D. Pedro los delitos que havian cometido contra los Ciudadanos, y el quebrantamiento del *Convento de S. Francisco* de Orense, que fue quemado, y el incendio se atribuia à Don Pedro, siendo Chantre de la Santa Iglesia. Acerca de lo qual hay otra memoria con motivo de unas viñas que arrendó el Cabildo al Obispo D. Juan Diaz, con pension de 30. moyos de vino: y por muerte de aquel Obispo entró el presente en el mismo arriendo con la misma pension, y condicion de que el Cabildo le havia de dar el sitio para fundar el Convento de S. Francisco, como le concedió. Resistiendose despues à pagar los 30. moyos, le condenaron los Jueces electos para mirar la causa, en Setiembre del año 1297. (Quad. 18. fol. 35.)

9 El caso sobre el Convento de S. Francisco fue, que un reo mató à un pariente del Chantre, y este hizo notables demostraciones de enojo, y de dolor. El homicida se retiró al Convento de S. Francisco, y los Religiosos insistieron en defenderle, cerrando las puertas del Convento, à lo que se siguió ponerle fuego. El Señor Muñoz dice, que D. Pedro fue llamado à Roma por letras del Papa Bonifacio VIII. sacadas à instancia de los Padres Franciscos,

que

que le imputaban el incendio. Así tambien Gil Gonzalez que aplica las letras de Bonifacio VIII. à su año segundo; y como éste fue electo en el 1294. corresponden las letras al 1295. Entonces no pudo ser electo Obispo, pues consta que la eleccion fue 18. años antes, y que nueve, ò diez años antes estaba consagrado (como se ha dicho) y asi la eleccion no puede dilatarse al tiempo de Bonifacio VIII. sino el pleyto.

10 Este sabemos que duraba en Roma en el año de 1307. segun el Quad. 4. de Privilegios, fol. 5. pues entonces mandó el Rey D. Fernando al Adelantado de Galicia, que ni él, ni otra Justicia perturbasen la fábrica del Convento de S. Francisco, que el Obispo mandó quemar, de lo que se le havian quejado los Frayles en Zamora, entre los quales y el Obispo havia pleyto en Roma, como refiere la Escritura citada, fecha en Valladolid à 17. de Abril de la Era 1345. (año de 1307.) Segun esto el pleyto duró mucho: y es creible que electo el Chantre en Obispo despues del incendio que se le atribuìa, fuese esto ocasion de la vacante referida, dilatandose la consagracion hasta que se purgase de la nota.

11 Aquel Incendio del Convento de S. Francisco tuvo fuera de la gracia del Rey al Obispo, Clerigos, y varios seglares de la Ciudad, los quales deseando congraciarse con el Soberano D. Fernando IV. recurrieron à la mediacion de su tio el Infante D. Juan: y por su empeño lograron el perdon, y orden al Adelantado Mayor de Galicia, y Justicia de la Ciudad de Orense para que no les molestase. Fecha en Valladolid à 7. de Julio del año 1300. En el 1301. le confirmó el Rey el Privilegio del Señorío de la Ciudad: y otros en el año siguiente, prosiguiendo la mencion del Obispo hasta el 1307. asi en Escrituras de Orense, como en otras del Bulario de Alcantara, y Historia de Segovia.

12 Los disgustos ocasionados por el mencionado incendio se iban enardeciendo cada dia: y no bastando las ordenes expedidas por el Rey, se propasó el Adelantado à prender al Obispo, y algunos Canonigos, confiscandoles sus bienes: de lo que se quejaron al Monarca: y éste,

te, viendo que el pleyto con los Religiosos Franciscanos se estaba siguiendo en Roma, mandó que acudiesen allí las Partes, y que de ningun modo se atreviese ninguna Justicia à prender, ni inquietar al Obispo y Canonigos, como firmó en Valladolid à 17. de Abril del 1307.

13 Ni esto contuvo à los Ministros, pues por Junio se volvieron à quejar el Obispo y Canonigos de que el Adelantado no obedecia las ordenes del Rey, segun todo consta por el Quad. 13. fol. 17. Yo creo que esto duró mientras vivió el Obispo, que fue poco: haviendo fallecido en la Era 1346. (año 1308.) segun la memoria del libro de Dotaciones, que dice asi: *Era MCCCXLVI. Obiit Petrus Joannes de Noboa Episcopus Auriensis, qui sedit in Episcopatu annos XXV.* Arriba prevenimos deber leerse *annos XXII.* pues esto corresponde al año de 1286. en que acaba la mencion de Obispo electo. Y segun lo referido todos los 22. años fueron poco sosegados, despues del sinsabor de estar unos nueve años sin consagracion.

14 En tiempo de este Prelado, y del siguiente, hay mucha mencion del Maestro Juan de Sorbeyra, Canonigo de Orense. Don Juan Pelaez, y Don Pedro Rodriguez, Thesoreros. D. Rodrigo Perez, Canonigo y Vicario General del Obispo. El Maestro Pedro, Canonigo, y Apoderado del Cabildo. D. Bartholomé Perez, Canonigo, y Notario por el Obispo. D. Pedro Ordoñez, Chantre. D. Pedro de Alban, Arcediano de Limia. Deanes, D. Alfonso Perez, y otro llamado Pedro. Don Fernando Rodriguez de Castro, Pertiguero Mayor de Santiago. D. Juan Fernandez era Merino Mayor en Galicia en el 1284.

RODRIGO.

Vivia en el 1310.

1 A siete de Octubre del mismo año de 1308. dicen los Autores citados, que eligió el Cabildo à D. Rodrigo, alegando para ello el libro de las Dotaciones, y añadiendo que era Arcediano de Varoncelí, y que tenia el apellido de Perez. Una Escritura de 15. de Julio del 1309. en el Bulario de Alcantara dice vacaba entonces Orense, esto no se compone con la citada especie de

de que fue electo en 7. de Octubre del año antecedente, (si no que tardase en consagrarse, como el antecesor) ni con lo que añade el Señor Muñoz, de que gobernó el Obispo dos años y medio, poco mas ó menos: pues dice murió en Mayo del 1311.

2 Solo puede introducirse en los Fastos despues de Julio de 1309. segun la vacante referida: y en efecto sabemos que gobernaba ya su Iglesia en 23. de Febrero del 1310. segun Escritura de un Foro que otorgó entonces à Ares Fernandez, de dos heredades en el término de *Rante*. Y en el mismo año refiere otra Escritura de D. Gonzalo Nuñez, Dean de Orense, que Miguel Perez era Notario puesto por el Obispo D. Rodrigo. Al año siguiente 1311. por el mes de Mayo ya tenia sucesor (como se dirá) à causa de haver muerto D. Rodrigo, como expresa el Quaderno 12. fol. 71. en Escritura de un criado suyo, que acaba diciendo: *Vacante á Iglesia d' Ourens por morte d' Obispo D. Rodrigo*. La data es à 19. de Mayo Era 1349. (año 1311.) pero debe leerse *Marzo* por Mayo, en vista de que à 17. de Mayo de aquel año era ya Obispo D. Gonzalo, como se vá à decir. No se refiere otra memoria que el haver dado título de algunos Beneficios à los Canonigos Cardenales de esta Santa Iglesia, por el trabajo particular que tienen en el servicio del Coro, y de el Altar.

3 En el 1310. era *Dean* D. Gonzalo Nuñez, que prosiguió despues. (Quad. 2. fol. 24.) Adelantado Mayor de Galicia en el 1309. era D. Rodrigo Alvarez; y en el 1311. D. Alfonso Suarez de Deza.

GONZALO DAZA.
Desde el 1311. al 19.

1 Tambien me ha sido muy molesta la averiguacion del sucesor, ò sucesores de D. Rodrigo; porque unos hacen de dos uno; y otros que ofrecen dos, confunden, y aumentan formalidades, que en lugar de aclarar, ofuscan la verdad. Entre tantas dificultades he tenido la fortuna de haverme ministrado el Canonigo Cardenal de Orense D. Francisco Alvarez de Guntin, muchos documentos, con los quales podemos aclarar la materia, y proceder con mayor fundamento que todos los demás.

2 Gil Gonzalez pone despues de D. Rodrigo à D. Gonzalo Nuñez de Aza, ò Noboa: en lo que confundió personas y apellidos; pues, como probarémos, fueron diversos Prelados el Daza, y el Noboa, ambos Gonzalos, y ambos sucesivos, cuya immediata sucesion ocasionó los yerros. Argaiz refiriendo como uno los dos Gonzalos de Gil Gonzalez, añade otro que dice fue Monge de Celanova.

3 Muñoz admite dos, nombrando al primero Nuñez Daza, y Osorio; y al segundo Perez de Noboa. Del primero (que es el presente) dice que era Dean de Orense antes de su eleccion: pero no se informó bien: pues aunque huvo un Dean, llamado D. Gonzalo Nuñez, no fue éste el que ascendió à la Sede de Orense en el 1311. porque una Escritura de Orense (Quad. 17. fol. 15.) expresa Dean à D. Gonzalo Nuñez en el año 1314. y el que entonces era Dean, no podia ser el que se hallaba Obispo tres años antes. Este Dean ascendió à Mitra; pero no à la presente, sino à la de *Lugo*, en que se hallaba electo en el 1318. segun Escritura de Orense, *Quad.* 14. fol. 73. y asi no queda lugar para el apellido de *Nuñez* en nuestro Obispo; ni le podemos aplicar el Deanato, que desde el 1310. hasta el 18. consta en D. Gonzalo Nuñez, electo Obispo de Lugo (aunque no conocido en esta Iglesia.)

4 Nuestro Obispo Don Gonzalo Daza era sobrino del Obispo D. Pedro Yañez: y parece fue casado, pues en el libro 8. del Canonigo Chanciller Esteban Perez, fol. 20. menciona una Escritura la hacienda que fue de *Alvaro Nuñez, filio do Obispo D. Gonzalvo Daza.* Por otra del año 1318. hay noticia de una criada que tuvo, llamada *Mayor Nuñez,* la qual casó con el Caballero Fernan Rodriguez, y el Obispo les donó una viña en el término de *Bao.* La criada, moza, y el hijo, son mas proprios del estado matrimonial.

5 El Pontificado de Don Gonzalo se halla muy autenticado; pues el Testamento de D. Vasco (de que hablarémos despues) expresa à los Obispos sus *antecesores, D. Pedro de Noboa,* y *D. Gonzalo de Aza.* Lo mismo consta por la Escritura del num. precedente,

te, en que se nombra *Obispo D. Gonzalo Daza*: y otra del año 1337. refiere la distinción de éste y del D. Gonzalo siguiente, nombrandolos en ésta forma: Diga de cada dia Misa de Sacrificio por la alma do Obispo D. Pedro, *è do Bispo D. Gonzalvo Daza, è D. Gonzalvo de Noboa*, è do Bispo D. Vasco, que agora he &c. Aqui se vén quatro Pontificados, y referidos como diversos los dos Gonzalos, immediatos antes de D. Vasco. Otra prueba es, que nombrandose Obispo D. Gonzalo hasta el año 1319. se halla en el siguiente el mismo nombre con titulo de *electo y confirmado*: lo que solo corresponde à dos Gonzalos, el de Daza, y el de Noboa.

6 La primera memoria del presente es del año 1311. à 17. de Mayo, por medio de un Privilegio rodado, firmado en Valladolid, en confirmacion de las gracias y mercedes concedidas por los demás Reyes à esta Iglesia, y mandando que los Eclesiasticos fuesen libres de pechos, y que los vasallos del Obispo y de la Iglesia no pagasen *Yantares* al Rey, ni à los Infantes. Asi consta en el Quaderno 4. de Privilegios fol. 7.

7 Del año siguiente 1312. hay mencion de D. Gonzalo por medio de una Sentencia dada en 24. de Mayo por su Provisor D. Alfonso Vunden contra el Arcediano D. Pedro Rodriguez, sobre una paga. Y segun esto, pertenece al presente la mencion que hace de Don Gonzalo Obispo de Orense la Chronica de D. Alfonso XI. en el cap. 6. de su año primero (que empezó en Setiembre del 1312.) y refiere que el Infante D. Phelipe, acompañado con nuestro Obispo, fue à ver à la Reyna Doña Maria: y ésta envió al expresado Obispo D. Gonzalo à tratar con el Infante D. Juan, que estaba en Burgos, sobre avenirse con el Infante D. Pedro, y ser Tutores del Rey en compañia de la Reyna. Al ir el Obispo à Burgos, encontró en *Villamuriel* à Sancho Sanchez de Velasco, casado con una sobrina suya: y descubriendole el asunto del viage, se siguió lo que refiere la Chronica. Lo extraño es que le dá el apellido de *Osorio*. Acaso le convendria éste demás del de *Daza*; por solo el qual es conocido en los documentos referidos.

8 Gil Gonzalez dice que consagró à D. Gonzalo en Sala-

lamanca el Arzobispo de Santiago D. Fr. Berengario, lo que no puede aprobarse: porque si se le consulta à él mismo en lo que escribió de este Arzobispo, se hallará que no lo fue hasta el año de 1318. ni entró en España hasta despues de Junio de aquel año; quando ya D. Gonzalo llevaba siete años de consagracion. Y asi en caso de haver sido consagrado por el Arzobispo de Santiago, no debe reducirse al referido, sino à su antecesor. Y digo *en caso*, porque tengo documento autentico de que en tiempo de este Obispo todavia egercitaba jurisdiccion sobre Iglesias de Galicia el Arzobispo de Braga, que era su antiguo Metropolitano. Pero Gil Gonzalez, y otros, mirando al Estado moderno, en que las Iglesias de Galicia pertenecen al Compostelano, midieron lo antiguo por lo moderno: y no fue asi: pues el Compostelano estuvo mucho tiempo con la jurisdiccion de Merida, cuyo honor de Metropoli se le concedió: y como à ésta no la perteneció nada de Galicia, tampoco correspondió à Compostela: y por eso estuvo Braga con su fuero sobre las Iglesias de Galicia, hasta que despues del presente D. Gonzalo quedó Galicia esenta de aquella jurisdiccion. Por lo que si huviere alguna prueba de que este D. Gonzalo ó el siguiente fue consagrado por el Arzobispo de Santiago, debe suponerse comision del Arzobispo de Braga, como legitimo Metropolitano en aquel tiempo.

9 En el año de 1314. se tuvieron Cortes en el Monasterio de Palazuelos, para admitir los Tutores del Rey D. Alfonso XI. y el Arzobispo de Toledo con los demás Prelados que alli estaban, les pidieron fuesen guardados todos los Privilegios de las Iglesias, como se hizo, despachando Cartas à los Obispos ausentes, y entre ellos fue uno D. Gonzalo, *segun consta por el Quad. 4. fol. 9*. En el año siguiente 1315. se volvieron à tener Cortes en Burgos à 10. de Setiembre: y nuestro Don Gonzalo obtuvo nuevo Privilegio, en que le fueron confirmados todos los obtenidos. Asi el mismo Quad. fol. 10. En aquel mismo año à 6. de Octubre obtuvo el Obispo Don Gonzalo ciertos bienes que le concedieron el Maestro Mathias, Aldonza Rodriguez, y su marido Domingo Pe-

Perez. Y en el siguiente 1316. compró D. Gonzalo todos los bienes que tenian Eufemia Martinez, y Eufemia Rodriguez, por precio de nueve libras de Blancos de la moneda nueva del Rey D. Fernando; cuya Escritura refiere que D. Gonzalo era sobrino del Obispo D. Pedro. Quaderno intitulado, *Señor Obispo, fol.* 101.

10 Por este tiempo tenia D. Gonzalo por Vicario General al Canonigo D. Pedro Barros; pues como tal mandó abrir el Testamento de Maria Osorez en 7. de Febrero de 1317. En el siguiente donó el Obispo la viña del término de *Bao*, quo arriba mencionamos. Y todavia gobernaba su Iglesia Don Gonzalo en 25. de Marzo del 1319. segun consta por Escritura del Quad. 14. fol. 32. en que el Monasterio de Ribas de Sil vendió à Juan Giraldes ciertos bienes por orden del Obispo D. Gonzalo, el qual acabó en este año: pues tenia sucesor al principio del siguiente.

11 El Señor Muñoz dice que celebró Synodo Diocesano en el año de 1318. Gil Gonzalez atrasa el Synodo diez años, sin haver conocido mas que un Gonzalo. Si el Concilio se tuvo en el 1318. pertenece al presente D. Gonzalo. Si en el 28. al siguiente. Yo no he descubierto documento que exprese aquel Concilio.

12 En tiempo de este Obispo era Dean D. Gonzalo Nuñez (electo Obispo de Lugo en el 1318.) Arcediano, D. Pedro Rodriguez, Canonigo y Vicario General del Obispo, D. Pedro Barros, Provisor Don Alfonso Vunden.

GONZALO DE NOBOA.

Desde el 1320. al de 1332.

1 El apellido de este Prelado consta expresamente por su Testamento, que empieza: *Ego Gundisalvus de Noboa, licet indignus Episcopus Auriensis.* La distincion del Pontificado precedente, queda ya declarada: y demás de la diversidad de apellidos, y contarse como Pontificados diversos, se apoya por el Quad. 14. fol. 73. donde haviendo hecho dejacion de la tenencia del Vicariato propria del Cabildo, D. Gonzalo Nuñez, su Dean, y Obispo electo de Lugo, en 25. de Julio del 1318. en Escritura otorgada en papel; pidió el Cabildo á
D.

D. García Martínez, Canónigo y Vicario General del Obispo D. Gonzalo, *electo y confirmado* de esta Iglesia, mandase ponerla en pergamino, como se egecutó. Fecha en 26 de Febrero del año 1320. Según lo qual consta la diferencia de personas: pues el que se decia electo y confirmado en Febrero del año 1320. precisamente era diverso del que años antes se intitulaba Obispo sin esta restriccion. Por tanto vimos que los Obispos Daza, y Noboa, se contaban como diversos, è immediatos sucesores.

2 Sabemos pues que Don Gonzalo de Noboa presidia ya en la Sede por Febrero del 1320. y tenia nombrado como su Vicario General al Canonigo Martínez.

3 [" Consagróle en Salamanca el Arzobispo de Santiago D. Fr. Berengario Landorra en el año de 1320. por " Quaresma, asistiéndole los " Obispos de Idaña y de Coria, como refiere la vida " del mencionado Arzobispo.] (1)

4 Havia à la sazon dudas sobre el territorio de la Dignidad del Vicariato, por no estar bien demarcados sus límites: y juntandose en 5. de Abril del 1320. concurrió à presidirle el Obispo D. Gonzalo, y quedaron demarcados sus límites, señalando lo que hay entre el rio Miño y Arnoya, tierra de Rabeda, y de Aguiar, segun consta por el Quad. 14. fol. 17.

5 Tenia el Señor D. Gonzalo muy presente el fin de esta vida perecedera: y queriendo prevenirse en lo que mira à la disposicion de sus bienes, dispuso el Testamento, estando en sana salud, y hallandose en San Miguel de Souto, de su Diocesi, à 6. de Febrero del año 1321. dejando por heredero y egecutor de su ultima voluntad al Cabildo de Orense; pero este no admitió y renunció la herencia: *Idem Dominus Vicarius nomine suo, & Capituli Ecclesiæ Auriensis, qui dictam auctoritatem mihi Notario præstabat, tamquam Vicarius Generalis ejusdem Ecclesiæ Auriensis, & quod ipse & idem Capitulum non consentiebant in hereditam, nec in executoria dicti Testamenti Episcopi prædicti, cum jam Decanus, & Capitulum dictæ Ecclesiæ Auriensis, expressè renuntiassent dic-*

(1) *Adicion del Autor.*

dictis herentiæ, & executoriæ, & omni juri quod habebant ex herentia dicti Domini Episcopi, qui heredes & executores dicti sui Testamenti dictum Capitulum instituerint, como se lee en el Quad. *Diversarum rerum* fol. 101.

6 [,, Por este tiempo fue ,, D. Gonzalo en compañia del ,, Arzobispo D. Fr. Berenga- ,, rio à la Junta que el Legado ,, Apostolico, Obispo Sabi- ,, nense, tuvo en Palencia, y ,, concluyó en Valladolid, co- ,, mo refiere la Vida del cita- ,, do Arzobispo.] (1)

7 Litigaban sobre Diezmos y límites Parroquiales el Rector de S. Jorge *da Touza*, y otro immediato; y queriendo evitar perjuicios del litigio, se comprometieron en el Dean de Orense, de cuya Sentencia dió copia el Notario Gregorio, puesto por el Obispo D. Gonzalo, à 10. de Abril del 1322. Quadern. 12. fol. 14.

8 En el año siguiente arrendó el Cabildo una viña en término de las Laxas en pension de 120. maravedis viejos, cuya Escritura expresa que era Obispo de Orense Don Gonzalo.

9 El Dean de esta Iglesia llamado D. Odoario, otorgó su Testamento en Junio de 1327. dejando al Obispo D. Gonzalo quanto tenia en el lugar de *Podentes* con el Casal llamado de Lopo Perez, y el Realengo del lugar de Tructin, que havia comprado al Rey, concediendo todo esto à la Mesa Episcopal, de suerte que no se pudiese enagenar, Quad. 2. fol. 36.

10 A 1. de Febrero del 1328. concedió el Rey à mi Convento de Cordoba el Privilegio publicado por Herrera en la Historia del Convento de Salamanca pag. 85. y entre los demás Obispos del Reyno de Leon se lee: *D. Gonzalo Obispo de Orens conf.* Y en el año del 1330. arrendó el mismo Obispo los frutos de *Puga* al Prelado de dicho lugar.

11 En 10. de Febrero del 31. confirmó el Privilegio dado al Orden de Calatrava, en aquel dia. Y à diez de Junio hizo juntar el Cabildo y Concejo de la Ciudad, y ante Notario público mandó al dicho Concejo no permitiese el mas leve perjuicio en la exaccion del tributo del *Yantar*, que

(1) *Adicion del Autor*

que por costumbre se pagaba al Rey, y al Adelantado Mayor de Galicia. (*Quad. 4. fol. 13.*) Arriba vimos, que en el 1311. eximió el Rey à los vasallos del Obispo y su Iglesia de los Yantares: con que ò no se puso por obra la exencion, ò no se habla aqui de unas mismas personas, sino de las que no viviesen en casas proprias de la Iglesia. En aquel mismo año de 31. confirmó el Obispo Don Gonzalo los Privilegios publicados en Colmenares, y en Berganza.

12 En aquel año de 31. ponen su muerte Gil Gonzalez, Muñoz, y Argaiz, sin dar pruebas segun costumbre. Lo cierto es, que en 16. de Mayo del 1332. ya havia fallecido D. Gonzalo de Noboa, y estaba la Sede vacante, segun consta por Escritura donde se insertó el Testamento: la qual refiere que Juan Bravo, *alupnus quondam D. Gundisalvi de Noboa Episcopi Auriensis* se presentó ante el Vicario de la Iglesia Sede vacante, pidiendo mandase darle copia de la clausula del Testamento en que dicho Obispo D. Gonzalo de Noboa havia dejado al referido Bravo unos Casales. Y aqui es donde consta la renuncia que hizo el Cabildo de la herencia, segun arriba prevenimos. En vista de lo qual se convence que en el expresado mes y dia ya havia fallecido este Prelado.

13 *Capitulares*. D. Odoario, Dean. D. Garcia Martinez, Canonigo, y Vicario del Obispo. D. Vasco Perez, Dean.

DIFICULTADES QUE ocurren despues de la muerte de D. Gonzalo.

14 Pero es digno de reparo, que despues del año 1332. ocurre mencion de el Obispo de Orense D. Gonzalo, por medio de un Privilegio del Rey D. Alfonso XI. con la Reyna Doña Maria, y su hijo D. Fernando à 18. de Junio de la Era 1371. (año de 1333.) en que estando en Sevilla confirmó à la Iglesia de Orense, y à su Obispo D. Gonzalo, la jurisdiccion de la Ciudad, y la provision de las Notarías que se le havian quitado, segun consta por el *Quad. 4. fol. 15.*

15 En el Bulario de Alcantara hallamos dos Privilegios confirmados por el Obispo de Orense D. Gonzalo, y ambos son del año 1333. Ar-

gote de Molina ofrece otro en el fol. 200. con D. Gonzalo Obispo de Orense en el año de 1335. y hasta en el 37. nos dá otro el Bulario de Alcantara con el nombre de Don Gonzalo: de suerte, que, segun estos documentos, parece haver presidido en Orense un Don Gonzalo despues del año 1332. hasta el 37. Y como el D. Gonzalo Noboa consta difunto en el de 32. parece huvo tercero de este nombre con sucesion immediata.

16 Pero contra esto milita lo que se vá à decir en el sucesor, que parece se hallaba ya Obispo en el 1333. cuyo nudo desatará quien tuviere mas luces.

VASCO PEREZ MARIÑO.
Desde el 1333. hasta Enero del 43.

1 Dean de la Santa Iglesia de Orense era Don Vasco, quando le promovieron à la Sede. Desde el año 1330. se hallaba en aquella dignidad, como expresa el Quaderno 13. fol. 14. El Papa Juan XXII. en Breve despachado en Aviñon à 4. de los Idus de Octubre del año 18. de su Pontificado (que empezó en Agosto del 1316. y contaba su 18. año en Octubre del 33.) refiere que proveyó en D. Pedro Pelaez Arcediano de Castella el Deanato de la misma Iglesia de Orense, vacante por promocion y consagracion de D. Vasco Obispo de Orense: *Decanatum ejusdem Ecclesiæ Auriensis tunc vacantem per promotionem & consecrationem venerabilis fratris nostri Velasci, Episcopi Auriensis, tunc ejusdem Ecclesiæ Decani, eidem Petro Pelagii duximus auctoritate Apostolica conferendum.* (De paso se observará que el nombre de *Vasco* en vulgar es lo mismo que *Velasco* en latin, y en estilo antiguo, como se califica tambien por combinacion de otros documentos.) La referida clausula y Breve se halla en sentencia dada por el Prior de S. Pedro de Rocas en 15. de Abril del 1334. contra el Dean D. Pedro Pelaez, à favor del Cabildo, en competencia sobre la visita y jurisdiccion del territorio proprio de la Dignidad del Vicariato. (Quaderno 4. fol. 39.)

2 Segun esto, haviendo fallecido D. Gonzalo de Noboa antes del 16. de Mayo del 32. le succedió prontamente D. Vasco en el mismo año de

de 32. ò principio del siguiente, sin que pueda dilatarse el reconocerle consagrado en el 1333. por quanto el Papa Juan, cuyo es el Breve, (en que supone la consagracion de D. Vasco) acabó en el año siguiente de 34. Y asi las menciones del Obispo D. Gonzalo, que se hallan desde el 34. al 37. incluyen yerro, ò necesitan de luces superiores à las mias.

3 Sabese que Don Vasco tenia el apellido de Mariño, por una donacion que muchos años despues hizo al Cabildo su Canonigo D. Vasco Perez Mariño, en la qual se nombra sobrino del Obispo *D. Vasco Mariño*, Quad. 18. fol. 52.

4 Desde el año de 1333. no encontramos mencion del Obispo D. Vasco hasta el de 37. en que otorgó su Testamento à 1. de Febrero el Canonigo D. Alfonso Bibianes, y fundó una Capellanía con Misa diaria por la Alma del Obispo D. Pedro, D. Gonzalo Daza, D. Gonzalo de Noboa, *è do Bispo D. Vasco, que agora he, è que Deus manteña.* Abrió este Testamento D. Pedro Garcia, Canonigo y Vicario General del Obispo D. Vasco.

5 En el mismo año de 37. hay noticia de nuestro Obispo, con motivo de una Junta que en el Monasterio de S. Martin de Santiago tuvieron los Obispos de Tuy, Lugo, Silves, y D. Vasco de Orense, con Don Pedro Fernandez de Castro, Pertiguero Mayor de Santiago: la qual Junta duró desde Noviembre del 37. hasta 9. de Mayo del siguiente, segun refiere Sandoval en la Iglesia de Tuy, fol. 168. Y en aquel intermedio confirmó el Rey D. Alfonso XI. à D. Vasco, y su Cabildo una Sentencia dada por su bisabuelo D. Alfonso contra el Concejo de Orense, sobre que fuesen esentos los que habitaban en casas proprias de la Mesa Episcopal y Capitular, y demàs de estos, seis personas con Oficios. Confirmóse esta Sentencia en 14. de Abril del 38. Y en el mismo año à 19. de Octubre mandó el Vicario del Obispo D. Vasco sacar copia de la declaracion hecha por el Rey D. Sancho en el 1294. à favor del Obispo D. Pedro Yañez, sobre libertar de pedidos y servicios concejiles à 56. personas. (Quad. 3. fol. 37.)

6 Deseando Don Vasco afianzar mas estos puntos, ob-

tu-

tuvo del Rey D. Alfonso XI. en el 1339. un Privilegio, en que libertó de pechos Reales à todos los Eclesiasticos dependientes del Obispo, y Cabildo, segun antes havia concedido su bisabuelo D. Alfonso. Fecha en Madrid à 25. de Febrero del 1339. firmado por el Rey, por la Reyna Doña Maria, y el Infante D. Pedro, y confirmado entre otros, por el Obispo D. Vasco, como declara la Escritura del Quad. 4. fol. 18.

7 En el 1341. hizo sacar copia autentica de un convenio hecho entre el Obispo de Mondoñedo Don Nuño y el Conde Don Rodrigo Velaz, que luego aprobó el Rey D. Alfonso VII. aunque ignóro el motivo de compulsar esta Escritura nuestro Obispo. Al año siguiente confirmó un Privilegio dado al Orden de Calatrava.

8 Fue muy bienhechor de su Iglesia; pues la dejó el Señorio de las Villas de *Finisterre*, *Duyo*, y *Trayo*, (que eran de su Patrimonio) en el Arzobispado de Santiago, segun consta por el Testamento conservado en el Quad. 1. de Escrituras públicas fol. 12. El dominio directo de aquellas Villas se comutó luego por otras dentro de la Diocesi de Orense. Pero haviendose vulnerado la Concordia hecha entre las dos Iglesias sobre aquellas jurisdicciones y cotos, despues de 300. años, en que se observó la permuta, havrá (dice el Señor Muñoz) 70. años que se litiga con gran lentitud y perjuicio del Cabildo y Dignidad de Orense.

9 Distinguióse este Prelado en virtud, y en particular devocion de la milagrosa Imagen de Christo Crucificado, famosa con el nombre de *Santo Christo de Orense*, à que concurre (dice el Señor Muñoz) la devocion no solo de Galicia, y Reynos confinantes, sino innumerables peregrinos de todas las Naciones, los quales antes, ò despues de visitar al Apostol, concurren à venerar esta soberana Imagen, que por gracia especial abrasa en divino amor à las personas de espiritu, y mueve à contricion à los mas empedernidos pecadores.

10 Hallabase antes la devotisima Imagen en *Finisterre*: y como era propria del Prelado aquella Villa, quiso ennoblecer su Cathedral con esta Joya, y darla mayor culto, por lo que la trajo à su Cathe-

thedral: y asi confiesa el Señor Muñoz que à su piedad y devocion insigne debe la Iglesia de Orense el inestimable tesoro de esta milagrosisima Imagen. En las Memorias individuales que me remitió aquel Ilustrisimo Cabildo por mano del Canonigo Cardenal D. Francisco Xavier *Alvarez de Guntin*, consta con expresion, que este Señor Obispo *trajo la devotisima Imagen del Santo Christo, de su Villa de Finisterre.* El Analista Huerta dice *pag.* 217. que al entrar los Moros en Galicia salió el Obispo de Orense con sus Clerigos à la Iglesia del *Castro*, llevando consigo las Reliquias que pudieron, *especialmente la del Santisimo Christo.* Si asi fueron otras ocultaciones de Imagenes, que algunos (como el presente) refieren sobre su palabra, poca fé merecen: pues lo alegado prueba, quán sin fundamento procedió el Analista.

11 El devoto Prelado no sufrió apartarse aun despues de muerto de su adorada Imagen, y mandó le enterrasen junto al Altar del Christo, como se hizo. Pero trasladada la Santa Imagen à la Capilla magnifica, donde hoy se venera, vino à quedar el sepulcro enfrente del Santo Crucifijo, donde ahora el Altar de Santiago.

12 No desfrutó D. Vasco mucho tiempo la compañia de la Sagrada Imagen; pero subió à mayor gloria de ver el original (segun promete à la piedad su honesta vida) por Enero del 1343. pues en el dia 14. de aquel mes y año se presentó y abrió en el Cabildo su Testamento. Este le otorgó en 8. de Noviembre del 1342. y fundó dos Capellanías perpetuas: Aniversario en el dia de su fallecimiento, y dotacion de Fiesta en la Invencion de la Cruz. Ordenó tambien que el Cabildo hiciese en todos los Viernes del año despues de Completas commemoracion de la Cruz, y un Responso, como se practica. Para esto dió al Cabildo las Villas de *Finisterre* y *Duyo*. Alli refiere como amigo y pariente suyo à Don Pedro Fernandez de Castro: lo que es gran recomendacion de su familia; pues este Señor era Pertiguero Mayor de Santiago, de la Casa de Lemos. El que presentó al Cabildo su Testamento cerrado fue D. Pedro Suarez, Dean, y hermano del Obispo. Era en-

entonces Vicario General *Sede vacante.* D. Alfonso Lorenzo, Thesorero y Provisor, el qual mandó que se le diese entero cumplimiento.

13 En este Pontificado fue Dean D. Pedro Pelaez, Arcediano que era de Castella, y despues D. Pedro Suarez. Canonigos, D. Alfonso Bibianes, y D. Pedro Garcia, Vicario General del Obispo. Thesorero, Provisor, y Vicario General del Cabildo Sedevacante, D. Alfonso Lorenzo. Pertiguero Mayor de Santiago D. Pedro Fernandez de Castro.

ALVARO PEREZ
de Biedma.
Desde el 1343. *al* 51.

1 Muerto el Venerable D. Vasco, dice el Señor Muñoz que fue electo D. *Pedro de Velasco*; pero falleciendo dentro de pocos dias, se hizo nueva eleccion en D. Alvaro Rodriguez de Biedma, de las primeras familias de Galicia. Dice que tuvo muchos pleytos y trabajos con los Ricos-hombres, que usurpaban los bienes de su Iglesia. El año de 1343. dice fue de los ultimos de su vida, y que ignoraba el año fijo de su muerte. Gil Gonzalez se contenta con decir, que gobernaba su Iglesia en el 1345. sin prevenir otra cosa.

2 Pero este ilustre Prelado fue Obispo de Mondoñedo, trasladado desde alli à Orense, como dice repetidas veces la Chronica de D. Alfonso XI. En el cap. 246. expresa: D. *Alvaro Obispo de Mondoñedo, que era de los de Biedma, & fue despues Obispo de Orenes* (asi nombra à Orense.) En la Iglesia de Mondoñedo gobernó hasta el año de 1343. por Abril: y como desde la entrada de aquel año vacaba nuestra Iglesia, fue promovido à ella cerca del medio del tal año, segun convence el hecho de tener Mondoñedo sucesor por Octubre del mismo año. Los principales sucesos que conocemos en este Prelado tocan à la Santa Iglesia de Mondoñedo, donde nos remitimos.

3 En la presente le menciona como Obispo de Orense una Escritura del 1346. por la qual sabemos que D. Alvaro hizo una protesta à los Jueces de esta Ciudad por haverle prendido un criado que estaba esento de aquella jurisdiccion, en virtud de Privilegios Reales: y mandó le en-

entregasen al Castellano del *Castillo Ramiro*, ò al de la Torre de su Palacio. Quad. 13. fol. 58. Vivió hasta el año de 1351. en que falleció, como declara la Bula del sucesor: y en todo abrazó su Pontificado mas de 22. años; pues presidia en Mondoñedo en el 1329.

JUAN DE CARDAllaco.
Desde el 1351. por Junio hasta el 1361.

1 Nombró el Cabildo por sucesor à D. *Lorenzo Rodriguez*, Canonigo de la misma Santa Iglesia: pero el Papa Clemente VI. declaró por nula la eleccion, y nombró à D. Juan, tan poco conocido por los nuestros, que Gil Gonzalez se contentó con decir: *llega su memoria hasta el año 1355*. Aun su apellido anda mal escrito, Cordolaco, Cardalosacho, y con otras variedades. El legitimo es *Cardaillac*, en Francés, que corresponde al Cardallaco Español. La Chronica del Rey D. Pedro en el lib. 18. cap. 19. dice que era pariente del Conde de Armiñach (Señor de los ilustres de Francia) que andaba con el Conde D. Henrique en las guerras contra su hermano el Rey D. Pedro.

2 Fue D. Juan hijo de Bertrando, Señor de Bioule, y de Ermengarda de Lautrec. Profesó Derecho Civil en la Universidad de Tolosa, donde se graduó de Doctor. Y como era persona tan sobresaliente, le envió la Universidad en el año de 1350. al Papa Clemente VI. que tenia su Corte en Aviñon. El Pontifice haviendo declarado nula la eleccion mencionada de Don Lorenzo, nombró por Obispo de Orense à este D. Juan, en atencion no solo de su ilustre nacimiento, sino de su literatura, aunque solo era Clerigo de *Prima Tonsura*, segun expresa la Bula del Obispado, dada en Aviñon à 6. de los Idus de Junio, año X. de su Pontificado, que corria à 6. de Junio del 1351. y se conserva la Bula en el Quad. intitulado: *Obispo y Dignidades*, fol. 19. donde se lee: *Ad dilectum Filium Joannem de Cardalbaco, electum Aurien. Legum Doctorem, Clericali dumtaxat caractère insignitum, in spiritualibus providum, & in temporalibus circumspectum, aliisque multiplicium virtutum meritis laudabiliter insignitum.*

3 En el año de 1353. toda-

davia perseveraba en Aviñon, segun escribe Esteban Baluzio en el Tomo 1. de las Vidas de los Papas Avinionenses, col. 3124. pero en el de 1356. ya le pone en España. Ni nos embarace el Privilegio de Berganza pag. 502. y otros en el Bulario de Calatrava, que son del año 1351. y con todo eso se lee alli confirmando D. *Jahan Obispo de Orens*. Esto no se opone con lo dicho de que no estaba en España por entonces: pues los Privilegios no se confirmaban con el preciso nombre de los que se hallaban presentes, sino mencionando los Prelados que à la sazon gobernaban las Iglesias, aunque no estuviesen consagrados, sino electos. Tambien se debe notar, que no miraban ya al orden de antiguedad de los Prelados, sino al orden de las Iglesias, segun las tenian arregladas en el dia: por lo que al llegar à tal Iglesia decian que *vacaba*, ò era *electo* N. Y si guardáran orden de personas, no podia preceder el *electo* al siguiente confirmado mucho antes. Por tanto, aunque D. Juan no se hallaba todavia en España, le nombraban en la Iglesia de Orense, por ser ya su Prelado.

4 Sabese que tuvo por Vicario General à D. Beltran Beltranes: pues este como tal Vicario aforó algunos bienes de la Dignidad Episcopal en 19. de Mayo del 52. Y à los dos años siguientes hallamos que el Thesorero D. Juan Gonzalez era Provisor del Obispo D. Juan, segun una Escritura del 17. de Marzo del 1354. Quad. 7. fol. 68. Pero en el año de 61. era ya Provisor y Dean de la Santa Iglesia el mencionado D. Beltran Beltranes, segun Escritura del Quad. 15. fol. 16.

5 El Señor Muñoz solo refiere de este Obispo Don Juan que dotó la fiesta de la Immaculada Concepcion: que murió por los años 1355. y que su cuerpo está sepultado en Guadalajara. Nada de esto fue asi. No la muerte: pues le menciona una Escritura del 57. en el Quad. 21 fol. 2. y otra ya citada del 61. y luego veremos que sobrevivió muchos años aun despues de ser Arzobispo de Braga, lo que no conoció el Señor Muñoz, y por eso redujo arbitrariamente à Guadalajara al que yace en Francia, como luego diremos. La fiesta de la Concepcion la dotó el Señor Torre y Ayala.

Sa-

Catálogo de Obispos. Juan Cardallaco. 125

6 Sabese que D. Juan predicó un Sermon à S. Martin, Patron de la Santa Iglesia de Orense: pues Baluzio citando un Codice de las Obras de este Obispo, expresa el titulo siguiente: *Sermo in festo Beati Martini, Patroni Ecclesiæ Auriensis in Hispania, per eumdem honorabilem Dominum factus.* En el año de 1358. perseveraba Obispo de esta Iglesia, segun el Privilegio de aquel año, publicado en Argote fol. 230. y confirmado por D. Juan Obispo de Orense. Tambien sabemos que hizo establecimiento acerca de que los que tenian Beneficio, llevasen la mitad de los frutos dentro del año y dia de su fallecimiento: lo que confirmó el sucesor en el Synodo del 1363.

7 Las turbaciones de la Corona de Castilla fueron causa de que D. Juan se retirase de Galicia, yendose à Portugal, donde le hicieron Arzobispo de Braga; no en el 1359. (como escribe Argaiz) ni en el 1360. (en que le pone alli Fr. Geronymo Roman) sino despues de Junio del 61. en que perseveraba Obispo de Orense, segun la Escritura referida. Y como tenia sucesor en Orense por Setiembre del 62. se infiere que empezó à ser Arzobispo de Braga à fin del 61. ò principio del siguiente.

8 Si el Obispo D. Juan huyó del Rey D. Pedro de Castilla por sus rigores, no le faltó otro. D. Pedro en Portugal, que à instancia de D. Vasco Dominguez, Chantre de la Iglesia de Braga (que litigó mucho con el Prelado) le prendió, como refiere Argaiz Tomo 3. pag. 135. Libro de la prision, volvió à Castilla, donde su pariente el Conde de Armañac seguia el partido del Rey D. Henrique, coronado en Burgos en el 1366. pero perdida en el siguiente la Batalla de Nagera, se transformó el theatro. Prendió el Rey Don Pedro en Burgos al Arzobispo Cardallaco, y le envió preso al Castillo de Alcalá de Guadayra, metiendole en un silo hasta que vencido la Batalla de Montiel le sacó de alli el vengador D. Henrique, segun refiere la Chrónica del Rey D. Pedro año 18. cap. 19. que parece no tuvo buen informe, segun lo que se vá à decir.

9 El libro de los Milagros de Sto. Thomás de Aquino, escrito por Fr. Raymundo Hugon, dice en el num. 48. que

que *sin consejo humano* salió de la prision (en el año de 1368.) por milagro del Santo. Este sucedió asi. Preso el Arzobispo, y viendo sus familiares que el Rey era no solo inexorable, sino que pretendia muriese infelizmente en la prision, por el mal trato con que le hacia atormentar cada dia, enviaron un Ministro à Roma. Pasó por Tolosa en el año de 1368. en que fue llevado alli el cuerpo del Angelico Doctor, y oyendo las maravillas que Dios hacia por intercesion del Santo, imploró su patrocinio para la libertad del Arzobispo: y llegandole despues la noticia de haver salido de la prision *sine humano consilio*; notó que esto fue en el dia en que llegó à Tolosa, è imploró la proteccion del Santo. Por esto digimos, que no fue el Rey D. Henrique el que le sacó de la prision. Veáse el citado libro de Milagros en Bolando, sobre el dia 7. de Marzo, donde debe corregirse el titulo de Rey, que alli se dice *Portugalliæ*, y ha de leerse *Castilliæ*: pues añade, que el motivo de la prision fue por haver favorecido el Prelado à Henrique, hermano del Rey: y esto solo corresponde al Rey D. Pedro de Castilla, no al de Portugal, que no tuvo hermano Henrique, ni quien le tirase à quitar la Corona; y esto se verificaba en el Rey de Castilla. No hizo pues bien Bolando en prevenir que era D. Pedro de Portugal (hijo de Alfonso VI.) pues aquel havia muerto antes del milagro. Creible es, que Fray Raymundo escribiese *Portugalliæ*, por leer que D. Juan era Arzobispo de Braga, Ciudad de Portugal; pero el Rey que le metió en la prision de que salió por el citado milagro, fue sin duda el de Castilla D. Pedro, à cuyo hermano Don Henrique favoreció el Prelado, como refiere el mismo Fr. Raymundo.

10 Libre Don Juan, y triunfante el Rey D. Henrique en el año de 1369. le envió el Rey à tratar con el Papa Urbano V. que estaba en Aviñon. Llegó allá D. Juan en el año de 1370. y en el siguiente renunció el Arzobispado de Braga, y se desprendió totalmente de España. El Papa Gregorio XI. le hizo Patriarca de Alejandría: y despues en el 1378. le hizo Urbano VI. Administrador del Arzobispado de Tolosa: segun lo qual erró *Juan Chenu*

en

en colocarle sobre el año 1370. entre los Arzobispos de Tolosa. Murió con aquel cargo en 7. de Octubre del 1390. y yace en aquella Cathedral. Con lo que se vé el mal informe de quien le pone enterrado en Guadalajara, y se declara el titulo de Patriarca, que no expresa la Chronica del Rey D. Pedro. Véase Baluzio en el lugar citado: y la Galia Christiana sobre la Iglesia Ruthenense, Tomo 1. col. 221.

11 Don Nicolás Antonio menciona à este Prelado sin titulo de Orense, con el de Braga, refiriendo el libro que escribió en Zamora, año de 1367. intitulado *Regalis*, defendiendo el derecho de Don Henrique II. à la Corona, cuya obra le pagó el Rey D. Pedro, como se ha referido. *Bibl. vet. pag.* 113.

12 Al principio de este Pontificado era Canonigo D. Lorenzo Rodriguez, electo Obispo, pero no aprobado, como arriba se dijo. Thesorero y Provisor del Obispo, D. Juan Gonzalez. Vicario General, D. Beltran Beltranes en el 1352. que luego en el 1361. se hallaba Provisor y Dean.

FR. ALFONSO.
Desde el 1362. al 67.

1 Despues del referido D. Juan hay un notable desorden en los Autores. Gil Gonzalez introduce à D. Pedro de Fonseca en el 1358. que estaba ocupado por D. Juan. Luego pone à D. Fr. Alonso, que dice murió dentro de poco tiempo, sin referir la Religion que profesaba: y dice le sucedió D. Lorenzo; y à éste, D. Fr. Alonso Perez de Viedma: con que sin duda equivocó al D. Fr. Alonso que puso antes, haciendo dos de uno; y poniendo tres Prelados (D. Pedro, D. Fr. Alonso, y D. Lorenzo) que no ha conocido su misma Iglesia de Orense, en la tabla que tiene de Obispos, y en el Catalogo que escribió su Magistral el Doctor Carrera, segun confiesa Muñoz. El D. Lorenzo no fue de este tiempo, sino del Siglo antecedente, al qual aplicamos la especie mencionada por Gil Gonzalez, sobre la concesion hecha al Abad de Celanova. Y todo se comprueba, porque los documentos legitimos nos dán los Prelados siguientes, à quienes cor-

correponde el tiempo mal aplicado à otros.

2. D. Fr. Alfonso fue del Orden de S. Francisco (segun declaran algunas Escrituras) y no empezó hasta despues de Junio del 1361. en cuyo mes y año perseveraba D. Juan en esta Sede. Por Setiembre del 62. ya presidia D. Fr. Alfonso: pues del 13. de aquel mes hay Testamento publicado ante D. Alfonso Perez de Santa Marina, *Provisor del Obispo D. Fr. Alfonso.* (fol. 16. del Quad. 1.)

3 ["Todo esto sale bien, "y se apoya por una particu- "lar memoria del Chronicon "Conimbricense V. que ex- "presa haver sido consagra- "do en 20. de Febrero de la "Era 1400. (año de 1362.) "Domingo, en la Iglesia de "San Francisco de Coimbra, "por el Arzobispo de Tole- "do D. Vasco: *Era de MCCCC. "annos Domingo veinte dias do "mes de Fevereiro em S. Fran- "cisco de Coimbra foi sagrado "Fr. Alfonso de Nõya o Bispo "D'orens, o qual sagraron Dom "Vasco Arzobispo de Tolledo, "e o Bispo de Viseu e Frey Gil "o Bispo de Sirendom.* En la "copia que yo hice sacar el "apellido es *Noya*, ò *Naya*. "La edicion dice *nõya, o Bis- "po darẽ.* D. Manuel Caye- "tano de Sousa, Censor de "la Real Academia Portugue- "sa dice (en la pag. 102. del "Catalogo de Papas, Car- "denales y Obispos Portu- "gueses) que este D. Fr. Al- "fonso se apellidaba *de An- "baya*, natural de Coimbra, "de la familia de los Anha- "yas: y que tomó el habito "de los Menores en la Cus- "todia de Coimbra. No dice "como pasó à Castilla, para "llegar à ser Obispo de Oren- "se, sino solo que siguió el "partido del Rey D. Henri- "que, por lo que el Rey D. "Pedro le mandó prender. Es "creible viniese con la Rey- "na Madre del Rey D. Pe- "dro.] (1)

4 A 22. de Marzo del 1363. juntó *Synodo*, para arreglar algunas cosas. Entre otras dispuso que los Clerigos de su Diocesi, especialmente los Capellanes de Santa Eufemia, y Dobleros del Coro, pudiesen testar de todos sus bienes patrimoniales. Confirmó tambien el establecimiento

(1) *Adicion del Autor.*

to de su antecesor D. Juan, sobre la mitad de los frutos de los Capellanes dentro de el año de su fallecimiento. (Quad. *Divers. rerum*, fol. 94.) Y en 8. de Abril del 65. aforó el Señor Obispo una heredad, junto à la Iglesia de San Pedro de la Mezquita, à Alvarado Sanchez.

5 En aquel año de 65. por Diciembre ya le havia mandado prender el Rey D. Pedro, (porque como Don Juan su antecesor fomentaba el partido de D. Henrique II.) Dió el Rey orden que le llevasen preso al Castillo de Almodovar: ,, y alli (dice el ,, Señor Muñoz) le puso en ,, prision tan rigurosa y estre-,, cha, que en ella acabó la ,, vida en el año de 1365.,, Esto no fue asi; pues el Obispo vivió hasta principio del 67. (como veremos.)

6 Que el Rey mandó llevarle à Almodovar, consra por acuerdo del Cabildo en 19. de Diciembre del 1365. en que resolvieron dar al Prelado otros tres mil maravedis de dineros blancos sobre los tres mil que le dieron *cuando ò uoso Señor el Rey tevera por ben de o mandar recadar, è ir à Almodovar*, segun nota el Chanciller Suero de Oca fol.

Tom. XVII.

17. Y por quanto algunas veces citaremos à los Chancilleres, prevengo que era un empleo conferido por el Obispo y Cabildo, en virtud de Privilegios Reales, à sugetos condecorados, que regularmente eran Notarios Apostolicos; cuya facultad se extendia à Legos y Eclesiasticos, dando fé de lo que ante él pasase, ò bien perteneciese al Obispo, ò al Cabildo, ò à los particulares, cuyas copias (demás de los originales que se conservan en los Protocolos) están recogidas en 24. Quadernos.

7 No sé si tuvo efecto el llevar el Prelado à Almodovar; pues en dos de Agosto del 66. prestó pleyto homenage en manos del Conde D. Fernando, Señor de Castro, su Escudero D. Rodrigo Alvarez, de guardar las Torres y Palacio de Orense en que vivia su Obispo D. Fr. Alfonso, à cuyo acto se halló presente el Obispo, y Don Gil Vazquez Dean, segun nota el Chanciller de Oca, fol. 21. Y si entonces perseveraba alli el Obispo, ò no pasó à Almodovar, o estuvo alli muy poco, sabiendose falleció de alli à medio año, en virtud de que en veinte de Febrero del

I mis-

mismo año ya vacaba la Sede, como expresa el Privilegio de Argote, fol. 236. *La Iglesia de Orense vaca.* Murió pues D. Fr. Alfonso en los principios del 1367. despues del 26. de Enero, en que vivia el Obispo, segun la Escritura de Colmenares, y antes del 20. de Febrero, en que vacaba la Sede, perseverando la vacante en 2. de Marzo de aquel año, en que D. Gil Vazquez Dean, y D. Geronymo Rodriguez eran Provisores *Sede vacante*, y declararon como tales que de ningun modo consentirian en que se hiciesen colaciones de ningun Beneficio, hasta que huviese Prelado, por las muertes que sucedian, como nota el Chanciller de Oca, fol. 23.

8 Supone Gil Gonzalez, que antes de presidir en Orense fue Obispo de Mondoñedo. Pero si se le consulta sobre aquella Iglesia, se verá que ni le llama Alonso, sino Alvar; ni le dá titulo de Fray: ni menciona que fuese Religioso (tan descuidado estuvo de sí mismo!) Si se recurre á la Chronología que alega, se hallará mas culpado: pues le señala fuera de Mondoñedo en el 1343. en que ya pone alli al sucesor: y si se vá al Theatro de la Iglesia de Orense, se hallará al que dice le antecedió, presidiendo en el 1366. cosa de intolerable desorden: pues como escribe Argaiz, para esto mejor fuera no escribir. Por documentos de la Iglesia de Mondoñedo hallamos á su Obispo D. Alvaro (Perez de Viedma) presidiendo en aquella Iglesia hasta el año de 1343. y solo éste fue el promovido á Orense: pero ni el tiempo, ni el nombre favorece al presente.

9 En su tiempo fue Dean D. Gil Vazquez, que egerció tambien el cargo de Vicario General del Prelado. Provisor fue D. Alfonso Perez de Santa Marina. Canonigo, y Rector de la Iglesia de la Trinidad, D. Juan Gonzalez de Canto. Provisores en la Sede vacante el expresado Dean, y D. Geronymo Rodriguez. Arcediano de Varonceli D. Garcia Rodriguez.

JUAN GARCIA Manrique.

Desde el 1368. hasta cerca del 76. en que ascendió.

1 Antes de morir D. Fr. Alfonso, dice el Señor Muñoz, que algunos genios inquie-

quietos, contrarios à su Prelado, movieron al Cabildo à que hiciese una intempestiva eleccion, y de hecho eligieron por Obispo à *D. Garcia Rodriguez*, Arcediano de Varonceli: pero esta eleccion (dice) nunca fue confirmada, ni lograron los émulos tan precipitada empresa. El intento de elegir antes de morir el Prelado, naceria de la prision referida. Añade que el legitimo electo D. Juan Garcia, era hijo del Adelantado Garcia Fernandez Manrique, y Arcediano de Talavera.

2 Sabese que estaba fuera de España, quando le nombraron Obispo: pues estando en Roma à 26. de Febrero del 1368. dió poder al Arzobispo de Santiago D. Rodrigo (de Moscoso) y à D. Alvaro Pelaez Arcediano de Salnes en aquella Santa Iglesia, para que tomasen posesion de su Obispado, nombrandoles por Provisores y Administradores: y dicho Don Alvaro presentó el Poder en Cabildo de 9. de Julio del mismo año, segun Notas del Chanciller de Oca, fol. 33. Sabese pues el tiempo en que empezó à ser Obispo, aunque no el motivo de estar à la sazon en Roma. Es creible que los negocios del Reyno en favor de D. Henrique II. le condujesen allá, pues haviendo seguido este partido contra el Rey D. Pedro, le hizo D. Henrique del su Consejo, como declara un Privilegio de las Cortes de Toro à 15. de Setiembre del 71. en que el Rey confirmó à D. Juan Garcia Manrique todos los Privilegios, y alli dice que havia sido Oidor, y muy servidor suyo. (*Quaderno 3. fol. 28.*)

3 Venció, dice el Señor Muñoz, la oposicion y contradicciones que le oponia el mal electo Arcediano de Varonceli. Renovó la antigua Hermandad de su Iglesia con la de Tuy. Crió quatro Notarios para el buen regimen de la Ciudad de Orense: y erigió en dignidad la Abadía de la Trinidad, segun añade él mismo. Pero no declara el año en que fue promovido à Siguenza.

4 Sabese que à fin de Mayo del 1379. ya era Obispo de Siguenza, y Chanciller Mayor del Rey D. Henrique II. pues como tal se halló en Santo Domingo de la Calzada à la muerte del expresado Rey en el 1379. segun refiere su Chronica; por lo que se convence el yerro de Mu-

ñoz que le pone trasladado à Santiago en el 1370. constando por lo dicho, que nueve años despues se hallaba todavia en Siguenza. Menos debe aprobarse lo que otros dicen, que en el año de 1369. estaba ya en Siguenza; pues entonces lo era de Orense. A punto fijo no consta quándo salió de aqui.

5 Pero sabemos, que en 13. de Setiembre del 75. asistió al Cabildo tenido aquel dia en Orense con los Abades de Celanova, S. Clodio, el Prior de Junquera de Ambía, y otros, sobre si todos debian contribuir à la paga de los subsidios caritativos que pedia el Papa; y se resolvió, que sí. (*Quad.* 11. *fol.* 52.)

6 El antecesor que tuvo en Siguenza se pone muerto por entonces, fuera de España; y asi corresponde el ascenso del presente cerca del 76. De Siguenza fue promovido [à Burgos, y despues] al Arzobispado de Santiago.

7 El Arcediano de Castella D. Juan Fernandez, era en el año 1372. Provisor del Obispo. Mientras llegó à España, lo fue el mencionado D. Alvaro Pelaez, Administrador de este Obispado con el Señor Arzobispo de Santiago.

EXCLUYESE D. MARTIN de la Sierra.

8 Despues de D. Juan ponen Gil Gonzalez, Muñoz, y Argaiz, à *Don Martin de la Sierra*, Chanciller Mayor del Principe D. Juan. Gil Gonzalez dice, que llega su memoria al 1379. Argaiz le pone por el de 1378. Muñoz en el 77. hasta donde dice se halla su memoria. Pero ninguno dá prueba: y añade Muñoz, que el Rey D. Juan I. concedió muchos Privilegios à este Obispo, y à su Iglesia. Pero el Canonigo Cardenal de Orense, el Señor Guntin, me asegura no hallarse razon de ninguno de estos Privilegios, ni mencion de tal Obispo en Escrituras particulares, como se halla de otros.

9 Yo tengo otra prueba convincente contra Muñoz: porque Obispo à quien Don Juan I. siendo ya Rey, concedió Privilegios, no puede decirse *Martin*: pues era *D. Garcia*, como veremos: porque el Rey se coronó en 25. de Julio del 1379. y en el mes siguiente confirmó los Privilegios de Orense à su Obis-

Obispo D. Garcia. No puede pues decirse Martin el Prelado à quien D. Juan el I. concedió Privilegios. Y si no llegó mas que al año de 77. como expresa Muñoz, no alcanzó el Reynado de D. Juan I. que no empezó hasta dos años despues, que no prueban el Pontificado de D. Martin.

GARCIA.
Desde antes del 1379. hasta el 82. con poca diferencia.

1 Luego que el Rey D. Juan I. se coronó en Burgos dia del Apostol Santiago del 1379. confirmó en las Cortes que alli tuvo, muchos Privilegios de Iglesias y Ciudades. Una fue la de Orense, cuyo Obispo se llamaba entonces *D. Garcia*: y éste presentando al Rey el Privilegio con que su Padre D. Henrique II. confirmó à la Iglesia de Orense todo lo concedido por los Reyes antecesores, logró que el Rey Don Juan lo revalidase: como consta por el Quaderno 3. fol. 28. en Privilegio dado en Burgos à 20. de Agosto del año 1379.

2 Diez dias antes obtuvo el Monasterio de Cardeña dos Privilegios confirmatorios de otros, y ambos firmados por

Tom. XVII.

D. Garcia Obispo de Orens. En el dia 14. del mismo Agosto confirmó otro Privilegio concedido à la Orden de S. Augustin, y publicado por Herrera en la Historia del Convento de Salamanca, pag. 5. aunque con el yerro de poner: *D. Gonzalo Obispo de Orense*, *conf.* en lugar de *D. Garcia*. La equivocacion provino de que el original tendria la *G*. sola inicial del nombre: y por *Garcia*, substituyó à Gonzalo, pero aun esto prueba que el nombre de Obispo de Orense en el 1373. no era *Pascual*, ni *Fernando*, (como algunos pretenden) sino voz que empezaba por G. declarada en las Escrituras citadas por la expresion de *Garcia*.

3 Segun esto no podemos introducir en el 1379. à *Don Pascual Garcia*: porque entonces se llamaba Garcia, y no Pascual, el Obispo de Orense. Dicen los que le ponen sucesor de D. Martin de la Sierra, que el Rey D. Juan I. le volvió à confirmar los Privilegios dados por los Reyes. Y esto no convino à D. Pascual, sino à D. Garcia, como prueba el Privilegio dado en Burgos à 20. de Agosto del primer mes del Reynado de D. Juan I. y asi aqui intervino

al-

alguna equivocacion con otro D. Pascual que le sucedió. Y segun esto no han conocido los Autores, ni Catalogos à D. Garcia. Este mismo vivia en el 1380. en que D. Vasco Perez, Maestre-Escuela, era Provisor *del Obispo D. Garcia*, y dió licencia à Garcia Rodriguez, Capellan de Santa Maria la Madre, para aforar ciertas heredades al Rector de Santiago de Carracedo, segun consta por el Quad. 13. fol. 9. Por Julio del 83. ya presidia D. Pascual Garcia: y asi el presente corresponde desde cerca del 76. hasta el 82. con poca diferencia; pues sabemos vivia en el 79. y 80.

4 En su tiempo era Maestre-Escuela, y Provisor, D. Vasco Perez.

PASCUAL GARCIA.
Desde el 1383. *al de* 90. Promovido.

1 Ya digimos que los Autores confundieron estos dos Prelados, llamando al precedente D. Pascual, y no reconociendo mas que uno. Pero el de 1379. y 80. se llama firmemente D. Garcia: el de 83. en adelante, D. Pascual. Este firma asi un Privilegio de Oviedo de 20. de Setiembre del 83. (entre mis Manuscritos) *D. Pascual, Obispo de Orense, conf.* y en el Quad. 13. de Escrituras públicas de Orense hay sentencia de el Dean D. Diego Gomez, Provisor del Obispo *D. Pascual Garcia*, dada en 16. de Julio del 1383. por cuyos documentos sabemos el año en que presidia en Orense, y la diferencia del que se llamaba D. Garcia: pues desde el 83. no suena tal nombre, sino el de Pascual, como convencen las Escrituras de Orense, y las de Astorga (à que fue promovido.)

2 El Señor D. Juan Garcia Manrique (arriba referido) se hallaba ya presidiendo en Santiago: y queriendo permutar algunas Villas que tenia en nuestra Diocesi por las de Finisterre que Orense tenia dentro de la suya, pasó con otros Capitulares Apoderados de su Cabildo à tratar la permuta con los nuestros. Tuvose Cabildo en 19. de Abril del 1384. con asistencia del Arzobispo, y D. Pascual Garcia; y quedó efectuada la permuta. (Quaderno 7. fol. 36.)

3 Al año siguiente tuvo D. Pascual *Synodo Diocesano*, en

en que fueron confirmadas las constituciones y buenas costumbres que havia en razon de Testamentos, y frutos de los Beneficios, à 22. de Marzo del 85.

4 Era por aquel tiempo Subcolector General de la Reverenda Camara el Maestre-Escuela de Astorga, D. Diego Gonzalez: en cuya presencia y del Obispo D. Pascual Garcia hizo su Cabildo obligacion de pagar cierta cantidad à la Camara Apostolica en 9. de Julio del 1386. En el de 88. tenia D. Pascual por su Provisor à D. Fernando Perez, que dió licencia al Tenedor de la Capilla fundada por D. Vasco Alonso, Arcediano de esta Santa Iglesia, para aforar unas posesiones. En el 1389. todavia se mantenia en Orense D. Pascual: pero en el siguiente fue promovido à Astorga. Gil Gonzalez, ni Argaiz no mencionan tal promocion: y aun el Señor Muñoz solo dice *parece* fue promovido à Astorga en el año de 1390.

5 La promocion no se puede dudar, segun los documentos que se me han remitido, los quales descubren otra especie muy notable acerca del Obispo D. Pascual, en tiempo del Cisma de la Iglesia, en que unos seguian à *Urbano VI.* otros al Anti-Papa *Clemente VII.* Del primer partido era el Maestre-Escuela de Orense Don Vasco Perez Corbacho. El Obispo seguia el de Clemente, que volvió à poner la Sede en Aviñon. Este era el partido que prevalecia en España por aquel tiempo, desde que en el año 1381 publicó el Rey D. Juan I. su Diploma en Salamanca, reconociendo por legitimo Sumo Pontifice al mencionado Clemente VII. como vemos en la misma Real Declaracion publicada en el Tomo 2. de los Papas Avenionenses de Baluzio col. 920.

6 Esto seguia el Obispo de Orense D. Pascual, y por tanto privó de la Prebenda y Dignidad al Maestre-Escuela D. Vasco, que seguia el partido de Urbano VI. ò decian que le defendia. El Maestre-Escuela recurrió à Clemente VII. pretendiendo le mandase restituir lo que el Obispo D. Pascual le quitó, mal informado de que seguia la parte de Urbano VI. à quien Clemente llamaba *damnatæ memoriæ*: y éste dió comision al Obispo de Lugo para el efecto, en 1. de Mayo de su año 13. (esto

es, del 1391. como quien empezó en 20. de Setiembre del 78.) Havia ya muerto entonces Urbano VI. y lo que mas hace á nuestro asunto es, que ya no presidia en Orense D. Pascual, trasladado desde el año antecedente à Astorga, por lo que el Maestre-Escuela D. Vasco tomó brio en el empeño de su restitucion.

7 Que el Obispo de Orense era el mismo D. Pascual, que estaba ya en Astorga, consta por el Breve de Clemente VII. que dice: *Exhibita nobis pro parte dilecti filii Velasci Petri Corbacho, Canonici & Scholastici Ecclesiæ Auriensis, petitio continebat, quod olim frater noster Paschasius Astoricensis, TUNC AURIENSIS EPI. minus veraciter prætendens, quod idem Velascus damnatæ memoriæ Bartholomæo, olim Archiepiscopo Bariensi, qui Sedem Apostolicam.... Datum Avenione Kal. Maii, Pontificatus nostri anno decimo tertio.* Aquel *minus veraciter prætendens* muestra, que D. Vasco alegaba ante Clemente VII. que no seguia el partido contrario: y si huviera afirmado esto quando vivia Urbano VI. no le huviera depuesto D. Pascual. El hecho es, que ya éste havia pasado à Astorga desde Orense. (*Notas del Canonigo Esteban Perez Chanciller, lib. 6. fol. 3.*)

8 La promocion à Astorga estaba ya efectuada en 19. de Octubre del 1390. en cuyo dia se hallaron juntos en los Palacios Episcopales de Orense D. Diego, Obispo de esta Ciudad, y D. Pascual de Astorga, (segun el citado libro del Chanciller) y en virtud de esto parece que D. Pascual no havia entrado todabia personalmente en Astorga, como que estaba muy fresca su eleccion. Por entonces puso otro Prelado *Astorga*, en su Iglesia, que, ò murió muy presto, ò no fue confirmado. Con todo eso no es facil salvar la mucha celeridad de pasos que pide concordar lo dicho en el Tomo precedente con lo presente. El D. Diego se hallaba Obispo de Tuy: por lo que ni uno, ni otro necesitaron consagrarse (pues lo estaban) y se infiere, que el nuevo electo en Orense vino à esta su Iglesia antes que saliese para la suya D. Pascual.

9 En el año 1383. era Dean y Provisor del Obispo, D. Diego Gomez. En el 88. era ya Provisor D. Fernando Perez. Arcediano D. Vasco Alonso. Maestre-Escuela era D.

D. Vasco Perez Corbacho, como se ha dicho. Abad de la Trinidad D. Pedro Fernandez. Canonigos D. Gonzalo Martinez: y D. Garcia Diaz, y D. Esteban Perez, Chancilleres.

DIEGO ANAYA MALdonado.
Desde Octubre del 1390. hasta el 62. Promovido.

Fue este gran varon uno de los mas esclarecidos de España. Ensalzaronle cinco Iglesias, y estas pueden ensalzarse con su memoria.

1 Nació en Salamanca. Sus padres fueron D. Pedro Alvarez de Anaya, y Doña Aldonza Maldonado, ambos de familias ilustres. Cursó en Salamanca, y aprovechó tanto, que despues de apagar los ardores de la juventud, y dedicandose à la Iglesia, le escogió el Rey D. Juan I. por Maestro de sus hijos, D. Henrique III. (primer Principe de Asturias) y Don Fernando, que fue Rey de Aragon. Desempeñó el cargo con tanta satisfaccion del público, que fue juzgado digno de ser colocado sobre el Candelero de la Iglesia para que luciese en toda ella. Dieronle la de Tuy, en que se hallaba en el 1387. y à los tres años fue promovido à la de Orense en el 1390.

2 El Señor Muñoz no menciona en D. Diego Anaya la Dignidad de Tuy. Sandoval no conoció la de Orense. Otros al hablar de esta Iglesia, no mencionan la de Tuy, sino la de Salamanca, à que fue promovido desde Orense. Las Escrituras no mencionan mas que el nombre de D. Diego: y siendo este comun à diversos Prelados, no alcanza para calificar traslaciones. Pero tenemos prueba convincente de la identidad de la persona en instrumento público (aunque no publicado) que es el Testamento otorgado *en la Villa de Cantillana Jueves 26. dias del mes de Setiembre año del nascimiento de nuestro Señor Jesu-Christo de 1437. años, en la indiccion XV. en el año septimo del Pontificada del Santisimo in Christo Padre y Señor sobredicho Eugenio por la providencia divinal Papa quarto.* Alli dice: *E por quanto nos viviendo en Galicia, y seiendo Obispo de Tuy, y de Orense, tenemos que ovimos recebido prestado del Abàd de Oya del dicho Obispado de Tuy cierto pan para nuestras necesidades,*

y

y non sabemos si es pagado; mandamos que lo que pareciere por buena verdad que no es pagado, se pague, segun mostrare el Abad del dicho Monasterio.

3 Item, seiendo Obispo de Orense, *recebimos prestado del Abad de Osera cierto pan, y no sabemos si es pagado: mandamos que quanto mostrare el Abad del dicho Monasterio que le es debido, que ge lo paguen. E si por ventura oviere duda, si el dicho pan es pagado, ò non, mandamos que dén à cada uno de estos dichos Monesterios mil y quinientos maravedis de esta maneda.* Aqui se vé la identidad de la persona que tuvo los Obispados de Tuy y de Orense, y falleció Arzobispo de Sevilla (dentro del mismo mes en que hizo Testamento). Refiere tambien primero la Iglesia de Tuy, qué la de Orense; pues de aquella pasó à esta. Las Bulas del sucesor dicen tambien, que D. Diego pasó desde Orense à Salamanca.

4 En el 1390. por Octubre le supone en Orense la Escritura citada en el antecesor. Otra de un Foro que se otorgó alli en el 1391. declara que el Obispo D. Diego havia hecho Notario à Martin Gonzalez, ante quien pasó la Escritura. Por Febrero en el dia 20. del 1392. confirmó como Obispo de Orense el Privilegio publicado en Berganza, pag. 509. Sabese que en 23. de Julio del mismo año perseveraba en Orense: pues entonces dió licencia al Rector de S. Miguel de Osmo, para arrendar aquella Iglesia à otro Clerigo por seis años: y à esto se reducen las memorias que hay de él en Orense: pues en aquel año de 1392. vacó Salamanca, su patria, y fue promovido à ella por Clemente VII. en 16. de Octubre de aquel año, como veremos en el Obispo siguiente. Hicieronle Presidente de Castilla: Obispo de Cuenca: Arzobispo de Sevilla: y dejó fundado el Colegio Mayor de S. Bartholomé de Salamanca. Pero como esta obra abraza todas estas Iglesias, solo corresponden aqui las memorias referidas de Orense, reservando para las demás lo que es proprio de cada una.

5 En este Pontificado era *Chantre* de Orense Don Ares Fernandez, en quien el Obispo de Lugo subdelegó la comision del Papa en la Causa del *Maestre-Escuela* D. Vasco, de quien hablamos sobre el Obispo D. Pasqual. D. Pedro Fernandez perseveraba *Abad de*

de la Trinidad; cuya Dignidad aplica el Señor Muñoz à Don Fernan Perez, en el 1391. en que dice dió al Cabildo unas casas, para que celebrase la fiesta de S. Facundo y Primitivo con mayor solemnidad, *pag.* 202. Tambien vivia el Canonigo Don Gonzalo Martinez de Ribadavia: pues à estos dos notificó Lorenzo Yañez de Bubal (criado del Obispo D. Diego) una Cedula Real, sobre que tuviesen en deposito siete mil maravedis, que los dos Obispos D. Pasqual, y D. Diego pretendian tocarles, hasta que por derecho se declarase à quál pertenecian. La Real Cedula se despachó en 18. de Febrero del 1393. en que D. Diego era ya Obispo de Salamanca.

PEDRO DIAZ
Desde Octubre del 1392. hasta el 1408.

1 D. Pedro *Barragán* dicen algunos que se apellidaba este Prelado; y Gil Gonzalez, contando los Varones ilustres de Burgos, le intitula Canonigo. Lo cierto es, que el apellido era *Diaz*: pues el intitulado Papa Clemente VII. le nombra así en las Bulas del Obispo: *Dilecto filio Petro Didaci.* Por ellas se descubre tambien el tiempo, que no anda bien averiguado en los Autores; pues se despacharon à 16. de Octubre de el 1392. dia en que Don Diego Anaya fue promovido à Salamanca: *Cum hodie* (dice) *vacante Ecclesia Salmantina per obitum bonæ mem. Caroli Epi. Salmantini, extra Romanam Curiam defuncti, Venerabilem fratrem nostrum Didacum Episcopum Auriensem de consilio fratrum nostrorum auctoritate Apostolica ad Salmantinam Ecclesiam transtulerimus; & de persona tua Auriensi Ecclesiæ, per hujusmodi translationem vacanti, de dictorum fratrum nostrorum consilio, auctoritate Apostolica, duximus providere, &c.* Dadas en Aviñon à 17. de las Cal. de Nov. año de 1392.

2 Sabemos pues que en Octubre del 1392. se hallaba provisto Don Pedro Diaz, y que D. Diego pasó al mismo tiempo à Salamanca. D. Pedro se hallaba à la sazon *Auditor* en la Curia del Papa, por lo que prontamente pudo ser consagrado: y en 24. del mismo mes y año firmó en *Aviñon* Titulo de su Provisor, à favor de D. Ares Fernandez, Chantre de Orense, usando del

del Sello que tenia en el Oficio de Auditor antes de ser Obispo (pues el corto espacio no dió lugar para hacer Sello nuevo) *Subscripsi* (dice) *nostrique Sigilli, quo ante promotionem nostram in nro.* Auditoratus *officio utebamur, fecimus, &c.* Hallase dicho Titulo en el lib. 6. del Chanciller Esteban Perez; por el qual sabemos que fue Auditor, y que residia en Aviñon.

3 Alli perseveraba en el año siguiente de 93. en que à 13. de Mayo, intitulandose *electo y confirmado*, dió comision al Maestre-Escuela Don Gil Rodriguez, para confirmar la eleccion de Fr. Gonzalo de Anllo, Abad de San Clodio. Su fecha en Aviñon. Tampoco residia en su Iglesia en el año de 94. en que à 9. de Abril juntaron Synodo los Provisores D. Alvaro Diaz, Arcediano de Abeancos, y D. Ares Fernandez, Chantre. Estos en el mismo año pidieron al Adelantado Mayor de Galicia D. Diego Perez Sarmiento, que guardase los Privilegios de la Iglesia, sin egercer jurisdiccion en la Ciudad; y mandó se cumpliese.

4 Yo creo que D. Pedro no visitó su Iglesia: porque despues de llegar à España, le hizo la Reyna Doña Catalina de Alencastre, su Chanciller Mayor, y el Rey su Oidor: por lo que seguia la Corte, y le hallamos firmando Despachos en Sevilla, Toledo, y Leon. A 18. de Marzo del 96. firmó en Sevilla Titulo de Merino y Corregidor de Orense para su criado Garcia Diaz de Espinosa. En el 97. despachó en Toledo un Poder, en que se nombra Chanciller Mayor de la Reyna. Por otra Escritura vemos, que demás de aquel Titulo usó el de Oidor del Rey en el año de 99. en que el Antipapa Luna tenia en prestamo el Coto de *Cebollino*: y puestos sus principales vecinos ante el Canonigo Esteban Perez, Notario Apostolico, y Chanciller del Cabildo, declararon ser dicho Coto de la Iglesia.

5 Por Setiembre del 1405. se hallaba nuestro Obispo en Leon: pues à 15. de aquel mes firmó alli una Carta, dirigida à su Cabildo, en que encargaba mucho la decencia de los Señores Canonigos, trayendo Capas de Coro por Invierno de paño fino, y por Verano de seda, con algunas otras prevenciones.

6 Muerto el Rey D. Henri-

rique III. en el año de 1407. en que era de menor edad el Principe D. Juan II. tomáron la Tutoría y guarda del Rey la Reyna Doña Catalina su madre, y el Infante D. Fernando, su tio. Hiciéron el juramento de guardar los Privilegios à las Iglesias y Ciudades estando presentes muchos Prelados y Señores con Procuradores de ausentes: y uno de los presentes fue nuestro D. Pedro, como refiere la Chronica de D. Juan II. cap. 22. del año VI. Hallóse tambien en la Coronacion del Rey en Segovia à 15. de Enero del 1407. como se lee sobre aquel año en Colmenares.

7 Muñoz dice que murió en el 1410. y que fue sepultado en Guadalajara, su patria, como consta por papeles del Archivo de Orense. Los que yo he recibido no mencionan tal patria, ni sepulcro, ni que muriese en el 1410. antes bien prueban que havia muerto dos años antes; pues en 8. de Noviembre del 1408. vacaba ya la Sede por muerte del Obispo D. Pedro, y eran Provisores *Sede vacante* D. Ares Fernandez, Chantre, y D. Vasco Perez Corbacho, Arcediano de Castela, segun Escritura de Foro, otorgada en aquel año, mes, y dia, que existe en el lib. 3. del Chanciller Esteban Perez, fol. 188.

8 Segun esto erró el nombre del Obispo de Orense la Copia publicada en Argote, fol. 169. donde se dice *D. Lope* en el año de 1396. en que sin duda alguna era *D. Pedro*, como convencen los documentos de años anteriores y posteriores contestes.

9 En tiempo de este Prelado florecia *Don Gil Soutelo*, natural de Orense, que murió Obispo de Mondoñedo en el 1426. Y acaso fue el Don Gil Rodriguez que en el 1393 consta *Maestre-Escuela* de Orense, si tenia ambos apellidos. D. Ares Fernandez tuvo la Dignidad de *Chantre* en todo este Pontificado, y fue Provisor al principio, y en la Sede vacante. Desazonóse con el Obispo y con un Canonigo, tomando la providencia de ausentarse de la Iglesia, por evitar encuentros en la enemistad del Canonigo. Reconciliado despues con uno, y otro, pidió al Cabildo las distribuciones de los dias de su ausencia; pero no conviniéron en el mes de Febrero del 98. Don Vasco Perez Corbacho, que antes fue Maestre-Escuela, era *Arcediano de Cas-*
te-

tela en el 1408. En el año antecedente fue Provisor de el Obispo Fr. Martin de Celanova. Canonigos constan, D. Juan Alfonso, D. Esteban Perez, y Don Juan Martinez. Adelantado Mayor de Galicia D. Diego Perez Sarmiento.

FRANCISCO ALFONSO.
Desde el 1409. hasta fin de Octubre del 19.

CASOS RAROS.

1 El apellido de este Obispo (no explicado en los Autores) se funda en un Titulo de Canongía que dió à su hermano D. Luis *Alfonso*, el qual titulo persevera en el lib. 1. de el Chanciller Gonzalo Aurario, fol. 12. El Señor Muñoz dice, que no pudo averiguar el sobrenombre, patria, ni otras calidades, sino que fue electo Obispo estando ausente; y que en el mismo año de 1410. el Antipapa Don Pedro de Luna confirmó su eleccion. En lo que mira al año señalado no convengo; pues consta por el lib. 2. del Chanciller Perez, fol. 79. que era Obispo de Orense Don Francisco en 16. de Enero de aquel año, en cuyo mes y dia tenia ya Provisor: lo que pide suponerle electo y confirmado en el 1409. y corresponde à la vacante que hallamos por Noviembre del precedente.

2 Don Asensio Fernandez, Provisor del Obispo en la entrada del 1410. se intitula Procurador, Apoderado y Lugar-Teniente del Obispo, en Escritura con que aforó el lugar *de Tellado*, proprio de la Dignidad, en 5. de Junio del 1412. El mismo Obispo dió à Foro una viña en el término de *Ousende* à 2. de Febrero del año 18. Y en el siguiente 1419. se halló presente en Cabildo del dia 4. de Julio, congregado para que D. Juan Martinez, Canonigo de esta Iglesia, y Cardenal de Santiago, pusiese en planta las Obras pias que el Mercader Pedro Carrexo le mandó hacer en virtud de los bienes que le dejó. (*Quad. 9. fol.* 401.)

3 Este fue el ultimo año del Prelado. Desde que entró en su Iglesia, se dedicó à remediar desordenes, en que tuvo su zelo mucha materia, y la paciencia mas en que sobresalir, por las graves y continuas inquietudes en que hasta la muerte le egercitaron sus émulos. Llegó à tanto la insolen-

lencia, que los vasallos no respetaron al Señor, y las Ovejas se volvieron contra el Pastor. Introdugeron gente de armas en la Ciudad: tumultuaron el pueblo: obligaron al Prelado à que se refugiase à la Cathedral, y alli le tuvieron sitiado. El movil de este desorden fue un Regidor, llamado *Diez de Espinosa*. Otro de los que le sitiaron era *Garcia Diaz de Caguerniga*, con *Pedro Lopez Mosquera*, Escudero y Alferez mayor de D. Fadrique, Duque de Arjona, y Conde de Trastamara. Este Pedro Lopez fue el mas sacrilego, pues confesó despues los muchos males y daños que hizo al Obispo y à los suyos.

4 Sosegado el tumulto no desistió el Prelado de vindicar sus derechos, por no cesar las violencias de los mas injuriosos. Estos se fueron cegando mas cada dia en la maldad, hasta llegar à lo sumo, de intentar quitar la vida al Obispo, como lo consiguió el mencionado Pedro Lopez Mosquera, por medio de su Escudero *Lope de Alongos*, el qual con otros criados salieron al encuentro al Prelado, en ocasion de ir à Visita, y una legua mas abajo de Orense à la orilla del Miño, le precipitaron en el sitio que llaman *Pozo Meimón*, donde se ahogó. Consta asi por el Tumbo de Beneficios fol. 240. donde hay relacion de que *Pedro Lopez Mosquera* dió al Cabildo las Presentaciones que tenia en los Curatos de S. Pedro de *Moreiras*, y S. Martin de *Mugares*, por haver mandado matar al Obispo D. Francisco en el referido sitio, y por medio de los expresados.

5 En 2. de Noviembre del 1419. ya estaba efectuada la maldad, aunque se ignoraba el modo y sitio: pero entonces pidió al Cabildo el Lugar-Teniente de la Fortaleza, que le alzase el Pleyto-homenaje hecho al difunto Obispo, y le tomase de su mano, como expresa una nota puesta en el libro del Chanciller Rodrigo Alonso.

6 El Cabildo buscó el cuerpo del Prelado, y le dió sepultura en su Capilla de Sta. Eufemia, como afirma el Señor Muñoz. Promovió tambien que se hiciese pesquisa de los delinquentes por el Provisor del Prelado siguiente: y hallados algunos reos, recurrieron al Papa Martin V. para que diese Bula sobre la absolucion. Esta vino cometi-
da

da al Maestro Fr. Alfonso Gomez, del Orden de S. Francisco, quien la presentó en Cabildo dia 18. de Julio del 1425. presente el Provisor de el Obispo D. Alvaro Perez: y compareciendo alli Garcia Diaz (ya nombrado) confesó que con sus gentes y con otros havia tenido cercado al Obispo D. Francisco, por lo que incurrió en Excomunion, y otras graves penas. Dijo tambien que tenia orden del Rey para ir à Campaña: y que por tanto rogaba humildemente quisiesen absolverle. En penitencia y satisfaccion del agravio que hizo à la Iglesia, ofreció unas Casas que tenia en esta Ciudad, y que daria mucho mas, si viviese. El Comisario Apostolico y el Cabildo, viendo el arrepentimiento, otorgaron la absolucion, que recibió con penitencia, puesto de rodillas, desnudo de medio cuerpo arriba, y el dicho Fr. Alfonso Gomez rezó sobre él un Psalmo de *Miserere* dandole en las espaldas con su cordon.

7 En los dias siguientes fueron absueltos otros trece complices; y en 29. de Noviembre del mismo año compareció en Cabildo el ya nombrado Pedro Lopez Mosquera, confesando que havia tenido cercado al Obispo Don Francisco, y que asi à él, como à los suyos havia causado muchos daños. Reconoció lo muy culpado que estaba, y pidió le absolviesen de la Excomunion, y le perdonasen. Ofreció desde luego en satisfaccion las Presentaciones ya dichas, con un poco de renta; y visto el arrepentimiento, se le absolvió. Asi consta por el Libro 2. del Chanciller Aurario, fol. 57. 58. y 71.

8 Parece que por entonces solo se hizo pesquisa del público delito de haver cercado al Obispo. Los actores de su muerte no constan por entonces, acaso por haverse atribuido à casualidad el precipicio en las aguas, pues (segun nota el Señor Muñoz) el camino de aquella parte es una cuesta muy pendiente, que cae ácia las aguas; pero despues se divulgó la muerte violenta, ocasionada por el ya dicho Lopez Mosquera; y se halla declaracion sobre esto, de Don Pedro de Tamayo, Rector del Beneficio de Moreiras, en el año de 1489. Vease el citado Libro de Beneficios.

9 Vacó la Sede desde el dia 2. de Noviembre del 1419. has-

Catalog. de Obisp. Alfonso de Cusanca. 145

hasta despues de 10. de Mayo del siguiente, en que todavia suponen la vacante unas notas del Lib. 1. del Chanciller Aurario, fol. 47.

En este Pontificado constan los Capitulares siguientes: D. Luis Alfonso, Canonigo, hermano del Obispo. D. Pedro Fernandez de Seabal, Canonigo Fabriquero. D. Juan Martinez, Canonigo, Cardenal de Santiago. D. Vasco Perez Mariño, Canonigo, Sobrino del Obispo D. Vasco.

FRAY ALFONSO
de Cusanca.

Desde el 1420. *hasta Setiembre del* 24. Promovido.

1 De este Prelado escribe el Obispo de Monopoli en el libro 2. de la tercera parte de la Historia de Sto. Domingo, cap. 1. que el Rey D. Henrique III. le escogió por su Confesor, siendo Prior de Ribadavia: y añade que fue Obispo de Salamanca, y Leon, sin mencionar à Orense. Gil Gonzalez dice, que de aqui fue promovido à Salamanca; haviendo gobernado à Orense hasta el año de 1424. pero esto no puede componerse con lo que escribe en el Theatro *Tom. XVII.*

de Salamanca, donde le supone presidiendo en el 1410. y prosigue mencionandole en Salamanca en el 1414. y 15. y si esto fue asi, no pasó de Orense à Salamanca, sino al revés, de Salamanca à Orense; porque en el 1415. y los quatro siguientes vivia el Obispo D. Francisco: y solo por su muerte pudo entrar en Orense D. Fr. Alfonso en el 1420. De hecho debe reconocerse aqui en el año de 1420. por quanto à 1. de Enero del 21. despachó Titulo de Juezes de la Ciudad de Orense, como Señor que era de ella, por fuero de la Sede. Asi el Libro 1. del Chanciller Aurario, fol. 65.

2 Acaso dejó la Iglesia de Salamanca, por ser mas favorable à su salud Galicia, de donde descendia, pues *Cusanca* es Lugar de esta Provincia, señalado por limite del Obispado de Iria y de Orense en la division de Vamba. Los ayres los tenia ya probados, quando fue Prior de Sto. Domingo de Ribadavia. Lo cierto es, que ni la Chronología permite otra cosa; ni podemos decir que de Orense fue promovido à Salamanca, pues la Bula del sucesor en Orense dice haver sido electo Obispo

K *de*

de Leon en Julio del 24. No pasó pues D. Fr. Alfonso de Orense à Salamanca, sino à Leon.

3 En Orense solo podemos darle quatro años, desde el 1420. (despues de Mayo) hasta Setiembre del 24. En el año de 1422. obtuvo Bula del Papa Martino V. por cuya virtud el Cabildo y todo el Clero de este Obispado dió comision al Chantre de Tuy D. Alfonso, para proceder contra los Ministros Reales, que exigian de los Eclesiasticos pechos y tributos, segun consta por el Quad. 4. fol. 34. Sabese que tuvo por Provisor à Fr. Lope de Galdo, Maestro en Theología, y Penitenciario del Papa. A éste pidió el Cabildo que hiciese juridica pesquisa sobre los que injuriaron al Obispo difunto: y prosiguió la causa el Provisor siguiente del Obispo Don Alvaro. Este mismo Provisor despachó Carta *de comparendo* cotra el Prior de San Esteban de Ribas de Sil, y otros sobre quejas del Canonigo D. Rodrigo Alfonso, en 6. de Marzo del 1421. y en el siguiente dió titulos de Jueces de esta Ciudad à Roy Vazquez, y Alfonso Martinez de Galdo. El mismo Provisor aforó una viña, con poder del Obispo D. Fr. Alfonso en 23. de Enero del 1423.

4 Por Setiembre del 24. se hallaba nuestro Obispo en Burgos, donde dió licencia à Pedro Sanchez Maldonado, y Juan Gomez de Anaya, vecinos de Salamanca, para permutar un prestamo de Ciudad Rodrigo por una Canongía de Orense, cuyo tenor empieza diciendo: D. Fr. Alfonso de Cusanca, Frayle da Orden dos Predicadores, &c. Fecha en 14. de Setiembre del 1424.

5 A este tiempo ya se hallaba promovido à Leon, desde 27. de Julio en que el Papa firmó las Bulas en Italia: pero no havian llegado, y por tanto conservaba el Titulo de Orense. Las palabras de la promocion dicen: *Sane Ecclesia Auriensis, ex eo Pastoris solatio destituta, quod Nos hodie Vener. Fratrem nostrum Alfonsum Legionensem, tunc Auriensem Episcopum, licet absentem, à vinculo, quo Auriensi Ecclesiæ, cui tunc præerat, tenebatur, de Fratrum nostrorum consilio, & Apostolicæ potestatis plenitudine absolventes, eum ad Legionensem Ecclesiam, tunc vacantem, duximus auctoritate Apostolica transferendum, præ-*

ficiendo ipsum præfatæ Legionensi Ecclesiæ in Episcopum, & Pastorem. Lib. 2. del Chanciller Gonzalo Aurario, fol. 31.

6 Canonigo D. Rodrigo Alfonso. Provisor Fr. Lope de Galdo.

ALVARO PEREZ
Barreguin.

Desde 1424. à Julio del 25.

1 Promovido D. Fr. Alfonso à Leon, nombró el Papa Martin V. en Galicano, Diocesis Prenestina, al Dean de Leon, Bachiller en Leyes, Don Alvaro Perez Barreguin (que se hallaba en la Corte Romana) por Obispo de Orense, en el mismo dia en que promovió à D. Fr. Alfonso, que fue el 27. de Julio del 1424.

2 Consagrado D. Alvaro dió poder à D. Alfonso Gonzalez Getino, Chantre de Leon, para que tomase posesion de este Obispado. El poder fue despachado en 29. de Setiembre del 24. y la posesion se tomó en 16. de Enero del 25. El mismo Getino tuvo el cargo de Provisor, y continuó la pesquisa de los reos ya mencionados en la muerte del Obispo D. Francisco. (Libro 2. del Chanciller Aurario, fol. 28.)

3 D. Alvaro no logró ver su Iglesia, ni darse à conocer: pues prontamente le arrebató la muerte en Roma por Julio del 1425. y luego nombró el Papa sucesor, à causa de haver fallecido el antecedente en la Curia Romana, como diremos en el titulo siguiente.

DIEGO RAPADO.

Desde el 1425. hasta el 43. Promovido.

1 Mas tiempo gozó Don Diego de la Sede, que los tres precedentes: pero ha sido menos conocido. El apellido de *Rapado* consta por las Synodales del Señor Manrique, fol. 29. Argaiz le dió el de *Lopez de Valladolid.* Gil Gonzalez ofrece solo el nombre de *Don Diego*, desde el 26. al 42. pero immediatamente añade à Don Pedro Martinez *Ramposo*, de quien dice acompañó al Cardenal Carrillo en el viage à Italia. En el capitulo 48. de la Historia de D. Henrique III. nombra por compañero del Cardenal en aquel viage à *Don Diego*

Mar-

Martinez Rampazo, que fue después Obispo de Orense. Aqui se vé el nombre de D. Diego: alli el de D. Pedro: una vez el apellido de Rampazo; otra el de Ramposo: y ninguna el legitimo de Rapado. En una parte dice que *despues* del viage fue Obispo de Orense: en otra, que ya lo era. Y como multiplicó nombres, aumentó los Prelados, donde no huvo mas que uno (como se convencerá.) No gastáramos el tiempo en mencionar tan inconsideradas especies, si no fuera porque el yerro de uno cundió por los demás: y asi Argaiz como Muñoz, adoptaron al D. Pedro, que no huvo.

2 Ninguno conoció que D. Diego era antes Obispo de *Tuy*, y que de alli fue promovido à Orense: pero consta uno y otro por Bula de Martin V. dada en Roma à 14. de las Calendas de Agosto (19. de Julio) del año 1425. por la qual vemos que D. Diego se hallaba en Italia quando fue trasladado à nuestra Iglesia por muerte de D. Alvaro: *Martinus Episcopus servus servorum Dei. Vener. fratri Didaco Episcopo Auriensi... postmodum vero Ecclesia Auriensis per obitum bonæ mem. Alvari Epi. Aurien. qui nuper apud Sedem prædictam debitum naturæ persolvit... Nos ad provisionem ipsius Ecclesiæ celerem & felicem (de qua nullus præter Nos hac vice disponere potuit) ne Ecclesia ipsa prolixæ vacationis exponatur incommodis, post deliberationem quam de præficiendo eidem Ecclesiæ personam utilem & fructuosam cum fratribus nostris habuimus diligentem, demum ad te Episcopum Tudensem, apud Sedem eamdem constitutum, consideratis grandium tuarum virtutum meritis quibus persónam tuam Dominus insignivit, & quod tu, qui eidem Tudensi Ecclesiæ hactenus laudabiliter præfuisti, eamdem Auriensem Ecclesiam scies & poteris auctore Domino fideliter gubernare, convertimus oculos nostræ mentis, intendentes, &c.* Debe pues Don Diego Rapado introducirse en los Fastos Tudenses, donde no se halla conocido.

3 Trasladado à Orense D. Diego dió poder al Arcediano de Castela D. Martin Sanchez, con D. Antonio Lopez, para que en su nombre tomasen posesion, como lo hicieron en 12. de Noviembre del 1425. El poder fue firmado por el Obispo en Roma (donde se hallaba) à 10. de

de Agosto del expresado año, según todo consta por el Lib. 2. del Chanciller Gonzalo Aurario, desde el fol. 60.

4 Aquella residencia de D. Diego en Italia corresponde al viage mencionado, en el tiempo del Cisma para dar la obediencia al Papa Martin V. Pero no debe decirse que era Obispo de Orense: pues consta haver sido electo hallandose en Italia. Si salió de España Obispo, era Tudense.

5 Nombró D. Diego por Provisor al mencionado Arcediano de Castela, à quien como tal refiere en el año de 1426. el Quad. 14. fol. 98. por el qual consta proseguia en el 1427. En el siguiente suena Provisor D. Pedro Sanchez de Baeza: y en el 29. D. Martin Sanchez, que despachó Titulo de Canonigo, con aprobacion del Cabildo, en favor de D. Juan Gonzalez. (*Quad. 21. fol. 43.*) Al mismo continuó el Obispo en los años siguientes: pero en el 1441. era Provisor el Bachiller D. Alfonso Rodriguez, Capellan de Sta. Eufemia, que como tal dió una Sentencia en 21. de Junio del 43. en que todavia vivia el Obispo.

6 En su tiempo renovó la Santa Iglesia de Orense la hermandad que tenia con la Turonense de Francia: à cuyo fin salió con poderes del Cabildo el Racionero Juan Tesoro, (que era del Obispado de Malaga) y firmó en *Tours* la Carta de Hermandad entre las dos Cathedrales à 27. de Abril del año 1428. la qual Carta existe en el Quad. 17. fol. 88.

7 En el 1432. hay memoria pública de D. Diego en el Privilegio de aquel año estampado en Argote, fol. 323. *D. Diego Obispo de Orense.* Las Escrituras de Orense le mencionan desde el 25. al 43. por espacio de diez y siete años cumplidos, en que hay noticia individual de los Provisores que tuvo (ya nombrados) y del Merino Alfonso Henriquez (en el 38.) Vicario General (en el 35.) el Arcediano de Castela: Procuradores, el Canonigo D. Pedro Sardo (en el 32.) y D. Alvaro de Aguiar (en el 37.) los quales aforaron algunas viñas en nombre del Prelado.

8 Los Recaudadores de tributos y Rentas Reales repartian las exacciones sin hacer excepcion del estado Eclesiastico Secular y Regular: y uniendose todos con el Obispo y Cabildo recurrieron al

Tom. XVII.

Pa-

Papa. Este nombró Juez de la Causa al Chantre de Tuy D. Alfonso: y continuando los Recaudadores en vulnerar los derechos de la Iglesia, dió comision al Prior del Monasterio de *Paderne*, Orden de S. Augustin, en la Diocesis de Tuy, y Reyno de Portugal, para que los publicase excomulgados, como lo hizo en 16. de Julio del 1440. (*Diversar. rerum fol.* 84.)

9 Llega la memoria de D. Diego à 25. de Julio del 43. por cuyo tiempo fue promovido à *Oviedo*, teniendo sucesor en Orense por Noviembre.

10 Los Capitulares de su tiempo, D. Pedro Henriquez, Chantre, electo Obispo de Mondoñedo, en el 1426. En el mismo año era Dean de Orense D. Pedro Arias de Vaamonde, Arcediano de Vibero en la Santa Iglesia de Mondoñedo, que ascendió à la Mitra de aquella Iglesia despues de D. Pedro Henriquez. D. Martin Sanchez, Arcediano de Castela, y Provisor en el 26. y 31. D. Fernando Yañez, Arcediano de Castela, y Vicario General del Obispo en el año de 35. Canonigos D. Pedro Sardo, y D. Alvaro de Aguiar, Prouradores del Obispo, en el 32. y 37. D. Juan Gonzalez, Canonigo. *Provisores* D. Pedro Sanchez de Baeza, Don Alfonso Rodriguez, y el expresado D. Martin Sanchez.

EMINENTISIMO FRAY Juan de Torquemada.

Desde Noviembre del 1443 *hasta Marzo del* 47.

1 Acerca de la Patria y linage de este gran Varon escribió Pulgar en los *Claros Varones de España*, tit. 17. que fue natural de Burgos, y sus abuelos de linage de Judios convertidos à nuestra Sta. Fé. Algunos sienten esto como injuria; otros no la juzgan tal, como convence el egemplar de los Ilustrisimos Obispos de Burgos, de Cartagena, y de Astorga, los Señores *Santa Maria*. Castillo en la Historia de Sto. Domingo, lib. 3. cap. 42. le hace natural de Valladolid, diciendo que él mismo lo escribe *en su lectura sobre el Decreto*: y dado esto, no puede quedar duda. Nació en el año de 1388. como consta por el de su muerte, y edad.

2 Su padre fue Alvar Fernandez de Torquemada, biznieto de Lope Alfonso de Torque-

quemada, à quien armó en Burgos de Caballero D. Alfonso XI. en el dia de su Coronacion: buena prueba del linage de nuestro Obispo. Sus padres yacen en San Francisco de Valladolid, en Capilla labrada por ellos; lo que favorece tambien à la patria declarada en el hijo. Este conoció luego la vanidad del mundo, y se retiró de ella, haciendose Religioso Dominico en San Pablo de Valladolid. Los Padres de este insigne Convento le enviaron à la Universidad de París, donde estudió con tanta diligencia, que se hizo eminente en Canones y Theología. Castillo añade que leyó alli con mucha reputacion, siendo muy mozo; y como esto es lo primero que de él refiere, creerá alguno que empezaron por alli sus estudios, y se engañará; pues primero cursó en España, y dió à conocer su gran talento, como luego diremos. Despues de volver à España, y tener los Prioratos de Valladolid y Toledo, refiere Castillo que asistió à los Concilios Basilense y Constanciense.

3 Este desorden ha dado ocasion à que D. Nicolás Antonio se opusiese à los que refieren su asistencia en el Concilio Constanciense, pues la edad del sugeto, el año del Concilio, y los Prioratos, no se componen con semejante asistencia. Este argumento hizo tanta fuerza à D. Nicolás, que ni aun viendo cita de que el mismo D. Fr. Juan lo decia, no retrajo su dicho, contentandose con decir, que no tenia à la mano el lugar citado. La asistencia fue cierta, pues él mismo la expresa en el Decreto *Dist.* 17. *cap.* 1. *num.* 14. *sicut practicatum vidimus, tam in Concilio Constantiensi, quam Basiliensi, quibus interfuimus.* Pero no corresponde al orden con que la refiere Castillo, despues de los Prioratos, sino antes, quando el Autor no tenia mas que veinte y nueve años en el de 1417.

4 Estó lo refiere bien Echar en los *Scriptores Ordinis Prædicatorum*, Tomo 1. pag. 837. segun el qual estudió nuestro Obispo entre los suyos en España, y sobresalió tanto, que le llevó consigo Fr. Luis de Valladolid, quando de orden del Rey D. Juan II. pasó à Constancia con los demás Embajadores: sin que merezca atencion D. Nicolás Antonio quando contra esta

Em-

Embajada recurre à la menor edad del Rey en el año de 1417. pues esto no impide las Embajadas; y en efecto consta la presente en nombre del Rey y de su madre la Reyna, como Tutora, entre las Actas del Concilio dia 18. de Junio del 1417. (y antes en el dia 3. de Abril del mismo año) donde se lee entre los Embajadores de Castilla à *Fr. Luis de Valladolid.* Entonces, y con este gran Varon, pasó à Constancia Fr. Juan: y como ya le tenia Dios preparado para grandes servicios de la Iglesia, fue apuntando lo que sucedia en el Concilio para valerse de ello quando fuese oportuno. Asi lo hizo: y en esta conformidad debe entenderse, *sicut practicatum vidimus in Concilio Constantiensi,* no de que huviese ido allá despues de las Prelacías de su Orden.

5. Despues de esto (no antes) le enviaron los Prelados à la Universidad de París, donde tuvo Actos tan lucidos, que logró ser quinto en *Licencias,* y primero de los Regulares, en el año de 1424. como prueban los Registros de la Universidad. Vuelto luego à España, admiraron en él los Padres no solo un gran caudal de letras, sino prudencia y virtud, con fondos para expedicion de negocios, por la práctica adquirida en el trato y observacion de tantas gentes. Nombróle Prior su Convento de S. Pablo, sin embargo de tener poco mas de 36. años: pero cumplió tan bien, que luego le escogió por su Prelado el Convento de S. Pedro Martyr de Toledo. Alli (dice Pulgar) ideaba hacer asiento de su vida: pero se levantó contra él tal emulacion de persona de su orden, que le forzó ir à Roma. Esto lo dispuso Dios para mas altos fines, de que la alta comprehension de este gran hombre brillase en negocios superiores à los que pueden ocurrir en un Claustro, y en el gobierno de unos pobres Religiosos.

6. La nave de la Iglesia padecia por aquel tiempo tempestades movidas por hereges de Alemania, y cismas de Catholicos. Necesitaba brazos que la defendiesen; asi en puntos de doctrina, como acerca de la autoridad Pontificia. De todos modos trabajó Torquemada: pues conociendo el Papa Eugenio IV. sus talentos, y honrandole con el titulo de Maestro del Sa-

Sacro Palacio, le envió como su Theologo à Basiléa, donde predicó el Sermon del primer Domingo de Adviento en el 1432. y examinó de orden de los Padres las Revelaciones de Santa Brigida, y las proposiciones de Fr. Agustin de Roma, cooperando con gran actividad à la reduccion de los hereges de Bohemia, union de los Griegos, y quanto conducia para el bien de la Iglesia. Encomendóle el Papa varias Legacías: y estando en una en la Provincia de *Anjou*, le hizo *Cardenal* en el 1439. con titulo de *S. Sixto*. En el 1443. estaba al lado del Papa: y desde entonces pertenece à Orense, pues en aquel año le concedió esta Mitra. El Eminentisimo despachó titulo de Gobernador y Vicario General de este Obispado à favor de D. Alvaro Gomez de Escalona, estando en Roma à 23. de Noviembre del 1443. (el qual titulo se conserva en el Lib. 2. del Chanciller Palmoy fol. 10.) por lo que le colocamos en Orense desde el 43.

7 De esta Chronologia resulta, que entre el presente y el antecesor D. Diego, no huvo el Obispo *D. Pedro Martinez Rampoio*, que introducen Gil Gonzalez, y Muñoz: pues desde 25. de Julio de 43. (en que presidia en Orense D. Diego) hasta Noviembre del mismo año, (en que le sucedió el Cardenal) no huvo tiempo para otro Obispo. Añadese que en Orense no existe memoria, que pruebe tal Prelado (segun estoy informado) y el reducir su muerte al año de 1444. supone equivocacion, pues en el antecedente era ya Obispo de Astorga el Cardenal. Acerca de éste procedió con tan poco acierto Muñoz con Gil Gonzalez, que le pone dos veces en el Catalogo, y pierde el orden de los immediatos. Pero lo que aqui establecemos prueba y corrige el desorden de aquellos.

8 Tuvo este Eminentisimo el Obispado Albanense: despues el Sabinense. En España se cuenta la Abadia de Valladolid, y la de Foncéa, con los Obispados de Mondoñedo, y Orense. Castillo solo expresa la primera, y el ultimo: no à Foncéa, ni Mondoñedo. Sus rentas las aplicó à Obras pias. Fabricó la Iglesia de su Convento de Valladolid: la de Villalón en Campos: el Claustro de la Minerva en Roma, con la Capilla
de

de la Anunciacion, donde fundó una dotacion para huerfanas, que ha crecido considerablemente, y el mismo Papa distribuye los dotes.

9 Desde el 1443. hasta el de 47. pertenece en rigor à nuestra Iglesia, pues en todo este tiempo mantuvo el Obispado: y aun despues tomó la Administracion en vacante del sucesor: lo que fue causa de que algunos le pongan dos veces en el Catalogo: pero en la segunda nunca se intituló *Obispo*. En ninguno de estos tiempos vió su Iglesia; constando que solo vino à España, quando era *Maestro del Sacro Palacio*, enviado por el Papa Eugenio al Rey D. Juan II. sobre negocios muy importantes de la Iglesia, como prueba la Carta publicada en Castillo.

10 En el año de 45. era su Provisor el dicho Escalona, por cuya autoridad se compulsó entonces una clausula del Testamento de Don Ares Fernandez, Chantre; en que mandó tres Ternos à la Iglesia, y que todos sus bienes recayesen en el Cabildo. (*Quad.* 13. *fol.* 13.)

11 En el 1447. renunció este Obispado en manos del Pontifice *Nicolao V.* por Marzo. El Papa le concedió entonces el Deanato de esta misma Iglesia, que admitió; pero al mes siguiente hizo dimision de él, à favor de D. Alfonso Lopez de Valladolid, Capellan del Papa, y muy favorecido de nuestro Cardenal. Asi consta por el Lib. 1. de Alfonso Bachiller, fol. 17. y en confirmacion ofrece el *Quad*. 4. una Escritura de Foro otorgada en 10. de Abril del 47. en que consta era Dean el Cardenal Don Fr. Juan de Torquemada. Pero (como se ha dicho) luego lo resignó.

12 Toda esta Chronología del Prelado debe añadirse à los Escritores de su vida, que no conocieron el tiempo de esta Sede, y Dignidad del Deanato, por no estar publicado.

13 Vivió este gran varon hasta 26. de Setiembre del 1468. como expresan los Epitafios de su entierro en la Capilla citada de la Minerva. El letrero primitivo le intitulaba *Español*: el posterior le dice *Valisoletano*, de antigua, pura y noble familia: lo que supone el escrito de Pulgar, y acaso tambien el de Castillo. Concluye diciendo: *Obiit Romæ VI. Kal. Octob. ann. Dom. MCCCCLXVIII. ætatis suæ LXXX.*

LXXX. La misma edad le dá Pulgar; y lo alegamos, por calificar lo arriba dicho; pues de otra suerte no pertenece aqui lo que pasa del tiempo de nuestra Iglesia: y por la misma razon no tocamos sus Escritos; pues sobre ser muchisimos, se hallan ya recorridos en los Escritores de Bibliothecas, especialmente en Don Nicolás Antonio, y en Echard. Uno veo, que escribió siendo Obispo de Orense, esto es, en el 1446. y es la Apología de las *Revelaciones de Santa Brigida*, aprobadas por él en el Concilio de Basiléa año de 1435. Los demás se escribieron antes, ò despues, con mil aplausos, como si fuera Oraculo del Siglo.

14 Fue Dean despues de la renuncia, Provisor y Vicario, D. Alvaro Gomez de Escalona.

FR. PEDRO DE SILVA.
Desde el 1447. *hasta* 27. *de Febrero del* 62. Promovido.

1 En el mismo año en que renunció la Dignidad de Orense el Eminentisimo Torquemada, le sucedió otro de su esclarecida Religion, Fr. Pedro de Silva, hijo del Adelantado de Cazorla D. Alfonso de Silva Tenorio, y de Doña Isabel (1) de Meneses; y hermano de D. Juan de Silva, Embajador del Rey en el Concilio de Basiléa, y primer Conde de Cifuentes. El Don Pedro escogió el estado Religioso en el de S. Pedro Martyr de Toledo, donde vino à morir, y donde yace.

2 Mariana escribe lib. 19. cap. 9. que llegó à ser Obispo de Tuy, (2) y de Badajoz, sin nombrar al presente Obispado, que tuvo, y se debe expresar en lugar del primero, que no tuvo; pues aunque varios Autores le aplican aquella Iglesia, no alegan prueba, y Sandoval confiesa que no halló en ella memoria, ni papel de tal Obispo. Mariana parece que fue el origen de esta especie, por alguna equivocacion de Auriense con Tudense, pues solo expresa una

(1) [D. Luis de Salazar en la Hist. de la Casa de Silva pag. 116. del Tom. 1. la nombra Doña Guiomar.]

(2) [El citado Salazar dice que "El Rey D. Juan el II. le "dió el Obispado de Lugo, y despues le pasó brevemente al de "Orense.]

una de estas Iglesias: y de las dos, no consta mas que la presente: ni permite otra cosa la Chronología; pues en el 1446. estaba ocupada Tuy con otro Prelado (que vivió algunos años) y asi no presidió allí D. Fray Pedro antes de venir à Orense. Tampoco despues: porque de aqui fue promovido à Badajoz, y murió con aquella Mitra.

3 La presente consta por copia de la Bula dada en Roma à 27. de Marzo de 1447. en cuya virtud dió poder à Fr. Martin de la Higuera (del mismo Orden) para tomar posesion, estando en San Pedro Martyr de Toledo à 4. de Octubre del mismo año: y la posesion se efectuó en 1. de Noviembre, segun todo consta por el Chanciller Alfonso, lib. 1. desde el fol. 31. Y esto confirma la renuncia del Cardenal en Marzo, y que el sucesor no era Obispo de Tuy. En 4. de Enero del 1449. se cayó el Arco mayor del Puente; pero el Obispo le hizo reedificar, y perficionó la obra en la conformidad que se mantiene, señalando renta para su conservacion, como expresa Muñoz: el qual añade que defendió los derechos de su Iglesia contra la audacia de Seglares poderosos que usurpaban los bienes Eclesiasticos.

4 Tuvo por Provisor à D. Fernando Calderon, del qual hay varias Sentencias desde el año 1450. hasta el de 56. en que era Provisor el Bachiller Don Alfonso Gonzalez. Pero en el de 61. lo fue el Canonigo D. Gonzalo Tellez de Vega, el qual como apoderado del Obispo, aforó una viña en el término do Couto.

5 Convienen Gil Gonzalez, y Muñoz en que celebró *Synodo* en el año de 54. y que mandó edificar la Ermita de nuestra Señora sobre el Valle del rio Caldo en la Montaña de Jurez, ò Xerez, donde concurren con mucha devocion los paysanos y Portugueses. Las instrucciones que se me remitieron, ponen el Synodo en el 1451. diciendo fueron confirmadas en el 1491.

6 En 18. de Agosto del 53. unió el Monasterio de Monjas de S. Miguel de Boveda al de S. Clodio de Ribadavia, con la condicion de que la Luctuosa por la muerte de cada una de las Abadesas se pagase à él, y à sus sucesores. Quad. 14. fol. 1.

7 Desfrutó la Dignidad de Orense por mas de 14. años has-

hasta el de 62. en que fue promovido à Badajoz, por no haver querido aceptar aquel honor el Maestro Fr. *Martin Alfonso de Cordoba*, del Orden de S. Augustin. Publicóse en Orense la vacante en 27. de Febrero del 62. segun el lib. 2. del Chanciller Garcia Diaz de Berlanga, fol. 128. cuya noticia conduce para fijar la época de D. Fr. Pedro en Badajoz, donde no está conocido hasta el año de 63. y por lo dicho consta que à principio del 62. tenia ya Bulas para aquella Iglesia; cuya posesion corresponde muy cerca del dia de Febrero en que se publicó en Orense la vacante. (1)

8 Los *Capitulares* de su tiempo que constan, se reducen al Canonigo Alfonso Bachiller, (que era Chanciller) y D. Gonzalo Tellez, Canonigo, y Provisor, con los demàs ya mencionados. El Cardenal Torquemada Dean, y D. Alfonso Lopez de Valladolid, Capellan del Papa, que de Dean pasó à Obispo de esta misma Iglesia, como luego veremos. Arcediano de Varonceli D. Juan Gonzalez de Deza, favorecido del Rey y electo Obispo, aunque sin efecto, como se vá à decir.

EMINENTISIMO TORQUE-mada, Administrador.

1 Promovido à Badajoz el Señor Silva, vacó Orense quatro años, aunque huvo eleccion en la persona de *Don Juan Gonzalez de Deza*, Arcediano de Varonceli en la misma Iglesia. Esto fue por influjo del Rey D. Henrique IV. pero sobrevinieron tales dificultades, que ni fue aprobada la eleccion, ni pasaron à otra. Dió el Papa la Administracion de la Iglesia al Cardenal Torquemada, mientras se arreglaban las cosas.

2 El Eminentisimo hizo su Lugar-Teniente, Provisor, y Procurador al favorecido *D. Alfonso Lopez de Valladolid*, en quien digimos, que havia resignado el Deanato, y le iba proporcionando para la Mitra. Este se hallaba en Orense: pues en nombre del Cardenal tomó cuentas de los frutos pertenecientes à la Mesa Episcopal, à los Provisores de la vacante, segun se halla en el Libro del Chanciller

(1) [*Murió Obispo de Badajoz en el año de* 1479. *segun su epitafio.*]

ller Berlanga fol. 208. El Cardenal no se intitulaba Obispo de Orense en aquel tiempo, sino *Administrador*, de lo que nació el nombrarle dos veces en el Catalogo: pero no conocida por los Autores la diferencia de la primera y segunda vez, aplicaron à la segunda lo que perteneció à la primera. Esta Administracion duró hasta Febrero del 66. como se vá à decir.

ALFONSO LOPEZ
de Valladolid.
Desde Febrero del 1466. hasta Febrero del 69.

1 La renuncia del Cardenal Torquemada; la resignacion del Deanato, y el volver à la Administracion del Obispado, todo parece se ordenaba à ensalzar à D. Alfonso: pues todo ello paró en darle este Obispado, en que se hallaba electo y confirmado à 19. de Febrero del 1466. segun el Lib. 2. del Chanciller Berlanga fol. 215. Ya digimos que fue Capellan del Papa, Dean de esta Santa Iglesia, y Provisor del Cardenal Torquemada en tiempo de su Administracion.

2 La Prelacía le duró poco tiempo, y ese de sobresaltos, por las sangrientas disensiones que huvo entre las dos grandes casas de Lemos y Benavente, las quales hicieron teatro de sus armas la Ciudad. El de Lemos se hizo fuerte en la Cathedral: y el competidor por rendirle, no perdonó al sagrado. Batió la *Capilla de S. Juan*, y ocasionó grave daño al resto de la fábrica, de modo que el Cabildo tuvo que retirarse por algunos meses à celebrar sus Oficios al Convento de S. Francisco. El Conde de Benavente reedificó la Capilla de S. Juan con magnificencia, y resarció el desacato, dando à la Cathedral Ternos y alajas preciosas, como afirma el Señor Muñoz pag. 11.

3 En medio de estas turbaciones sobresalió el Prelado en tanta benignidad, zelo, amor de la paz, y caridad con los pobres, que los papeles de la Iglesia le intitulan el *Bueno*. Mas duró poco: pues en 17. de Febrero del 1469. ya vacaba la Sede por su muerte, como se halla en el fol. 233. del Chanciller Berlanga, que no reconoció el Señor Muñoz, y por eso alargó su vida hasta el año de 1470. acaso por no hallar sucesor hasta el siguiente. Pero
es-

esta dilacion no consitió en que fuese mas larga la vida del Prelado, sino en haverse dilatado la vacante, como se vá à decir.

DIEGO DE FONSECA.
Desde el 1471. hasta poco despues del 84.

1 El Arcediano de Varonceli, que digimos haver sido electo Obispo en la vacante del Señor Silva, sobrevivió al Cardenal Torquemada, y al que ocupó la Sede, quando él estaba electo. Viendo pues removido el estorbo, procuró dar curso y nueva fuerza à su eleccion: pero solo consiguió alargar con sus esfuerzos la vacante, que desde 17. de Febrero del 69. continuaba en 24. de Agosto del 70. segun prueba el Libro 3. del citado Chanciller fol. 104. b. Pero antes del 30. de Agosto del siguiente 1471. ya estaba electo confirmado, y residiendo en Orense D. Diego de Fonseca: pues en aquel dia y año se halló presente en Cabildo, como refiere el dicho Libro fol. 109.

2 Su Provisor fue el Bachiller en Derechos D. Juan Florez, que consta en los años de 72. y 74. Luego lo fue el Arcediano de Bubal D. Juan de Deza, en el 76. y dos siguientes. El Canonigo Don Gonzalo Fernandez de Insua lo era en el 1481. Estos parece fulminaron Censuras contra algunos que por evadirse, pasaban à la Diocesi de Tuy: y considerando aquel Cabildo la hermandad que tenia con el de Orense, estableció en 5. de Julio del 83. que las Censuras de los Provisores de D. Diego y sucesores, tuviesen la misma fuerza en el Obispado de Tuy, donde pudiesen formar proceso contra los que se retirasen allá. (*Quad.* 17. *fol.* 82.)

3 Viendo el Obispo los daños causados por la guerra ya mencionada de los Condes, se aplicó à repararlos, y compuso la puerta y lienzo de la Cathedral, que sale de la Capilla del Christo, donde quedó perpetuado el blason de los Fonsecas con las cinco Estrellas *en sotuer.*

4 Sabese que formó Constituciones *Synodales*, que fueron leidas y aprobadas nuevamente en Synodo del 1491. (*Lib.* 2. *de Rodrigo Vazquez fol* 126.)

5 Cuentase por uno de los Consejeros del Rey Don Henrique IV. y tendria mucho

cho que sentir por ello, según los infortunios de aquel Rey. Muñoz dice que mandó hacer el Tumbo de las Rentas de su dignidad, y del Cabildo: y que otorgó por sí los terminos de Rante, Soto del Obispo, y Sta. Maria de Portobelo. En 17. de Julio de 84. mandó à Alvaro de Mesonfrio pagase à la Mesa Episcopal 50. maravedises nuevos, por el directo dominio de *Carvalleria*, cuyo casero debia dar à Alvaro un puerco y un carnero en cada año. Erraron pues los que no le dán mas que dos años de gobierno: y mucho mas Gil Gonzalez quando en *Coria* pone à Don Diego de Fonseca entre un Obispo del 1329. y otro del 1331. diciendo que fue Obispo de *Orense* antes de pasar à Coria. En aquel tiempo no huvo en Orense ningun Don Diego de Fonseca. El presente distó mas de Siglo y medio. Repugna pues identificar las personas.

6 *Capitulares*. Don Juan Deza, Arcediano de Bubal, y Provisor, de quien el Señor Muñoz dice en la pagin. 271. que trasladó à la Cathedral los cuerpos de S. Facundo y Primitivo. Esto lo negó antes en la pag. 202. diciendo que la especie no tenía mas fundamento, que el haverse mandado enterrar (en el año de 1506.) en la Capilla de los Santos por su devocion, dotando algunas Memorias, y obras pias. Otro Canonigo, y Provisor fue D. Gonzalo Fernandez de Insua.

EM.ᴹᴼ ANTONIOTO Palavicino Gentil.
Desde el 1486. *al* 1507.

1 Antonio nombran nuestros Autores á este Eminentisimo, con el apellido de *Gentil*. Su nombre fue *Antonioto*: el apellido *Palavicino*; mas por haverse mezclado esta familia con la de los Gentiles (ambas muy ilustres) se intituló *Gentil* en varios instrumentos, y tal vez usó de ambos apellidos. Entre los extrangeros es conocido por el de Palavicino.

2 Su patria fue Genova. Nació en el 1442. Vino, siendo mozo, à España, acompañando à dos hermanos que seguian el comercio. Volvió à Genova en el 1470. y pasó luego à Roma, donde fue uno de los Familiares del Cardenal Cibo, que ascendió à la Cathedra de S. Pedro, y tomó el nombre de Inocencio VIII.

Catálogo de Obispos. Diego Fonseca. 161

VIII. Este le hizo su Datario; y presto le fue cargando de empleos Eclesiasticos, no para servirlos, sino para que las rentas le sirviesen à él. Los que escribieron de Cardenales dicen que le dió el Obispado de Pamplona, y despues el de Orense, lo que fue al revés; pues aquel no le tuvo hasta el 1492. y éste en el 86. segun Muñoz.

3 En el de 87. obtuvo Bula de Jueces conservadores del Cabildo, que fueron el Obispo de Lugo, y Deanes de Astorga y Tuy. (*Quad.* 24. *fol.* 225.) Otra del 88. expresa, que siendo Datario de Inocencio tenia en Encomienda este Obispado. Su Provisor era D. Juan Deza, Arcediano de Bubal, el qual mandó à las Justicias en el 89. que no cobrasen Alcabalas de los Eclesiasticos. Este Provisor celebró *Synodo* con especial comision del Obispo D. Antonioto en el 91. à 24. de Marzo. Concurrieron los Abades de Celanova, S. Esteban, y San Clodio con la Clerecía: y aprobaron las Constituciones del Señor Silva (del 1451.) y del Señor Fonseca (Lib. 2. de Rodrigo Vazquez, fol.126.)

4 Sabese que tenia tambien en Encomienda el Dea-

nato y una Prebenda; pero haciendo dejacion de uno y otro, las confirió el Papa Alejandro VI. al sobrino D. Juan Gentil, que por ser de menor edad las retuvo en Encomienda hasta llegar à 18. años. (*Quad.* Obispo y Dignidades, *fol.* 1. *y* 8.)

5 Gil Gonzalez le hace Arzobispo de Aviñon: pero no veo tal cosa en los que escribieron su vida, siendo asi que le aplican muchas Sedes; la Lectense, Tornacense, Cumana, Lamacense, y Genuense; con la ya expresada de Pamplona. Siendo Obispo de Orense fue creado Cardenal en el 1489. y por documentos de esta Iglesia constan los Titulos de Santa Anastasia, y de Sta. Praxedis: en cuyo honor es muy digna de memoria la integridad con que, diciendo el Papa Alejandro VI. que havia *determinado* tal cosa en la propuesta de aquello para cuya Consulta juntó los Cardenales, respondió Antonioto: *No puedo, Padre Santo, dar yo mi parecer; ni sirve, si vuestra Santidad nos llama, no para consultar nuestro dictamen, sino para oir lo que tiene determinado.* Sin embargo de aquella integridad fue muy acepto à los Papas.

Tom. XVII. L Es-

6 Estando en Roma à 10. de Abril del 1502. dió poder à D. Lorenzo Bertin para que cobrase y administrase las rentas de este Obispado, que retuvo hasta la muerte. Esta la tuvo muy presente en su vida, pues en el año de 1501. se labró el sepulcro con la inscripcion siguiente:

ANTONIOTVS CARD. S. PRAXEDIS
MORTEM PRÆ OCVLIS SEMPER HABENS
VIVENS SIBI POS.
ANN. MDI.

7 No tardó en llegar lo que esperaba; pues en el año de 1507. vacaron por su muerte quantas Dignidades havia amontonado. En las vidas de Papas y Cardenales, que empezó à escribir Chacon, se dice haver fallecido en el *diez de Setiembre*: lo que es dificil de concordar con los documentos de Orense en que à *once de Setiembre* del mismo año 1507. declaró el Cabildo Sede vacante por muerte del Cardenal, y nombró Provisor en la vacante al Canonigo y Chantre D. Alfonso Piña, como refiere el lib. 7. de Rodrigo Vazquez, fol. 62. En un dia no pudo saberse en Orense por via natural la muerte del que estaba en Italia.

5 *Capitulares*. D. Juan de Deza, *Arcediano de Bubal*, y Provisor de Don Antonioto, Murió en el 1506. (como digimos arriba) y à 5. de Febrero del siguiente, concedió el Obispo aquel Arcedianato al Canonigo D. Pedro de Luarca, que era su familiar. *Maestre-Escuela* era D. Nuño Alvarez de Guitian en el 1496. en que era Provisor D. Esteban Rodriguez de Muros. *Chantre* D. Alfonso de Piña, y Provisor, en el 1506. y en la Sede vacante. Canonigos D. Pedro de Luarca) ya nombrado) y Don Alvaro Vazquez. D. Roy Vazquez, Canonigo, y Chanciller del Cabildo, los quales asistieron à la Traslacion del cuerpo de Santa Eufemia, con otros dos cuerpos de Martyres, en 26. de Julio del 1505. segun una memoria que alega el Señor Muñoz, pag. 141.

EMINENTISIMO
Don Pedro Isualles y de Rijolis.
Desde el 1508. al de 1511.

1 El sucesor dice Gil Gonzalez que fue D. Fr. Aloisio, cuya Religion no expresa, sino solo que el Papa Julio II. le dió Capelo, y los Obispados de Orense, Pavía, y Bolonia. Yo no hallo tal Cardenal entre los de Julio II. ni tal Obispo en Orense, y sé que no le huvo: pues el sucesor D. Pedro entró por muerte de D. Antonioto, como dicen las Bulas, dadas en Roma à 7. de Junio del 1508. y dos dias despues firmó el mismo D. Pedro en Roma el *poder* para la posesion, à favor del Obispo de Mondoñedo Don Diego de Muros, à quien nombró Provisor con clausula de substitucion: y haviendole aceptado, substituyó en el Bachiller Pedro Martinez (Presbytero de la Diocesi de Palencia) y en Garcia Prego, à 2. de Julio del 1508. en la Villa de Arcos. A 14. del mismo mes tomaron la posesion. (*Lib. 4. de Vazquez, fol.* 152.)

2 No expresan nuestros Autores el apellido de D. Pedro, y este fue *Isualles*, natural de Mecina. Nombranle de *Rijolis* ò *Regino*, por haver sido Arzobispo de aquella Ciudad. Dióle Alejandro VI. el Capelo en en el año de 1500. Julio II. esta Mitra.

3 En el año de 1509. quiso un Visitador visitar la Diocesi: pero el Cabildo se le opuso, por no tener facultad del Cardenal D. Pedro, que tenia en Encomienda el Obispado, segun el Quad. *Divers. rer. fol.* 108.

4 Sus Provisores eran Canonigos, el Doctor Botello, y D. Ares Correa. Estos por su mandato juntaron *Synodo* en 21. de Marzo del 1510. y alli se determinó observar las Constituciones establecidas en el Synodo del año antecedente (que solo conocemos por esta mencion) quitando y añadiendo algunas cosas, sobre que dieron comision al Dean D. Suero de Oca (Arzobispo de Tarso, Abad de Osera) al Abad de la Trinidad D. Juan Garcia de la Capilla, y à D. Alfonso de Moria: previniendo que las presentasen despues de arregladas, y con aprobacion del Clero se imprimiesen (Quad. 9. fol. 250.) Esto no se efectuó hasta despues, como di-

remos sobre el 1544.

5 La conducta del Doctor Botello no era à satisfaccion de todos; pues el Cardenal Obispo mandó que le tomasen residencia, y se redujo à efecto en el año de 1511. en que el Juez de residencia despachó un mandato contra el Doctor Botello, segun refiere el Quad. *Diversarum rerum*, folio 39. Pero luego se acabó la jurisdiccion de unos y otros, falleciendo el Prelado dentro del mismo año por Setiembre; y el Cabildo publicó la *vacante* en el dia 29. de Octubre en que estaba asegurado de haver muerto el Cardenal Regino.

6 *Capitulares.* Los ya nombrados. El Dean tendria titulo de Arzobispo, por la ausencia de estos Prelados, que pondrian quien confiriese Ordenes; pues en el sucesor verémos otro Obispo intitulado *in partibus infidelium*.

ORLANDO DE LA
Rubere.
Desde el 1511. al 27.

1 Todavia duraba el hado de las Encomiendas, en cuya conformidad dió el Papa Julio II. este Obispado à su Tesorero, Arzobispo de Nazareno, D. Orlando de la Rubere, en 1. de Octubre del 1511. y el Obispo nombró à Pablo de Casafranca, Clerigo de Zaragoza, por Provisor y Administrador del Obispado, dandole *Poder* para la posesion en 19. de Noviembre, la que tomó Casafranca en 17. de Marzo del 1512. segun todo consta por el lib. 5. del Chanciller Vazquez, fol. 135.

2 A este Canonigo, y Chanciller del Cabildo, Don Rodrigo Vazquez, intimó el Provisor Casafranca en 5. de Junio, que le presentase el proceso original de la Residencia que el Cardenal Regino havia mandado tomar al Doctor Botello.

3 Desde el 1513. ocupó D. Orlando la Sede de *Aviñon*, con cuyo titulo asistió à las Sesiones del Concilio Lateranense quinto celebradas en el 1513. y dos siguientes: *Rev. Pater Dom. Orlandus Avenionensis*, como se vé en la clase de *Arzobispos*, y no de Cardenales, pues aunque algunos le nombran con este honor, no le tuvo. Con la Iglesia de Aviñon mantuvo la presente: y en el 1514. era su Provisor el Chantre D. Alfonso Piña, que unió al Monasterio de Jun-

Junquera de Espadañedo el Curato de S. Salvador (*Quad. 8. fol.* 21.)

4 En el año de 1515. se volvió à consagrar el Altar Mayor de la Cathedral *por D. Rodrigo, Obispo Laodicense, à alabanza de Dios todo poderoso, y à gloria de S. Martin, glorioso Pontifice, con la misma imposicion de sus proprias Reliquias. Año de* 1515. *à* 6. *de los Idus de Setiembre, reynando Joana, Reyna clarisima de las Españas, y gobernando por ella el Rey Fernando su padre, optimo è invictisimo Principe, &c.* Asi habla la memoria referida por Muñoz, pag. 95. continuacion de la que propusimos sobre el año 1194. El Obispo D. Rodrigo sería Titular, para conferir Ordenes, por la continua ausencia de los que tenian el Obispado en Encomienda.

5 Prosigue la mencion del Señor Don Orlando hasta el año de 27. por medio de algunas Escrituras, que le apellidan *de la Rubere* (como en otro documento citado en el Tomo 1. de la Galia Christiana, col. 831. donde se escribe *de Rubera*) y no *Carettus*, como dice *Chenu*, pag. 500. y asi no deben distinguirse en Aviñon dos Orlandos, sino uno : que en el 1526. tenia por Provisor en Orense à D. Alfonso Gago. Del año siguiente 27. hay Titulo de un Beneficio despachado por el Provisor del Señor *la Rubere* en el Quaderno *Diversar. rerum*, fol. 38. y aqui acaban sus memorias.

6 En su tiempo fundó el Caballero D. Francisco Mendez Montoto junto al puente de Orense la Ermita de nuestra Señora de los Remedios, que es de gran devocion en toda la Provincia. Año de 1522.

FERNANDO VALDES.
Desde el 1529. *al de* 32. Promovido.

1 Del tiempo de este Prelado no conocemos memorias en Orense : pero como fue varon excelente de aquel Siglo, le perpetuaron otros documentos mencionados por diversos Autores, donde vemos las particularidades de patria y padres, que fueron D. Juan Fernandez de Valdés y Doña Mencía de Valdés, Señores de la Casa de *Salas* en Asturias, patria de nuestro Obispo. Cursó en Salamanca, recibido por Colegial en el Mayor de S. Bartholomé año de 1512.

1512. Alli se graduó de Licenciado en Canones, como escribe Ruiz de Vergara en la Historia de aquel Colegio. Salió, dice, en el 1516. por Oidor del Consejo del Cardenal Cisneros. Fue Canonigo de Alcalá, y Visitador de la Inquisicion de Cuenca. Tambien visitó y gobernó el Consejo de Navarra, cuyas Ordenanzas hizo.

2 Estando en Flandes el Emperador Carlos V. pasó allá, y el Emperador le mandó ir à Portugal à las Capitulaciones de la Emperatriz Doña Isabel. En el 1524. le hizo de la General Inquisicion. Despues le presentó para el Obispado de Elna: y sin expedirse las Bulas, le confirió el de Orense, donde el Señor Muñoz le introduce en el 29. y dice restituyó à la Dignidad las Rentas del Valle de Rio Caldo, Trasportela, y Lovios, que todavia se hallaban usurpadas por las antiguas violencias.

3 Duró poco en la Sede: pues en el 1532. pasó à la de Oviedo, luego à Leon, Siguenza, y finalmente à Sevilla, con los empleos de Presidente de Valladolid, y del Supremo Consejo de Castilla, Inquisidor General, y del Consejo de Estado. Vivió hasta 9. de Diciembre del 1568. y entre las muchas memorias y Fundaciones con que dejó perpetuada su piedad, pertenece à nuestra Iglesia la de haver dejado en su Testamento un Juro para que el Cabildo de Orense le digese cada año un Aniversario en el dia de su muerte, como se cumple. Sucedióle en Orense

RODRIGO DE MENDOZA.
Desde el 1532. al 37.
Promovido.

1 Fue hijo de los Condes de Castro D. Rodrigo de Mendoza y Doña Ana Manrique. Llegó à ser Dean de Toledo, y acompañó al Papa Adriano VI. en el viage de España à Roma, y se halló à su muerte en el 1523. como refiere el Canonigo de Toledo D. Blas Ortiz en la Relacion de aquel viage (en que tambien se halló) *D. Rodericus de Mendoza, filius Comitis de Castro, postmodum Decanus creatus Toletanus, & Salmanticensis Episcopus.* (Tomo 3. de las Miscelaneas de Baluzio pag. 372. y 436.) electo Obispo de Orense en el 1532. tomó posesion en 25. de Octubre segun Gil Gonzalez, y Muñoz.

En

2 En Abril del 34. dió poder à su Mayordomo D. Thomás de Mata, para visitar los Cotos y Jurisdicciones de la Dignidad, ordenando que apease y aforase los bienes de ella. Y en el siguiente era su Provisor el Licenciado D. Diego Ruberte. En el de 36. consta otro Provisor Don Pedro Huidobro, que dió Titulo de una Racion en esta Cathedral à Gomez Coton, Clerigo de la Diocesi de Tuy. Duró poco Don Rodrigo en Orense, por haverle promovido à *Salamanca*. Pero en su Testamento manifestó la memoria de su primera Iglesia, dejandola un Caliz, Porta-paz, y Vinageras de plata, que fueron entregadas al Sacristan mayor.

Provisores, los que se acaban de nombrar.

ANTONIO RAMIREZ de Haro.
En el 1538. y 39. Promovido.

1 Nació en Villaescusa de Haro, hijo de D. Lorenzo Ramirez de Arellano, y de Doña Maria Fernandez de Alarcon. La historia de Segovia refiere con L. Marineo Siculo (que le trató) haver sido admirable en todas lenguas y profesiones. Entró en el Colegio mayor de Cuenca en Salamanca: y llegó à ser Arcediano de Huete, Abad de Arvas, y Capellan mayor de la Reyna Doña Leonor, (hija de D. Phelipe I.) El Emperador Carlos V. le encomendó la Visita y reformacion de los Moriscos del Reyno de Valencia, y Principado de Cataluña: y por su buena conducta le presentó en el 1537. para el Obispado de Orense, en que se hallaba confirmado à principios del 38. pues en Febrero de aquel año despachó titulo de Provisor à Don Matheo de Herrera, dado en Huete à 28. del referido mes y año, con las palabras siguientes: *Nos Antonius Ramirez de Haro, Dei mīa. & Apostolicæ Sedis auctoritate Eps. Aurien. Inquisitor Apostolicus & subdelegatus pro negotiis & causis ad fidem Catholicam spectantibus in Regno Valentiæ, & Principatus Cataloniæ, &c.* segun Notas de Gregorio Gago, Chanciller, Lib. 4. fol. 10.

2 Puso por Administradores à Diego Ramirez de Quiñones, Merino; y Fernando de Escobar, Mayordomo. Pero revocandoles luego los poderes pidieron estos al

Cabildo en 31. de Mayo del 1538. mandase darles Certificacion de su conducta, como se hizo por el Chanciller Gago.

3 Juntó *Synodo* en el año siguiente, en que se publicaron (dice el Señor Muñoz) saludables Constituciones. En 2. de Agosto del mismo año se hizo Escritura de Concordia entre el Obispo D. Antonio y el Abad de Celanova acerca de la Visita del Arcedianato de Celanova: y el Cabildo arregló tambien con dicho Abad, que el Priorato de Rocas le debia pagar cada año 48. fanegas de Centeno, por sí y por sus anejos. *Quad.* 19. *fol.* 3.

4 Prontamente fue promovido à *Ciudad Rodrigo* (segun las Bulas del sucesor, firmadas en 18. de aquel mes, donde se lee: *Ex eo quod Nos Ven. fratrem nrum. Antonium, Episcopum Civitatem tunc Auriensem*, &c. y luego pasó à Calahorra, sin perseverar alli, pues en 15. de Diciembre del 43. tomó posesion de Segovia, hasta seis años despues, en que pasó à la otra vida.

Tuvo por Provisor à D. Matheo Herrera.

FERNANDO NIÑO de Guebara
Desde el 1539. *al* 42.
Promovido.

1 Poco tiempo gozaba de sus Prelados Orense, por escogerlos el Rey para otras Iglesias. El presente nació en Toledo, hijo de D. Rodrigo Niño, y Doña Inés Cuello, Señores de Añover. Llegó à ser Arcediano de Sepulveda en Segovia, y Inquisidor, como declaró el Emperador Carlos V. en la Carta escrita al Cabildo para que le admitiesen por su Obispo.

2 La Consagracion fue en la Parroquia de Sta. Maria de Madrid à 5. de Octubre del 1539. (Domingo) y en 25. del mismo mes tomó la posesion por medio del Licenciado D. Gabriel Martinez, que en el año siguiente consta era Arcediano de Bubal, y Provisor del Obispo, en virtud de que como tal dió licencia al Cabildo para que sin embargo del Entredicho que tenia puesto en la Ciudad por los excesos de los Jueces, pudiese celebrar Misas en el Altar mayor, y cantar las Horas en el Coro, en atencion del santo tiempo de Quaresma.

ma. Dada en 15. de Marzo del 1540.

3 Concedióle el Emperador la Presidencia de *Granada*: y aun ausente cuidó el Prelado de su Diocesi, mandando juntar *Synodo* en el 1541. Pero luego fue absuelto de este cargo, haciendole Arzobispo de Granada, de que tomó posesion en 12. de Mayo del 42. y desde entonces no pertenece à Orense, ni corresponde à este sitio el titulo de Patriarca de las Indias y Obispado de Siguenza que despues le dieron.

4 Su Provisor fue D. Gabriel Martinez, Arcediano de Bubal.

FRANCISCO MANRIQUE de Lara.
Desde el 1542. al 56.
Promovido.

1 Mucho descuido fue el del Señor Muñoz, quando escribió que D. Francisco se hallaba en el Concilio de Trento, quando en el año de 1542. fue electo Obispo, sin reparar en que no se havia convocado tal Concilio por entonces, ni empezó hasta tres años despues. Mejores informes tuvo Gil Gonzalez, que dice haver sido presentado para esta Mitra de vuelta de Francia, donde el Emperador le envió à tratar de paces con el Rey Francisco.

2 Era D. Francisco hijo del Duque de Nagera D. Pedro Manrique de Lara, y de Doña Guiomar de Castro su muger. (*) Nació en Nagera en el año 1503. y dejando el Estado secular, se dedicó al Eclesiastico, en que fue muy estimado del Emperador, haciendole Capellan mayor de la Real Capilla de Granada, y que le digese Misa quando estaba en la Corte, por la venerable presencia que le condecoraba, y por el modo devoto con que decia Misa.

3 Vuelto de la Corte de Francia le dió este Obispado en el 1542. en que fue electo, consagrado, y se presentó en su

(*) [*Nota*. D. Luis de Salazar dice que fue hijo ,, de Doña ,, Inés de Mendoza y Delgadillo, Señora de mucha nobleza, à ,, quien el Duque huvo doncella: y despues de la muerte de la ,, Duquesa Doña Guiomar de Castro, la tuvo como si fuera mu- ,, ger propria en el trato y en la estimacion. Hist. de la Casa de ,, Lara Tom. 1. pag. 150.]

su Iglesia: pues en 11. de Diciembre asistió al Cabildo, en que se determinó pagarle los gastos causados en las Cortes de Madrid y Valladolid, donde fue à ajustar el *Subsidio* perteneciente à su Obispado. (*Ob. y Dign. fol.* 179.)

4 Mostróse muy zeloso en las dos jurisdicciones, temporal, y espiritual, de la Ciudad, y del Obispado: pues sobre la primera ganó Sentencia de ser el Obispo Señor en lo civil y criminal; y à favor de lo eclesiastico celebró *Synodo* en los años de 43. y 44.

5 A su Mayordomo Don Pedro Montoya le hizo Canonigo en Octubre del 45. y en el siguiente dió titulo de una Prebenda à Juan Ares. Tuvo por Provisor al Canonigo Elgueta, el qual instó al Cabildo sobre colocar honorificamente el *anillo de oro* con su piedra, que tuvo puesto *Santa Eufemia*, y por cuyo medio havia el Señor obrado muchos milagros, y tenia virtud para todas enfermedades. El Platero Luis de Aguiar, vecino de Orense, hizo la Caja de plata laboreada: y en presencia del Cabildo metió y cerró alli el anillo con su cadena de plata, en 1. de Enero del 47. (*Notas del Chanciller Gago lib.* 5. *fol.* 35.) Sabese que el mencionado Elgueta era Canonigo en el 1549. y que en 28. de Enero del 49. mandó el Cabildo à los Contadores del Coro, que le contasen las Horas por haverse ocupado en cosas de la Mesa Capitular.

6 Acompañó nuestro Obispo al Rey de Bohemia Don Fernando (hermano de Carlos V. y sucesor en el Imperio) quando pasó à Alemania: y, de vuelta concurrió al Concilio de Trento en el año de 1551. y se halló presente à la Sesion XIII. como se vé en las Actas del Concilio, donde se expresa el Obispo *Auriense*. Trajo (dice Muñoz) à esta Iglesia la cabeza de la Virgen y Martyr *Santa Constancia*: y dejó ornamentos muy ricos, y otras pias memorias.

7 En el 1554. necesitó de un Privilegio que estaba en el Archivo del Cabildo; y éste mandó se le entregasen con recibo y seguridad de volverle, como se hizo.

8 Tenia por Visitador del Obispado en el año de 55. al Doctor Don Antonio Lopez. Pero en el año siguiente acabó de gobernar à Orense, siendo promovido à *Salamanca*, de que tomó posesion en

11. de Junio del 1556. gozandola hasta Abril de 60. en que le trasladaron à Sigüenza [à 15. de Abril, y haviendole pasado las Bulas, tomó posesion del Obispado à 5. de Agosto. Poco despues pasó à la Corte, que estaba en Toledo, y enfermando alli de disenteria, acabó su vida en 11. de Noviembre del mismo año 1560. à los 57. de su edad; y fue sepultado en el Convento de San Juan de los Reyes de aquella Ciudad, de la Orden de S. Francisco, segun refiere Salazar en la Historia de la Casa de Lara Tomo 2. pag. 150.]

9 *Capitulares*. El Licenciado Elgueta, Canonigo y Provisor. D. Pedro de Montoya, Canonigo. Juan Ares, Prebendado. *Vasco Diaz de Frexenal*, apellidado tambien *Tanco*, y *Estanco*, floreció en este tiempo: y haviendo viajado mucho por el mundo, paró en Orense, donde fue *Racionero*, y escribió muchos libros de cosas sagradas, morales, y historiales, pues en el libro que imprimió en Valladolid en el año de 1552. con titulo de *Jardin del alma christiana* (dedicado al Cabildo y Clerigos de Orense) dice tenia *quarenta y ocho* Tratados manuscritos: de cuya clase es (pues no consta se haya impreso) el libro que cita Pellicer en el Memorial por el Marqués de Ribas, con titulo de *Portante de cosas nobles, en que se trata de los Titulos de Dignidades temporales y Mayorazgos de España calificados en linage y rentas*. En el año 1547 imprimió en la misma Ciudad de Orense un libro en folio: *Palinodia de la nefanda y fiera Nacion de los Turcos*. Y otro en quarto intitulado los *Triunfos*, como refiere D. Nicolás Antonio.

FRANCISCO BLANCO.
Desde el 1556. *al de* 65.
Promovido.

1 El lugar de *Capillas* en Campos produjo este gran varon. Sus padres fueron D. Alfonso Blanco de Salcedo; y Doña Marina Cabellera. Tomó Beca en el Mayor de Santa Cruz de Valladolid en el 1538. y fue Cathedratico de Visperas en la facultad de Theologia. Logró Canongía en Oviedo, y la Magistral de Palencia. De alli le sacó el Rey D. Phelipe II. por Obispo de Orense, y tomó posesion en 5. de Agosto del 1556. Dedicóse à reparar las cosas de el
cul-

culto, haciendo obra en la Nave principal de la Iglesia, Altar, Sacristía y Coro. Fundó y dotó con decentes rentas para alivio de los pobres enfermos de esta Ciudad el Hospital de *San Roque*, cuyo Patronato dejó à los Señores Obispos sus sucesores, que desempeñan bien tan santo zelo.

2 Vuelto à continuar el Concilio de Trento por el Papa Pio IV. fue nuestro Prelado uno de los dirigidos allá, por lo que sobresalia en literatura, virtud y prudencia. Llegó à Trento con otros Españoles en el 1561. y en la Junta tenida en 13. de Enero del siguiente se le vé ya exponiendo libremente su dictamen sobre unas palabras que no le parecieron bien dispuestas, como refiere Palavizino en la Historia del Concilio, *lib.* 15. *cap.* 16. Otros dictamenes del mismo se vén allí en el lib. 18. cap. 7. que prueban la integridad y zelo del Prelado.

3 Vuelto del Concilio à su Iglesia, le promovió el Rey à la de Malaga en el 1565. y el Cabildo declaró *Sede vacante* en 3. de Julio de aquel año, desde cuyo dia no pertenece à Orense. Acabó finalmente en la de Santiago. Fue Escritor como individualizaremos en la ultima Iglesia. Al Cabildo de la presente, (y al de Malaga) dejó 500. ducados, para que en el dia de S. Francisco le digesen un Aniversario.

FERNANDO TRICIO de Arenzana.
Desde el 1565. al de 78.
Promovido.

1 Fue natural de Arenzana en la Rioja. Sus padres se llamaron Juan Tricio, y Catalina Martin, labradores honrados. Aprendió latin en Santo Domingo de la Calzada: Artes en Alcalá: Theología en París. Entró en el Colegio Mayor de Oviedo en Salamanca: obtuvo Cathedra de Philosofia en aquella Universidad, y en Coria la dignidad de Magistral. Entre los Theologos que el Rey Phelipe II. envió al Concilio de Trento, ocupó el segundo lugar nuestro Tricio: y vuelto à España le nombró Obispo de Orense, luego que fue promovido el antecesor.

2 Convocó à la sazon el Arzobispo de Santiago, D. Gaspar de Zuñiga, à todos los sufraganeos para celebrar Con-

Concilio Provincial en Salamanca por Setiembre del 1565. en consequencia de lo establecido por el Tridentino. Uno de los asistentes fue D. Fernando, que ocupó el ultimo lugar, como recien consagrado, pues à 7. de Setiembre ya se hallaba con los demás Prelados en las acciones previas del Concilio, y perseveró hasta fin de Abril del 66. en que concluido el Concilio se restituyeron los padres à sus Iglesias.

3 Entrado Don Fernando en Orense mostró zelo general para cosas del culto, y particular socorro de los pobres. Halló con poco esmero el Altar del Santo Christo que trajo el Señor D. Vasco: y con no menos zelo que valor, edificó à sus expensas la magnifica Capilla en que desde entonces se venera. A la grandeza de la obra correspondió el aparato de la solemnidad para la colocacion, pues concurrió todo el Clero del Obispado.

4 Fundó una obra pia para el bien de los pobres, que le robaban todas sus atenciones, llegando à quitarse los Anillos de las manos, quando no tenia otra cosa con que socorrerlos. Suya es aquella gran sentencia de que *Ninguna cosa parecerá mejor en un Obispo, que morir en un Hospital por dar su hacienda à los pobres.* Esta servirá por ahora de indice y compendio de su plausible caridad, y notable moderacion de ánimo, mientras llegamos à la Santa Iglesia de Salamanca, donde dió egemplares pruebas de que no vivia para sí, ni buscaba otras commodidades que las de los pobres.

5 En 1. de Enero de 1570. nombró por Juezes de Orense à Ares de Prado, y Gonzalo Henriquez. Su Provisor era el Licenciado Castro en el año de 74. que en 5. de Julio mandó à Alvaro de Gabilanes pagar al Cabildo el diezmo de pichones que le correspondia, como dueño de la Parroquia de Nogueira de Vetan. (*Quad.* 19. *fol.* 85.)

6 Proseguia la Corte en la idéa de trasladar Obispos: y hallandose vacante *Salamanca* en el 1578. escogió el Rey à D. Fernando por su Obispo. Orense declaró la vacante en 1. de Setiembre de aquel año, despues de haver gozado trece años el consuelo de tan santo Prelado.

JUAN DE S. CLEMENTE.
Desde el 1578. al de 87. Promovido.

1 Nació en Cordoba, hijo de Don Juan de San Clemente, y de Doña Juana Fernandez de Torquemeda, ambos de sangre noble. Fue Colegial en Alcalá, y en Siguenza, y despues en el Mayor de Valladolid, año de 1563. donde leyó Artes, y tuvo Cathedra de Philosofia en propriedad. Fue Magistral de la Santa Iglesia de Badajoz: y como sobresalia en literatura y prudencia, le sacó de alli el Rey D. Phelipe II. en cuya conducta solo era empeño el merito, y no estaba el merito solo, pues le buscaba el premio. Por eso huvo en aquel Siglo Prelados de lo mas sobresaliente. D. Juan apartaba cada año de su Prebenda docientos ducados para repartir à pobres, y aun despues de Obispo continuó en Badajoz esta limosna hasta morir. Sus Bulas para el Obispado de Orense fueron despachadas en Roma à 7. de Julio del 1578. y en el Cabildo que se tuvo en Badajoz à 9. de Noviembre de aquel año (ultimo à que asistió D. Juan) se declaró, que el 7. de Julio fuese ultimo en los frutos de su Prebenda, como refiere Solano en su Historia manuscrita de Badajoz.

2 Consagróse en Santiago por Enero del 1579. y al punto pasó à su Iglesia, donde cumplió exactamente el cargo de Pastor, velando con discrecion sobre el rebaño, blando para unos, fuerte para otros, correspondiendo al mote de sus Armas, que era (segun Muñoz) *Vigilat benignus, & asper.* De la disciplina Eclesiastica para bien del Clero, y de los Fieles, fue tan zeloso, que convienen los Autores en que celebró *cinco Synodos* en poco mas de ocho años. Aplicó algunas Raciones à la Musica y Ministros del Coro, para mayor solemnidad del culto. Estas y otras obras del bien público ocasionaron à la Iglesia y Ciudad de Orense el sentimiento de que vacando la Apostolica de Santiago, promoviese el Rey à ella este egemplar Prelado: cuya vacante se publicó en Orense à 9. de Octubre del 87.

**PEDRO GONZALEZ,
de Acebedo.
Desde el 1587. al de 95.
Promovido.**

1 En el mismo mes de vacar la presente, tomó posesion en 26. de Octubre del 87. el sucesor, facilitadas las diligencias previas antes de la publicacion de la vacante.

2 Acerca de este Prelado hay poco que añadir à lo mucho que escribió quien le trató, Fr. Alonso Fernandez, Dominico, Autor de la Historia de Plasencia. Gil Gonzalez recopiló bien sus cosas, pues en los ultimos Prelados, como cercanos à sus dias, habló de otro modo, que en los antiguos.

3 Fue D. Pedro natural de la *Torre de Mormojon*, en el Obispado de Palencia, hijo de D. Juan Gonzalez de Acebedo, (y de su muger Doña Juana Fernandez Garzon) originario del Solar y Villa de Acebedo en Valdeburon, cuyos ascendientes fundaron el Estado de Fuentes, que acrecentó al de Monte Rey. Nació en 28. de Octubre del 1534. Estudió Gramatica en Rioseco. Griego, Hebreo, Artes, y Theologia en la Universidad de Alcalá. Entró en el Mayor de Oviedo en el 1565. y al tercer año obtuvo Cathedra de Artes: al sexto substituyó la de Philosofía Moral. Salió Canonigo de Escritura en Siguenza, y luego le dieron la Canongía de Pulpito en Plasencia. Estando allí le nombró el Rey por Obispo de Orense, cuya noticia le llegó en Febrero del 1587. y tomó posesion en 26. de Octubre del mismo año.

4 Fue sumamente reformado en su persona y familia. Nunca usó coche, sino Mula, ò Caballo, para las Visitas, en que era muy esmerado, pues visitó dos veces la Diocesi, siendo muy larga, y de tierra quebrada. No llevaba mas aparato que las personas inexcusables. Cada dia decia Misa, y solia visitar quatro ò cinco Iglesias, confirmando, y predicando en cada una.

5 Ni de Canonigo, ni de Obispo aflojó los estudios, en que solia emplear diez, ù doce horas cada dia, no leyendo por la noche, sino madrugando mucho. Manejaba con delicadeza la Theología *Escolastica*; pero siguió mas la *expositiva*, aplicandose al sentido *literal*, à que hacia servir

vir los estudios de lengua Hebrea y Griega, y toda casta de letras de erudicion, que hicieron gloriosa à España en aquel Siglo. Las Historias de España (dice el que le trató) las supo con eminencia y con harta certeza. En Galicia vió muchos Archivos y papeles antiguos. Dejó comenzada una Historia de aquel Reyno, y otro Libro del origen de la lengua materna, y de sus voces. Comenzó tambien un Tratado *de Diis gentium & Idolis, quæ recensentur in Sacra Scriptura*: otro de los Symbolos en que Dios hizo revelacion à los Profetas: otro de *Concordia de la Vulgata con el original*; y muchos Comentarios sobre la Sagrada Escritura.

6 Dejó escrito un gran número de *Sermones*, pues predicaba con frequencia, y espiritu, calentando las palabras con el zelo que ardia en su corazon sobre el bien de las almas. El egemplo de su vida inculpable era otro vivo modo de predicar, y edificar à todos. Poderoso pues en obras y palabras, trabajó incesantemente en reformar el estrago de costumbres, que ya su venerable antecesor habia empezado à dirigir. Lo mismo hizo por otros, buscando siempre los Ministros mas dignos, que es un gran compendio de bienes en los pueblos. En el 1588. era su Provisor el Doctoral Calderon, que publicó entonces Censuras à peticion de Don Pedro Gayoso, Cardenal de esta Iglesia, contra los que ocultaban los bienes del Cabildo.

7 Adelantó nuestro Prelado el adorno de la Iglesia, costeando las rejas de la Capilla mayor, y las del Santo Christo. Hizo Pulpitos, y mejoró el Coro y Organos. Dió à la Sacristía un Terno muy precioso. A la Dignidad la sirvió reparando los Palacios Episcopales, y añadiendo obra. Defendió y aclaró preeminencias obscurecidas por cabilaciones interminables de la Ciudad, segun habia el Señor Muñoz.

8 En el 1592. cercó la Armada Inglesa à la Coruña: y nuestro Obispo zeloso del bien público, envió de socorro *mil y seiscientos* Soldados armados, y mantenidos à su costa todo el tiempo de la expedicion, que fue dos meses. Con motivo de aquella guerra pasaron por Orense muchos Oficiales de Milicia, y Señores, à los quales obsequió

quió mucho el Prelado à la ida y à la vuelta. La Santa Iglesia de Santiago rezelosa de que los enemigos no profanasen sus Reliquias, si llegaban allí, las envió à nuestro Obispo, quien las tuvo en su Palacio, aposentando allí à los Prebendados que las condugeron, hasta que la guerra se acabó.

9 Pero quando se hallaba mas amado de las ovejas este ilustrisimo Prelado, padecieron la pena de su ausencia, promoviendole el Rey à la Santa Iglesia de Plasencia à fin del 1594. pues en *cinco* de Diciembre despachó el Papa las Bulas. Vacò Orense desde *tres* de Febrero del 95. y à *tres* del mes siguiente tomó posesion Don Pedro de la de Plasencia, que gobernó felizmente hasta el 1604. Allí hay mucho que referir de este Prelado, en sus copiosas limosnas, obras, y escritos.

10 Mientras vivió en Orense florecia un ilustre hijo de esta Ciudad, llamado *Antonio de Acevedo*, hijo de Pedro de Acevedo, y de Maria Perez, su muger, natural de Orense. Entróse Religioso en mi Convento de Salamanca en el año de 1553. y dedicóse à la instruccion de los fieles por medio de la Doctrina Christiana, y escribió un Libro en quarto intitulado: *Catecismo de los Mysterios de la Fé, con la exposicion del Simbolo de los Stos. Apostoles*, impreso en Barcelona 1589. en Perpiñan 1590. y en Zaragoza 1592. D. Nicolás Antonio, y Phelipe Elsio en el *Encomiastico Augustiniano*, le atribuyen una *Chronica de la Orden*, alegando à Fr. Thomás de Herrera; y Elsio añade un Marial: en lo que acaso le equivocó con otro Escritor del mismo apellido, de la misma Religion Augustiniana, y descendiente de la misma Ciudad de Orense (de donde eran naturales sus padres) *Fr. Luis de Acevedo*, que murió en el 1601. y escribió *Marial*.

11 En su tiempo consta el Canonigo Cardenal D. Pedro Gayoso. El Doctoral Calderon fue tambien Provisor.

MIGUEL ARES.
Desde el 1595. por todo el 1610.

1 En Santiago de Galicia nació D. Miguel, hijo de D. Alfonso de Ares, y de su muger Doña Maria Gonzalez. Bautizaronle en la Parroquia de S. Andres. Cursó, y fue Ca-

Cathedratico en la Universidad de Santiago. Pasó à Salamanca, y fue recibido Colegial en el Mayor de S. Bartholomé en el 1574. Graduóse alli de Licenciado, y fue Cathedratico de Artes, y de Philosofia: aventajandose tanto en los Estudios que le llegaron à llamar *otro Seneca*. Salió Canonigo Magistral de Abila: y en el 1593. le presentó el Rey para el Arzobispado de las Charcas, que no aceptó. Pero à los dos años le hizo Obispo de Orense, de que tomó posesion en 30. de Mayo del 1595. y gobernó con acierto y vigilancia por mas de quince años, mereciendo que le intitulasen en su muerte: *Gloria de Prelados*, con los demás dictados que ofrece su Epitafio.

2 Sobresalió en caridad y zelo así de lo sagrado, como de los pobres, dando tanto, que no sé cómo alcanzaron los fondos para tal liberalidad. A la Cathedral la enriqueció con el Tabernaculo, Custodia, Lampara, Caliz, Vinageras, Aguamanil, y Fuentes de plata sobredorada: Piezas todas curiosas, grandes, y ricas, como dice el Señor Muñoz. A Gil Gonzalez le informaron, que la Custodia valía tres mil ducados. Añadió el Prelado ornamentos que duran hoy, y son los mas preciosos. A la Fábrica de la Iglesia la dió sus Tapicerías, pinturas, y todo el Pontifical en vida.

3 Fundó en la Parroquia donde le bautizaron tres Misas perpetuas por sus padres, con renta para vestir *doce pobres*, que asisten à una, y llevan en dinero otra limosna. En el lugar donde nacieron sus padres dotó una Capellanía, y Escuela para enseñar los niños. Dotó en su Cathedral la fiesta de S. Miguel, y una Capellanía en el Coro. Al Colegio de S. Bartholomé dió mas de dos mil ducados: hizo el Retablo de la Capilla: y una colgadura de Damasco y Terciopelo carmesí con cenefas y franjas de oro. Hizo tambien mandas al Colegio de Santiago, sin faltar en todo esto al socorro de pobres con limosnas públicas y secretas, especialmente en un año de esterilidad: por lo que dignamente ha causado admiracion, cómo siendo las rentas cortas, fue su liberalidad tan difusa. Es Dios muy generoso con los suyos.

4 Deseando el Monasterio de Celanova colocar con
mas

mas honor los cuerpos del Apostolico S. Torquato, y de su muy Santo Padre S. Rosendo, dispuso el magnifico aparato que se vé en el Tomo V. de Yepes fol. 17. El primer paso fue el de nuestro Prelado, que como Diocesano concurrió personalmente, y tomó por su cuenta el hacer el Oficio y la Misa mayor. La funcion fue de lo mas sobresaliente de aquel Siglo, en el año de 1601. à 1. de Marzo, concurriendo lo mas distinguido de Galicia. Los Cabildos de nuestra Iglesia, y de la Metropolitana, enviaron Dignidades que honrasen la celebridad. El Monasterio correspondió tan agradecido, y bizarro, que à una y otra Iglesia las regaló Reliquias de los dos Santos que fueron dignamente recibidas y festejadas.

5 La devocion que tenia à su Patrono Arcangel S. Miguel, le obligó à dotar su fiesta en 20. de Diciembre del 1608. con el principal de quinientos y nueve ducados, cuyos reditos se repartiesen entre los Capitulares que asistiesen à las Visperas y Misa. (Quad. 23. fol. 97.)

6 Continuando en fin el Prelado en el desempeño de su Oficio Pastoral, le visitó Dios con una prolija enfermedad de dolores, y prision en la cama por espacio de ocho meses, en que estuvo tullido, y sufrió el purgatorio para mayor limpieza de su espiritu. Al Convento de S. Francisco de Orense le dió su Librería. Hizo muchas limosnas à Conventos pobres: repartió lo que tenia en Misas, y en dar estado à huerfanas. Y como estaba purificado y libre de prisiones (pues se desprendió de todo lo temporal) oyó con serenidad el ultimo desengaño de la muerte, y cedió à la ley, que tenia bien meditada, en 1. de Enero de 1611. Sepultaronle en la Capilla mayor, donde grabaron en bronce este Epitafio:

Conditur hic alter Seneca, & Dux inclitus alter
Patriæ, quem genuit, vivit in arce poli.
Gloria Pontificum, Patriæ laus, fama parentum,
Divitibus vigilans, pauperibusque pauper
Ad superos evolavit an. à Nativitate Christi MDCXI. ætatis suæ 66. Dominus Michael Ares à Canabal ortus & oriun-

dus Compostellæ, virtutibus clarus, Divi Bartholomæi Collega Canonicus Magistralis Sacræ Scripturæ Abulensis, Auriensis Ecclesiæ Dignissimus Præsul.
Requiescit hic in pace.

7 En tiempo de este Prelado entró la Religion de Predicadores en la Ciudad, fundando alli Convento en el año de 1607. con titulo *del Rosario*, en que persevera.

D. FR. SEBASTIAN
de Bricianos.
Desde el 1611. *al* 17.

1 Nació en Medina del Campo año de 1542. hijo de D. Diego de Bricianos (Gobernador de Alcantara) y de Doña Maria Gonzalez. Dejó el mundo, y se refugió à la Sagrada Religion de S. Francisco en el Convento de Santiago. Aprovechó en los estudios, y sobresalió en ambas Cathedras. El Consejo de la Suprema Inquisicion le recibió por Calificador: los Reyes D. Phelipe II. y III. por su Predicador: y tuvieron tanta satisfaccion de su ciencia y prudencia, que le consultaron en materias gravisimas. Don Phelipe III. le presentó para esta Iglesia, y tomó posesion en 5. de Diciembre del 1611. en que ya se acercaba à setenta años, por lo que desfrutó poco tiempo la Sede; pero la llenó bien con luces de su doctrina, y de particular integridad, sin ladearse à pasiones de respetos humanos: por lo que empleaba siempre en cargos à los mejores, y el pobre no temia quando solicitaba justicia contra los poderosos.

2 En el Convento de San Francisco de su Patria labró y dotó una Capilla à Santiago, y ésta le sirvió de Sepulcro, pues mandó que le enterrasen alli, donde yace en Sepulcro bien labrado, con el Epitafio siguiente:

Aqui yace el Ilustrisimo y Reverendisimo Señor Don Fr. Sebastian de Bricianos, natural de esta Villa de Medina del Campo, del Orden de S. Francisco, Consultor, y

Ca-

Calificador de la Suprema y General Inquisicion, Predicador de los Catholicos Reyes Phelipe II. y III. Obispo de Orense, del Consejo de su Mag. Edificó y dotó esta Capilla de Santiago, y falleció en edad de 75. años à 5. de Enero de 1617.

3 En tiempo de este Prelado falleció un ilustre hijo de Orense el P. Mro. *Pr. Hernando Oxea*, del Orden de Predicadores, *nacido y criado en Orense*, como él mismo dice. Pasó à la America, y allá se hizo Religioso en la Provincia de Mexico, donde sirvió con su Doctrina à la Conversion de los Indios. Volvió à España en el año de 1601. y llegó à Santiago, donde hizo apuntaciones para la *Historia del Apostol*. En el año de 1602. estuvo en Valladolid: y viendo la turbacion que havia (segun se explica) entre la gente Cortesana, con motivo de lo que poco antes havia escrito el Cardenal Baronio acerca de la venida de Santiago à España, sacó un *Defensorio*, el qual reprodujo en el cap. 15. de la Historia del Apostol, que compuso restituido à Mexico. Envióla acá para que se imprimiese en el año de 1604. Pero no tuvo efecto hasta que él volvió à España en el 1614. y logró publicarla en el de 1615. Pero este mismo año fue el ultimo de su peregrinacion en esta vida, por Agosto, en que estaba ya restituido à su Provincia.

4 En la Carta que escribió desde Mexico al ilustrisimo Dean, y Cabildo de la Iglesia Apostolica de Santiago en el año de 1604. dice que iba haciendo una *Historia general del Reyno de Galicia*, que, ò no la acabó, ò no se ha publicado. A este fin compuso el *Mapa de Galicia*, que anda en los Atlas grandes, aunque no salió à gusto del Autor, que meditaba sacarle mas correcto, como expresa en la Historia del Apostol. fol. 355.

5 Escribió tambien la *Venida de Christo, y su Vida, y Milagros*, impresa en Medina

del Campo año de 1602.

6 *Tratado de la Nobleza de España*, que no está publicado: pero se le aplica Fernandez en sus Escritores, impresos en la *Concertacion Predicatoria*.

PEDRO RUIZ DE VALdivieso.
Desde el 1618. al de 21.

1 En el año de 1617. dice el Señor Muñoz que tomó posesion de este Obispado D. Pedro Ruiz. La Instruccion que se me ha remitido, dice que fue en 26. de Enero del 1618. Ya estaba consagrado, pues era Arzobispo de Mecina en Sicilia.

2 Nació en Madrid en 5. de Julio de 1575. hijo de D. Pedro Ruiz de Valdivieso (Despensero Mayor del Rey D. Phelipe II.) y de su muger Doña Mencia Ruiz Maldonado. Bautizóse en S. Sebastian. Cursó en Alcalá, y fue Rector en el de los Manriques. Entró en el Mayor de S. Ildefonso: y tuvo Canongía en la Magistral de S. Justo, con la Cathedra de Visperas. Fue Abad de Lerma: y pasando à Roma recibió el Arzobispado de Mecina en el 1609. Consagróle en Santiago de los Españoles el Cardenal Zapata à 4. de Octubre, como refiere Gil Gonzalez.

3 Vino à España con licencia de Paulo V. en el año de 1615. y vacando nuestra Iglesia, la ocupó personalmente empleando su zelo, y diligencia en visitar el Obispado. Recorrida la mayor parte, celebró *Synodo* en 17. de Abril del 1619. cuyo original persevera, y se dió à la prensa para instruccion de todos, que se gobiernan actualmente por él.

4 Era costumbre antigua de esta Iglesia, que vacando alguna de las ocho *Cardenalías* en el mes ordinario, las presentasen el Obispo y Cabildo juntos. Resultaban de aqui algunas disensiones, pretendiendo los Obispos, que su voto con el de algunos Capitulares bastaba para hacer la eleccion. Para evitar estos pleytos convinieron todos en la santa resolucion de que el Obispo presentase las quatro del Coro del Chantre, y el Cabildo las quatro del Coro del Dean, como se practica desde el año 1620. en que se efectuó la Concordia. (Quad. 24. fol. 64.)

5 Ocurrieron luego negocios que pedian su presencia en

en Madrid, y llegando aquí, adoleció mortalmente, y pasó à mejor vida al octavo dia del arribo en el [1. de Junio del año] 1621. Dicen fue sepultado en la Concepcion Geronyma de esta Corte, donde sus padres havian edificado una Capilla: pero hoy no persevera noticia.

JUAN DE LA TORRE y Ayala.
Desde el 1622. al 26. Promovido.

1 Fue natural de Burgos, hijo de D. Gabriel de la Torre y Ayala, y de Doña Isabel de Torres. Llegó à ser Maestre-Escuela de aquella Santa Iglesia, Provisor del Arzobispo Zapata, Visitador de las Abadias de Cobarrubias, y Burgondo: Inquisidor de Cuenca, y de la Suprema. Presentóle D. Phelipe IV. para el Obispado de Canaria: y no acetandole, volvió à nombrarle para nuestra Iglesia. Despacharonse las Bulas en Roma à 7. de Noviembre del 1621.

2 Consagróse en Madrid en mi Colegio, llamado Doña Maria de Aragon. A 12. de Febrero del 22. tomó posesion del Obispado; y entró en Orense por Noviembre. En el dia 8. del mes siguiente tuvo una solemne funcion en culto de la Immaculada *Concepcion* de la Virgen Madre de Dios, à que concurrió con el Cabildo Eclesiastico el Seglar. El Prelado celebró de Pontifical; y al llegar el Ofertorio juró guardar y defender la Immaculada Concepcion. El Cabildo y Ayuntamiento prometieron lo mismo, confirmandolo el Procurador General de la Ciudad en nombre de todos. Subió el Diacono al Pulpito, y leyendo el Juramento, respondió el Pueblo *Amen*: con lo que la Ciudad y Obispado protestaron el culto de esta Maravilla de la Gracia. El devoto Prelado dotó la Fiesta del Mysterio en su Iglesia.

3 Necesitó, como su antecesor, pasar à Madrid, à defender la jurisdiccion de la Ciudad; y estando alli, le promovió el Rey, à fin del 1625. para el Obispado de Ciudad-Rodrigo. Firmaronse las Bulas en 7. de Enero del 26. y à 16. de Mayo se publicó en Orense la vacante.

FRAY

FRAY JUAN VENIDO.
Desde el 1626. al 30.

1 Nació en Medina de Rioseco. Sus padres fueron D. Mancio Venido, y Doña Juana Castilla. Hizose Religioso Franciscano en el mismo Convento de su Lugar. Aprovechó mucho en letras y virtud, por lo que llegó à ser Guardian del observantisimo Convento de la *Aguilera*, y de San Francisco de Valladolid. Hicieronle Provincial de Canarias, Comisario General de Indias, y de la Familia Cismontana. El Rey D. Phelipe IV. le escogió por Confesor de los Infantes D. Carlos, D. Fernando, y Doña Maria, sus hermanos. Presentóle despues para esta Iglesia en el 1626. y el Señor Patriarca de las Indias D. Diego de Guzman le consagró en la Capilla Real.

2 Tomó posesion en 19. de Junio de aquel año. Vivió poco tiempo, y se acabó en él la preeminencia del Señorio de la Ciudad, que tantas inquietudes y litigios ocasionó à sus Prelados. Formóse una Concordia entre el Rey y este Obispo, que eximió à los demás de muchos sinsabores, como apunta el Señor Muñoz. Falleció en 17. de Marzo del 1630. y dejó a la Iglesia un rico Pontifical, alhajas, y ornamentos de mucho precio, como expresa el citado Escritor.

DIEGO DE ZUÑIGA
y Sotomayor.
Desde el 1631. al 33.
Promovido.

1 Tuy fue la patria de D. Diego; sus padres D. Rodrigo Sotomayor, y Doña Magdalena de Acevedo y Fonseca. Cursó en Santiago; entró en el Colegio de aquella Universidad: graduóse, y fue Canonigo de aquella Santa Iglesia, como tambien de la de Sevilla; y Capellan Mayor del Infante Cardenal D. Fernando. El Rey le dió este Obispado en el 1630. pero no tomó posesion hasta 16. de Agosto del 31. En su consagracion estuvieron presentes los Reyes, y los Infantes, haciendose en la Capilla Real à 10. de Agosto. Pero duró tan poco, que en 8. de Mayo del 33. se publicó vacante, por haver sido promovido à Zamora, la que desfrutó pocos años; pero no murió, como escribió Muñoz, en el

33. sino quatro años despues en Madrid, depositado en Santo Thomás, y trasladado à Santo Domingo de Tuy, como refiere Gil Gonzalez.

LUIS GARCIA RODRI-
guez.
Desde el 1634. al 37.
Promovido.

De este Prelado hablamos ya en el Tomo precedente, por haver sido Obispo de Astorga, diciendo, que tomó posesion en 21. de Mayo del 1634. Convocó à Synodo en el año siguiente; pero no tuvo el debido cumplimiento. Dió un Terno à la Sacristía. Dotó una Misa cantada en el dia de la Exaltacion de la Cruz, y otras en los Viernes de Quaresma. Pero en el dia 24. de Mayo del 37. se despidió del Cabildo, por estar promovido para Astorga, donde falleció.

JUAN DE VELASCO
y Acevedo.
Desde el 1637. hasta el de 42.

1 La Torre de Mormojon, que antes nos dió à Don Pedro Gonzalez de Acevedo, ofrece ahora otro sobrino suyo, hijo de D. Victor de Velasco, y de Doña Catalina Gonzalez de Acevedo, hermana del mencionado Obispo. Es el penultimo de que escribió Gil Gonzalez, por lo que tuvo las noticias individuales de que nació en 20. de Marzo del 1586. Estudió las primeras letras en Palencia; los Derechos en Salamanca. Entró en el Mayor de Santa Cruz de Valladolid en el 1617. Graduóse de Licenciado en aquella Universidad, y tuvo la Cathedra de Clementinas. Pasó al Consejo de Gobernacion del Infante Cardenal, Arzobispo de Toledo, y visitó sus Tribunales de Madrid y Alcalá, y la Colegial de Talavera. En el 1626. recibió Titulo de Vicario de Madrid, y cinco años despues el Priorato de Ronces-Valles. En el 1632. le nombró el Rey por Ministro de Guerra del Reyno de Galicia, y Visitador de aquella Real Audiencia.

2 Despues de estos servicios fue electo Obispo de Orense en 16. de Octubre del 36. Despacharonse las Bulas en 2. de Marzo del siguiente. La consagracion fue en Madrid à 24. de Mayo del 1637. en S. Placido: y en el mismo dia (segun Gil Gonzalez) ò en el antecedente (segun me avi-

avissn) tomó posesion de este Obispado. El dia 29. de Julio salió para su Iglesia, en que entró à 13. de Setiembre del mismo año: y hallando mucha libertad en el modo de vivir sin sujecion, se aplicó al arreglamiento con zelo y eficacia. Cuidó tambien del Estado Civil, sirviendo al Rey y à la Patria con quarenta Soldados, que en el año de 39. armó, y sustentó, poniendolos en la Coruña.

3 Llamóle el Rey à la Corte para cosas de su servicio: y entró en Madrid en 23. de Setiembre del 40. Evacuado el asunto volvió el Prelado à su Iglesia, mas para poco tiempo, pues falleció en 8. de Febrero del 1642.

ANTONIO PAYNO.
Desde el 1643. al 53.
Promovido.

1 Rioseco, que produjo à D. Fr. Juan Venido, fue patria del presente, hijo de Don Juan Payno, y de Doña Juana de Sevilla. Nació en *dos* de Setiembre del 1601. Estudió Artes y Theología en Alcalá. Fue Colegial de S. Antonio de Siguenza, y entró en el Mayor de Oviedo en Salamanca en el 1628. con lo que vinculó sus ascensos. Salió Lectoral de Abila, y pasó à la de Cuenca, donde el Rey le presentó para nuestra Iglesia en 29. de Abril del 42. pero no tomó posesion hasta 22. de Octubre del 43. Consagróle en S. Geronymo de Madrid el Arzobispo de Tarragona.

2 Puesto en Orense tuvo que reedificar el Palacio Episcopal destruido por un incendio. Visitó sus ovejas, y sobresalía en limosnas en el 1650. en que Gil Gonzalez acabó el Theatro de esta Iglesia. Perseveró en ella hasta el 53. en que à 27. de Marzo se publicó la vacante, por haver pasado à Zamora, de donde fue promovido à Burgos, y finalmente à Sevilla, en que acabó en el 1669.

FRAY ALFONSO
de S. Vitores.
Desde el 1654. al de 59.
Promovido.

1 Su padre, natural de Burgos, pasó à Flandes en servicio del Rey, y casó con Doña Juana Fransarsens en Bruselas, donde tuvieron à este hijo. Vuelto el padre à Burgos, se hizo allí el hijo Monge Benedictino en el Real de

de S. Juan, despues de haver estudiado Canones en Salamanca. Con estos, y los cursos de Theología dentro de la Religion, se hizo hombre muy visible dentro y fuera. La Religion le dió todos los honores que pudo en las Prelacias de Burgos, Salamanca, Madrid, y General de la Congregacion. El Consejo de la Inquisicion le hizo su Calificador: el Rey, Predicador suyo: y en el año de 1651. le nombró Obispo de Almería, de que tomó posesion en 3. de Febrero del 1652. Pero à los dos años fue promovido à Orense, de que tomó posesion en 19. de Enero del 54.

2 Aqui (dice el Señor Muñoz) se aplicó mucho à mirar por la disciplina Eclesiastica, en que tuvo que tolerar bastantes amarguras de donde menos le debieran venir. Atendió à establecer el porte respetoso de su Dignidad: y à la gravedad mas religiosa en el culto divino, en el Coro, y en el decoro de la Iglesia. Pero al cabo de cinco años fue promovido (no sé con qué motivo) à Zamora, donde murió (no en Orense, como escribió Orbaneja). Vacó Orense en 28. de Abril del 1659.

3 Quedó su nombre perpetuado entre los Escritores, por medio de los dos libros en folio, que imprimió en Madrid año de 1645. con titulo de el *Sol del Occidente*, comentando la Regla del Patriarca San Benito.

JOSEPH DE LA PEÑA.
Desde el 1659. al de 63.
Promovido.

Fue natural de Valtierra, en Navarra. Llegó à ser Maestre-Escuela de Valladolid, y Dean de Abila, de donde salió para esta Sede, de que tomó posesion en 26. de Agosto del 1659. pero mantuvóse poco: pues en 20. de Marzo del 63. vacó Orense, por haverle trasladado à Calahorra.

FRANCISCO RODRIguez Castañon.
Desde el 1664. al 68.
Promovido.

Tampoco cumplió quatro años el sucesor. Fue Colegial Mayor en el de Oviedo: Lectoral de Palencia, y de Toledo. Tomó posesion de este Obispado en 5. de Marzo del 1664. hasta 21. de Febrero, en que vacó la Sede, promovido el Prelado à Calahorra.

FR.

FR. BALTASAR de los Reyes.
Desde el 1668. al 73.
Promovido.

1 Noviciado de Obispos parece este Palacio Episcopal, por lo poco que duraban, sacandolos como à profesar à otros. El presente fue natural de Riaza, del Obispado de Segovia. Profesó en S. Bartholomé de Lupiana, Orden de S. Geronymo; y el Santo Oficio le hizo su Calificador, como el Rey uno de sus Predicadores. Sobresalió en ambos cargos; y presentandole el Rey para esta Mitra, tomó posesion en 18. de Junio del 1668. Visitó con vigilancia el Obispado; y formó Constituciones discretas, y prudentes para el gobierno de las mugeres virtuosas que se quieren recoger al Colegio de *nuestra Señora de las Mercedes,* que hay en Orense, y viven sujetas à la direccion de el Obispo. Promovieronle à Coria, y vacó Orense en 17. de Marzo del 1673. pero ni una, ni otra Iglesia le gozó desde entonces, pues murió en su lugar à 5. de Mayo de aquel año.

DIEGO ROS DE MEdrano.
Desde el 1673. al 94.

1 La Ciudad de Alcalá de Henares fue su patria. Cursó en la misma Universidad; graduóse de Doctor en Theología con aplauso: y tomó Beca en el Mayor de S. Ildefonso. Fue Canonigo de la Magistral de S. Justo, y llegó à la Cathedra de Prima de Santo Thomás. Oíanse con atencion sus argumentos por el ingenioso y delicado modo de discurrir. El proceder de sus operaciones era grave, modesto, y ajustado à las leyes de un Eclesiastico virtuoso. La moderacion de su ánimo le tenia quieto en el estado, sin buscar mas de lo que tenia; pero estas mismas prendas le sacaron de allí, buscandole el Rey para colocarle en nuestra Iglesia.

2 Tomó posesion en el año 1673. dia del Gran Padre S. Augustin, à quien era particularmente devoto, y por tanto deterrminó fuese en su dia. Sobresalió en zelo de su Iglesia, vigilancia, è integridad, desatendiendo recomendaciones, para colocar en las provisiones à los mas benemeri-

ritos. Deseoso de manejar con rectitud el peso de la Justicia en las causas de su Tribunal, emprendió con aplicacion el Estudio del Derecho Canonico, y asistió personalmente à la Audiencia por espacio de cinco años. Reformó los gastos del Tribunal, y de la Secretaría, sin perdonar à trabajo, ni solicitud, por conducir à buen estado quanto era de su cargo. Los derechos y jurisdiccion de su Dignidad los defendió con valor sin reparar en molestias que le sobrevenian.

3 Esta constancia y aliento de corazon, regulado por prudencia, movieron al Rey Don Carlos II. para hacerle Gobernador y Capitan General del Reyno de Galicia. Encomendóle tambien la Visita de la Real Chancillería de Valladolid: todo lo qual desempeñó con tanta satisfaccion del Rey, que deseando remunerarle, le presentó para el Obispado de *Leon*, para el de *Plasencia*, y para el Arzobispado de *Santiago*; pero bien casado con su esposa, renunció todo lo demás con laudable desinteres. Perseveró hasta el fin, que le llegó en 24 de Marzo del 1694. y mandó le enterrasen en la Capilla del Santo Christo, donde yace, detrás de su Tabernaculo, y delante del Altar de nuestra Señora de la Soledad, que havia adornado en vida para aumento de su devocion.

FR. DAMIAN CORNEJO.
Desde el 1694. al de 1706.

1 El Señor Muñoz conoció à este Prelado; y todo el público le conoce por las obras que escribió de las sagradas Chronicas de su Orden Serafico. Fue natural de Palencia. Y haviendo seguido su carrera de Cathedra con aplauso, mereció que el Rey le llamase para dar su voto en varias Juntas de Estado, y le hizo Theologo de la Real Junta de la Immaculada Concepcion. Sobresalia en él con la viveza de ingenio una eloquencia natural y agradable, asi por escrito, como en el trato familiar. Su Instituto de pobreza y desprendimiento de bienes temporales le guardó con tanta exactitud, que no conocia las especies de la moneda, ni su valor.

2 Corriendo la fama de sus obras, las premió el Rey, nombrandole Obispo de esta Iglesia, y tomó posesion en 1. de Diciembre del 1694.

Como su religiosidad le tenia tan acostumbrado al Coro, continuó despues de Obispo en frequentarle, y asistir à las funciones de Iglesia. En lo que admitia arbitrio, le inclinaba siempre su dulce genio mas à la piedad, que al rigor. Pero poco afecto al gobierno, y muy fatigado de achaques, que no le permitian cuidar personalmente de sus ovejas, resolvió renunciar la Dignidad, como en efecto, perseverando en la instancia, logró que el Papa Clemente XI. le admitiese la renuncia en el año de 1706. Falleció à 28. de Abril del siguiente, y yace en su Cathedral.

Demás de los quatro Tomos en folio de las *Chronicas*, escribió la vida de *Santa Margarita de Cortona*, impresa en Madrid año de 1728. en octavo.

JUAN DE ARTEAGA Dicastillo.
Empezó y acabó en el 1707.

1 *Arbeiza*, lugar junto à Estella de Navarra, fue su patria, donde nació en 12. de Diciembre del 1650. Siguió los Estudios en Alcalá, y tomó Beca en el Mayor de S. Ildefonso, de donde salió Canonigo Lectoral de Abila, y en Sede vacante fue Provisor, y Visitador General del Obispado. En las turbaciones del principio de este Siglo manejó sus talentos con prudencia y fidelidad al partido del Rey D. Phelipe V. sosegando inquietudes, de que no se libraron los Cabildos, como afirma el Señor Muñoz. Presentóle el mismo Rey para esta Iglesia en el año de 1707. en cuyo mes de Junio y dia 27. tomó posesion por medio de D. Sebastian de Armendariz, su Provisor: mas no quiso Dios que ésta Iglesia le gozase: pues quando ya se acercaba el viage, adoleció y pasó à la otra vida en Abila à 17. de Setiembre del mismo año. La Santa Iglesia de Abila le hizo todos los oficios con la misma pompa, que à sus proprios Prelados.

MARCELINO SIURI.
Desde el 1709. *al* 17.
Promovido.

1 En el año de 1654. nació en Elche à 26. de Abril este ilustrisimo Varon, hijo de D. Antonio Siuri, Doct. en Derechos, y de Doña Marcela Navarro, vecinos de aquella Villa. En el año de 1662. se pa-

saron à Valencia, donde el hijo cursó en la Universidad con tanto aprovechamiento, que haviendo leido Cursos de Philosophía, llegó à ser Pavorde de aquella Santa Iglesia, esto es, Prebendado, à quien pertenece enseñar en la Universidad Theología, y Sagrada Escritura. Empleóse tambien en la predicacion para instruir al pueblo: y sobresaliendo en literatura, prudencia, y lealtad, con que hizo los buenos oficios de Eclesiastico en las turbaciones del Reyno, le presentó el Rey D. Phelipe V. para este Obispado en Octubre del 1708. Tomó posesion en 3. de Febrero del 1709.

2 Gobernó esta Iglesia por casi nueve años, en que se mostró muy zeloso en la Disciplina Eclesiastica, como docto. Cuidó mucho de la diligencia en administrar los Santos Sacramentos: en la vigilancia de los Parrocos sobre sus feligreses; y de la asistencia à las Iglesias, y su limpieza, por el gran esmero que en esto se practica donde estaba criado.

3 Sirvió tambien à la posteridad con sus escritos, dando à luz (antes de ser Obispo) un gran libro *de Novissimis*, impreso en Valencia año de 1707. y despues tres Tomos, con título de *Tractatus Evangelici*, de la vida de Christo, en folio, impresos en Cordoba 1723. 25. y 27.

4 Asegurado el Rey del zelo del Prelado, le promovió à la Santa Iglesia de Cordoba en el año de 1717. y la nuestra publicó su vacante en 15. de Octubre de aquel año.

5 Pero aun ausente tuvo muy presente à la primera esposa, haciendo demoler en el año de 1722. y levantar à sus expensas la Iglesia de Santa Maria la Madre, que no estaba decente; y con su zelo liberal erigió una fabrica mas firme, mas lucida, y mas grande que la antigua. Sea su memoria bendecida.

FR. JUAN MUÑOZ de la Cueva.
Desde el 1717. hasta 2. de Junio del 28.

1 El mismo Ilustrisimo Prelado se sirvió declararnos su patria, padres, y profesion, diciendo que nació en *Almedina*, Villa del Campo de Montiel, y que su padre se llamó D. Alonso Muñoz, Regidor perpetuo de dicha Villa, y su madre Doña Ana de

de la Cueba. Nació en el 1660. En el de 1676. tomó el Habito de la Santisima Trinidad, Redencion de Cautivos, en el antiguo Convento de Toledo, dia 17. de Febrero: y sin decir mas cerró su libro.

2 Sobresaliendo en los estudios, à que le dedicó su sagrada Religion, fue Doctor y Cathedratico de Durando en la Universidad de Toledo. El Consejo de la General Inquisicion le hizo Calificador: la Real Junta de la Concepcion, su Theologo: el Rey D. Carlos II. su Predicador; y la sagrada Religion Trinitaria Ministro Provincial. En todos estos empleos lo mas sobresaliente era su religiosidad, y amor à la virtud, que comprobó en algunas acciones bien notables; pues lance huvo de llamarle con fingimiento una infeliz muger, y provocarle à lo que no se podia imaginar, con el descaro de tirar à detenerle por la capa; pero el castisimo varon, soltando él fiador, la dejó en manos de la nueva incontinente Putifar.

3 A otra pobre afligida por una condescendencia ilicita, la obligó el Cielo con una fuerza interior irresistible à que entrase en la Iglesia de Toledo, donde el P. Mro. estaba confesando: y manifestandole Dios la afliccion de aquella flaca criatura, no solo la movió à que se desahogase y confesase con él, sino que la aseguró casaria con el mismo que ocasionó su pena, sin embargo de representarle la imposibilidad por ser casado; pero insistiendo en el anuncio, le vió luego cumplido: pues à la semana siguiente tuvo Carta del tal, participandola que acababa de morir su muger, y que la tomaba por tal: asi se hizo, y asi lo declaró ella misma, calificando el anuncio veridico del que la contuvo en no quitarse la vida, à que estaba resuelta. No faltó quien declaró tambien haverle sacado à él *de las garras del Demonio* (palabras suyas) y que le tenia por Santo.

4 Conociendo estos fondos de virtud el egemplar y Apostolico Misionero D. Joseph de Barcia, le trataba con tal satisfaccion è intimidad, que aun despues de ser Obispo de Cadiz desahogaba su conciencia con él: por lo que en el año de 1695. le envió à llamar à Toledo, y pasó à darle aquel gusto, que fue grande por el amor con que le ve-

veneraba. Conoció el venerable Obispo que Dios se le havia enviado para tener el consuelo de que le asistiese à su muerte. Asi se lo dijo, y asi fue. Confesóle de todo lo pasado en quatro años que llevaba de Obispo: y ya cercano à la muerte le dió el Anillo, pronosticandole que sería Obispo, pues le dijo: *Tomele Padre Maestro, que bien le havrá menester.* El Anillo era de oro con reliquia del Angelico Doctor Santo Thomás de Aquino: el qual mantuvo el Señor Muñoz hasta la muerte, segun me testifica el Rmo. P. Mro. Gonzalez de Frias su Confesor, quien se le dió al Oidor que inventarió el Espolio. El mismo Rmo. Muñoz predicó las Honras del Señor Barcia, en Cadiz, en 7. de Diciembre del 1695. (que están impresas) y como cada uno busca à su semejante, el espiritu egemplar del Señor Barcia es buen Predicador del que reconocia en el Rmo. Muñoz.

5 Ni fue este solo el anuncio de que sería Obispo: pues Dios se lo reveló tambien à la Venerable Isabel de Jesus (cuya vida anda impresa) y ésta lo escribió à otra persona que lo manifestó à quien me lo asegura, y lo ha dado à la Estampa. (*)

6 Siguiendo su sagrado Instituto pasó dos veces à Africa à redimir Cautivos: y los Barbaros le llegaron à estimar tanto, conociendo su honradéz y candor, que faltandole caudales para redimir unas mugeres y niños se los dieron fiados en su palabra. El Rey D. Phelipe V. premió en fin sus merecimientos dandole este Obispado, de que tomó posesion en 16. de Diciembre de 1717. No alteró despues de ser Obispo, ni el trage religioso, ni los egercicios de virtud. Sus Habitos eran como los de un Novicio: las Sabanas, de estameña: quando murió tenia Calzones de lo mismo, remendados: al pecho un duro silicio, que era una Cruz de hierro, algo mas de una quarta, con puntas penetrantes à la carne. El Pectoral era de piedras falsas: la Cadena de alambre. Su Bagilla nunca fue de oro, ni de pla-

---

(*) *El citado Rmo. Gonzalez de Frias en las Honras predicadas en Orense, pag.* 12.

plata. La vigilia y oracion era continua.

7 El zelo de su oficio pastoral le abrasaba continuamente. Visitó toda la Diocesi sin dejar habitacion ninguna por aspera que fuese, donde no se presenciase, para consuelo de los feligreses, à quienes miraba verdaderamente como Padre. El agrado, el zelo, y la dulzura, los dejó estampados en sus Escritos, donde brilla una humildad nativa, sin el mas leve indicio de afectacion. Amabanle con esto todos tiernamente, y él miraba por todos con amor, sobresaliendo éste aun con los reos, por lo que demás de la emienda los dejaba muy edificados.

8 En los sitios montuosos obró algunas maravillas: pues corriendo la voz de lo egemplar del Prelado, concurrian à tomar su bendicion muchas mugeres, molestadas de la enfermedad comun en aquella tierra, de un tumor en la garganta, que las desfigura: y diciendolas el Santo Obispo los Evangelios, volvian sanas à sus casas. Esto era tan patente, que no pudiendo su humildad ocultarlo, decia: *La fé sencilla de los humildes parvulos, y la virtud de los Santos Evangelios obra en estas Montañas como en los primeros Siglos.*

9 De su oracion y mortificacion nacia una particular eficacia y fervor en los Sermones. Hacialos con frequencia: y no contento con aquellas Doctrinas de palabra, las perpetuaba y dilataba por escrito. En las visitas que hizo de su Diocesi, iba notando los munumentos sagrados, que en Montes, y en Ermitas muy antiguas hallaba de los Santos: y como su corazon estaba lleno de candor y sencilléz, qualquiera ascua de memoria piadosa le abrasaba. Los Monumentos eran muchos, y enardecido en sí, queria encender los pechos de su rebaño.

10 Para esto escogió las vidas de los Santos Patricios: la Virgen y Martyr Sta. Marina, Sta. Eufemia, S. Facundo y Primitivo: y mezclando instrucciones prácticas de Cartas Pastorales, excitó à su imitacion, queriendo mover à todos à la virtud, con los poderosos egemplos de los mismos que veneraban como honra del pais. Esto fue desde el año de 1719. al 21. en que retirandose à la soledad de *Aguas Santas*, escribió aquellos

llos Tratados, meditando continuar su exhortacion à la virtud con las memorias de otros que florecieron en ella dentro de su Obispado. Pero no pudiendo efectuar su proyecto, escogió unir en un Tomo los Tratados, y añadir las memorias de la Iglesia, Ciudad, y Prelados de Orense, que es el libro donde le citamos hasta aqui, impreso en Madrid año de 1727. en quatro, con titulo de *Noticias historicas de la Santa Iglesia Cathedral de Orense*. Al fin reimprimió su zelo la *Carta Pastoral*, que dice publicó el Excmo. Señor Astorga, Arzobispo de la Sta. Iglesia Primada de Toledo, con la plausible maxima de que lo bueno, aunque ageno, debemos abrazarlo como proprio.

11 En las disensiones que huvo entre nuestra Corte y la de Roma en el año de 1718 siguió el partido del Papa con firmeza, por lo que el Cardenal Pauluci le escribió una Carta muy fina y honorifica en nombre del Pontifice, que empieza: *Boni Episcopi officio functam Illustrissimam Dominationem tuam. &c.* Dada en Roma à 7. de Octubre del 1719. la que he visto.

12 En el año de 20. consagró la Cathedral de Orense en el dia 23. de Junio: y lo mismo practicó con las Campanas. La devocion à Santa Marina de Aguas Santas le obligó à poner esmero particular en su Iglesia, y por tanto la adornó con Retablos, Ornamentos, Atrio, Torre, y otras utilidades. A la Dignidad la sirvió fabricando Carcel Episcopal. Y haviendo gobernado su Iglesia con acierto por espacio de unos diez años, llegó el ultimo de su vida en el 1728.

13 Era aquel año *Santo*, por haver caido en Domingo el Apostol Santiago, à quien los Reyes Catholicos acostumbran hacer una devota oferta de mil y quinientos ducados, que se libran en letra, y se ofrecen por mano de un Obispo. Ya se havia llevado el Santo Apostol dos de los señalados para el fin en nombre de S. M. y quiso fuesen quatro. El nuestro fue el tercero. Salió de Orense en 31. de Mayo, sin pompa, porque queria complacer al Apostol con su humildad, mas que con la oferta. Salió, y prosiguió sin novedad en la salud, hasta que en el dia 2. de Junio, à poco mas de las siete de la tarde entró en Santiago, cuya

ya Ciudad festiva al cortejo del Real Embajador salió en numeroso, ò innumerable concurso à recibirle. Correspondió el Prelado echando su bendicion, y acabó de repente. Cayó de la mula el cuerpo, y el espiritu subió à mejor vida, dejando à toda la Ciudad muy dolorida por la ausencia de tan venerable Prelado.

24 Toda aquella mañana se redujo su conversacion à tratar de la muerte; y estando ya en camino para cumplir la oferta, dijo: *Dos Obispos, que estaban nombrados para hacerla, se han muerto; Dios sabe si yo la llegaré à hacer.* Tenia el fin muy presente, y asi le cogió muy prevenido. Sobre esto se han dado ya à la estampa varias pruebas, que califican la venerable memoria merecida por su virtud, con algunos particulares sucesos acontecidos despues de su muerte, que pueden verse en las Oraciones impresas, y predicadas en Orense y Toledo por el ya nombrado Rmo. Frias. El Ilustrisimo Cabildo de Santiago le colocó entre sus Arzobispos con un funeral de los mas ostentosos y lucidos.

FR. ANDRES CID.
Desde el 1729. al 34.

1 La Villa de Junquera de Ambia (dentro de este Obispado) fue la patria de D. Fr. Andres Cid Fernandez de S. Pedro. Inclinóse à estado de Religion, y escogió la del melifluo Padre S. Bernardo en el insigne Monasterio de *Sobrado*. Siguió los estudios con tanta aplicacion y aprovechamiento, que llegó à ser Cathedratico de Prima en la Universidad de Salamanca, donde le conocí. Su Religion le honró con hacerle General: el Rey con presentarle para nuestra Iglesia en el año de 1728. Tomó posesion en 12. de Febrero del 1729.

2 Gobernó con la paz y dulzura, que le era natural. Sobresalian en él la clemencia, compasion, y misericordia con los pobres. Pero le gozaron poco tiempo, pues casi puede decirse que no vivió mas que quatro años, pues los dos siguientes los tuvo muy postrado, en fuerza de una gran debilidad, que con la continuacion de los estudios, egercicios de Religion, y muchos años, le rindió hasta el ultimo rigor de cortarle la vida:

da": pero con tan egemplar paciencia, que edificaba à todos; y conservando la paz en que havia vivido, gustó la muerte con rara tranquilidad, sin notarse variedad, ni en el semblante. El dia 8. de Junio del 1734. acabó su destierro de la patria.

FR. PEDRO MANSO,
Consultado.

Los meritos del R. P. M. Fr. Pedro Manso, del Orden de S. Augustin, Cathedratico de Philosophia Moral de la Universidad de Salamanca, y Escritor muy conocido por la sutileza de su ingenio, movieron à la Real Cámara de Castilla à consultarle en esta Mitra. Pero tardando en bajar la Consulta, y acometiendole la ultima enfermedad en el Colegio de Doña Maria de Aragon de esta Corte, falleció alli en 6. de Enero del 1736. donde yace.

FR. JUAN DE ZUAZO y Tejada.
Murió sin consagrarse en el 1736.

1 Fue natural de Madrid. Profesó el Sagrado Instituto de los Minimos de S. Francisco de Paula, en esta Provincia de las dos Castillas, que le honró con los empleos honorificos de la Religion, hasta hacerle Provincial, y Vicario General de las Provincias de la Corona de Aragon. Fue Examinador General del Arzobispado de Burgos, y Consultor de la Nunciatura de Madrid. Sobresaliendo su nombre en esta Corte, por lo que se distinguia en prendas de Religioso, Theologo, y Orador, le consultó la Cámara de Castilla por Obispo de Orense, juntamente con el Maestro Manso: y al punto que este falleció, despachó el Rey D. Phelipe V. su Real Cedula de presentacion en favor del Señor Zuazo, en Enero del 1736.

2 El Papa Clemente XII. envió luego las Bulas. Ya estaban en Madrid: ya se havia firmado el *poder* para tomar la posesion: ya estaba todo prevenido para la consagracion en el *ocho* de Abril: y al oir que no faltaba nada, dijo en voz alta (vuelto à un Crucifijo que tenia delante) *Señor, si no ha de ser para honra y gloria vuestra el que yo me consagre, quitadme la vida.* Esto fue Martes por la noche: à la mañana siguiente, dia 4. de Abril del 1736. le dió un accidente, en cuya entrada

pronunció: *Misericordias Domini in æternum cantabo*: y estas fueron sus ultimas palabras: pues privado de los sentidos falleció por la tarde, recibida la santa Extrema-Uncion. Asi arrebató Dios para sí al que pospuso á su honra y gloria todo honor. Yace en su Convento de Madrid.

FR. AUGUSTIN DE EURA.

Desde el 1738. hasta el presente.

1 Algo tardó la provision de sucesor, que en fin se hizo en el Rmo. P. M. Fr. Augustin de Eura, del Orden de N. P. S. Augustin, que á la sazon era Difinidor de la Provincia de Cataluña, hijo de la Ciudad y Convento de Barcelona, donde profesó en 28. de Agosto (dia de N. P. S. Augustin, cuyo nombre recibió en el Bautismo) año de 1700. Concluida con lucimiento la carrera de Cathedra en Philosophía y Theología, le honró la Religion con los empleos de Prior de Gerona, Secretario de Provincia, Rector y Prior de las Casas de Barcelona, debiendose á su solicitud la continuacion de la fábrica del Convento, que por el Real servicio se removió del sitio donde estaba al que ahora tiene. El Rey D. Phelipe V. informado de su religiosidad, literatura, y demás prendas, le eligió para esta Iglesia, la que empezó á gobernar desde 28. de Marzo del 1738.

Los que escriban despues, tendrán mucho que elogiar en su conducta. Yo, como parte interesada, me contento con apuntar sencillamente lo que es público: en cuya linea la primera de las virtudes, que es la caridad, ocupa el primer lugar: pues luego que logró desempeñarse, empezaron los pobres á experimentar la compasion, liberalidad, y zelo del Pastor, que cada dia despide mayores influencias: pues demás de las limosnas diarias en el público, hace otras mas copiosas, repartiendo vestidos, no solo á necesitados dentro de la Ciudad, sino tambien fuera de ella, segun los avisos de los Parrocos, que saben la complacencia que tiene en repartir sus rentas á los pobres. Dentro de la Ciudad socorre á los que no pueden concurrir á la puerta, por medio de los quatro Parrocos, que cuidan de las personas vergonzantes. Si los Medicos ven faltar puchero á algun

gun enfermo, al punto remedia el Prelado aquella necesidad, por medio del mismo Medico que le informa, por tenerlo asi prevenido. A los que pueden concurrir al Hospital los aumentó las rentas para mayor asistencia.

3 De resulta de la guerra proxima de Portugal, quedaron aquartelados en un lugar de su Diocesi tantos enfermos, que no bastaban para su asistencia los Ministros espirituales que havia, ni surtian efecto las caritativas providencias que tomaba su Ilustrisima. Y como su amor à los necesitados no sufre dilaciones, resolvió ir personalmente à asistirlos, sin embargo de su abanzada edad, y de distar el pueblo dos jornadas por caminos quebrados. Ya se estaba todo preparando, en vista de la eficacia y seriedad con que lo procuraba: pero concurriendo otros en mas numero de lo que era preciso, se le hizo desistir con mucho empeño, convenciendo que no era necesario arriesgar su persona.

4 La abstraccion y retiro es mas que de Religioso: pues desde que entró en el Palacio Episcopal, no ha salido sino para las funciones de Iglesia, y visitar las ovejas. A paseo rara vez; y ninguna de mucho tiempo à esta parte. La unica inocente diversion, por via de egercicio, es bajar algun rato à la huerta en los dias serenos, y entretenerse en arrancar por su mano algunas hierbas.

5 Su mesa parca al mediodia (sin cena por la noche), su pobre vestir, y otras moderaciones semejantes, son ahora públicas en comun: y en esta generalidad las dejaremos.

6 En el año de 1743. fundó la Congregacion de la *Buena Muerte* en la Iglesia de Santa Maria la Madre, contigua à su Palacio, por lo que asiste su Ilustrisima à todos los egercicios, que son muy devotos y frequentes, en todas las semanas del año desde las Animas hasta la Natividad de la Virgen. Tiene dotada la Platica (de media hora) con el Lector, Portero, Ayudante de Sacristan, y Misas, que en el dia de Comunion en cada mes son tres: una de preparacion para comulgar: otra en que reciben à su Magestad: y la tercera para dar gracias. El Retablo, Caliz, Misal, y demás ornato de Altar, y Misa, todo lo ha costeado el Prelado, con la

ce-

cera que se necesita.

7 Concurrió dos veces á la oferta del Apostol Santiago : una enviado del Principe de Asturias D. Fernando VI. y otra en nombre de la Reyna Madre nuestra Señora : haciendo en ambas las Oraciones correspondientes al manejo que tuvo de Poetica y Oratoria, con varia erudicion, cuyas prendas acrecentaron á Barcelona el honor de la Real Academia, como uno que fue de sus primeros fundadores. Y mejorando su Ilustrisima todos estos estudios para bien de la Iglesia, se dedicó á escribir contra la Obra indigna del herege Juan de *Barbeyrac*, con titulo de *Moral de los Padres*, vindicandolos el Prelado, de las imposturas malevolas del dicho Barbeyrac, en cuyo asunto parece tiene ya compuestos mas de quatro Tomos. Dios le prospere muchos años para bien de su Iglesia, y de los pobres. ["Falleció "el Señor Eura en 11. de Di-"ciembre del 1763. despues "de una prolongada enferme-"dad, en que Dios le acabó "de purificar.] (1)

SYNODALES.

La importancia y necesidad de corregir desordenes, y arreglar leyes y costumbres, segun las diferencias de los tiempos, movieron á nuestros Prelados á congregar varias veces Synodos Diocesanos. Los principales vienen desde antes del Concilio de Trento (que confirmó el que se celebrasen annualmente) desde el tiempo del Señor Isualles, en el año de 1510. y del Señor Ramirez de Haro, en el 1539. con las Constituciones de el Señor Niño en el 41. á que dos años despues se añadieron las del Señor Manrique, que en 22. de Abril del 1543. juntó un Synodo, en que se hallaron *ochocientos* Sacerdotes. Repitióse en el año siguiente: y sin discrepar ninguno resolvieron, que en vista de no haverse impreso lo establecido por los Synodos precedentes, y que las Constituciones, demás de estar esparcidas, no andaban por las manos de todos, se juntasen, y diesen á la estampa, como se hizo en Orense en el año de 1544. cuidando de la impre-

(1) *Adicion del Autor.*

presión Vasco Diaz Tanco de Fregenal.

Finalmente el Señor Valdivieso tuvo Synodo en 17. de Abril del 1619. y juntando quanto pareció conveniente para el buen gobierno de la Diocesi, se imprimió, y es el que dá ley hasta el dia presente. Hizose en Madrid la edicion en el año de 1622.

CAPITULO VII.

ESTADO ACTUAL DE ESTA SANTA Iglesia, y de su Diocesi.

1 YA digimos, que la primitiva Iglesia de Orense se dedicó al culto de Dios con invocacion de la Virgen Madre, nuestra Señora, que hasta hoy se conserva con titulo de *Santa Maria la Madre.* El Obispo Ederonio empezó à restaurarla en el año de 1084. y duró hasta nuestros dias, en que ya deteriorada la erigió de nuevo la devocion y magnificencia del Ilustrisimo Señor D. Marcelino Siuri; como digimos sobre el año de 1722. Esta en cuyo sitio fue la Cathedral antigua, dejó de serlo, ò tuvo compañera, por el milagro con que Dios obró la conversion de los Suevos por intercesion de S. Martin Turonense. Labró entonces el Rey nueva Iglesia con invocacion de *S. Martin*, midiendola, no solo por la grandeza de Monarca, sino por el deseo de vincular en ella la vida de su hijo: *In honorem B. Martini fabricavit Ecclesiam; miroque opere expedita, &c.* como dice S. Gregorio Turonense. Esta maravillosa obra, la salud del Principe, y el empeño de un Rey, serían inductivos para hacerla Cathedral; pues hasta hoy persevera la antigua de *Santa Maria la Madre*, separada de la presente, continuada ésta donde la primera de S. Martin, pero no distantes, sino casi contiguas, por un patio descubierto, que cercado en quadro, y cercano à la Iglesia Mayor, hace oficio de Claustro, para las Procesiones de Difuntos, y sirve de Cementerio.

2 El Palacio Episcopal se halla tambien junto à la Iglesia

sia antigua (que es otra prueba de haver sido Cathedral) con tanta vecindad, que por ella, sin salir de casa, tiene el Prelado comunicacion con el Coro. Hoy se considera esta Iglesia de Santa Maria como una de las principales Capillas de la Cathedral, cuya direccion es privativa del Cabildo: y éste vá todos los Sabados, despues de Completas à cantar alli *Salve* delante de la Imagen de la Virgen, que es antigua, devota, y milagrosa. Tambien concurre capitularmente à varias festividades, por devocion antigua, y por algunas dotaciones.

3 Siendo aquella Iglesia como parte de la Cathedral, logra ésta la advocacion de S. Martin, sin excluir la proteccion suprema, y aun titular de Maria. No conocemos otra Cathedral en España que tenga invocacion de S. Martin. Esto la publica unica acreedora à los milagros que obró Dios en Galicia en tiempo de los Suevos, por intercesion de aquel Apostolico Varon. Es la unica que tiene particular hermandad con la Turonense de Francia, cuyas circunstancias la merecieron el particular consuelo de tener Reliquias del Glorioso Titular S. Martin por mediacion del Rey D. Fernando II. de Leon, y del Obispo D. Alfonso I. con su Cabildo de Orense, como digimos al hablar de aquel Prelado sobre el año de 1194.

4 No sabemos lo que duró puntualmente la Iglesia fabricada à S. Martin por el Rey Suevo. Pero consta que deteriorada, ò demolida con el tiempo, y hostilidades de los Moros, la fabricó de nuevo el Obispo D. Lorenzo en tiempo de San Fernando, levantandola con piedras de sillería, para total firmeza.

5 La fábrica presente es (como dice el Señor Muñoz) magnifica, espaciosa, clara, firme, y de bien labrada arquitectura. La Capilla mayor es de las mas graves, y excitativa al divino respeto. El Altar mayor es primoroso, no solo por el rico Tabernaculo de plata (en que se guarda el adorable Sacramento) costeado por el Obispo D. Miguel Ares; sino por las efigies de nuestra Señora, y de S. Martin, con otras de los principales mysterios y pasion del Señor. El Altar que havia al fin del Siglo XII. fue consagrado por el Arzobispo de Braga, y los Obispos de Orense,

se, Lugo, y Tuy, poniendo alli las Reliquias de S. Martin, como se dijo pág. 96.

6 Al principio del Siglo XVI. se hizo nueva Dedicacion de aquel Altar, como se vé sobre el año 1515.

7 Finalmente se deshizo el Altar mayor en nuestros dias por influjo del Señor Obispo Siuri, à fin de levantar à sus lados dos Altares por la parte interior de la Capilla, y otros dos por la parte de à fuera (à correspondiencia) con rejas plateadas y doradas, para colocar en ellos con mayor lucimiento, culto, y seguridad, los Cuerpos y Reliquias de *Santa Eufemia*, y sus dos compañeros Martyres, y de *S. Facundo y Primitivo*: estos, al lado del Evangelio; aquellos, al de la Epistola.

8 Concluidas con magnificencia aquellas obras, resolvió el Señor Obispo Muñoz consagrar no solo el Altar mayor, sino toda la Iglesia, como lo practicó en el Domingo 23. de Junio del 1720. Por la tarde huvo una solemne Procesion de las mas vistosas y devotas, en que con pompa y concurrencia innumerable de gente sacaron por la Ciudad las sagradas Reliquias en Urnas nuevamente labradas para el fin. Siguióse desde el dia de S. Juan un Octavario solemnisimo, sobre la Colocacion, con los mejores Oradores. En el ultimo dia celebró de Pontifical el Ilustrisimo, y predicó.

9 Como los Retablos de los Santos salen tambien por la parte de à fuera de la Capilla mayor, no solo la hermosean, sino tambien adornan con su vista exterior, y con trasparentes, las dos Naves que rodean la principal del Templo. Todas tres Naves corren hasta las puertas de la Iglesia, donde asi por dentro, como por à fuera, hay tantas y tan bellas imagenes de Angeles y de Santos, que dán nombre de Paraiso à aquella estancia. El Crucero de la Capilla mayor es primoroso por las luces de la cúpula, y dos corredores con efigies que la adornan. El Coro tiene una Silleria preciosa en su escultura con unos bajos relieves, que obligan à celebrar la mano del Artifice.

10 Las Capillas contribuyen à engrandecer la Iglesia. Pero se lleva la principal atencion la del *Santisimo Christo Crucificado*, de que hablamos en el Catalogo pag. 121. y en la

la 173. Otra es la de *S. Juan Bautista*, y Santa Eufemia, de que hablamos tambien en la pag. 158. Sirve de Parroquia, con dos Curas, que se extienden à las dos partes de la Ciudad. El resto pertenece à la Parroquia de la *Trinidad*, cuyo Abad es Dignidad de la Cathedral, y presenta otros dos Curas, que en Pascuas y Procesiones solemnes concurren à la Iglesia, precediendo à los Capellanes. No tiene la Ciudad mas que estas dos Parroquias.

11 Lo formal del Culto es mas notable: pues goza esta Santa Iglesia doce Dignidades, que son las siguientes:

Dean.
Chantre.
Vicariato (unido à la Mesa Capitular.)
Arcediano de Castela.
Arcediano de Bubal.
Arcediano de Varonceli.
Tesorero.
Maestre-Escuela.
Abad de la Trinidad.
Arcediano de Limia.
Arcediano de Orense.
Arcediano de Celanova.

Y por quanto hemos referido los Capitulares que constan en los Pontificados superiores, conviene proponer los actuales, asi para la total noticia del estado presente, como por si en adelante ocurre alguna duda. El orden de antiguedad, los nombres, apellidos, y Dignidades, son como se siguen.

Dignidades.

D. Joseph Benito Alvarez de Guntin, *Dean*.

Don Santiago Mercado y Monroy, *Chantre* y Canonigo.

D. Joseph Bernardo Romai, *Arcediano de Castela*.

D. Diego Fole de Navia, *Arcediano de Limia*, y Canonigo.

D. Juan Francisco Freyre y Lanzos, *Arcediano de Varonceli*.

Varonceli era nombre de Valle, segun las Escrituras antiguas, que expresan *in Valle Varonceli*. Corresponde à la tierra de Monterrey con la parte oriental del rio *Tamaga*, segun la Escrit. 3. del Apend. *De Monasterio Servo Dei, quod est in Valle Varonceli discurrente rivulo Tamega*. Servodei, (hoy *Serboi*) es oriental à Pepin, Noceda, y rio Tamaga. La Escritura I. del Tomo 16. nombra un ilustre *Varoncelo* en pleyto del año 878. que

aca-

acaso dió nombre al Valle, si era de sus Estados. Este Arcedianato incluye hoy á Monterrey hasta Sanabria, y vuelve por Padornelo hasta Orense. En los mas de los Curatos de la Dignidad tiene los quatro meses ordinarios: en algunos la jurisdiccion Real; y lleva los Diezmos en algunas Vicarías que tiene.

D. Joseph Bosch, *Arcediano de Bubal*.

Don Francisco Fermin de Vergara, *Maestre-Escuela*.

D. Joseph Fernando Montenegro y Paramo, *Tesorero* y Canonigo.

El Abad del Monasterio de S. Salvador de *Celanova*, Arcediano de este título.

D. Augustin Sanchez, Abad de la Trinidad.

D. Antonio Manero y Sanmamed, Arcediano titular.

Cardenales.

D. Joseph Perez Montero.
Don Pedro Muñoz de Peralta.
D. Jacinto Fernandez Pardiñas.
D. Matheo Mauricio Ramos y Solís.
D. Manuel Tejada y Eiriz.
D. Francisco Xavier Alvarez de Guntin.
D. Alejo Claramunt y Gavarró.
D. Joseph Ojea y Boveda.

12 Estas son las ocho primeras Canongías *Presbyterales*, llamadas *Cardenalías*, con la preeminencia de que ningun otro puede cantar Misa en el Altar mayor; pues si alguno de los restantes Canonigos, que son *Diaconales*, huviere de cantar Misa en la Capilla mayor, se le pone Altar portatil delante del mayor. Otra prerogativa es que pueden estos ocho Cardenales expedir letras y fulminar Censuras por toda Galicia y Obispado de Astorga, exceptuando el de Orense; lo que algunas veces, aunque raras, practican, en virtud de Bulas Pontificias.

13 La existencia de estas *Cardenalías* es tan antigua, que se ignora el origen. Sabese que en el año de 1209. confirmó el Papa Inocencio III. á peticion del Obispo y Cabildo la posesion immemorial en que se hallaban de presentar dichas Cardenalías (cuyo Breve existe en el Quaderno de *Uniones* fol. 1.) y si entonces se decia *immemorial* esta posesion, bien se vé quán de antiguo venia.

Ca-

Canonigos.

D. Carlos Vazquez Trigo.
D. Pedro Medela.
D. Joseph Yañez Zuñiga, *Penitenciario.*
D. Benito Gallardo y Pereyra.
D. Francisco Sanchez Salgado.
D. Juan Andres Rial de Castro.
D. Pedro Jacinto de Seijas y Prado.
D. Miguel Armida y Martinez.
D. Alvaro Zambrano y Baena, *Provisor.*
D. Joseph Gonzalez Caballero, *Magistral.*
D. Juan Antonio Caviedes y Puga, *Lectoral.*
D. Juan Manuel de Toubes y Acebedo, *Doctoral.*
D. Pedro Benito Verea y Aguiar.
D. Joseph Pardo Ribadeneyra.

14 Los Racioneros son doce: y demás de estos un Sochantre, con otro que le ayude. Seis Capellanes de la Mesa Capitular, y otros ocho de varias fundaciones, que contribuyen à la Capilla de la Musica, con ocho, ò diez Niños de Coro, y varios instrumentos.

15 Entre todos forman un Culto muy lucido, y aun superior à lo que se podia esperar: y porque el defecto de mas copioso numero de Ministros se resarce con la puntual y exemplar asistencia de los referidos, siendo los Señores Dignidades y Canonigos los primeros y mas puntuales.

16 Tiene este Cabildo particular hermandad con el Turonense de Francia por el comun Patrono S. Martin: y con los de Santiago, Tuy, Mondoñedo, y Oviedo. Pero la mas estrecha es con Lugo y Astorga: pues en muriendo algun Prebendado, le hacen Oficios solemnes los Cabildos, y los particulares le sirven con sus Misas.

Parroquias de la Diocesi, y Reliquias.

17 Seiscientas y setenta Parroquias cuenta el Señor Muñoz en esta Diocesi, fuera de las que tocan à Encomiendas del Orden de Santiago, y de S. Juan de Malta. Muchas están unidas à Monasterios, à Iglesias, y à la Colegiata de *Junquera de Ambía*, cuyo Priorato con sus rentas se agregó à Valladolid, quando se hizo Obispado. De todas

Estado actual de esta Santa Iglesia.

das las referidas no llegan á setenta las Parroquias de colacion libre: porque unas se rigen por Monasterios de S. Benito, y S. Bernardo: otras son de nominacion Eclesiastica, ò presentacion Laycal: algunas de los mismos vecinos, otras de familias; y las mas de Patronato de los primeros Señores de aquel Reyno. De esta variedad resulta mucho perjuicio, por las detenciones, y litigios que se mezclan en las nominaciones de los Curas, que comunmente se intitulan *Abades*. Algunos hay de mucha renta, por llevar todos los Diezmos. Pero de Beneficios simples solo hay cinco en el Obispado: tres de presentacion Laycal, y dos de colacion libre.

18 Las Reliquias que ilustran la Diocesi son muchas. La Cathedral tiene las de Santa Eufemia, y sus dos Compañeros Martyres, que estuvieron en S. Salvador de *Manin*. Item las de S. Facundo y Primitivo, que se trageron de *S. Facundo*, Iglesia aneja á S. Juan de *Arcos*.

19 En *Celanova* el cuerpo de S. Rosendo, y de S. Torquato, que estuvo en *Santa Comba*.

20 En Santa Marina de *Aguas santas*, el de Santa Marina Virgen y Mártyr.

21 En Santa Maria de *Pungin*, el cuerpo del Santo Vintila, Anacoreta.

22 En Santa Maria de *Roibal*, el de Santa Engracia, Virgen.

23 En Santa Eulalia de *Longos* hay un sepulcro que llaman el cuerpo santo.

24 En las Montañas de S. Mamed, dicen está sepultado el Anacoreta de aquel nombre, en una Gruta donde dicen vivió y murió.

Monasterios.

25 De los mas antiguos hicimos ya mencion en el principio. Los modernos los refiere asi el Señor Muñoz. Uno de Santo Domingo en Orense. Otro de S. Francisco en la misma Ciudad, y tres en el Obispado: uno en Monterrey, otro en Ribadavia, y el tercero en la Limia, llamado el *Buen Jesus*. Uno de la Merced, en Verin: y dos de Padres Jesuitas, en la Ciudad, y en Monterrey, fundado este por S. Francisco de Borja.

26 De Religiosas no hay mas que el de Santa Clara, fundado en *Allariz* por la Rey-

Reyna Doña Violante, muger de D. Alfonso el Sabio, en el 1292. En Orense hay un Colegio de mugeres virtuosas, que se recogen allí por el tiempo que gustan, ò las permite el Obispo, à quien están sujetas, como digimos sobre el año de 1666.

27 Tiene tambien Orense dos *Hospitales*: uno para curar los pobres, y otro para hospicio de los Peregrinos. El primero se intitúla *S. Roque*, de que hablamos en el Catalogo: el segundo de la *Santisima Trinidad*, que con la Parroquia del mismo titulo, pertenece al Abad de la Trinidad, Dignidad (como se dijo) de la Santa Iglesia.

28 Hay dos insignes *Ermitas*, extramuros de la Ciudad, por unos paseos frondosos que brindan à la concurrencia, especialmente en los dias festivos, y en los Sabados, por estar consagradas à nuestra Señora, una con titulo de los *Remedios*, y otra del *Posio*: ésta en el camino de Castilla, y aquella junto al Puente, donde en el dia de la Natividad de la Virgen concurre innumerable gente, no solo de este Obispado, sino de otros.

CA-

CAPITULO VIII.

DE LOS SANTOS.

Santa Marina Virgen y Martyr.

MUY ilustre es en Galicia el nombre de Santa Marina. El Obispado de Orense tiene diez y seis Iglesias con su nombre, demás de varias Ermitas. El de Tuy cuenta catorce: muchas los de Santiago, Lugo, Mondoñedo, y Astorga. Fuera de esta Provincia goza tambien culto, y los Breviarios antiguos la celebran. Pero sin embargo de esta generalidad, han mezclado tales cosas los modernos, que no es facil asegurar el particular concepto del blanco de los cultos.

2 Unos quieren que sea hermana de Santa Liberata, y de las demás que dicen nacieron de un parto: y esto es lo mas comun entre los modernos. El Señor Obispo Muñoz se aparta de ellos, diciendo, que no es ninguna de las nueve hermanas hijas de Cayo Atilio, y Calsia; ni la corresponde el nombre de Gemma, ni de Margarita, cuyos nombres se hacen comunes à Marina. Tampoco quiere que sea la Marina de Antioquia de Pisidia, sino otra natural de Galicia, nacida en la Villa de Guinzo, en que pone una Ciudad llamada *Antiochia*, donde nació la Santa, y que ésta apacentaba las ovejas del ama que la dió leche en aquel territorio de Limia, donde havia un lugar llamado *Armenia*, que hasta hoy conserva vestigio en el nombre de *Armea*: y pasando por alli el Presidente Olibrio, enamorado de ella, y no pudiendo apartarla de la Fé, la martyrizó en tiempo del Emperador Hadriano.

3 Apoya esto con el Breviario antiguo Compostelano, que describe el sitio de Armenia y Antioquia en la Limia de Galicia, al hablar del Martyrio de la Santa, y hasta hoy perseveran Monumentos

tos de aquel tiempo, que por la tradicion aseguran haver sido teatro del martyrio; pues se conserva (segun dicen) el horno en que la Santa fue arrojada, à bien corta distancia de Aguas Santas, y las tres fuentes que brotaron en los sitios en que saltó la cabeza despues de cortada, como tambien la piedra en que oraba junto à un roble, à quien los naturales llaman *el Carballo de Santa Marina*, y otras varias individualidades.

4 Acerca de la Marina, ò Gemma, que se dice hermana de Santa Liberata, hablamos ya en el Tomo 14. Trat. 46. pag. 134. segun lo qual no hallamos fundamento para reconocer à Santa Marina por hermana de Liberara: y excluida aquella opinion, solo resta averiguar, si la Marina celebrada en España fue Gallega, ò si nació y padeció en el Oriente. Nuestros Breviarios antiguos, que la celebran, ya con el nombre de Marina, ya con el de Margarita, convienen en que padeció en la Ciudad de Antioquia, y el Abulense la nombra *Anticchena natione*. Convienen tambien en que fue martyrizada por el Presidente Olibrio, que la vió apacentando ovejas: y algunos expresan que esto fue al pasar desde Asia à Antioquia: *De Asia in Antioquiam: Cum veniret ab Asiæ Antiochiam, &c.* Esta expresion de Asia à Antioquia corresponde al que pasa de la Provincia de *Asia* à la de *Pisidia*, cuya Capital es Antioquia: pues en sentido literal, y sin otra contraccion, la Asia y Antioquia suponen por las Provincias referidas: de suerte que aunque en España se imagine algun pueblo con nombre de Antioquia, no puede entenderse lugar del Occidente en las expresiones referidas (en el que pasa de Asia à Antioquia) sin añadir contraccion particular de España: porque la Asia y Antioquia, sin mas adito, corresponden al Oriente.

5 Añade el nombre del Presidente Olibrio, el qual solo nos consta en el Oriente, persiguiendo à los Christianos en Jerusalen en tiempo del Emperador Numeriano, como se vé en el Tomo 7. pag. 116. Demás de esto las Actas del martyrio de Santa Marina, que se hallan en Surio, sobre el 20. de Julio, copiadas del Metafraste, dicen expresamente que Olibrio era Presidente en el Oriente, y declaran

ran que la Santa era natural, y padeció en *Antioquia Pisidiæ*. Lo mismo expresa el Menologio de los Griegos sobre el 17. de Julio : *Sanctæ Martyris Marinæ. Hæc fuit ex Antiochia Pisidiæ*. Segun lo qual fue martyr del Oriente.

6 Gandara en el Tom. 1. de las Palmas y Triunfos de Galicia alega el Breviario antiguo Compostelano, proponiendo las Lecciones en tal conformidad, que reducen el martyrio de la Sta. à Galicia, juntamente con la Prefectura de Olibrio. Yo no he visto tal Breviario. El antiguo que tengo de Compostela la celebra con Oficio proprio, no solo de nueve Lecciones, sino con Antifonas y Responsorios proprios; pero entre las nueve Lecciones no veo ni una palabra en que exprese à Galicia, como ni tampoco en las Antifonas, ni Responsorios. Las Lecciones empiezan : *Cum Præfectus Olibrius veniret ab Asia Antiochiam persequens Christianos, Beata Marina filia Gentilium Baptismi gratiam consecuta, data est à parentibus ad nutriendum in quadam Civitate habente stadia quindecim ab urbe Antiochia, &c.* en que no hay cosa que determine à Galicia, y que à la letra no sea propria del Oriente.

7 No solo este Breviario, sino otros muchos de España convienen en referir el martyrio de la misma suerte, contrayendole à Olibrio, y expresando à Antioquia, sin mencionar à España. Bivar alega el Breviario antiguo de Palencia, que expresa el nombre de Anfiloquia. El que yo tengo no propone tal nombre, sino (como los demás) el de Antioquia. Pero es creible denote à Anfiloquia, porque despues de referir que Santa Marina, y Santa Margarita se dicen Antioquenas, añade, que Santa Marina se celebra particularmente en España : y que esto parece provino de que los Gallegos de Orense muestran junto al Limia un Lugar que llaman Antioquia, y una cueba donde Santa Marina se dice haver estado encarcelada, juntamente con Iglesia dedicada à su nombre, en que se venera su cuerpo. La expresion de Antioquia junto à Orense, parece denota à Anfiloquia, pues este es el unico nombre que por alli se puede autorizar, à diferencia de la Ciudad de *Armenia*, que algunos nombran : pues para esta no encuentro apoyo

en

en los Geografos antiguos Griegos, ni Romanos. Pero se hallaba introducido ya este nombre de Armenia al principio del Siglo XVI. pues le nombra el Breviario antiguo de Sevilla, que dice de Santa Marina: *Passa est in campo Limiæ sub urbe Armenia sub Olibrio Præside quinto decimo Kalendas Augusti.* Añade, que su padre Theodosio la dió à criar junto à Antioquia, y que el Prefecto Olibrio se enamoró de ella: *Ab Asia veniens Antiochiam.* Segun lo qual andaba ya divulgada por España la especie de que Santa Marina padeció en Galicia: y juntando esto con las Actas que hallaban de Santa Marina de Antioquia, unieron el Oriente con el Occidente.

8 Yo no hallo inconveniente en que huviese padecido martyrio en Galicia la Santa, cuyo cuerpo se venera en Aguas Santas; pero tampoco me atrevo à dar por cierto todo lo que hoy se refiere del martyrio, contrayendolo à individualidades de sitio del nacimiento, de la crianza, de la prision, del carballo, de los hornos, y del agujero (incapaz de admitir cuerpo, ni aun de un niño) por donde dicen que S. Pedro sacó del horno à la Santa, y otras individualidades, que no tienen mas apoyo que de un vulgo Protéo: y materias tan graves deben fundarse en mejores cimientos: porque hay varias experiencias de las vulgaridades, que acerca de materias remotisimas brotan modernamente en el ocio, è ignorancia del pueblo, mal juez para la delicadeza y seguridad de materias en que se mezcla el culto. Y en vista de que aun los Escritores no convienen en la vida y martyrio, que confunden la Marina, y la Margarita; que adoptan las inverosimilitudes vendidas bajo el nombre de Theotimo, con el Dragon que dicen tragó à la Santa: tengo por mejor seguir la practica de la Iglesia Romana, que no ha querido admitir Lecciones proprias de Santa Margarita: y en esta conformidad nos libramos de lo que puede oponerse por la relacion de Santa Marina de Antioquia, y del Prefecto Olibrio, con quanto pertenece à la Santa del Oriente; pues hallando en Galicia el cuerpo de una Santa Marina, y faltando Actas particulares, era regular valerse de las noticias publicadas en
otra

Santa Marina Virgen y Matyr.

otra del mismo nombre.

9 Por esto aplicaron à la de Galicia lo que hallaron en la de Antioquia, acomodandola hasta el dia en que se celebra, que aunque no es del todo firme, corresponde entre el 18. y 20. de Julio, y aqui cerraron à la de Galicia. Supuestas las Lecciones de la Antioquena, era como consiguiente señalar en Galicia los sitios del martyrio que padeció la del Oriente, aplicando al territorio donde existe el cuerpo lo que pudo aludir, y lo que no pudo, como sucede en el agujero mencionado; pues un vulgo ignorante, è indiscreto, escrupuliza poco. Pero nada de esto necesitamos adoptar, sino decir, que aqui como en otros Martyres, se ignoran las particularidades: y tengase el Oriente à su Prefecto Olibrio; Antioquia à su Margarita; y Galicia à su Marina.

10 Baronio en la segunda edicion de su Martyrologio introdujo à Santa Marina en el dia 18. de Julio: *Galleciæ in Hispania Sanctæ Marinæ Virginis & Martyris.* El fundamento que tuvo se reduce al Flos Santorum, y à Trugillo, esto es, à Villegas, à quien copió Trugillo en lo

poco que dijo sobre el 19. de Julio, omitiendo lo que advierte Villegas de que ni se sabe quién fue, ni en qué tiempo, ni qué martyrios padeció, ò cómo acabó: y por esto ignorantemente (añade) la atribuyen unos lo que es proprio de Santa Margarita: otros lo correspondiente à la Marina que se fingió hombre: y nada de esto (dice) es proprio de la presente: de la qual se sabe por Breviarios antiguos, y algunos Historiadores de España, que padeció martyrio en Galicia à dos leguas de Orense, y alli está su santo Cuerpo en la Iglesia de su nombre, donde llaman *Aguas Santas*: y muestran otras memorias de su martyrio, como es un horno, en que dicen fue puesta, y una fuente en que cuentan hizo Dios algunos milagros por ella. Y por toda aquella comarca la tienen en gran devocion. En Cordoba, y Sevilla (concluye) tiene suntuosos Templos. Esto es lo que de ella se sabe. Hasta aqui Villegas en la primera parte sobre el 18. de Julio.

11 El Señor Obispo Muñoz esforzó la devocion de la Santa escribiendo su vida, describiendo el Templo, y refiriendo varios milagros que su-

sucedieron en sus dias. Uno fue en uno de sus Familiares, à quien la intercesion de la Santa restituyó el oido: otro en una caritativa muger, que se encargó de criar un niño de pecho, cuya madre murió etica, y por tanto no se atrevian à darle de mamar otras mugeres. La que le tomó à su cargo por amistad con la difunta, se llamaba Marina Cid: y viendo el peligro de la criatura, y algunas inquietudes que por ella resultaban en su casa, subió al Templo y sepulcro de Santa Marina à implorar su intercesion; la que experimentó con la maravilla de que teniendo ya cinquenta y dos años de edad, se halló repentinamente con los pechos llenos de leche, y otro nuevo prodigio, de que el niño, antes enfermo con la calentura que le pegó la madre, quedó sano, y prosiguió mamando por tres años, viviendo hermoso, y robusto, quando escribia esto el Señor Muñoz, que puede consultarse, pues tiene impreso el libro.

12 Concluyo en fin diciendo, que admito una Santa Marina Martyr en este Obispado, la qual no tiene conexion con el Presidente Olibrio del Oriente, ni con otras particularidades de la martyrizada en Antioquia de Pisidia; sino que la presente fue Gallega: pero ignorandose, como en otros Santos Martyres, las particularidades de su vida y martyrio, la aplicaron las del Oriente, lo que para ser afirmado de la nuestra, necesita mas abonadas pruebas.

SANTA EUFEMIA
Virgen y Martyr.

1 Muy famoso es en Orense el nombre de Santa Eufemia; pero en las circunstancias con que revisten los modernos su historia hay mas dificultades que en la Santa precedente; pues aqui insisten descubiertamente en hacerla hija de Cayo Atilio Severo, y de Calsia, nacida con otras ocho hermanas en un parto. Esta especie la tocamos en el Tomo XIV. hablando de Santa Liberata. Y en quanto estriba sobre la ficcion de Flavio Dextro y compañia, sobre que padeció en la Ciudad de Obobriga, no es razon perder tiempo: porque como escriben los Padres Antuerpienses sobre el 26. de Julio (entre los Santos pretermi-

misos) si se mira à lo que de semejantes fuentes sacó Tamayo, no debe reconocerse por Santa: *Euphemiam ex tali fonte erutam necdum ut Sanctam agnoscimus*. Por tanto admiten solamente por Santa à la Eufemia que nuestros Breviarios celebran en 16. de Setiembre, que es la Calcedonense.

2 Pero ni à este nombre quisieron perdonar los inventores, ò protectores de los falsos Chronicones, y pasaron à fingir el nombre de Calcedonia en Galicia, autorizandola con una inscripcion en que escribieron lo que se les antojó, como se vé en Tamayo (sobre el 26. de Julio) que recurre à los Escritos del Obispo Servando con Notas de Seguino, como si una ficcion se autorizàra con otra. Alli mismo propone unas Lecciones de la Santa, diciendo ser tomadas de un Breviario antiguo Compostelano escrito en vitela, que yo creo ser tan imaginario como los escritos que atribuyen à Servando, pues mete alli todas las especies de los falsos Chronicones, con el nombre de Atilio, de Calsia, de Sila, de Obobriga, y nombres de las nueve hermanas de un parto: nada de lo qual encuentro en el Breviario Compostelano, ni en ninguno de los antiguos.

3 En estos es muy celebrada Santa Eufemia en 16. de Setiembre, pero sin mencionar cosa alguna de las predicadas por Tamayo, conviniendo en poner el martyrio en la Ciudad de Calcedonia *sub Prisco Præside*. Y esta es la unica Eufemia que celebra el Breviario antiguo de Santiago; y lo que mas es, la Santa Iglesia de Orense celebraba à ésta con Octava en el Siglo XVI. segun muestra el Calendario perpetuo, impreso en el 1578. que pone su festividad entre los proprios de Orense sobre el 16. de Setiembre, cuyo dia es el proprio de la Eufemia Calcedonense, como prueban los Breviarios antiguos. Añade el mismo Calendario, sobre el 26. de Julio la fiesta de la Traslacion de Santa Eufemia Virgen y Martyr, sin referir fiesta alguna en Agosto. De suerte, que segun aquel monumento puede salvarse todo el culto de Santa Eufemia en Orense, siendo otra Santa la Calcedonense, cuyo cuerpo fuese trasladado à Galicia al medio del Siglo XII. en el qual nos consta ya el santo Cuerpo en Orense.

4 Pero me parece sucede aqui lo que en la Santa precedente, que ignorando las circunstancias del martyrio, escogieron las de otra Martyr del mismo nombre, como se verificaba en la Calcedonense. La razon de esta sospecha estriba en que el cuerpo de Santa Eufemia no parece traido del Oriente, sino encontrado en la Diocesi de Orense: y el modo, segun Trugillo, sobre el 16. de Setiembre, fue en esta forma. Apacentaba ovejas en el confin de Portugal y Galicia una Zagala; y viendo entre peñas una mano que tenia un anillo de oro, se le quitó, y al punto quedó muda. Fuese con él à casa de su padre; y éste, por las señas de la muchacha, conoció que le havia encontrado en el campo. Siguióla, y viendo la mano, la restituyó el anillo: y con esto recobró tambien el habla la muchacha. Oyó entonces el padre una voz que decia: aqui está el cuerpo de Santa Eufemia, procura que se saque, y coloque honorificamente en el Templo de Santa Marina: y asi se hizo.

5 Pero no era esta Iglesia la de Aguas Santas, sino una Ermita dedicada à Santa Marina, que persevera hasta hoy en el confin de Portugal y Galicia entre los rios Limia y Caldo, debajo de cuyo Altar persevera hasta hoy la Urna de piedra ordinaria en que fue puesto el cuerpo de la Santa, juntamente con los huesos de otros dos Santos, que se hallaron alli, pero estos desunidos, y los de la Santa juntos y travados en la natural extructura de cuerpo humano.

6 Segun esto el cuerpo de la Santa no fue traido del Oriente, sino sepultado en aquel sitio en el tiempo de las persecuciones: y perdiendose la memoria con las guerras y hostilidades que padeció Galicia, fue necesario que el Cielo manifestase el sitio en que estaba oculto el sagrado cadaver.

7 Colocado en el Templo de Santa Marina el cuerpo de Santa Eufemia por los años del Señor de 1090. en que fue el suceso referido, segun el Señor Muñoz, se mantuvieron alli por cosa de setenta años, à pesar de algunas diligencias que hizo la devocion de una Religiosa Señora que intentó trasladarlos à la cercana Parroquia de S. Salvador de Manin, donde estuviesen con

Santa Eufemia Virgen y Martyr. 217

con mayor culto y decencia, pero no se pudo conseguir hasta tiempo del Obispo D. Pedro Seguin, que por medio de oraciones y ayunos consiguió trasladar los santos cuerpos à la Cathedral de Orense, no sin nuevos prodigios de que ocurriendo grave oposicion de los Portugueses, vencida con el convenio de que puesta la urna en un carro tirado de bueyes indomitos, fiasen la decision à la Divina Providencia. Esta los guió ácia Orense, pasando por el lugar llamado *Mediana*, donde un afligido energumeno se acercó à tocar el feretro con fé, y logró quedar sano. Pararon los bueyes junto à Orense: y desde allí condujo el Clero y Ciudad las sagradas Reliquias à la Cathedral, donde las colocaron debajo del Altar mayor, como refiere el Obispo Muñoz, que dice haverse guiado por lo que dejó escrito el mismo Obispo D. Pedro.

8 Lo cierto es que en el año de 1160. estaba ya en Orense el cuerpo de Santa Eufemia: y entonces logró el Rey D. Fernando II. de Leon que Dios le libertase de una grave enfermedad por intercesion de la Santa, y del Patrono S. Martin, como él mismo declara en el Privilegio que por este beneficio concedió al Obispo D. Pedro, dandole el Monasterio de *Siapal*: y por reverencia de la misma Santa, cuyo cuerpo dice descansa en la Santa Iglesia de Orense, la concedió tambien la Iglesia de Santiago de las Caldas, como queda dicho en el Catalogo.

9 El Obispo D. Alfonso, segundo sucesor de D. Pedro, procuró esforzar tambien la devocion de la Santa, escribiendo los milagros que hacia, y colocando su cuerpo en el nicho de una Capilla colateral al lado de la Epistola, por la parte de à fuera de la Capilla mayor, de donde le retiraron con motivo de perficionar la obra del Crucero, y Cimborio: y concluida la obra, fue restituido al mismo sitio en 26. de Julio del 1505. segun testimonio encontrado dentro del sepulcro. Asi perseveraron las sagradas Reliquias del cuerpo de la Santa, y huesos de los dos Martyres que se hallaron con ella, hasta el año de 1720. en que erigidos nuevos Altares al lado del mayor, colocó allí el Señor Obispo Muñoz con grande solemnidad las sagradas

Re-

Reliquias en el dia 23. de Junio, labradas para el fin nuevas urnas, en que puso estos, y otros cuerpos, nombrados de S. Facundo y Primitivo, como refiere largamente en su libro.

10 Del Anillo que se encontró en la mano de la Santa, que parece tenia una piedra de Amatista hablamos sobre el año 1547. y éste perseveraba con veneracion en la Santa Iglesia de Orense quando escribia Trugillo, que dice en el Tesoro de Predicadores, sobre el 16. de Setiembre, que llevandole à los enfermos sanaban muchos con su contacto. Duró esto hasta fin del Siglo XVI. en que desapareció. Pero se conserva la Sabana en que estuvieron envueltas las sagradas Reliquias: y sirve tambien de consuelo à los enfermos.

11 Resulta pues, que asi ésta, como la precedente, fueron martyrizadas en Galicia: pero ignoramos las particularidades: y sucediendo lo mismo à los antiguos, escogieron las Memorias de las Orientales: lo que hoy no es necesario.

DE LOS MARTYRES
S. Facundo y Primitivo.

1 Los Escritores modernos de Galicia ponen en esta Diocesi el martyrio de S. Facundo y Primitivo, cuyas Reliquias se veneran en la Santa Iglesia de Orense. Y como es tan famoso el nombre y martyrio de estos Santos en el Reyno de Leon y Villa de S. Facundo (vulgarmente Sahagun) al rio Cea, que baja por el Oriente de Leon; quieren unos, que huviese Martyres de un mismo nombre en ambas partes: y otros, que los martyrizados en la Diocesi de Orense son los que se veneran en Sahagun: para lo qual ponen sobre esta Ciudad un rio llamado Anceo, y Cea, que se mete en el Miño sobre Orense, donde existen los vestigios del Castro de S. Facundo, en que se dice padecieron los Martyres, y hay una Ermita dedicada à su nombre.

2 Todo esto se pudiera adoptar, si tuviera à su favor documentos antiguos, ò si no fueran tan malos los que se alegan, conviene à saber un Privilegio que se atribuye al Rey Chindasvindo, y unas Inscripciones escritas en la His-

S. Facundo y Primitivo, Martyres. 219

Historia que se dice de los Obispos Servando y Seguino: cuyos papeles pasando por manos de ignorantes en materias antiguas, recibieron salvo conducto, y tuvieron la desgracia de ser creidos, y citados en público, siendo invenciones de un Caballero de la Ciudad de Orense, llamado D. Pedro Boan, que por cierta competencia de Genealogía torció su mucha leccion para introducir lo que quiso bajo el nombre de los Obispos referidos.

3 A este Caballero Boan, y otro del mismo apellido, cita Gandara en su Tomo 1. pag. 210. donde refiere la Ciudad de Arsacia con las demás especies del rio Anceo, y Cea, y con la cita del Obispo Servando: y el mismo Obispo Muñoz pag. 170. menciona para esto *las noticias y frescas investigaciones curiosas de D. Pedro Boan, Caballero erudito del País*: y dice bien *frescas*, por lo recientes, sino frias. Este siguiendo los pasos de D. Juan, su hermano, escribió una Disertacion, que comunicó à Gandara, y estampó Tamayo sobre el 27. de Noviembre, donde sembró lo que fingió bajo el nombre del Rey Chindasvindo, y del Obispo Servando, que dice Confesor del Rey D. Rodrigo.

4 "Sobre esto dice el moderno Analista de Galicia, *Tom.1. pag.* 11. No hay mediano erudito, que no conozca, que la obra de Don Servando, ò es interpolada, ò supuesta, con nombre tan venerable, asi como la continuacion, y Notas de Don Pedro Seguino; accion que egecutó un Caballero Gallego, que pensó ilustrar la Nacion, sin advertir que con tantas fabulas la desacredita en mayor grado, y havia de ser conocido su arrojo de los Eruditos." Despues en la pag. 166. repite: "Ya digimos al principio de esta Historia, como unos Caballeros Boanes fueron los principales Autores de esta obra de Don Servando, pensando que con ella ilustraban à Galicia, como si el engaño y la fabula pudieran servir de esplendor." Hallandose pues en tan malos principios la contraccion de estos Santos à Orense, no podemos admitirla en virtud de ellos.

5 Tampoco favorecen à Orense las Actas del martyrio de estos Santos, que le con-

contraen à orillas del rio Cea: *In finibus Galleciæ:* y aunque huviera conocido entre los antiguos un rio Cea sobre Orense, no se podia aplicar à ése el lugar del martyrio, por no convenirle la expresion: *In finibus Galleciæ*; pues como en lo antiguo llegaba la Galicia hasta el rio Duero: mas propriamente dirian centro de Galicia, à lo que está sobre Orense, que fin ò extremo. No asi en el rio Cea oriental à Leon; pues como esta Ciudad, Astorga, y todas las Asturias caían dentro de Galicia (como digimos en el Tom.15.) era propiamente extremo, ò confin de Galicia el rio Cea, que baja por Sahagun à meterse en el de Carrion.

6 Por lo que mira à las Reliquias que se veneran en Orense no podemos esforzar el empeño; pues no son cuerpos enteros, sino partes, aunque grandes, como refiere el Señor Muñoz pag. 166. Lo restante puede ser lo que se venera en Sahagun; sin que se halle decidido quién dió à quién. Y si entre las dos partes se verifican los dos cuerpos enteros, no puede verificarse la opinion de los que admiten dos Facundos, y dos Primitivos, sino uno de cada nombre, cuyos cuerpos se repartiesen entre Sahagun y Orense: aunque esta Ciudad no los consiguió desde su muerte, sino por traslacion hecha desde la Iglesia dedicada à estos Martyres junto à Castro de Cobas, como escribe el Analista de Galicia en el ultimo lugar citado, donde dice: que en esta Ermita dedicada à los Santos Martyres se conservaban sus Reliquias y cuerpos hasta que fueron trasladadas à Orense. Añade, que aquella Ermita (que el Señor Muñoz intitula Parroquia) se reedificó en 8. de Marzo de 1176. como lo dice su Inscripcion Gothica. La Inscripcion conforme la propone Muñoz dice asi:

E. M. CC. XIIII. V. IDVS MARCII

7 Esta Era de 1214. corresponde al año de 1176. en que Muñoz dice reynaba D. Alfonso el Tercero llamado el Magno, restaurador de Orense y de Sahagun: en lo que mostró lo poco que se fatigó en la Chronología; pues D. Alfonso el III. murió mas de doscientos y sesenta años an-

antes del expresado. Y prescindiendo de esto no sabemos si las Reliquias se pusieron en aquella Parroquia al tiempo de la fábrica mencionada del año 1176. llevadas allí de otra parte, con motivo de la dedicacion de la Iglesia, y conservadas en ella hasta que se trasladaron à Orense.

8 Lo cierto es que en Sahagun tenemos muy anticipada noticia de los cuerpos de los Santos; pues el Rey Don Alfonso III. los supone allí en el Privilegio, en que refiere haver destruido los Moros aquella Iglesia, y que él la restauró, amplió y dotó, usando para declarar el sitio las mismas voces que se hallan en las Actas de los Martyres: *Super ripam fluminis cui nomen est Ceia in finibus Galleciæ.*

9 En Orense no se halla memoria de los Santos antes, ni algunos siglos despues; porque la mas antigua que refiere Muñoz es del año 1391. en que D. Fernan Perez Dignidad de la Santa Iglesia hizo al Cabildo donacion de unas casas para celebrar con mayor solemnidad la fiesta de S. Facundo y Primitivo. Con esto dice se desvanece cierta hablilla, de que el Arcediano de Bubal Don Juan de Deza (que murió en el 1506.) fue el que trajo los cuerpos. Asi en la pag. 202. pero despues (olvidado de esto) afirma lo que allí excluye, diciendo en la pag. 271. que D. Juan Deza, Arcediano de Bubal, Provisor del Obispo, que empezó en el 1471. trajo à la Cathedral los cuerpos de estos Martyres. Si esto fue asi, no entraron en Orense hasta despues del 1470. pero antes del 1487. en que el Papa Inocencio VIII. en Bula del Jubileo concedido à los que visitasen la milagrosa Imagen del Santisimo Christo, dice se veneraban allí los cuerpos de estos Santos. Y en toda combinacion, parece no llegaron hasta fin del Siglo XIV. Colocaronlas en una Capilla de la Nave del Evangelio, por la parte exterior del Presbiterio, donde perseveraron hasta el año de 1720. en que fueron trasladadas à la parte interior donde se mantienen.

El martyrio de los Santos se referirá en la Iglesia de Leon.

SAN VINTILA,
Anacoreta.

1 En Santa Maria de *Pungin* dentro del Arcedianato de Cas-

Castela, à tres leguas de Orense, se venera el cuerpo de *S. Vintila* en un grande sepulcro de piedra, en cuyo Epitafio perpetuaron el nombre y tiempo de su dichoso transito, cuya fama persevera hasta hoy, en virtud de algunas maravillas con que el Cielo publicó su santidad, y por tanto ha merecido que algunos Martyrologios le mencionen, Arnaldo Wion, Menardo, Ferrario, y con ellos Tamayo sobre el 23. de Diciembre, y nuestros Historiadores con Morales lib. 15. cap. 22. Benedicto Gononi publicó su vida en la obra: *Vitæ Patrum Occidentis* pag. 270. citando un cierto Autor, que escribió lo siguiente.

2 El bienaventurado Ventila (asi le nombra) nació en España, de padres no vulgares, que le criaron en el temor de Dios, y pusieron à estudios. Sus potencias eran claras, y por tanto hizo muchos progresos, sobresaliendo mas en las virtudes de misericordia con los pobres, y singular honestidad en las costumbres, huyendo de los vicios y malas propensiones, à que suele ladearse la adolescencia: con lo que crecia Vintila en la virtud conforme iba medrando en el cuerpo.

3 Sobresalia en él la inclinacion à vida solitaria; y buscando oportunidad, se retiró de la casa de sus padres, y entró en un Monasterio, de que despues se retiró para seguir la vida Anacoretica, à que Dios le llamaba. Egercitóse alli en ayunos, vigilias, y oraciones, triunfando no solamente de su cuerpo, sino de las molestias con que el enemigo pretendia apartarle de aquella santa vida.

4 Propagóse la fama de aquel Santo Ermitaño: y concurriendo à tomar su bendicion muchos necesitados, le engrandeció Dios, obrando por su intercesion varios milagros. Los sordos recuperaban el oído; los ciegos vista; y otros varios enfermos la salud que tenian perdida. Lo mas fue que Vintila perseveró en el egercicio de virtudes hasta la muerte: y esta fue muy preciosa en los ojos de Dios y de los hombres dia 23. de Diciembre del año 890. segun consta por el Epitafio siguiente:

HIC

HIC REQVIESCIT FAMVLVS
DEI VINTILA QVI OBIIT
X KALENDAS IANVARIAS
ERA DCCCCXXVIII.

5 Esta Era fue el año de 890. en que reynaba D. Alfonso el Magno, y gobernaba à Orense el Obispo Sumna. Desde entonces ha proseguido hasta hoy la memoria de S. Vintila con mucha reverencia y devocion de toda aquella tierra. Venerase en una Ermita junto à la Iglesia de Santa Maria de Pungin, como afirma Morales.

SAN ANSURIO.

De este Santo Obispo, cuyo cuerpo se venera en S. Esteban de Ribas de Sil, hablamos ya en el Cathalogo de Obispos, donde nos remitimos, pag. 64.

SAN ROSENDO.

A esta Diocesi pertenece tambien el glorioso Padre S. Rosendo; por haver vivido, y descansar su cuerpo en el insigne Monasterio que fundó en Celanova. Ponemos su Vida en la Iglesia Dumiense, donde pertenece por haver sido su Obispo.

S. QUARDO, LLAMADO Famiano.

1 La multitud de milagros que obra Dios por este su Siervo, le ha hecho tan famoso, que se dice ocasion de mudar el nombre proprio de *Quardo* en el de *Famiano*, por la singular fama de su nombre en Italia, la qual se halla ennoblecida con su cuerpo. Es tambien famoso entre los Escritores, por ser muchos los que de él han escrito: y aunque no sin alguna variedad en la Chronologia, convienen en la substancia de los hechos, que es como se sigue.

2 Fue S. Quardo Aleman, natural de la Ciudad de Colonia, hijo de padres nobles, llamados Godescalco, y Giumeta, favorecidos tambien de bienes de fortuna. En el Bautismo pusieron al hijo nombre de *Quardo*, pero solo es conocido por el de Famiano. Algunos dicen se le puso este nombre despues de muerto, por la singular *fama* de sus mila-

lagros; lo que necesitaba de pruebas muy urgentes: y parece mas verosimil el dictamen de que tirando el Santo à ocultar su proprio nombre, tomó el de *Famiano*, con el que fue conocido: esto parece mejor, que el decir le llamaron asi por ignorar su nombre: porque no se hace verosimil que entrase en Religion, y le ordenasen de Sacerdote, sin conocer el nombre: y el que el Santo usase en estos lances, es el que continuaria. Este fue el de *Famiano*, pues es el que empezó à usarse immediatamente despues de su glorioso transito, segun consta por la Canonizacion hecha à los quatro años despues; en que el Papa Hadriano IV. usó el nombre de Famiano. Sin embargo de que el Santo tirase à disfrazarse con tal nombre, pudo saberse el legitimo, en virtud de un Breviario de su vida que tenia consigo quando falleció, como diremos.

3 Su nacimiento fue en el año de mil y noventa (pues murió de sesenta años en el de 1150.) Criaronle sus padres en buenas costumbres, y procuraron cultivar sus potencias con literatura: pero ilustrado no tanto con luces de la ciencia, quanto con sabiduria divina, conoció lo caduco de las riquezas y la gloria mundana, y despreciandolo todo, dejó la patria y padres à los 18. años, y salió para Roma à visitar los Sepulcros de los Apostoles, alargandose su devocion à recorrer los Santuarios de Italia, en cuya peregrinacion gastó seis años. Pasó luego à Galicia à visitar tambien el cuerpo del Apostol Santiago; y no solo cumplió sus piadosos deseos, sino que se egercitó en vida espiritual bajo la obediencia de un santo anciano, por espacio de tres años, con cuya bendicion pasó al Oriente à visitar los Santos Lugares; y en esta peregrinacion gastó otros tres años, hallando caritativo hospicio en las partes donde llegaba, por quanto la humildad, penitencia, y las demás virtudes que reynaban en el corazon, arrojaban fuera tal modestia, que fundada sobre una bella disposicion corporal, obligaba à la veneracion.

4 Cumplidos sus deseos, volvió à Galicia, donde buscando las mas retiradas selvas, y contentandose con hierbas y agua para su alimento, sin probar el pan mas que rara vez, pasó una vida mas celes-

S. Quardo, ò Famiano.

lestial que humana. Pero deseando imitar otros egemplos, entró en un Monasterio dedicado à S. Cosme y S. Damian: y aunque Manrique dijo no saberse quál era (*ignota hodie domus*) nos dió señas el Escritor de su vida latina impresa en Galese año de 1576. diciendo que estaba en una selva no lejos del rio Miño: y el mismo Manrique sobre el año 1185. cap. ult. refiere un Monasterio de S. Cosme y S. Damian en el Obispado de Tuy entre el rio Miño y la Villa de Bayona (que se unió al Monasterio de *Hoya* sito en aquella parte) y dice era de Ermitaños: todo lo qual conspira à ser el escogido por S. Famiano, à quien llamaba Dios para la vida solitaria: y de hecho floreció allí en ella por espacio de 25. años, hasta que llegando el de 1142. en que sobresalia la fama de la santidad de vida que florecía en el Monasterio de *Osera*, sujeto ya al Cister, pasó allá à pretender el habito del esclarecido Padre S. Bernardo, y continuar con él (si le fuese permitido) la vocacion de la vida eremitica, como confiesa Manrique, y autorizan las Lecciones de su Rezo.

5 En efecto el Abad de Osera Garcia alegrandose del nuevo Soldado que pretendia entrar en su milicia, y conociendo lo veterano que era en la virtud, por la fama que ya tendria despues de tantos años de egercitarse en ella por aquella tierra, le admitió al santo habito: y aunque segun la Regla debe preceder à la vida solitaria la Cenobitica, mereció la santidad de Famiano que se le concediese la peticion de vivir solitario, à cuyo fin le destinó à una Capilla dedicada à S. Lorenzo, à la orilla del Miño, como dicen sus Lecciones, que llegó à ser Monasterio, segun Peralta en la Historia de Osera, de cuya filiacion le hace, y dice se extinguió, aunque otros quieren sea la Granja actual que con titulo de S. Lorenzo tiene Osera.

6 Hecha la solemne profesion por la egemplar vida que mostró, le obligó la obediencia al Sacerdocio, aunque otros quieren decir que ya estaba ordenado. Vivió aquí dos años con grande santidad, como expresa el Escritor de su vida: y si entonces ascendió al Sacerdocio, no hay duda que de nuevo se enardeceria en amor y contemplacion de los bienes celestiales

un espiritu tan largamente purificado.

7 Hallandose perficionado en la virtud, como no tenia apego à ninguna parte de la tierra, le movió Dios à que volviese à visitar el Templo de los Apostoles, por quanto tenia decretado, que como havia ennoblecido à la Germania con su origen, al Oriente con su peregrinacion, à Galicia con su vida anacoretica, ilustrase tambien à Italia, haciendola tesorera de su cuerpo, y theatro donde queria manifestar sus maravillas. Estando alli se le aparecieron los Apostoles, mandandole que pasase à *Galese*, Ciudad antes de los Faliscos, ahora del Patrimonio de S. Pedro junto al rio Tiber, donde havia de acabar el curso de su vida. Obedeciendo el Santo, y llegando fatigado del camino, se puso à descansar. Molestabale la sed, y dando con el baculo en una peña, brotó una fuente, que hasta hoy persevera con el beneficio de sanar algunos enfermos.

8 Visitada la Iglesia, se hospedó en casa de un noble varon llamado *Ascaro*: y conociendo que llegaba su fin, crecieron los afectos. Enfermó à los quince dias de llegar: y llamando al Arcipreste de la Iglesia, le declaró, entre otras cosas la muerte que dentro de ocho dias le vendria, y asi fue. Al mismo tiempo confortando Dios lo debilitado de su cuerpo, se levantó de la cama, y cogiendo al Arcipreste de la mano le fue à enseñar el sitio donde debia sepultarle junto al agua de la fuente (pues la casa de Ascaro estaba en la muralla.) El Arcipreste representó parecerle mejor que se enterrase en la Iglesia: pero insistiendo en lo que Dios le inspiraba (para que luego se erigiese alli Templo) y sabiendo que el terreno era del mismo Ascaro, se le pidió, y obtuvo, pagandole bien el Santo, pues padeciendo un grave dolor de riñones, y haciendo que le llevasen à la cama del huesped, le besó la mano devotamente, y al punto quedó bueno.

9 Llegando el dia profetizado de su transito concurrieron con el Arcipreste los Sacerdotes, à quienes pidió el Santo que tuviesen cuidado de su cuerpo, pues verian maravillas de Dios: y fijando en el Cielo su vista, subió allá el espiritu dia ocho
de

S. Quardo, ó Famiano.

de Agosto del año 1150. en que tenía sesenta de edad, y quarenta y dos de peregrinacion, segun consta por lo dicho, calificado por unas hojas escritas de su mano, halladas en el Breviario, en que estaba el compendio de su vida, donde digimos constaria el proprio nombre de Quardo.

10 Concurrió todo el pueblo à ver y venerar el sagrado cadaver, que con el mismo concurso fue llevado al sitio donde mandó enterrarse, fuera, pero cerca de la Ciudad junto à la fuente: y al punto declaró el Cielo haver conducido alli à Famiano para bendecir à este pueblo; pues acercandose dos sordos à tocar el cadaver, quedaron sanos repentinamente, recibiendo tambien salud otros que la tenían quebrantada. Poco despues llegando à su sepulcro otro Ciudadano poseido del enemigo, quedó libre. Una ciega de alli cerca, oyendo los prodigios, que Dios obraba por su siervo, acudió à su sepulcro, y volvió con vista.

11 Propagóse con tanta rapidéz la fama de los milagros que Dios hacia con los Galesinos por meritos de este siervo, que de todas las comarcas concurria alli una casi infinita multitud de hombres, mugeres, y niños, à implorar su patrocinio: y pasados solamente quatro años de su transito, asegurado el Papa Hadriano IV. de las maravillas con que el Cielo publicaba la gloria de su siervo, le colocó entre los Santos. Levantóse en su sepulcro Templo, con lo que se hizo cada dia mas famoso el nombre de Famiano, asi por las maravillas que hasta hoy continúan, como por las Indulgencias concedidas de los Sumos Pontifices. Asi consta por las Actas, ò vida del Santo impresa en Galese en el año de 1576. y por el Oficio aprobado en Roma para la fiesta del Santo, impreso por Juan Bautista Solerio en su *Acta Sanctorum* sobre el dia 8. de Agosto, que, en parte imprimió Manrique en sus Anales, sobre el año de 1150. cap. 9. Henriquez en el Menologio Cisterciense dá à la larga otros documentos en que se celebran las maravillas del Santo: y uno de los Epilogos es el Distico siguiente:

Claudus adest firmus : cœcus videt : utitur aure
Surdus : ab obsessis spiritus ater abit.

S. FRANCISCO BLANCO,
Martyr.

1 En el año de 1570. nació este fruto de bendicion en nuestra Diocesi, para honrar con Altares à quien le dió la cuna. Su patria dicen unos que fue *Monte Rey*; otros que *Tameron*, ò *Tameyron*. Yo antepongo este dictamen, por decir el Señor Muñoz, que nació en la Feligresía de Santa Maria de Tamayron, Parroquia aneja al Beneficio de S. Mamed de Pentes, y que allí en una Capilla tiene Altar dedicado al Santo. Y quando el Obispo que visitó la Diocesi, afirma esto con tanta seguridad, que no menciona cosa en contra, se infiere estar así recibido firmemente en aquella tierra. Añade que en aquella Feligresía, y en algunos lugares, perseveran familias conocidas con el honroso distintivo de venir de aquel tronco. Con esto puede componerse la reduccion à Monte-Rey: porque siendo nombre mas famoso y conocido el de esta Villa, que la Feligresía referida ; (sita à la parte oriental de aquella) pudo andar reducido à Monte-Rey como mas conocido.

2 Estudió Gramatica en la Compañia de Jesus de Monte-Rey, y empezó la Philosophia en Salamanca : pero llamandole Dios à mayor profesion, escogió alistarse en la Milicia del Seraphico Padre S. Francisco en la Provincia de Santiago de la Regular Observancia, y tuvo el Noviciado en Villalpando. El escoger aquel estado fue para dedicarse enteramente à la negacion de sí mismo, y subir à la perfeccion : por lo que sabiendo la gran recoleccion del Convento de S. Antonio de Salamanca, pretendió, ya profeso, que le enviasen allí por morador. Soltó entonces las velas de su devocion à los egercicios espirituales con tal generalidad, que no pudiendo el vaso de la carne sufrir el impetu con que le agitaba el fervor del espiritu, adoleció al primer año, quedando despues de la curacion con el egercicio de unas molestas quartanas, que desatendidas por su amor al padecer, le
fue-

fueron conduciendo à un estado en que los Prelados conocieron ser preciso mudarle à temperamento mas benigno, y le enviaron al Convento de *Pontevedra*. Mejoró allí, no tanto por el clima, quanto por intercesion del Venerable Siervo de Dios *Fr. Juan de Navarrete*, en cuyo sepulcro domestico veía obrar muchas maravillosas sanidades con enfermos: y como las quartanas que se le iban haciendo de por vida, le impedian algunos egercicios, veló nueve noches sobre el sepulcro, y quiso Dios restituirle la salud.

3 Con esto los deseos represados de hacer guerra à la carne para que reynase el espiritu, prorumpieron en copiosos egemplos de mortificacion. Todos los Sabados ayunaba en obsequio de la Reyna de los Angeles. Empleabase en ayudar las Misas siempre que podia. Tomaba tres disciplinas cada dia. Uno de la semana ayunaba à pan y agua. Guardaba un continuo silencio, y era como perpetua su oracion. Pareciale ya poco mirar en sí por la honra del Señor, si no la buscaba tambien en las almas que fuera de la Iglesia se perdian: y el Señor que asi le iba dirigiendo à la gloria del martyrio, dispuso que llegasen allí entonces los Religiosos del Serafico instituto, que se havian alistado en los Conventos de Muros, Noya, la Puebla, y otros, para la Santa Mision de Philipinas. Nuestro devotisimo Joven (que aun no havia cumplido veinte y dos años de edad) pretendió con eficacia ser uno de ellos: y aunque huvo algunas dificultades, las venció el que le escogia para sí.

4 No extrañó el nuevo modo de vivir en la venerable Descalcéz, porque su aspero modo de vivir en continua mortificacion, le tenia bien dispuesto para mirar sin ceños al rigor. Fuese à Sevilla à pie, midiendo ya los pasos no por la fatiga corporal, sino por el fervor de enderezarlos à la gloria de Dios. Su modestia, su humildad, y condicion apacible, le hicieron amable para quantos le trataron. El Santo Fr. Martin de Aguirre en el mundo, y de la Ascension en la Religion (que despues fue martyrizado con él) le empezó à enseñar las Artes en la navegacion, y despues en Churubusco. Ordenóse de todas Or-

Ordenes en Megico: y en Manila continuó con el mismo Maestro los Estudios de Theología, creciendo con las luces del entendimiento los fervores de la voluntad.

5 Dispuso Dios que en el año de 1596. fuese destinado al Japon el Santo Fr. Martin, y aunque le señalaban otro compañero, logró serlo el Santo Fr. Francisco Blanco en premio de sus deseos y virtud. En la navegacion fueron estudiando la lengua del País con los Mercaderes Japones que los conducian, y al llegar à *Nangasaqui* la hablaban ya casi con expedicion. Pasaron à la Corte de Meaco, donde se unieron con el Santo Comisario, y Embajador, Fr. Pedro Bautista, Capitan de los martyrizados. Lograron todos mil ventajas para la Christiandad. Favorecióles el Emperador *Taycosama*: pero como Dios queria el sacrificio de la sangre de sus mayores amantes, poco à poco se transformó el teatro, contribuyendo à la Providencia Divina las disposiciones de los hombres, especialmente de los Gentiles, y finalmente sacaron Decreto de prender los Christianos en el dia 8. de Diciembre del 1596. y en su virtud prendieron en la Ciudad de *Osaca* al Santo Fr. Martin, y en *Meaco* à nuestro S. Francisco con el Santo Fr. Pedro Bautista, y otros. De todos escogió Dios à solos 26. para la Corona del martyrio.

6 En este tiempo de la prision escribió una Carta nuestro S. Francisco, en que hallamos las clausulas siguientes: ,,Cada dia, (dice) estabamos ,,esperando la muerte por ,,amor de nuestro Señor Jesu-,,Christo, y con esto nos ha-,,llamos muy consolados; ma-,,yormente viendo à los Chris-,,tianos con un ánimo grande, ,,y quejosos de la tardanza de ,,los Verdugos. Lo que mas ,,nos hace espantar es, que ,,de Fuximi, y de las Monta-,,ñas muy apartadas, vienen, ,,con decir que si los Chris-,,tianos mueren por ser Chris-,,tianos, siendolo ellos, de-,,ben tambien morir por amor ,,de Dios. Nosotros no pode-,,mos hablar con ellos. Yo ,,tengo verguenza de mí mis-,,mo, viendo que gentes tan ,,nuevas en la Fé, no se es-,,pantan de la muerte, por ,,amor de Dios.

7 Llegó en fin el Decreto de que muriesen en cruz. Trasladaron à los Santos que es-

estaban presos en el Convento de Meaco, à la Carcel pública, maniatados, y cercados de oprobrios. Pasaron à la misma los encarcelados en *Osaca* dia primero de Enero del 1597. y luego vino orden para que los sacasen à la verguenza cortandoles la oreja izquierda. Cada noticia de estas era para los presos un júbilo indecible, por ver que Dios los hallaba dignos de la honra de padecer contumelias por el dulcísimo nombre de Jesus. Efectuado esto en Meaco, pasaron à *Fuximi*, donde los llevaron con ignominia por las calles, y condugeron à la Carcel de Osaca, en que tambien sufrieron la misma afrenta, y aun se alargó hasta *Sacay* para escarmiento de los que oían la Fé.

8 Entonces se repitió la Sentencia de muerte, que debia egecutarse en *Nangasaqui*, como se hizo, despues de mil penalidades en el camino. El Juez dispuso las Cruces, donde sin entrar en la Ciudad havian de ser hospedados para llegar al Cielo; y recelando algun tumulto, tenia prevenidas argollas, sogas, y verdugos, con tanta providencia, que havia señalado los que debian crucificar y alancear à cada uno de los veinte y seis Martyres. Estos abrazaron dulcemente la Cruz en que se gloriaban; y casi à un tiempo fueron levantadas en alto las victimas escogidas para el Cielo, poniendo allí los ojos, y teniendo el corazon en el Crucificado, à quien estaban ya conformes en la figura. Endulzaba esta memoria su pena; y esperando el bote de la lanza, fue nuestro Fr. Francisco el blanco de la segunda: y al punto que la vió enristrar contra sí, entonó el *In manus tuas* del Maestro. Atravesóle desde el costado al hombro contrapuesto; y como al impulso de bote tan formidable se desprendiese un brazo de la argolla, volvió à meter en ella la mano, para no perder ni en lo exterior la figura del que tenia en su corazon crucificado. Repitió la lanza el golpe por el costado opuesto; y salió su espiritu à recibir las Coronas de Virgen y de Martyr, quedando el cuerpo con los ojos abiertos ácia el Cielo.

9 Cinco meses llevaba de operario en el Japon; pero toda su vida fue trabajar para este dichoso fin. El martyrio de

de todos fue à 5. de Febrero del año de 1597. en que nuestro S. Francisco andaba en los 26. años de su edad. El que desee enterarse del todo, vea el Tomo 3. de las Chronicas de la Provincia de Philipinas, China, y Japon, de los Descalzos del Serafico Padre, de donde hemos tomado la relacion. El Papa Urbano VIII. concedió que se rezase y digese Misa de ellos en el dia 5. de Febrero, en que subieron al Cielo.

APENDICES.

S. GREGORII TURONENSIS.

De miraculis Sancti Martini.

De uva apud Galliciam. Lib. 4. cap. 7.

ET quia Florentiani majoris memoriam fecimus, quid ab eo didicerim, nefas puto taceri. Tempore quodam causa legationis Galliciam adiit, atque ad Mironis regis præsentiam accedens, negotia patefecit injuncta. Erat enim eo tempore Miro Rex in civitate illa, in qua decessor ejus basilicam Sancti Martini ædificaverat, sicut in libro primo hujus operis exposuimus. (1) Ante hujus ædis porticum, vitium camera extensa per traduces dependentibus uvis quasi picta vernabat. Sub hac enim erat semita, quæ ad sacræ ædis valvas peditem deducebat. Cùmque Rex sub hac præteriens orationis gratiâ hoc templum adiret, dixit suis: Cavete ne contingatis unum ex his botrionibus, ne forsitan offensam Sancti Antistitis incurratis. Omnia enim quæ in hoc habentur atrio, ipsi sacrata sunt.

2 Hoc audiens unus puerorum, ait infra se: Utrum sint hæc huic Sancto sacrata, an non, ignoro. Unum scio, quod deliberatio animi mei est ab his vesci. Et statim injecta manu caudam botrionis cœpit incidere, protinùsque dextera ejus adhærens cameræ, arente lacerto diriguit. Erat enim mimus Regis, qui ei per verba joculatoria lætitiam erat solitus excitare. Sed non eum adjuvit cachinnus aliquis, neque præstigium artis suæ, sed cogente dolore, voces dare cœpit ac dicere: Succurrite viri misero, subveni-

---

(1) *Vide Tom.* 15. *pag.* 380. *ubi laudata reperies S. Gregorii verba.*

nite oppresso, ferte levamen appenso, & Sancti Antistitis Martini virtutem pro me deprecamini, qui tali exitu crucior, tali plaga affligor, tali incisione disjungor.

3 Egressus quoque Rex, cùm rem quæ acta fuerat didicisset, tanto furore contra puerum est accensus, ut ejus manus vellet abscindere, si à suis prohibitus non fuisset. Dicentibus tamen præterea famulis: Noli, ò Rex, judicio Dei tuam adjungere ultionem, ne fortè injuriam quam minaris puero, in te retorqueas. Tunc ille compunctus corde, ingressus basilicam, prostratus coram Sancto Altari, cum lacrimis preces fudit ad Dominum: nec ante pavimento surrexit, quam flumen oculorum hujus paginam delicti deleret. Quo à vinculo, quo nexus fuerat, absoluto, ac in basilicam ingresso, Rex elevatur à solo, & sic recipiens incolumen famulum, palatium repetivit. Testabatur autem Major præfatus hæc se ab ipsius Regis relatione, sicut actum narravimus, cognovisse. Sic enim gloriosus Pontifex suam illustrat urbem miraculis, ut deesse non sentiatur alienis.

VITA

S. VINTILÆ EREMITÆ.

Incerto Auctore.

Ex libro *de Vitis Patrum Occidentis* Benedicti Gononi, pag. 270.

1 Beatus Ventila parentibus in Hispania ortus est non infirmis. Qui ab eis in Dei timore educatus, scholisque traditus, cum esset bonæ indolis, multos fecit progressus. Erat autem misericordia in pauperes præcipuus, & castitate honestus. Qui cum ad adolescentiæ florem pervenisset, vitia, carnisque voluptates, quæ illam ætatem sequuntur, fugiebat, & crescens corpore, crescebat

&

& virtute. Valde autem cœpit ad vitam solitariam anhelare. Quare opportunitate nacta, parentes latenter deserens, Monachus factus est, & paulo post, Eremiticam vitam quam tantopere concupierat, amplexus est, apud Ecclesiam Sanctæ Mariæ de Pugin non longe ab Orensi Civitate.

Ibidem degens, jejuniis & vigiliis corpus atterebat, multasque à dæmonibus ei illatas molestias, ope omnipotentis Dei viriliter superavit: quin etiam multis miraculis claruit, nam cæcis visum, surdis auditum, aliisque ægrotis sanitatem restituit. Sicque in sanctis operibus perseverans, tandem migravit à sæculo Era 928. qui est annus Domini 890. ibique cum sequenti Epitaphio sepultus est.

Hic requiescit famulus Dei Ventila, qui obiit die 10. Calend. Januar. Era DCCCCXXVIII.

SCRIPTURÆ NUNC PRIMUM EDITÆ.

Ex Tabulario Auriensi.

I.

ADEFONSUS REX III. AURIENSEM
Ecclesiam & ejus dotem instaurat anno Regni ejus XXI. mense Augusto, Christi 886.

IN nomine Domini Dei, & Salvatoris nostri Jesu Christi, Dominis Sanctis & .... nobisque post Dominum fortissimis Patronibus venerandis, Beatissimæ Mariæ Virginis & Genitricis Domini Jesu, Sancti Joannis Baptistæ, atque Præcursoris Christi, necnon & Sancto Confessori Martino Episcopo, quorum reliquiæ sanctæ sunt in Ecclesia Auriensis Sedis Provinciæ Galleciæ. Nos exigui famuli vestri Adefonsus .... Princeps .... Iscemena orans, ut hunc nostrum votum dignetis suscipere pia oblatione; licet primordia bonorum operum, quæ à Dei instinctu immediate te gignuntur, justitiæ operibus deputentur, tamen quæ majori cumulo, & potiori crescunt in voto, ampliore remuneratione expectantur in premio; unde juste decet instaurare, quod non debet perire, & vivide debet elaborare, quod vota sua Deo offerat, ut non pereat, q........ nitet censuræ, ut maneat. Quamobrem non parva ex nostris, quæ vobis litationis manticula est ab Antistite, quæ nos studiose curamus in melius transducere. Quapropter quia dudum jam constabat indita dote, & tradita cultoribus Ecclesiæ, & in thesauris ante reposita; sed profanator Antistes *Censericus* ausu maligno, & mundanarum rerum arreptus beneficio, non solummodo visus est, nostra pia dissolvere vota, sed etiam in tanta inhæsit vesania, ut ipsam Ecclesiæ dotem dissipare, vendere, & licitationem cum pretio ab emptoribus accipere. Unde factum est, post illius discessum, *Sumna* successit in loco Episcopatus. Interim cum omnia vivide perquireret, ut sacros Principum Canones, & inventa esset cuncta demolita, nostris auditibus è vestigio intimavit, & affatim dignum ac providum duximus, ut instaurata dote, novoque stilo plantaremus, sicut & factum est.

2 Igitur Genitor noster Divæ memoriæ Ordonius Rex, post depopulationem Arabum loci hujus Ecclesiæ, ipse primus, ut fuerat *exuleo enareo* relictum hanc Sedem apprehendit cum Villis, vel omnibus adjacentiis suis; sed præsertim factum est, oppugnante vel expulsante gens Arabica quietudinem terræ, in solitudinem est redacta. Postea namque idem pius Genitor noster hanc Patriam nobis ad regendum tradidit, & sub nostro moderamine est redacta, & Dei manu gubernante, & rerum intercessu postulante, expulimus ab ea gentilium infestationes, & Barbarorum subastationes: populabimus quoque è novo terram illam, & ejus deserta habitabilem fecimus, & hanc sedem viridem ex squalido fecit & genitor noster, capuimus, mancipavimus, & jure nostro pro terminis suis subter adnotatis, subditam colonibus nostris tradimus vobis amnoxam redentes rationem. Adveniente quoque *Sebastiano* Archabiensis peregrino Episcopo, ex Provincia Celtiberiæ, expulsus

à

à Barbaris, mirabiliter hanc Sedem illi concessimus, qui primus idem Ecclesiam Antistes fuit; post passationem vitæ illius, Censericum in loco ejus Episcopum ordinavimus. Quam dotem factam Ecclesiæ taxavimus, malitiose, ut superius diximus, & sacrilege evertit.

3 Deinde post ejus discessum tertius Auriensis Ecclesiæ præest *Sumna* Episcopus, qui nostris auditibus nuntiavit, ut iterum hanc dotem scriberemus, sicuti nunc factum est. Unde concedimus Ecclesiæ Dei, vestræque cuncta, secundum definitiones Sanctorum Patrum, terminos Ecclesiarum, Pala aurea, Limia, Berrugio, Lemaos, Bebalos, Zepastos, Geurres, Pinza, Casavio, Vereganos, Senabria, & Calabazas mayores; & quæ ad stirpem adprehendimus, videlicet, per terminum de Penna de vado, & inde per illum actarium, quod vocitant Letaniarum, & inde, ac denique per Mahonete, & inde per actarium Regis, & inde ad Sanctum Cyprianum de Periola, & ferit per cacumina montis Cuminalis, & denique Sancta Marina de Monte, deinde per domum Sancti Eusebii, & inde quomodo concludit per flumina Laoniæ, donec ingresus est pro media vena fluminis Minei, usque modum supra diximus ad Penna do Vado. Hæc omnia cuncta cum Villis, Viculis, atque præstationibus suis, terris, vineis, paneris, ceterisque arboribus, pratis, pascuis, hortis, moninis, vel quidquid infra supra taxatis terminis manet inclusum, secundum ex stirpe omnia accepimus, & vindicavimus, Ecclesiæ vestræ jure perpetuo tradimus, ut Episcopi hujus Sanctæ Sedis, vel cultores Ecclesiæ habeant, & teneant jure quieto pro reparatione ejusdem Ecclesiæ, pro luminariis jugiter accendendis, pro addendis odoribus sacris, & sacrificiis Deo placabilibus immolandis, pro victu & vestitu Monachorum, & quæ sub Aula vestra morabuntur, sicut pro susceptione peregrinorum, & sustentationibus pauperum. Item adjicimus in omni giro Ecclesiæ vestre LXXXII. pauos; duodecim pro corpora tumulanda, & septuaginta pro toleratione omnes vita sancta degentes, cum ceteris aliis adjunctionibus eorum, inundisque partibus abjacencis, secundum sententiam canonicam exaratam permanet in melius.

4 Rursum dicimus atque offerimus Ecclesiæ vestræ calicem argenteum cum patena sua, velum de polegia, palleum unum, signum æreum, atque & æream lucernam, cum suo casistale, vestesque fusiles. Item damus atque confirmamus quod jam dudum concessimus pro cartula testamenti gloriæ vestræ Ecclesiam Sanctæ Eugeniæ, non procul à Sede, quæ est in ripa fluminis Minei, cum ædificiis, terris, vineis, paneris, ac diversis arboribus fructuosis, cum omnibus suis adjacentiis, & debitum de prædicta Ecclesia Sanctæ Eugeniæ ex integro, secundum quod eam empsimus de dato suprini mei Sebastiani Episcopi, cum omnibus terminis suis antiquis, ut habeant omnia pars Ecclesiæ vestræ jure perenni mansura. Si quis sane contra hoc votum nostrum ad irrumpendum iterum venerit, tam de parte nostra, quam atque de extranea, sive sit Episcopus, sive sit Clericus, vel Laicus, minime valeat, sed leges pacificas præcipiunt quadruplum, & eo amplius reintegret, & in die examinis pœnam ex hoc sentiat, & in futuro cum Juda Christi proditore reus existat, & pro irruptione testamenti solidos ducentos exolvat. Factum atque restauratum hoc testamentum sub die V. Kalendas Septembris, discurrente Era D...... Anno feliciter in Dei nomine gloriæ Regni nostri XXI. commorantes in possessione nostra Cortulo, & suburbio Civitatis Legionensis. Ordonius Serenissimus Princeps hanc Cartham....
... Adefonsus Rex hunc testamentum à Nobis.... actum conf. Scemena Regina hoc testamentum à nobis factum confirmo. Ordonius confirmans. Veremudus Princeps confirmo. Ranimirus Serenissimus Princeps confirmo. Adorindus Periz testis....... Breto Ajani testis. Possidendus deñs nomine, qui hunc testamentum scripsit testis. Adefonsus Princeps prolips Veremundi confirmo. Fafilla Oduariz testis. Adefonsus Manoeli testis. Veremudus deñs de Libana testis. Aloytis Pr

Cans Gilariorum testis. Fachinus Pr   testis. Ranimirus nutu divino à Domino hunctus in sceptrum locatus conf. Tarasia Regina Christi Ancilla hoc signum indidi.

II.

II.

SANCIUS REX II. EJUSQUE SOROR
Geloira, Ecclesiam denuo Auriensem restaurant. Era 1109. Ann. 1071.

IN Christi nomine Genitoris ac Unigeniti Filii, cum quibus Spiritus Sanctus unitur æternus. In cujus nomine Ecclesia extat in honorem Sanctæ Mariæ Virginis, & Sancti Martini Episcopi, quæ est fundata in Civitate Auriense super flumen Minei, ubi ab antiquis claruit Sedes de numero earum Sedium, quas in Canone legitimo, ut studium quod est in Concilio Toletano III. tempore Recaredi Regis, ubi Sanctus Massona Emeretensis, & Leander Hispalensis, Episcopi, cum multitudine Episcoporum adfuerunt, inter quos erat tunc Episcopus de prædicta Sede, nomine Lopatus, & ejus Archipresbyter, nomine Ildemirus, in Era D.C.XX.VII. & in Concilio Toletano IIII. anno III. regnante Sisenando Principi, in quo Beatus Isidorus claruit, & LX. Episcoporum, & ibi extitit Presbyter nomine Marcus, vicem agens Domini Episcopi nomine David de prædicta Sede. Ipse enim Episcopus David adfuit in Concilio Toletano VI. cum Principe Chintilane, cum reliquis Episcopis. Deinde Gusteus Episcopus cum Cindasvindo Rege inter multitudo numero Episcoporum. Et in tempore Regis Recesuinti Somna Episcopus extitit de prædicta Sede Auriensis. Et in Concilio Toletano XIII. Ervigii Regis ann. IV. & Episcopus nomine Alarius, & alii quam plurimi extiterunt Episcopi, quorum Deus nomina novit. Ex quo Ecclesia & fides Catholica crevit in universa Hispania, semper extitit hæc Sancta Sedes in ordine clara, usque quo gens barbarica depopulavit omnia Regna Hispaniæ, ac deinde interfecta agmina Christianorum, cunctas Sedes datæ sunt in obsidione mortis. Sic & ista de qua agimus, sedit sectis gens vidua, & sordibus avium & vulpium infecta, & nemo nomina super eam impendit, sed adhuc miserunt eam

sub

sub ditione aliæ Sedis Lucense, ut ibi esset, tributariaque serviens, ut ancilla, & cunctarum Parochiarum ejus plurima tempora manent diruta, & oblivioni dedita usque nunc præsenti anno, dum in hac Provincia Galleciæ ingressus est Dominus Sancius Rex, cum germana sua Domina Giloira, qui considerantes tam diversa terra, & multitudo Provincia, elegerunt, ut essent Episcopos per Civitates, ubi olim extiterant, elegerunt Petrum Episcopum Bracarensem, & item Petrum Lamacensem. Deinde in hac præscripta Auriense Episcopum nomine *Ederonium*. Bracatense etenim Sede subjugata erat ad Luco, sic & ista Auriense prædicta: & messis quidem multa, operarii autem pauci per quos seges rogandum est Dominum, ut mittat operarios in messem suam.

2 Ego Giloira, prole Regia, propter remedium animarum Parentum meorum, excellentissimorum Regum, Ferdinandi Principis, & Sanciæ Reginæ, ac pro incolumitate fratrum meorum, sive pro sospitate fratris mei Regis Domini Sancionis fieri elegi hunc Privilegium dotis Testamenti, in honorem & gloriam Sanctæ Sedis præfatæ Sanctæ Mariæ, & Sancti Martini, sive ob honorem Sanctorum Apostolorum, Martyrum, Virginum, ac Confesorum, instrumento, & deinceps fortis electa Sede studium, quam in sacris Conciliis elegimus olim fuit æqualis cum aliis Sedibus Episcoporum. Etenim ego Sancius Rex obediens, atque pacificum subter annotati jussa implens etiam & ut merear à Domino reconciliari, & in numero Sanctorum ejus adunari, elegi, ut sit in prædicto loco receptaculum Dei, & portæ Cæli, ut quisquis advenerit hospes peregrinus Clericus, inveniat ibi Xenodochium, & sit Deo laus in eodem loco perenne. Amen. Idcirco do, & offero in prædicto loco in primis ipsum locum Auriense, ubi extat ipsa Sedes, & Ecclesias cum domibus, & citra in gyro à Sanctis Episcopis dedicata, insuper cum adjacentiis & limitibus suis, quos eis mansit, vel manere debuit, cum pomeriis, & vineis, atque nemorosos valles, & hortus irriguum, cum opibus & præstationibus, & suburbanibus prædictæ Sedis, & prædiis, & cuncta omnia quæ semper

per in ditione habuit prædicta Ecclesia. Sic omnia, quæ in sua obtinuit, quemadmodum, & ea quæ ei debet esse cum omni voce, & prosecutione sua per instituta canonica universalis Catholica doctrina. Simili modo & cunctas Parochias sicut legitima olim fuere subditas sibi, deservire jubemus per Diœceses numeratas X. Id sunt Pala aurea, Lemaos, Bubal, Iurres, Vesugio: Bebalos, Teporos, Gerros Casavio, Pincia, Veretanos, Senabria, & Calapacios majores. Hæc omnia sicut ab antiquis possedit, ita amodo & ab hinc judicet, ac defendat, & in tuitione, & visitatione pastoralis curam habeat Episcopus; quem nunc elegimus nomine *Ederonius*, sive post eum in ipsa Sancta Ecclesia succedentibus, ut ab hominibus videantur opera eorum bona, & glorificetur Ecclesia Dei per eos; & Pater Rex æternus, qui in Cælis est.

3 Adjicio denique in prædicta Sede aliquantulum de rerum mearum pro stipendia, & sacrorum altariorum ornamenta, sive pro victu, & vestimento Clericorum, & in Sancta conversatione persistentium. Oro te Sancta Dei genitrix, & te efflagito Martine Confessor Dei, ut hæc dona acceptabilia sint in conspectu vestro, & rata coram omnibus Sanctis, & Jesu Christo Domino nostro, & tam firma, & stabilis habeatur vobis, ut nemo audeat quidpiam auferre, vel in modicum, si præsumpter existere. Quod si aliquis homo de quolibet sit genere, qui hunc factum Privilegii nostri violare tentaverit, ut vos, Domina gloriosa, luminis Mater, & Sancte electe Martine, cum omnibus Sanctis in die judicii claudere illi faciatis portas Cæli, ut voce, quam audituri estis, desiderabile non audiat, sed ea, quam Judas Iscariot, cum Diabolo, & Angelis ejus audierat, audiat, & similiter Tartari pœnas possideat, & inferat prædictæ Sedis, vel voci ejus, quod abstulerit duplatum, vel triplatum, & quod valere constat auri talenta duo; & hunc factum perenniter maneat robore firmatum sub die secundo Kalendas Augusti Era M. C. IX. Ego Sancius Rex, una cum consensu Episcoporum, hunc factum à me firmum & manu mea roboratum. Ego Giloira, Regia prole, hunc factum à me firmum, & manu mea ro-

boratum. Vistrarius in Christi nomine Lucensis Ecclesiæ confirmo. Georgius Tudensis Episcopus confirmo. Didacus Iriensis Episcopus confirmo. Petrus Bracarensis Episcopus confirmo. Et item Petrus Lamacensis Episcopus confirmo. Et ego Ederonius præscriptus Episcopus in ejusdem Sedis perfunctus, & manu mea subscripsi confirmo. Arani Abba Celenovensis confirmo. Frigildus Abba de Antealtares confirmo. Adulfus Abba de Cœnobio Sancti Martini confirmo. Tanor Abbas confirmo. Honoricus Abbas confirmo. Nonninus Abbas confirmo. Sendamirus cognomento Ecclesia. Petrus Pelais Comes confirmo. Ruderico Munis confirmo. Oveco Sanchis confirmo. Muninus Nunis conf. Froyla Arias Comes confirmo. Arias Luci confirmo. Item Muninus Nunis confirmo. Petrus Luci confirmo. Fidel Oduaris confirmo. Ista de loco Sancto Vistramundus Archipresbyter confirmo. Sendemirus Clericus confirmo. Gundisalvus Presbyter confirmo. Item Gundisalvus Judex confirmo. Menendus Judex confirmo. Vimaredus Presbyter confirmo. Sigeredus testis confirmo. Martinus Clericus Prind. testis confirmo. Arias Didaci testis confirmo.

III.

ALFONSUS VII. MONASTERIUM
Servo Dei nuncupatum Ecclesiæ donat Auriensi, anno 1132. quod ejus nepos Alfonsus IX. ann. 1228. confirmat.

IN Dei nomine Amen. *Quoniam tera res est tam fragilis, quàm putribilis, idcirco Ego Adefonsus Dei gratia Rex Legionis, & Galleiiæ instrumentum donationis Monasterii de Servo Dei olim à bonæ memoriæ Dño Imperatore avo meo Ecclesiæ Auriensi factæ confirmans ad perpetuam rei memoriam, & ut donatio ipsa robur obtineat perpetuæ firmitatis & confirmationis sub Bulla plumbea de verbo ad verbum jussi præsentibus annotari; tenor autem instrumenti ipsius est iste.* Regiæ Majestatis interesesse etiam minus eruditis certum est, Ecclesias & sacra loca non solum ab injuria tueri ac defendere, verum etiam eleemosynarum & beneficiorum in Dei obsequium, & suorum excessuum remissionem pie & religiose visitare, fovere, & honorare. Quapropter Ego Adefonsus Dei gratia Hispaniæ Imperator meorum antecessorum consuetudinem non irrationabiliter secutus, una cum conjuge mea Regina Domina Berengaria facio Chartam donationis Ecclesiæ Beati Martini Auriensis Sedis, & vobis Didaco ejusdem Sedis Episcopo, & Canonicis ibidem degentibus, vestrisque successoribus canonice promovendis in perpetuum de Monasterio *Servo Dei*, quod est in Valle Varonceli discurrente rivulo Tamega in Episcopatu Auriensi, per terminos & cautos antiquos, id est per marcos de Avelaneda, & vadit in directum ad Sanctam Crucem de Gundulfis; & inde ad Fornum tellarium, & inde pertingit ad aquam comestam, & inde ad arcas, & inde per illum lumbum inter ambas antas, & inde ferit ad illos veneiros, & inde in illo rivo de Ferragenoso, & inde in Monasteriolo, & inde in Petram nofam, & inde in Fongetu, & inde ad Ciudadelam de Petra scripta, & inde per Carralem de Velela, & inde ferit ad illum rivum desuper Pepin, & exit ad Lamas de Daudam, & inde concludit per marcos supradictos de Avelaneda: do illum vobis per istos terminos & cum suo directo, & suo foro, sicut ad Regale jus pertinet. Sic do, atque concedo supradictæ Ecclesiæ & vobis pro anima mea, & parentum meorum, ut habeatis, & posideatis vos & vestri successores per infinita sæcula sæculorum. Amen. Si vero aliquis hoc meum donum frangere temptaverit, quicumque fuerit, sit excomunicatus, & cum Juda traditote Domini in Inferno damnatus, & insuper exolvat ad partem Regiam, & vobis centum libras auri, & quod invaserit duplet. Facta Charta in Carrione Era millesima centesima septuagesima, & quotum quinto Kalendas Junii. Ego Adefonsus Dei gratia Hispaniæ Imperator quod fieri jussi, proprio robore confirmo. Infanta Dña Santia soror Regis confirmo. Comes Petrus conf. Comes Rodericus Gomez conf. Velasco Ramiriz conf. Pelagius Moniz conf. Munininus Oduariz conf. Lopo Lopiz Majordomus Regis conf. Pontius de Cabreira conf. Rudericus Vermuiz conf. Petrus Frolaz conf. Suarius Pelaiz conf. Dominus Bernardus Regis Chancellarius conf. Cardinalis Dominus *Martinus* Regis Cappellanus conf. Cyprianus Petriz Clericus Regis conf. Cidi testis. Velidi testis. Dominicus testis. Pelagius Arias Notarius Regis per manum Domini Bernaldi scripsit & conf. *Nulli igitur omnino hominum liceat hanc meæ confirmationis Chartam infringere, vel ei ausu temerario contraire, quod qui præsumpserit iram Dei Omnipotentis incurrat, & quantum invaserit in duplum restituat, & pro ausu temerario Regiæ parti in pœnam mille morabetinos exolvat: Chartam nihilominus in suo robore permanente. Facta Charta confirmationis apud Castrellum de Veiga Era millesima ducentesima sexagesima sexta, decimo quarto Kalendas Junii. Bernardo existente Compostellano Archiepiscopo. Joanne Ovetensi Episcopo. Roderico Legionensi Epo. Nunone Astoricensi Epo. Martino Secundo Zamorensi Epo. Pelagio Salamantino Epo. Michaele Civitatensi Epo. Petro Cauriensi Epo. Laurentio Auriensi Epo. Stephano Tudensi Epo. Michaele Lucensi Epo. Martino Minduniensi Epo. Infante Dño Petro existente Majordomo Dñi Regis tenente Limiam, Legionem, Zamoram, Extrematuram, & Traserram. Dño Roderico Fernandi. Dñi Regis Signifero, tenente Astoricam, Majoricam, & Beneventum. Dño Roderico Gomez tenente Trastamar, Montem Nigrum, & Montem Rosnm. Dño Fernando Goterriz tenente Perticam Sancti Jacobi. Dño Alvaro Roderici tenente Infantaticum. Dño Petro Petri Magistro Scholarum Auriensi Canonico Compostellano existente Chancellario Domini Regis. Ego Gregorius Scriptor Auriensis de proprio mandato Domini Regis scripsi.*

IV.

IV.

ECCLESIÆ AURIENSIS JURA & possessiones Imperator Adefonsus VII. in gratiam Petri Seguini Episcopi (cujus commendat merita) sub Regia recipit protectione.
Era 1195. Ann. 1157.

Quoniam potentum Regum & maxime Imperatorum est viros Religiosos honorare, eorum petitiones exaudire, loca etiam quæ actio pia instituit ditare, possessionibus ampliare, maxime autem Prælatis Ecclesiarum honorem & reverentiam exhibere, ipsorumque quibus sanctitas innocendi gloriam dereliquit, injuriarum vindictas deposcere, atque loca ipsa sancta augmentare, & in proprio statu conservare, bonas consuetudines sic Imperatoriæ Majestatis est introducere, malas etiam si quæ per ignorantiam juris aut facti, aut per negligentiam exortæ fuerint, extirpare. Ea propter Ego Adefonsus Dei gratia Hispaniarum Imperator una cum uxore mea Imperatrice Domina Rica, necnon cum filiis meis Sancio & Fernando Regibus, tibi Dño Petro venerabili, ejusdem gratia Auriensi Episcopo, quem divino nutu nostroque consensu Ecclesia Auriensis merito gaudet habere Pastorem, quem etiam ad nos venientem sicut decuit honeste recepimus, atque honoratum & in omnibus petitionibus suis exauditum cum honorificentia & gratia nostra remisimus, facio Privilegium in perpetuum valiturum auctoritate nostra & filiorum nostrorum roboratum, atque sigillo nostro communitum, atque omnibus successoribus vestris, ut donum istud non solum personæ sed & ipsi Ecclesiæ intelligatur esse collatum. Hoc ergo Imperiali nostro Privilegio jus libertatis integrum, nec in aliquo imminutum vobis & Ecclesiæ Auriensi ex amore vestro, de cujus promotione nos multum gaudemus, concedimus atque Ecclesiam ipsam Auriensem quæ ex magnifica Regum gratia constructa est cum Civitate, quæ integra est ipsius Ecclesiæ cum Castello, & cum utroque cauto veteri & novo, omnibus regalibus, necnon cum omnibus suis directuris, paneriis, possessionibus, non solum ipsius Ecclesiæ, sed & Canonicorum eidem Ecclesiæ deservientium sub protectione nostra recipimus. Dictæ autem hæe possessiones quas in protectione nostra recipimus, Servo Dei, Sancta Maria de Monte Gomariz, Porqueira, Verxeeles, Riucaldo, Feardos, & quidquid habet in Sandi, Pereira mala, Paredes, Rubias, Sorveira, Ecclesia Sancti Jacobi de Alariz, & alia Sancti Stephani, Tabladela, Salgueiros, Saoeni cum suo cauto, Sanctum Jurgium, & Sanctam Leocadiam, Sanctum Petrum de Mezquita, utrumque Laurium, Sobrado, Toen, Grandoeira, Sanctum Mametem de Puga, & Sanctum Felicem Olivedo, Sanctum Felicem de Labiu, Camaliangos, Goestei, Sanctum Joannem de Coonas, Villam rubim, Touges, Armentar, Sanctum Cyprianum de Armentar, Lion, Cerbania, Nio de Aquila, Nugeira, duas Ecclesias, Maurisco, Sancta Crux, Rebordelos, Noelia, & omnia alia quæcumque ad ejusdem Ecclesiæ jus spectare noscuntur. Mandamus etiam non minus, quatenus nulli potentum, Comitum, Procerum nostri Imperii nullo vero modo illis quibus vicinas terras ex utraque parte fluminis Minei regendas commisserimus, quasi ex debito servias vel procurationem tribuas, nisi quod tantum ex liberalitate tua gratia vel beneplacito facere volueris. Hoc ergo factum meum quod firmum semper & inconcussum habere volo, si quis temerario ausu infringere temptaverit, sit in primis excomunicatus, & cum Datam & Abiron, quos terra vivos absorvuit, & cum Juda proditore in inferno condemnatus. Persolvat etiam vobis vel vocem vestram pulsanti mille aureos. Facta Carra per manum Magistri P. Cancellarii, Era M.C.LXXXV. Imperante eodem Aldefonso glorioso, pio, felici, ac semper invicto, Toleto, Castellæ, Gallesiæ, Najeræ, Cæsaraugustæ, Almariæ, Baeciæ, Andujer. Vassalli Imperatoris. Comes Barchinonis, Rex Navar-

Escrituras de Orense.

varræ, Rex Murciæ, Rex Securæ. Dicti & alii Vassalli ejusdem Potentissimi, quorum nomina non habentur hic. Teste P. Cancellario apud Aquam de Celere.

Ego A. Imperator hanc Cartam, quam fieri jussi propria mea manu roboro, atque confirmo. SIGNUM IMPERATORIS.

Rex Sancius. conf.
Comes Amalricus. conf.
Comes Ossorus. conf.
Comes Veila. conf.
Comes Lupus. conf.
Sancius Didaci. conf.
Gundisalvus Roderici. conf.
Gomez Gonsalvi. conf.
Joan. Ferrandez. conf.
Fernandus Roderici. conf.

Johannes Toletanus Archips. Hispaniarum Primas. conf.
Eñego, Avilensis Eps. conf.
Vincent. Secoviens. Eps. conf.
Johan. Oxomesis Eps. conf.
Celebrun. Seguntin. Eps. conf.
Rodericus Calahurrensis Eps. conf.
Raymund. Palentin. Eps. conf.

Rex Fernandus. conf.
Comes Roderici Majordomus Imperatoris. conf.
Comes Rodericus. conf.
Comes Gonsalvus. conf.
Alvarus Roderici. conf.
Veila Guterri. conf.
Pelagius. conf.
Comes Petrus. conf.
Comes Ranimirus. conf.
Poncius d............ conf.

Martinus Compostellanus Archieps. conf.
Petrus Mindumiensis Eps. conf.
Johannes Lucensis Eps. conf.
Fernandus Asturicensis Eps. conf.
Johannes Legionensis Eps. conf.
Stephanus Zamorensis Eps. conf.

Ego Magister Petrus Imperatoris Cancellarius, qui hanc Cartam dictavi, confirmo.

V.

MONASTERIUM DE SINAPALE

Petro Seguino, Auriensi Episcopo, Ferdinandus II. Rex Legionis, donat, anno 1160. & ejus F. Alfonsus IX. sub Bulla plumbea roborat ann. 1228.

IN nomine Domini. Amen. *Quoniam cera res est tam fragilis, quam putribilis, idcirco Ego Aldefonsus Dei gratia Legionis Rex, & Gallesiæ instrumentum donationis Monasterii Sancti Laurentii de* Sinapale, *olim á bonæ memoriæ illustrissimo Rege Dño Fernando patre meo Ecclesiæ Auriensi concessum confirmans ad perpetuam rei memoriam, & uc donatio ipsa robur obtineat perpetua firmitatis & confirmationis sub Bulla plumbea jussi de verbo ad verbum præsentibus annotari; tenor autem instrumenti ipsius est iste.* In nomine Sanctæ & individuæ Trinitatis Patris, & Filii, & Spiritus Sancti. Amen. Catholicorum Regum officium est tranquillitati Ecclesiarum pia solicitudine, & tota animi diligentia invigilare, Ecclesiasticas vero personas, quibus forma religionis impressa est, & quæ se ipsas aliis exemplum totius honestatis præbent, diligere, & honorare loca religiosa, & præcipue Cathedrales Ecclesias, quæ fidelibus Christianis divina Sacramenta administrant, beneficiis & possessionibus magnificare, & ne quid injuriæ hominum malicia eis valeat irrogare, se ipsos acerrimos defensores & tamquam murum æneum opponere, ut gladium quem habent ad vindictam malorum, non corio mortui animalis tectum, sed nudum, & evaginatum portent, tanquam amici Dei, & ministri justitiæ. Hoc Ego Fernandus Rex Legionensis per misericordiam Dei corde conferens, & animo circumspiciens tibi Reverendissimo & dilecto amico nostro Petro Auriensi Episcopo, quem animæ meæ Magistrum constitui, do & in perpetuum habere concedo ob reverentiam Sancti Martini, & Beatæ Eufemiæ, quorum

rum interventu à gravi infirmitate me Deus liberavit, Monasterium *Sancti Laurentii de Sinapale* cum omnibus suis directuris, hominibus, hereditatibus, rivis, montibus, exitibus cultis, & incultis, ad se pertinentibus, quod Monasterium scilicet est in Ravaneda juxta fluvium nomine Rivum siccum: hoc autem facio in remissionem peccatorum meorum, & ob servitium quod mihi impendis: & omnes chartas, quas de illo Monasterio sive Gundisalvo Menendi, sive aliis feci, casso, & irritum deduco: nam illud Monasterium non debet esse alicujus sæcularis personæ, sed tantum religiosi loci, ut in eo servitium Dei religiose celebretur: destructus est locus ille, ad magnam desolationem redactus. Nam locus religionis nisi in eo religiosæ personæ habitaverint, grave peccatum est, & justo Dei judicio destruitur, & ejus habitatores semper infortunium commitant: locum autem prædictum volo, ut tu possideas: ædifices, plantes, Missas ibi celebres, & à negotiis sæcularibus te quandoque retinens, otium veræ contemplationis ibi habeas, & in solo Dei servitio totam animi intentionem ponas: annuatim tamen mensæ Canonicorum in festo Beati Martini viginti solidos & operi Ecclesiæ alios viginti solidos persolves. Post decessum vero tuum una tertia prædictæ hereditatis sit Episcopi, alia Canonicæ, tertia operis Ecclesiæ. Si quis vero temerarius violator, aliqua malitiosa præsumptione contra hanc nostræ donationis paginam venire temptaverit, iram Dei Omnipotentis, & nostram incurrat, & à subscriptis Episcopis excomunicatus Ecclesiæ Sancti Martini centum libras auri persolvat, & hæc Scriptura semper stabilis & inviolata permaneat. Facta apud Legionem tertio Kalendarum Martii Era MCL X°VIII. anno tertio quo obiit in portu de Muradal famosissimus Hispaniarum Imperator Dominus Adefonsus, & cœpit regnare ejus inclitus filius prædictus Rex Fernandus in Legione, Galletia, & Asturiis. Ego Fernandus Dei gratia Rex Legionensis hoc scriptum quod fieri jussi propria manu & proprio robore conf. Petrus Minduniensis Eps. conf. Joannes Lucensis Eps. conf. Petrus Ovetensis Eps. conf. Joannes Legionensis Eps. conf. Fernandus Astoricensis Eps. conf. Stephanus Cemorensis Eps. conf. Ordonius Salamantinus Eps. conf.

Sua-

Suarius Cauriensis Eps. conf. Isidorus Tudensis Eps. conf. Comes Barchilonensis confirmat. Comes Pontius Majordomus Regis conf. Comes Petrus conf. Comes Ramirus conf. Comes Gunzalvus conf. Alvarus Roderici conf. Fernandus Gonzalvi Signifer Regis conf. Menendus Faram conf. Fernandus Oduarii conf. Petrus Artarius conf. Petrus Arie conf. Ego Petrus dictus Infantinus Notarius Regis de manu Minduniensis Episcopi Domini Petri scripsi, & conf. *Nulli igitur omnino hominum liceat hanc nostræ confirmationis cartam infringere, vel ei ausu temerario contraire, quod si præsumpserit iram Dei Omnipotentis, & regiam indignationem incurrat, & quantum invaserit in duplum restituat, & pro ausu temerario regiæ parti in pœnam mille maravetinos exolvat. Charta nihilominus suo robore permanente. Facta Charta confirmationis Era millesima ducentesima sexagesima sexta, decimoquinto Kalendas Junii apud Castrellum de Veiga. Bernaldo existente Compostellano Archiepiscopo. Joanne Ovetensi Epo. Roderico Legionensi Epo. Nunone Astoricensi Epo. Martino Secundo Zamorensi Epo. Pelagio Salamanticensi Epo. Michaele Civitatensi Epo. Petro Cauriensi Epo. Laurentio Auriensi Epo. Stephano Tudensi Epo. Michaele Lucensi Epo. Martino Minduniensi Epo. Infante Dño. Petro existente Majordomo Dñi. Regis tenente Limiam, Legionem, Zamoram, Extremaduram, & Traserram. Dño Roderico Frs. de Valdorna. Dñi Regis Signifero tenente Astoricam, Majoricam, & Beneventum. Dño. Roderico Gomez tenente Trastamaram, Montem Nigrum, & Montem Rosum. Dño Fernando Goterriz tenente Perticam Sancti Jacobi. Dño. Alvaro Roderici tenente Infantaticum. Dño. Petro Petri Magistro Scholarum Auriensi Canonico Compostellano existente Cancellario Dñi. Regis. Petrus dictus Maurus de proprio mandato Dñi. Regis scripsit.*

VI.

VI.

AURIENSIS CIVITAS, CUM EJUS Cauto, consuetudinibus, & dominationibus antiquis, Sedi Auriensi ab Alfonso VII. & Ferdinando II. collata, denuo ab Alfonso IX. ann. 1190. & 1228. confirmatur.

IN Dei nomine. *Quoniam cera res est tam fragilis quam putribilis, idcirco Ego Adefonsus Dei gratia Rex Legionis, & Galletiae instrumentum concessionis Civitatis Auriensis, & cauti ejusdem, necnon quarundam consuetudinum olim à bonae memoriae Rege Domino Fernando patre meo Ecclesiae Auriensi sub sigillo cereo concessum canfirmans ad perpetuam rei memoriam, & ut concessio ipsa robur obtineat perpetuae firmitatis, & confirmationis, sub Bulla plumbea de verbo ad verbum jussi praesentibus annotari, tenor autem instrumenti ipsius est iste.* In nomine Domini Jesu Christi. Amen. Inter cetera quibus Regis impletur officium praecipuum esse censemus Sanctas Ecclesias, & religiosa loca venerari, & jura sua illis illaesa perpetuo conservare. Tunc enim confidenter regni nostri regimen gerimus, cum ea facimus per quae personas Ecclesiasticas inducamus pro nobis orare. Ea propter Ego Adefonsus (*) Dei gratia Rex Legionis & Galletiae per hoc scriptum semper valiturum notum facio universis praesentibus & futuris quod intelligens quomodo antecessores mei Ecclesiam Auriensem beneficiis suis & consuetudinibus bonis studuerunt semper in melius promovere, nolui ab eorum devotione existere alienus; sed inspiratione divina & meorum fidelium inductus consiliis, vestra quoque Domine Adefonse Auriensis Episcope, & Ecclesiae vestrae plurima fideliter exhibita attendens obsequia, annui gratis & concessi vobis & vestris successoribus in perpetuum omnia jura vestra, sicut unquam

me-

(*) *Vida dicta sub ann.* 1190. *pag.* 94.

melius & plenius Ecclesia vestra ea obtinuit temporibus antecessorum meorum, videlicet Civitatem ipsam Auriensem cum omnibus suis pertinentiis, & directuris, ut integre sit in potestate, & dominio vestro cum toto cauto suo; nec aliquis Princeps, aut potestas aliqua seu Majorinus meus, nec occasione defensionis, nec aliquo alio modo aliquid ibi potestatis obtineat, nisi solus Auriensis Episcopus, & ejus Ecclesia. Concedo etiam, ut super homines ipsius civitatis & cauti, & super terras quas infra terminos cauti vestri coluerunt, easdem libere exerceatis consuetudines & dominationes quas habuisse dignoscitur Ecclesia vestra à temporibus gloriosissimæ memoriæ avi mei Imperatoris Domini Adefonsi, & patris mei Regis Domini Ferdinandi. Hæc autem adeo firma & inconcusa volumus permanere, quod si qua unquam scriptura contra istam comparuerit, sive jam facta, sive postmodum facienda, ex nostra hac constitutione irrita habeatur & omnino viribus careat. Et ut devotio mea plenius omnibus pateat, Ego ipse super Altare Sancti Martini oblationem istam offero meis manibus: hoc autem facio ob remedium animæ meæ, & quia in orationibus & obsequiis quæ in præfata Sede Dño. exhibentur partem eo largiente, desidero promereri, & quia etiam in roborationem hujus scripti de vobis & de vestra Ecclesia ad præsens recepi aureos quadringentos. Si quis igitur tam de meo genere quam de alieno contra hoc spontaneum factum meum, & contra hanc confirmationem meam venire aliquo modo atemptaverit, & cartam istam in aliquo præsumpserit violare, iram Dei, & maledictionem habeat, & si quid de directura prædictæ Ecclesiæ vel Episcopi invaserit aut retinuerit, in triplum restituat, & pro ausu temerario Episcopo Auriensi, & Ecclesiæ suæ mille aureos in pœnam solvere compellatur, & tandem cum Juda Domini proditore, & Datam & Abiron pœnas luat æternas. Facta Cartha apud Auriam quarto Kalendas Octobris Era millesima ducentesima vigesima octava: Regnante Rege Dño. Adefonso Legione, Galletia, Asturiis, & Extrematura. Ego Rex Dominus *Adefonsus* hanc chartam propria manu & signo roboro & confirmo, & sigillo meo communio. Petrus Compostellanus Archiepiscocopus conf. Manricus Legionensis Eps. conf. Joannes Ovetensis Eps. conf. Rodericus Lucensis Eps. conf. Ravinadus Mindoniensis Eps. conf. Petrus Tudensis Eps. conf. Vilelmus Zamorensis Eps. conf. Vitalis Salamantinus Eps. conf. Arnaldus Cauriensis Eps. conf. Lupus Astoricensis Eps. conf. Martinus Civitatensis electus conf. Comes Gomiz tenens Trastamaram, & Montem Rosum, & Sarriam conf. Comes Fernandus tenens Extremaduram conf. Comes Froila tenens Villam Francam & Vallem Carceris conf. Fernandus Vele tenens Beneventum, & Lemos conf. Pontius Vele tenens Asturias & Baavias conf. Fernandus Ariæ tenens Castellum, & Albam de Bubal conf. Joannes Fernandi Regis Signifer tenens Limiam conf. Pelagius Subredina tenens Candrei, & Sanctam Eniam conf. Pelagius Muñiz tenens Soberosum, & Morgadans conf. Garsias Ruderici tenens Majordomiam Regis conf. Arias Velasci, & Menendus Velasci, & Petrus Velasci conf. Fiel Velasci conf. Froila Regis Notarius scripsit. Petro Vele Compostellano Archidiacono existente. *Nulli igitur omnino hominum liceat hanc meæ confirmationis chartam infringere, vel ei ausu temerario contraire: & qui præsumpserit, iram Dei Omnipotentis & regiam indignationem incurrat, & pro ausu temerario Regiæ parti in pœnam mille marabetinos exolvat. Carta nihilominus in suo robore permanente:. Facta Carta confirmationis apud Castrellum de Veiga Era millesima ducentesima sexagesima sexta, decimo Kalendas Junii. Bernardo existente Compostellano Archiepiscopo. Joanne Ovetensi Epo. Roderico Legionensi Epo. Nunone Astoricensi Epo. Martino Secundo Zamorensi Epo. Pelagio Salamanticensi Epo. Laurentio Auriensi Epo. Stephano Tudensi Epo. Michaeli Lucensi Epo. Martino Minduniensi Epo. Michaele Civitatensi Epo. Petro Cauriensi Epo. Infante Domino Petro existente Majordomo Domini Regis tenente Limiam, Legionem, Zamoram, Strematuram & Traserram. Domino Roderico Fernandi Dñi. Regis Signifero tenente Astoricam, Majoricam, & Beneventum. Domino Roderico Gomez tenente Trastameram, Montem Nigrum, & Montem Rosum. Domino Fernando Goterriz tenente Perticam Sancti Jacobi. Domino Alvaro Roderici tenente Infantaticum. Domino Petro Petriz, Magistro Scholarum Auriensi, Canonico*

Compostellano, existente Cancellario Dñi. Regis. Ego Gregorius Scriptor Auriensis de expresso mandato Dñi. Regis scripsi.

ALFONSUS IX. LEGIONIS REX quidquid in Monasterio de Porcaria ad jus spectabat Regium, Sedi Auriensi confert & confirmat. Era 1232. Ann. 1194.

IN nomine Domini ñri. Jesu Christi. Amen. Quoniam nihil amplius decet Regiam dignitatem, quam Ecclesiis, & Ecclesiasticis viris jura sua integra & illibata servare, ideo Ego Alfonsus Dei gratia Rex Legionensis, & Galletiæ præsenti scripto notum fieri volo tam præsentibus, quam futuris, quod concedo, & confirmo Deo & Ecclesiæ Auriensi, & Domino Alfonso ejusdem Sedis Episcopo, partem Monasterii Sanctæ Mariæ de *Porcaria*, quæ ad jus regium ab antiquo pertinuit, secundum quod avus meus Imperator Dominus Alfonsus eidem Ecclesiæ & Martino ejusdem Sedis Episcopo dignoscitur contulisse. Concedo inquam & confirmo prædictæ Ecclesiæ Auriensi perpetuo habendum & hæreditario jure possidendum quidquid juris hucusque sive ex donatione Regia, sive alio quocumque modo in eodem Monasterio Auriensis Ecclesia acquisivit, vel amodò juvante Domino poterit adipisci, ut libere deinceps, & nullius obstante contradictione tam Domino Alfonso, qui ad præsens est Auriensis Episcopus, quam omnibus successoribus ejus, de prædicto Monasterio & de omnibus ad ipsum pertinentibus juxta arbitrium & voluntatem suam liceat incuntanter disponere. Et hoc facio pro remedio animæ meæ, & parentum meorum. Si quis igitur tam de meo genere quam de alieno hoc nostrum factum spontaneum infringere temptaverit iram Dei Omnipotentis, & regiam indignationem incurrat: & pro ausu temerario parti regiæ quingentos marabetinos componat: & qui invaserit vel perturbaverit, Auriensi Ecclesiæ duplatum restituat.

Fac-

Facta Carta apud Amolgas decimoquinto Kalendas Novembris Era millesima ducentesima trigesima secunda. Ego Rex Dominus Alfonsus hoc scriptum quod fieri jussi proprio robore confirmo. Petro Tertio Compostellano Archiepiscopo existente. Manrico Legionensi Episcopo, Joanne Ovetensi Episcopo. Lupo Astoricensi Episcopo. Martino Cemorensi Epo. Roderico Lucensi Epo. Petro Tudensi Epo. Comite Gomiz tenente Trastamarem. Comite Froila Bergidum. Pontio Vele Asturias. Guterrio Roderici Lemos. Martino Lupi Extremadorii. Gondisalvo Joannis Regis Signifero existente. Fernando Petri Majorino Regis in Gallæcia existente. Gondisalvus Fernandi scribi jussi.

CHRONICON
DEL MONGE SILENSE.
PREVENCIONES.

1 EN el Tomo XIV. pusimos los Chronicones del Obispo Sampiro, y de D. Pelayo, que abrazan hasta la muerte del Rey D. Alfonso Sexto. Ahora se sigue el del Monge *Silense*, que tomó por asunto escribir la vida de aquel Rey D. Alfonso, como él mismo declara en el num. 7. Pero la desgracia es que por mas diligencias practicadas en Iglesias y Monasterios sobre descubrir algun egemplar completo, no he logrado hasta hoy noticia de ninguno donde se halle la vida de D. Alfonso Sexto, que fue el principal asunto del Autor. Lo descubierto se reduce à explicar el origen de aquel Rey, manifestando quiénes fueron sus Mayores por parte del padre y de la madre, y acaba en la muerte de su padre D. *Fernando I*. Al principio menciona algo de los hijos de aquel Rey: pero es ocasionalmente, pues luego vuelve à insistir en el asunto de explicar los ascendientes de D. Alfonso Sexto, para proceder despues à sus grandes sucesos. Todos estos nos faltan; pues no pasa lo que hay del principio de su reynado.

2 Sin embargo es muy importante lo que existe, asi en lo que es proprio del Autor, como por lo ageno; pues ingirió aqui el Chronicon de Sampiro: y este se halla al parecer con la pureza de su Autor, sin las interpolaciones del Obispo de Oviedo D. Pelayo, que, ò no havia escrito al tiempo de formar su obra el Silense, ò éste no tuvo noticia de la de aquel, aunque eran coetaneos.

3 Pero el sitio en que el Chronicon de *Sampiro* se halla introducido en el Silense, es importuno, despues de D. Ordoño II. à quien immediatamente se sigue (en el num. 48.) *Post cujus obitum*
Al-

Aldefonsus filius Ordonii successit in Regnum: y el que vaya leyendo incautamente, creerá que se va á hablar de D. Alfonso el IV. hijo del Ordoño II. que precede immediatamente: y no es asi, pues la Historia siguiente es de D. Alfonso III. que havia muerto antes de D. Ordoño II. su hijo. No es pues metodo oportuno introducir el Reynado del padre despues de haver referido el de los hijos, D. Garcia, y D. Ordoño II. De aqui resulta tambien otro embarazo de repetir reynados. Pero esto puede atribuirse al Silense, que para introducir la madre de D. Alfonso VI. enlazó los reynados mas cercanos á D. Fernando I. nombrando sucesores, de cuyos reynados trató despues con alguna detencion, como sucede en D. Bermudo II. cuyo reynado se vé repetido: y en ambas partes con muy diverso aspecto del que nos propone D. Pelayo de Oviedo: hallando aqui aplaudido al que alli vituperado. Y como no se hace cargo de que ninguno le tuviese en mala fama, inferimos que no havia escrito por entonces el Obispo de Oviedo, ó á lo menos que no se havia divulgado. Lo proprio, muy util en este Chronicon, es el reynado de D. Fernando I. escrito aqui con mas individualidad: pues aunque no era asunto principal del Autor, se alargó algo, por ser padre del Heroe principal: y las noticias se hallaban muy recientes para el Silense, segun muestra su edad.

4 El tiempo en que escribió el Silense, fue no mucho despues de morir D. Alfonso VI. quando reynaba su hija Doña Urraca, ó en principios del nieto D. Alfonso VII. porque él mismo declara haver tratado á la hermana de D. Alfonso VI. como muestra el num. 12. *Experimento magis, quam opinione didicimus*, y esta murió en el año de 1101. como se vé en nuestra Obra de las Reynas. En el num. 100. significa tambien haver extendido lo que escribe acerca de la traslacion de S. Isidoro, de los mismos que se hallaron en ella en el año de 1062. Todo lo qual prueba haver florecido en tiempo de D. Alfonso VI. y de su hija.

5 Esto se convence, si es

es verdad lo que escriben Sandoval, Pellicer, y Don Nicolás Antonio: pues el primero dice en la Chronica de D. Alonso VI. (sobre el año 1106.) que el Obispo de Leon D. Pedro fue Coronista de aquel Rey, y se halló à su lado en la jornada que hizo contra los Moros. Pellicer, en los Anales pag. 173. dice que aquel Obispo mencionado por Sandoval, es el Monge Silense, à quien pone en el año de 1110.
,, En que lo refiere el Autor
,, de la Chronica del Rey D.
,, Alonso el Sexto, Monge del
,, Monasterio de Sto. Domin-
,, go de Silos, que permanece
,, en la Bibliotheca de Don
,, Pedro Nuñez de Guzman,
,, Marques de Monte-Alegre,
,, Conde de Villa Umbrosa,
,, Presidente de Castilla, y
,, juzgamos ser el mismo que
,, alega el Obispo D. Fray
,, Prudencio de Sandoval, en
,, la vida del Rey D. Alonso
,, el Sexto, escrita por D.
,, Pedro segundo del nombre,
,, que despues de Monge del
,, Monasterio de Silos, ascen-
,, dió à ser Obispo de Leon,
,, sucesor del Obispo D. Se-
,, bastian, desde el año 1087.
,, al de 1114. hasta cuyo tiem-
,, po le hallamos confirmando
,, varios Privilegios.

6 D. Nicolás Antonio en su Bibliotheca antigua lib. 7. num. 38. refiere à D. Pedro, Obispo de Leon, como Capellan Mayor de Alfonso VI. y su Historiador; citando à los dos referidos, y à D. Lorenzo de Padilla, y al P. Higuera; reputando por uno mismo al Obispo de Leon, y al Monge de Silos.

7 Pedro Mexia en su libro de *Silva de Varia leccion* part. 1. cap. 8. dice: ,, En ,, la Cronica del Rey Don ,, Alonso, que ganó à To-,, ledo, *escribe D. Pedro Obis-,, po de Leon*, que... los Na-,, vios del Rey de Tunez ,, traían ciertos tiros de hier-,, ro, ò bombardas, con que ,, tiraban muchos truenos de ,, fuego. " Omitiendo (por no ser del caso) lo que mira à la polvora, y armas de fuego entre los Africanos en el Siglo XI. vemos, que Mexía tuvo la Cronica de D. Alfonso VI. con nombre de su Autor D. Pedro, Obispo de Leon, y con relacion de lo que falta en el Silense.

8 Que el Autor de este Escrito fue Monge Silense, consta por lo que él dice en el

el num. 7. *Ego itaque ab ipso juvenili flore colla pio Christi jugo subnectens apud Cœnobium quod domus Seminis nuncupatur, habitum monachale suscepi.* Este Monasterio de *Domus Seminis* le entienden los Autores por el actual de *Silos*, en virtud de la correspondiencia que los graneros, ó Silos, tienen con el sitio donde se guardan las semillas, *Domus Seminis*. Berganza asegura que al margen del Ms. que él copió en Fredesval se lee, de una misma mano que la del texto, *Sancto Domingo de Silos*, y esto convence que el copiante de aquel egemplar reputó por una misma cosa los dos nombres.

9 Posible es que el Monge de Silos ascendiese á Obispo de Leon: y asi lo suponen los Autores citados; pero mejor fuera probarlo, que suponerlo : pues conforme tenemos el Chronicon de el Silense, no se descubre indicio de que poder sospechar identidad entre éste, y el Obispo de Leon D. Pedro, que como Obispo asistió al Entierro del Rey D. Alfonso Sexto, como refiere el Obispo D. Pelayo (no Sampiro, cuyo nombre salió errado en Berganza pag. 521.) antes bien parece que el Monge Silense es diverso del Obispo de Leon D. Pedro : porque éste se hallaba Obispo viviendo el Rey D. Alfonso; y el Autor de este Chronicon no indica mas que el Monacato referido, en que perseveraba quando empezó esta Obra, que fue despues de muerto D. Alfonso VI. pues al prevenir que iba á escribir sus hechos, añade haver pasado toda la carrera de la vida del Rey : *Toto vitæ suæ curriculo,* como se vé en el num. 7. Y si despues de muerto aquel Monarca era Monge en Silos el Autor, no puede ser éste el que viviendo aquel Rey se hallaba Obispo.

10 Otro argumento es, que la Chronica aplicada por Sandoval al Obispo D. Pedro de Leon no tenia lo que hay en la presente ; pues si fuera esta misma, no huviera omitido aquel Autor la circunstancia expresada en este Chronicon, de que el Autor era Monge de Silos. Mas. La aplicada por Sandoval al Obispo, no tenia las conquistas hechas por D. Fernan-

nando en Portugal: pues hablando de la toma de aquellas Ciudades, recurre à otros principios, sin dar muestras de haver visto la Chronica presente, antes bien significando lo contrario, por el diverso modo de referir las cosas.

11 Lo que Sandoval cita del Obispo D. Pedro sobre el año de 1106. no se halla en este manuscrito: porque aquello es de los ultimos años del Reynado de D. Alfonso Sexto, que como digimos, falta en el Silense, conforme hoy le conocemos.

De la presente edicion.

12 No tenemos de este Chronicon mas impresion que la hecha por Berganza en el Tomo 2. de sus Antiguedades pag. 521. formada por un Ms. que se conserva en Fredesval (cerca de Burgos.) Conviene pues hacerla mas comun por medio de la presente edicion, en que ya que por falta de Mss. no podemos añadir lo que se desea sobre Alfonso VI. la mejoramos, quitando las erratas, y el modo de apuntar las clausulas y division de paragrafos, por cuya mala distribucion se corta algunas veces el sentido: pues à veces forma paragrafo à parte, dividiendo una clausula en dos numeros, con notable perjuicio del sentido: y en la material apuntacion embaraza tal vez el uso de dos *puntos* por la *coma.* Tambien suele ocasionar detencion el estamparse alli *isdem* por *idem.* Yo creo que asi estaria en el Ms. pero contentandome con esta prevencion, uso del *idem,* para evitar aquel embarazo à los lectores.

13 Yo tengo un Ms. que fue del Doctor Ferreras; pero falta el principio, y no dice de dónde fue sacado. El texto es como el de Berganza: y aunque tiene al margen algunas correcciones de la misma mano de Ferreras, parecen ser emiendas, no de Codice diverso, sino de quien substituye terminos de mejor latinidad por el contexto. Tal vez está mejor en Barganza, que en Ferreras, como en el num. 72. la voz *strage,* que en Ferreras dice el texto *strata,* el margen *abstracta;* y debe ser *strage* como en Berganza. Otra vez hay (*en el n.* 104.) mas pala-

labras en aquel que en éste. Pero uno y otro pudo provenir de los copiantes: pues de un mismo Ms. se hacen traslados diversos, por el modo de entender las abreviaturas, ò letras, y por la mayor, ò menor fidelidad del Escribiente, que uno pone lo que otro omite. Lo mas sensible es, que acaba este Ms. donde el presente: y así quedamos con el deseo de lo que en ambos falta acerca del Reynado de D. Alfonso Sexto.

MONACHI SILENSIS
CHRONICON.

CUM olim Hispania omni liberali doctrina ubertim floreret, ac in ea studio literarum, fontem sapientiæ sitientes, passim operam darem; inundata Barbarorum fortitudine, studium cum doctrina funditus evanuit. Hac itaque necessitudine ingruente, & scriptores defuere, & Hispanorum gesta silentio præteriere. Sed si tam (1) sagaciter animadvertis, profecto memoriæ occurrit, quod *universæ viæ Domini misericordia, & veritas* sunt. Alios namque irremisse diversis flagitiis irretitos æternis pœnis deputat: atque alios pro vitæ bonæ meritis ad florigeras cælestis patriæ sedes invitat. Nonnullos etiam, utrique parti obnoxios, ablutione (2) transitorii ignis purgatos, ad vitam vocat. Hoc quoque non est prætereundum, quod plerosque sic corporaliter percutit, quatenus in futuro percussio illa remedio non sit. Sicque fit, ut in his quæ omnino non corriguntur, percussio præcedentium flagellorum sit initium sequentium tormentorum. Unde Psalmographus canit: *Operiantur sicut diploide confusione sua.* Quod duplex vestimentum figuraliter Induunt qui & temporali pœna & æterna damnantur.

2 Igitur Reges, qui nomine imperii antiquo relatu cognoscimus primum clarere in terris, ubi pro labore desidia, pro æquitate superbia, pro continentia libido cum avaritia paulatim invasere, Deum verum, & ejus mandata oblivioni ultrò tradendo, creaturam adorare, priusquam creatorem, cœpere. Et illi quibus creator rerum inter cetera animalia perspicuos, & erectos vultus adunandos cælestibus generose dederat, tetra caligine obscurati, curvi, pronique, dæmones sub falsis imaginibus ligni, & lapidis, metallique adoravere. Ceterum hujusmodi Regibus, quibus salutifera lux nondum refulserat, omissis, ad innovatos

(1) *Fortè,* sed tamen, si sagaciter, &c. (2) *Berg.* oblutione.

tos fonte sacri baptismatis pro loco & facto mordendos transcurrendum est. Si enim (ut credimus) Christus assumpta nostra mortalitate unum baptisma, unam fidem prædicavit, profectò Constantinus Romanus Imperator de fide extat reprehendendus: qui nimirum magnæ celsitudinis Augustus prius sacri baptismatis lavacro à venerandæ memoriæ Papa Silvestro signis & prodigiis præcedentibus catholicè purificatus est. Qua ex re patenter constat intelligi, signa non propter fideles, sed propter infideles ostensa fuisse. Unde ipsa veritas sic intonat, dicens: *Nisi signa & prodigia videritis, non credetis.* Siquidem præfatus Imperator circa finem vitæ à quodam Catholicæ fidei simulatore nomine Eusebio Nicomediensis Ecclesiæ Episcopo seductus, & rebaptizatus, in Arrianam hæresim misere corruit. Sicque in tali errore perseverante, hac vita infideliter decessit. Quod in Chronica lucide declaratur, quam Isidorus Christi famulus Hispalensis Ecclesiæ Episcopus ab exordio Mundi usque ad Eraclii Romani Imperatoris, & Sisebuti Hispaniarum religiosissimi Principis tempus compendiose scripsit. (*) Sed & istius subsequentium, etsi non simili forma, pari tamen vesania, maxima pars periit. Quid referam & jam de Vandalorum, Suevorúmque Ducibus, in quibus perpauci Catholici inveniuntur?

3 Gotorum quoque Reges, subactis suo dominio circumquaque nationibus, Terra & Mari victores, sed in Christi moenia bifaria insania sæviendo, expulsis honestatis cultoribus, ad cumulum suæ damnationis Arrianorum dogmata receperunt. Quorum unus *Leovigildus* nomine pro magnitudine sceleris ad memoriam revocandus est. Qui profectò Leovigildus Arrianæ Hæreseos accensus zelo, *Hermegildum* filium nefandis ritibus communicare nolentem, diversis tormentis prius cruciatum, denique in vinculis positum, dira securi interficere jussit. Post cujus mortem *Reccaredus* Rex non patrem perfidum, sed fratris Martyris vesti-

─────────
(*) *Extat in nro. T. VI. p. 462. Id de vulgato S. Hier. Chron. mutuatum. Vide Pontaci notas: & Papebrochium sub die 21. Maii Divo Constantino sacra.*

tigia sequens , Leandri Hispalensis venerabilis Episcopi doctrina imbutus , prædicator veritatis factus insaniam Arrianorum abhorrens, omnino extirpavit. Scribit enim Gregorius Papa in Libro Dialogorum, quem de vitis & virtutibus Sanctorum Patrum studiose conficit : Sicque factum est, ut istius sequaces Gothorum Reges ejusdem imperialibus jussis obsecundantes fidem Catholicam domi, militiæque devote colerent.

4 Sed inter cetera furorem Francorum divinum cultum evertere molientium eorundem perversitas innotescat. Duo namque Recharedi Principis Comites, quorum unus vocabatur Granista, alter vero Vildigerius: erant quippe genere, & opibus nobiles, sed moribus & mente profani. Corruperat enim eos quidam hæresi Episcopus, nomine Athalogus, qui nempe Arrianorum executor, instinctu diabolico commotus, apud Narbonam eximiam Civitatem contra fidem Catholicam magnam excitavit seditionem. Hi nimirum Comites monitis istius Athalogi obsecundantes, maximam Francorum multitudem in Narbonensem Provinciam introduxerunt : rati scilicet tuitione tantorum militum tueri partem Arrianorum : & si fieri posset, quatinus Recharedum Principem Serenissimum Regno privarent. Interim huc & illuc vagantes, sanguinem servorum Christi effundendo, magnam stragem fecerunt. Quod ubi Recharedus comperit, Claudio Emeritensis Civitatis strenuissimo Duci præcepit, uti innoxium sanguinem ulcisci maturet. Idem vero Claudius jussionem Regis brevi adimplens, cum magno impetu Francos invadit. Deinde atrociter dimicans, ferè sexaginta millia ex eis gladio animadvertit. Tandem Franci divina animadversione turbati dum contra fidem Catholicam supina cervice insultarent, utramque vitam pariter amiserunt. Ceterum pars quæ manus hostium evadere poterat, arripiens fugam, Gothis post tergum insequentibus usque in Regni sui fines cæsa est.

5 Nihilominus tempore *Bambæ* gloriosissimi Regis ferocitas Francorum prostrata dignoscitur : cum enim Paulus quidam , cui Bamba Rex Narbonensis Provinciæ Ducatum tradiderat, cupiditate imperandi in superbiam eleva-

varetur; adeo ut imposito sibi diademate, Rex appellaretur, auxilio Francorum fretus apud Nemausum rebellavit. Hanc itaque injuriam Hispanus Rex ægre ferens, delectis equitibus, cum quibus in expeditione erat, Nemauso quantotius properat. Denique fussis, fugatis Francis, obsedit urbem, captamque ex parte ad solum usque destruxit. Sed & ipsum Paulum vinctum deferens, subdita suo dominio Narbonensi Provincia, ad Toletum alacer revertitur. Scripta sunt hæc in libro Beati Isidori, quem inter alios quatuordecim à se editos de Vandalorum, & Suevorum, Gothorùmque gestis diligenter composuit. (*)

6 Hispanici autem Reges à Rodano Gallorum maximo flumine usque ad mare, quod Europam ab Africa separat, sex Provincias, Narbonensem scilicet, Tarraconensem, Bæticam, Lusitaniam, Carthaginensem, cum Gallæcia, catholicè gubernaverunt. Insuper Tingitaniam Provinciam in ultimis finibus Africæ sitam, suo dominatui mancipaverunt. Quum tandem divina providentia Vitizam Gothorum Regem inter Christicolas, quasi lupum inter oves, diu latere prospiciens; ne tota soboles prisco volutabro rursus macularetur more temporum Noe, ut diluvium terram, paucis Christianorum reservatis, Barbaras Gentes Hispaniam occupare permisit.

7 Verum dum me patriæ exitii pigeret, pravosque mores Regum tangendo, altius processisem, me ad inceptum redire ipsa res hortatur. Ego itaque ab ipso juvenili flore colla pio Christi jugo subnectens apud Cœnobium, quod *domus seminis* (a) nuncupatur, habitum Monachalem suscepi. Ubi diversis sententiis Sanctorum Patrum, Catholicorum Regum sacris indicentibus libris mecum ipse diu spatiando revolvens, statui res gestas Domini Aldefonsi Orthodoxi Hispaniæ Imperatoris, vitamque ejusdem carptim

(*) *Supradicta Pauli historia, non à D. Isidoro scripta (qui multo ante Wambanem obiit) sed à D. Juliano Toletano. Vide tom. VI.*

(a) *S. Dominicum de Silos hodie dicimus in confinio Diœcesis Burgensis cum Oxomensi.*

tim perscribere. Primo, quia ipsius nobiliora facta memoria digna videntur. Secundo, quia vita fragili jam tempore toto vitæ suæ curriculo præ omnibus Regibus Ecclesiam Christi catholicè gubernantibus, celeberrimus videtur. Sed priusquam hujusmodi locutionis initium proferam, quantis difficultatibus, quantisve obstantibus controversiis in Regnum successerit, paucis disserere placuit.

ALDEFONSI VI. GENUS ET INITIA.

8 Aldefonsus igitur ex illustri Gothorum prosapia ortus fuit. Magna vi & consilio & armis, quod inter mortales vix invenitur. Namque alterum ex timore occisionis, atque alterum ex audacia fortitudinis processisse videmus. Huic verò, in Regnum Hispanorum ampliando, in Barbaros exercendisque bellis, quanta animositas fuerit; Provincias ab eorum sacrilegis manibus retractas, & in Christi fidem conversas, singilatim enumerando, ut meæ capacitatis industria dederit, eundo profabor. Postquam igitur bonæ memoriæ Fernandus Rex superstitibus liberis primogenito Sancio, præfatoque Aldefonso cum minimo Garsia, adjunctis quoque sororibus Urraca, & Gelvira, extremum clausit diem, quanquam adhuc vivens pater eis Regnum æque divisisset; per octo tamen continuos annos intestinum bellum insolubiliter gesserunt, extincta duobus magnis præliis non modica parte militum. Tanta fuit discordia fratrum, quod inter mortales ab initio factum fuisse, quis ambigit, nisi qui aliis negotiis obsecutus, lectionis studio nequit operam dare? Scrutare etenim Regum gesta, quia sociis in Regno nusquam pax diuturna fuit. Porrò Hispanici Reges tantæ ferocitatis dicuntur fore, quod quum ex eorum stirpe quilibet Regulus adulta ætate jam arma primo sumpserit, sive in fratres, seu in parentes, si superstites fuerint, ut jus Regale solus obtineat, pro viribus contendere parat.

9 Siquidem hunc Aldefonsum, patrio Regno privatum, Sancius frater Toletum ire coegit. Sed hoc provida Dei dispositione credimus factum fuisse. Quum enim circulo novem mensium necessitate compulsus ut exul à patria

tria barbarico contubernio salva fide potiretur, cumque ab eisdem Sarracenis, ut tantus Rex pro maximo haberetur, ac jam, ut familiarissimus à Maurorum globo, huc atque illuc spatiando penes Toletum circumduceretur, altius quam cuique credibile est ingemiscens, quibus locis, quibusve machinamentis Civitas illa Christianorum totius Hispaniæ olim specula, à paganorum manibus erueretur, imo pectore trusit. Verum atrociter dimicando ab eo capta qualiter fuerit, in sequentibus indicabo.

10 Interim congregato exercitu, *Sancius* Rex obsedit Semuram, quæ prisco tempore *Numantia* vocabatur. Semurenses etenim ea tempestate immobiles permansere. Qui profecto Semurenses Aldefonsi Regis præsidio muniti repulsam domini sui non ferentes, misso magnæ audaciæ milite, dum circunsederet eos, Sancium Regem dolo interfecerunt. Qui nimirum ab eo lancea inopinate ex adverso perfosus, vitam pariter cum sanguine fudit. Idem vero qui eum tam audaciter percussit, sicuti consilium fuerat, cursu rapidissimi equi, apertis portis, ab oppidanis incolumis receptus est. Sed interempto Rege, tunc cerneres, ex tanta audacia, tantaque lætitia, dirpersio quanta, quantaque tristitia, in illo tanto tamque nobili exercitu fuerit. Namque ut quisque Miles pro Castris circumsedebat percussus horribili sonitu, amens factus, relicto fere omni stipendio, arripuit fugam. Postremo non ordinate, ut exercitus armis, vigiliisque munitus, solitus est incedere, sed noctibus diebusque laborando, omnes in patriam turmatim rapiuntur.

11 Cohors tamen fortissimorum militum de Castella, memores sui generis ac pristinæ virtutis, armis resistendo, exanime Domini sui corpus, quantum decebat egregie detulerunt; sed Regio funere circumventum apud *Oniense* Coenobium magno cum honore (ut decebat) sepulturæ tradiderunt. Hujus tanti facinoris præco postquam Toleto aures Aldefonsi Regis percussit, Almemon Toletano Regi barbaro prædicto valefaciens; ut esse suis auxilio possit, se in patriam rediturum mature dicit. De cetero quum mortem fratris ei nullo modo indixisset, barbarus

pa-

patricii hominis jacturæ primo compassus, ni in hostilem manum rursus vellet incidere, monet. Adhuc fortunam fratris, & virtutem satis illum expertum fore docet. Postremo hunc renitentem (uti gens illa naturali ingenio calet) Maurus de fratris nece privatim interrogat: sed in hac dubia necessitudine, interque uno mordebatur vulnere, is barbaricas eviando insidias, rem ei indicare (ut erat) recusabat. Porrò humana natura imperitandi avida Almemonem quam maxime terrebat.

12 Hæc Toletanus Rex secum diu revolvens, fertur de nostri Regis cogitasse captione. Quod ubi Aldefonsus Rex indice cognovit; sicuti erat consilio providus, sed armis strenuissimus, circunventus suis militibus Semuram Civitatem viriliter recessit. Ubi de tuta Regni administratione pertractans, accersita sorore *Urraca*, aliisque illustrissimis viris, habuit secretum colloquium. Quæ profecto Urraca Aldefonsum à pueritia præ ceteris fratribus fraterno amore medullitus dilexerat. Quum enim major ætate existeret, eum loco matris alebat, induebàtque; pollebat namque & consilio, & probitate: quippe quod experimento magis quam opinione didiscimus, spretis carnalibus copulis, periturisque mariti indumentis, de foris sub laicali habitu, sed intrinsecus sub Monachali observatione, Christo vero Sponso inhæsit, ac omni vitæ suæ tempore in ornandis auro, argentove, pretiosisque gemmis sacris altaribus, sacerdotalibusque vestimentis, desideratum exercitium peregit.

13 Hujus itaque Aldefonsus accepto consilio, hac scilicet necessitudine anxius, ne rursus vel sua dolosè, vel fratris morte Regnum corrumperetur, Garsiam minimum fratrem cepit; cui in vinculis præstò posito præter licentiam imperitandi omnis Regius honor exhibebatur. Considerabat namque Aldefonsus, hunc interim salva pace post regnaturum. Sed imperatrix natura, quæ homini inevitabilem mortis metam infinxit, interveniens, sub eadem custodia, multo post febre correptus, obiit. Cujus funeri ambæ sorores Urraca scilicet, & Gelvira, more Regio occurrentes Rainerio Romanæ Ecclesiæ Legato, qui postea
ef-

effectus Papa, tunc forte Synodale Concilium Legione regebat cum Bernardo Toletano Archiepiscopo, aliisque Comprovincialibus Episcopis & Abatibus, pro anima ejus salutarem hostiam Deo offerentibus, corpus in eadem urbe cum patribus suis sepulturæ tradiderunt. Ceterum Aldefonso in patrio Regno corroborato, priusquam ad ordinem bellorum, captionémque Civitatum veniamus, quomodo idem Regnum Hispanorum gubernaverit, quamtùmve ex minimo paulatim ampliaverit, ut futuris lucidiùs innotescat, ejusdem originem retexendo altius ordiendum est.

WITICÆ FLAGITIA, ET RODERICI.

14 Igitur tempore Vitizæ Gothorum Regis (de quo superius memini) ex bono & æquo multa nefanda & horribilia flagitia in Hispanis sunt rursus multiplicata. Quum enim idem Vitiza militaribus armis, aliisque bonis artibus, quibus Regnum liberè paratur, malè abuteretur & ad inertiam, & voluptates carnis, soluto impudicitiæ fræno, pessundatus esset, simul omnis gens Gothorum laxo imperio animum ad lasciviam & superbiam flectere coepit. Namque postposita omni religione Divina, spretis animarum medicamentis, alienas prosperas res invadendi, rapiendi, domique trahendi, velut tabes, exercitus Gothorum livido invasit: sed & Episcopi, ceterique Dei cultores aspernebantur. Sacrosanctæ Ecclesiæ clausis foribus pro nihilo habebantur. Synodalia Concilia dissolvuntur, Sancti Canones sigillantur. Postremo quidquid pudicum, quidquid sobrium, quidquid honestum videtur, ea tempestate ludibrio ducebatur. Et quod lacrymabile relatu videtur, ne adversus eum pro tanto scelere Sancta Ecclesia insurgeret, Episcopis, Presbyteris, Diaconibus, atque omnibus sacri altaris ministris, carnales uxores lascivus Rex habere præcepit: quippe Gothorum Regis post ubi magis in conviviis, libidinibusque exercendis, quam in laboribus, studiisque ab his malis purgandi Regnum animus incendit, præter ocium ei cetera fastidium erant, ad hoc ut reminiscatur illius Sapientiæ viridici sermonis: *Impius cum ceciderit in profundum, contemnet.*

15 Hispanus Rex hic addidit iniquitatem super iniqui-

tatem; dum zelo malitiæ accensus, *Theudofredum* Cordubensem Ducem dolo cepit, privatumque utroque frontis lumine, eum miserabiliter palpitare fecit. Erat enim Theudofredus ex Gothorum Regali stirpe progenitus. Sed ut varii hominibus eventus accidunt; Vitiza, qui ei utroque parente impar erat, casu ad Regni gubernacula successit. Idcirco nel ejus soboli radix Istius In posterum formidosa esset, hanc molestiam erga eum miserabiliter exhibuit. Deus autem tantum facinus, tantamque hominum malitiam abhorrens, huic insanabili vulneri nisi cum ruina medicari noluit. Siquidem post mortem Vitizæ Regis, *Rodericus* filius Theudofredi consilio magnatorum Gothicæ gentis in Regnum successerat. Vir belliger, & durus, & ad omne negotium exercendum satis expeditus; sed vita, & moribus Vitizæ non disimilis. Is ubi culmen regale adeptus est, injuriam patris ulcisci festinans; duos filios Vitizæ ab Hispanis removit, ac summo cum dedecore eosdem patrio Regno pepulit. Sed & isti ad Tingitanam Provinciam transfretantes, Juliano Comiti, quem Vitiza Rex in suis fidelibus familiarissimum habuerat, adhæserunt: Ibique de illatis contumeliis Ingemiscentes, Mauros introducendo, & sibi & totius Hispaniæ Regno perditum iri disposuerunt. Præterea furor violatæ filiæ ad hoc facinus peragendum Julianum incitabat, quam Rodericus Rex non pro uxore, sed eo quod sibi pulchra pro concubina videbatur, eidem callide surripuerat.

16 Igitur Æra DCCXLVII. Ulit fortissimus Rex Barbarorum totius Africæ ducatu Juliani Comitis, filiorumque Vitizæ, Taric strabonem, unum ex ducibus exercitus sui cum XXV. millibus pugnatorum peditum ad Hispanias præmisit, ut cognita Juliani dubia fide, bellum cum Hispano Rege inciperet. Terrebant namque Barbarorum Regem laqueosi doli Tingitani Comitis, si forte adessent. Quippe ipsum, ne Hispanos limites aggrederetur, quia importunus hostis difficultate loci erat, irremisse infestum habuerat. At Rodericus dum hostis auditur advenisse collecto Gothorum robustissimo exercitu, acer & imperterritus primo subiit pugnæ. Adeo quod per septem

con-

continuos dies infatigabiliter dimicans XVI. millia ex Taric peditibus interficeret. Julianus vero, & duo filii Vitizæ, qui in præsidio Maurorum erant, postquam Rodericum in prima acie versare, agitare, intendere, ac suis militibus, integros pro sauciis commutando, succurrere vident, intermixtis Christianis interim corroborant viribus Barbaros.

17 Sed postquam Juliani fides per omnem Africam declaratur, Muza exercitus Africani Regis Princeps, cum Infinita multitudine equitum, peditùmque ad Hispaniam dirigitur. Deinde renovato bello, turmas unas post alias, ad prælium Barbarus arguere cœpit. Porrò Hispanus Rex more solito, prælio intentus, cœpit acrius instare, ac propensius in hostes ferire. Quum tandem instantibus Barbaris, Hispani milites deficere cœperunt, atque præ longitudine belli fatigati, quisque hosti locum dare; Rodericus post ubi nulla sibi auxilia videt, per aliquot dies paulatim terga præbens, pugnando occubuit. Recesserat enim manus Domini ob inveteratam Regum malitiam ab Hispania, ne in tempore hujus ruinæ eam protegeret. Omnesque deinceps Gothorum milites fussi, fugati, fere usque ad intetemptionem gladii pervenere. Post hæc Mauri, viribus nullis obstantibus, totam Hispaniam ferro, flamma, & fame attritam suo dominio mancipaverunt. Quid enim illis officeret, qui publico bello omnem Hispaniarum multitudinem triumphali potentia devicerant? Qui nimirum quantas cædes, quantasve horrifero ense Christianorum strages fecerint, depopulatæ Provinciæ, subversa Civitatum mœnia, destructæ Ecclesiæ, in loco quarum Mahometis nomen colitur, abundè & super testimonium peribent.

CAROLI M. ADVENTUS IN HISPANIAM.

18 Ceterum à tanta ruina, præter Deum Patrem, qui à peccatis hominum in virga misericorditer visitat, nemo exterarum Gentium Hispaniam sublevasse cognoscitur. Sed neque *Carolus*, quem infra Pyreneos montes quasdam Civitates à manibus Paganorum eripuisse Franci falso asserunt.

Quum

Quum enim per XXXIII. annos (ut in gestis ejusdem habetur) bellum cum Saxonibus protraheret, venit ad eum quidam Maurus nomine Hibinnaxalabi, quem Caesaraugustano Regno Abderramen magnus Rex Maurorum praefecerat; spondens sese, & omnem Provinciam suae ditioni subditurum. Tunc Carolus Rex persuasione praedicti Mauri spem capiendarum Civitatum in Hispaniam mente concipiens, congregato Francorum exercitu per Pyrinea deserta juga iter arripiens ad usque Pampilonensium oppidum incolumis pervenit: quem ubi Pampilonenses vident, magno cum gaudio suscipiunt. Erant enim undique Maurorum rabie coangustati. Inde quum Caesaraugustam Civitatem accessisset, more Francorum, auro corruptus, absque ullo sudore pro eripienda à Barbarorum dominatione Sancta Ecclesia, ad propria revertitur. Quippe bellatrix Hispania duro, non togato milite concutitur. Anhelabat etenim Carolus in termis illis citius lavari, quas gravi ad hoc opus deliciose construxerat.

19 Porrò quum in reditu Pampilonium Maurorum oppidum destruere conaretur, pars maxima exercitus sui in ipso Pyrineo jugo magnas exolvit poenas. Siquidem cum agmine longo, ut angusti loci situs permittebat, porrectus iret exercitus, extremum agmen quod praecedentes tuebatur, Navarri desuper incursantes aggrediuntur. Consertòque cum eis praelio, usque ad unum omnes interficiunt. (*) In quo bello Egibardus mensae Caroli Regis Praepositus, Anselmus sui Palatii comes, Rotholandus Britanicus Praefectus, cum aliis compluribus ceciderunt. Quod factum usque in hordiernum diem inultum permansit. Haec de Carolo quum breviter dixissem, ad inceptum redeo.

PE-

(*) *Chronicon Monasterii S. Galli*, à *Baluzio Tom. 1. Miscell. editum, pag.* 495. *ita ad ann.* 778. *inquit*: DCCLXXVIII. Hoc anno Domnus Rex Karolus perrexit in Spania, & ibi dispendium habuit grande.

PELAGIUS REX.

20 Igitur post tantam Hispaniarum ruinam operæ pretium est referre qualiter Divina pietas, quæ percutit, & sanat, velut ex rediviva radice virgultum gentis (1) Gothorum resumptis viribus populare fecerit. Est vallis Asturiæ, cui nomen id est *Cangas*: super quam magnus mons Ascuna (*) imminere videtur. Ad radicem ejus montis rupis quædam, natura, non artificis opere munita, in immensum tendens, claudit speluncam ab omni hostium machinamento funditus inexpugnabilem. Quum enim medio stans concava ferme mille viros capiat, ad protegendum quos recipit nullo indiget. Ad quam *Pelagius* Roderici Regis Spatarius, qui oppressione Maurorum incertis locis vagabatur, dum pervenit, fretus Divino Oraculo, cum quibusdam Gothorum militibus ad expugnandos Barbaros, à Domino corroboratus est. Sed & omnes Astures in unum collecti Pelagium super se Principem constituunt. Ceterum de robore loci ubi rumor egreditur, atque Barbarorum aures promulgando apertius pulsat, Taric vesania commotus, immensum Ismaelitarum exercitum undique conglomerat, atque Alchaman, socium suum, Ducem super eum constituens, Oppam quoque Toletanum Episcopum, qui jam Barbaris sese dederat, ad capiendum Pelagium cum eis dirigit.

21 Eratque Oppa utique Vitizæ Regis filius; idcirco ejusdem consilio, & duorum Fratrum experta fide à barbaro Rege ad Pelagium decipiendum pro seductore mittebatur. Namque Alchaman barbarus consilium hujuscemodi ab Imperante acceperat, quod si Pelagius monitis Toletani Episcopi obsecundare nollet; fortitudine prælii captus ad Cordubam usque Civitatem vinctus catenis perduceretur. Venientes itaque Alchaman & Oppa cum CLXXXVII. milibus equitum, & peditum, funditorumque, Asturias aggrediuntur. Sed postquam ad beatam spelun-

---

(1) *Ita Pellicér. Berganza*, virgultum, gentem. (*) Asseva, & Auseva *ab aliis dicitur.*

luncam ventum fuerat, & circumcirca Barbarorum densa figerentur tentoria; primo quasi infortunio Christianorum consulendo, Oppa verbis pacificis in dolo Pelagium tentare aggreditur, quatenus postposita recuperandæ Patriæ cura, seque omnem voluntatem, sicuti Deus permittit fieri, in Caldæorum potestatem tradat. Ad hoc magnis honoribus eum sublimaturum, si monitis assensum præbeat, immaturè dicit.

22 At Pelagius à bono proposito animum revocare abhorrens, commotus præ nimio dolore in iram, fertur talia respondisse: Tu, inquit, & fratres tui cum Juliano Sathanæ ministro Regnum Gothicæ gentis subvertere decrevistis. Nos vero advocatum apud Deum Patrem Dominum nostrum Jesum Christum habentes, hanc multitudinem Paganorum, quibus Ducatum præbes, despicimus. Sed & per intercessionem genitricis ejusdem Domini nostri, quæ est Mater misericordiarum, gentem Gothorum de paucis velut plurima sata ex grano sinapis germinare credimus. Siquidem Pelagius, & qui cum eo erant, tanto hoste perterriti, Beatæ Mariæ suffragia, quæ in spelunca illa usque in hodiernum diem adoratur, poscentes die, noctuque pro recuperatione Christianorum, petitione instabant. Quod audiens Oppa, conversus ad exercitum, dixit: Properate ad speluncam, & pugnate; quia, ut ex verbis ejus comperi, nisi per gladium pacem cum eo habere non possumus. Alchaman illico funditoribus, sagittariisque, & vibrantibus jacula, quorum maxima copia erat, portam speluncæ ferire præcepit. Tunc cerneres saxa, intermixtis jaculis, Cæli densissimos nimbos, à spiraminibus Boreæ impulsos contra miserabilem evolvere (a) speluncam.

23 Sed in hoc turbine lapidum, jaculorúmque, qualiter divina virtus pro Christianis dimicaverit, subtiliter perpendere debes. Nec enim humana fragilitas divinam ultionem repræsentando beati Job exemplo sustinere posset, nisi ejusdem qui percutit, & sanat, pium moderamen ad consolandum occurrisset. Teste quoque Apostolica Auctoritate,

(a) *Pellicer*, volare.

te : *Fidelis Deus, qui non patietur vos tentari supra id quod potestis, faciet contemplationem, quò possitis sustinere.* Verum ne in hoc quod profundo, garrulum, vel ultra fas locutum me, quicumque legis, existimes precor. Si stylum dijudicas, non ipsimet, sed mirabili in omnibus operibus suis detrahis. Siquidem non aliter putes confussionem labiorum ad struem illicitæ turris destruendam olim factam fuisse, quam hic lapides cum sagittis in se ipsos, qui ob vindictam obtinendam eos mittebant, esse retortos. Si adhuc verò hæc duo miracula, nequaquam æqualis meriti fuisse, negando asseris; mihi quærenti dicito, si lanceam à possessore missam, & si non in hostem in se versam; tamen læthale fecerit vulnus alicubi audieris? Nempe nec in David, nec in Israelitici Populi victoriis, quibus Deus sæpè cum paucis de multis triumphum dederit, legimus factum fuisse. Barbari autem ubi non solum ad peragendum negocium nihil proficere; imò maximam suorum partem propriis jaculis prostratam vident, confusi, turbatique retrocedendo, speluncam oppugnare desinunt.

24 At Pelagius Dei gratia & fortitudine plenus, dum hostes ejusdem qui eum protegebant, victrici manu extinctos aspicit, reliquos qui supererant, stricto ense, cum suis invadit. Ibique statim Oppa capto, Alcaman cum CXXIIII. millibus Caldæorum interfectus est. Sed neque LXIII. millia qui remanserant, Domini vindictam evadere potuerunt. Siquidem dum per verticem montis Ascunæ fugam arriperent, atque per concava petrarum, & devia loca ad Levanam usque pervenirent; quoddam supercilium montis, dum prætergrederentur secus flumen Deva, à fundamento corruens in eodem flumine Divino nutu oppressit eos. Unde amnis ille quum inundatione pluviæ proprium alveum excedit, multa ex eis signa usque in hodiernum diem evidentius ostenduntur.

25 Erat eadem tempestate in *Gegione* Asturiæ maritima Civitate Præfectus quidam Maurus, nomine Munuza, qui post Taric (ut dictum est) Roderico, Gothorum Regi, bellum indixerat. Is postquam tantam Barbarorum stragem audivit, relicta Civitate, fugam parat. Sed ab

Asturibus interceptus in quodam vico, cui nomen est Olalies, cum suis interfectus est. Porrò Maurorum Rex post ubi frustrata spe, quos ad expugnandum Pelagium misit, interfectos audierat, Julianum Comitem, & duos filios Vitizæ, hujus rei dolosè conscios autumans, eorum capita amputari fecit. Ceterum Gothorum gens, velut à somno surgens, ordines habere paulatim consuefacit: scilicet in bello sequi signa, in regno legitimum observare imperium, in pace Ecclesias & earumdem devote ornamenta restaurare. Postremò Deum, qui ex paucissimis de multitudine hostium victoriam dederat, tota mentis affectu collaudare.

ALDEFONSUS I.

26 Interim Aldefonsus Catholicus, Petri Cantabriensium Ducis filius, Hermesendam Pelagii filiam in conjugium accepit. Fuerat namque Petrus ex Recharedi serenissimi Gothorum Principis progenie ortus. Qui debitum carnis exolvens, duos filios supradictum Aldefonsum scilicet, & Froilam reliquit. Sed Aldefonsus, cui Pelagii filia nupserat ubi mortuo socero, Rex constituitur, exercitum cum Froila sæpius movens, quam plurimas à Barbaris oppressas Civitates bellando cepit: Ecclesias, nefando Mahometis nomine remoto, in nomine Christi consecrari fecit. Episcopos unicuique præponere, atque eas auro, argento, lapidibus preciosis, ac sacræ legis libris ornare devote studuit. Propter quod ad ejus transitum vox illa prophetica à quibusdam astantibus in aere audita est: Ecce quomodo tollitur justus, & nemo considerat, ablatus est à facie iniquitatis: & erit in pace sepultura ejus. Unde non dubium est omni Christiano, ejus animam à malignorum spirituum potestate ereptam, Angelos cum gaudio ad æternam Cælestis Palatii mansionem detulisse. Obiit autem anno Regni sui XVIII. Pro cujus vice ejusdem filius Froila regnavit.

FROILA.

27 Iste imposuit finem IIII nequissimo sceleri, quod Vitiza Rex inter Christicolas sacrosancto Altario ministrantes, miserè seminaverat; scilicet ne Christi Sacerdotes carnalia conjugia ulterius sortirentur. Pro qua re, quamquam asper mente in aliis negotiis esset, tamen quia in hoc magnum Deo exibuit obsequium; ei divina virtus de inimicis, dum vivere licuit, victoriam dedit. Siquidem Cordubensis barbarus Rex, quum fines Provinciæ Galleciæ devastare niteretur, ei cum manu armatorum militum obvius processit. Consertoque prælio LIIII. millia Amorræorum interfecit. Necnon & Ducem eorum nomine Haumar, vivum capiens, eodem momento capitalem sententiam subire jussit. Superavit etiam fedifragum Galleciæ populum, adversus Regnum suum inania meditantem. Domuit quoque Navarros sibi rebellantes. Unde uxorem nomine *Monniam* accipiens, genuit ex ea filium, cui nomen patris sui imposuit Aldefonsum.

ALDEFONSUS II.

28 Qui profectò Aldefonsus Castus & pius vir, postquam in Regnum succedendo emicuit, solium suum forti & pulchro opere decoratum Oveti firmavit. Anno igitur Regni sui tertio, exercitus Caldæorum Asturias ingressus est, qui in loco (qui dicitur *Lutos*) ab ejusdem piissimi Regis militibus præventi LXX. millia cum Duce suo, nomine *Mugait*, prostrata sunt ex eis. Ceterum Aldefonsus Rex, quum nimiæ castitatis & animæ, & corporis esset; Arcam, diversas Sanctorum reliquias intra continentem, à Domino obtinere meruit: quæ nimirum Arca, Gentili terrore comminante, ab Hierosolimis olim navigio delata per aliquot temporum spatia Hispali, deinde per C. annos Toleti permansit. Rursus quum à Mauris nullo jam resistente opprimeretur, Arcam Dei Christiani clam rapuerunt, atque per abdita loca ad mare us-

quæ pervenerunt. Impositaque in navi ad portum Asturiæ, cujus nomen sub salas vocatur, eo quod *Gegion* Regia Civitas desuper immineat, Deo gubernante, appulerunt. Rex autem Aldefonsus, post ubi se tanto munere ditatum divinitùs prospicit, loco amissi Toleti, Sedem venerabili Arcæ fabricare decrevit. Ad quod studium peragendum, obmissis ceteris curis, magis magisque in dies anhelans spatio triginta annorum Ecclesiam inde in honore Sancti Salvatoris miro opere Oveti fabricavit; atque in eadem à dextro, sinistroque cornu Magistri altaris duodenum Apostolorum bis sena altaria construxit. Nihilominus aulam beatæ Dei genitricis & Virginis Mariæ pari cemento cum tribus capitibus ad effectum perduxit. Fecit quoque Sanctæ Leocadiæ Basilicam fornitio opere cumulatam, super quam fieret domus, ubi celsiori loco Arca Sancta à fidelibus adoraretur. Necnon & Ecclesiam Beati Tyrsi Martyris Christi in eodem cimenterio pulchro opere fundavit. Ædificavit etiam spatio unius stadii ab Ecclesia Sancti Salvatoris Templum Sancti Juliani, & Basilisæ, adnectens hinc & inde titulos, mirabili compositione togatos. Porrò si ornamenta istius domus enumerare singillatim pergerem, prolixior tractatus traheret me ab incepto longius devium.

29 Verum pro magnitudine miraculi Angelica Crux in medium proferatur. Dum enim quadam die supradictus Aldefonsus Castus & pius Rex, casu haberet in manu pondus splendidissimi auri, & quosdam lapides pretiosos, cœpit cogitare ad opus Dominici Altaris, quomodo inde Crux fieri posset. In eadem itaque sancta devotione existente, post participationem Corporis & Sanguinis Christi, more solito ad Regiam Curiam, manu aurum tenente, prandendi causa jam pergebat, quum ecce duo Angeli in figura peregrinorum, fingentes se Artifices esse, ei apparuerunt, qui illico tradidit eis aurum, & lapides, designata mansione, in qua sine hominum impedimento operari possent. Ceterum res mira videtur, & post Apostolos nostris inusitata temporibus. Siquidem in ipsa eadem morula prandii, Rex ad se reversus, quibus personis aurum

rum dederit, inquirit; ac statim unum post alium legatum, ut perciperent, quid ignoti artifices agerent, visitare cœpit. Jam ministri domui fabricæ appropinquabant, cum subito tanta lux totam domum interius circumfulgebat, quod ut ita dicam, non domus manufacta, sed solis ortus præ nimia claritate videretur. Introspicientibus autem per fenestram, qui missi fuerant, ablatis Angelicis Magistris, sola Crux, ad effectum ducta, in medio posita domum illam, ut sol, irradiabat. Unde aperte constat intelligi eam divino, non humano studio factam fuisse. Quod audiens devotissimus Rex, relictis ferculis, cum perpeti gradu cucurrit; atque pro tanto beneficio (ut decebat) cum laudibus & Hymnis Deo gratias agens, eamdem venerabilem Crucem super altare Sancti Salvatoris reverenter posuit.

30 Anno vero Regni sui *tricesimo*, quum fama tantæ suæ bonitatis ubique terrarum divulgaretur, venit ad eum quidam Maurus Emeritensis Civis, nomine *Mahumith*, qui adversus Regem suum arma tyrannidè assumptus, & ipsum Abderraman Maurorum maximum Regem sæpe deprædatus est, & exercitum illius in fugam vertere ausus est. Quumque ad patriam præ nimio facinore habitare nequivisset, nostrum Regem Aldefonsum cum supplicibus petiit; quem ut erat nimiæ pietatis dominus Rex benignè suscipiens, cum omni comitatu suo in finibus Galleciæ eum habitare jussit. Ubi post septem annos Maurus in superbiam elevatus, contra Regem, regnumque suum conspirare præsumpsit; atque aggregatis Maurorum validissimis copiis totam Provinciam hostiliter devastare statuit. Hujus rei accepto nuntio, Rex Aldefonsus graviter commotus, collecto exercitu, Galleciam accederat. Ceterum Barbarus, quamquam in sua bellicosa numerositate multimoda confideret, impetum tamen Regii exercitus formidans, in quoddam Castrum cum suis se recepit. Porrò Rex, eum à tergo perurgens, circumvenit multis millibus Castrum: qui statim mœnia ingressi, primo impetu ipsum Mahumith confodiunt, capútque ejus abscissum ad præsentiam Regis deferunt. Sed & in ceteros consurgentes, eodem

dem die magnam Ismaelitarum stragem fecerunt. In quo bello L. millia Barbarorum gladio mulctata sunt. Rex autem cum magno captivorum, pecuniarumque numero in Ovetum revertitur. Qui profecto Aldefonsus Castus per LII. annos castam, pudicam, sobriam ducens vitam, in bona senectute sanctissimum Deo reddidit spiritum Æra DCCCLXXXI. corpusque ejus in Ecclesia Beatæ Mariæ Overensis egregie tumulatur.

31 Post cujus felicem decessum Ramirus Veremundi Principis filius gubernandi Regni sceptra suscepit. Sed quoniam Aldefonsi Hispaniarum Orthodoxi Imperatoris Genealogiam seriatim texere statui, eo unde originem duxi stylum verto.

ITERUM DE FROILA, ET VEREMUNDO.

32 Igitur Froila Petri Cantrabrorum Patricii Ducis generosa proles cum germano fratre Alfonso Catholico, atque Regni socio, arma contra Barbaros crebro arripiens, ab ipsis maritimis fimbriis Asturiæ, & Galleciæ, usque ad Dorium flumen omnes Civitates & Castella, quæ infra continentur, ab eorum sacrilego dominio eripuit. Omnes quoque Ismaelitas gladio extinguens, eorundem possessiones juri Christianorum mancipavit. Qui duodecimo regni sui anno mensibus sex diebus viginti peractis, debitum carnis exolvens, *Veremundum* reliquit filium. Is ab ipsis puerilibus annis jussione Patris literarum studiis traditus, ubi adoluit, potius cæleste, quam terrenum sibi Regnum affectavit. Siquidem patentibus totius Regni Magnatorum conventibus, quum in paternum solium invitus intronizaretur, post trium annorum circulum desiderato voto satisfaciens, deposito diademate, vice sua Aldefonsum Castum, nepotem suum, Regem constituit. Quam plurima deinceps cum eo amicabiliter ducens tempora, relicto Ramiro filio hoc seculo feliciter decessit.

RA-

RAMIRUS I.

33 Ceterum Ramirus, adulta jam ætate, quum Bardulies (quæ nunc *Castella* vocatur) ad accipiendam uxorem accederet, & Dominus Aldefonsus Castus interim spiraret; *Nepotianus* quidam Palatii Comes, nactus opportunam de absentia Ramiri occasionem, Regnum tyrannide invasit. Quod factum post ubi comperit Ramirus partes Galleciæ petens, apud Lucensem patriciam Civitatem exercitum animosus conglomerat. Deinde, modico tempore transacto, Asturiam bello aggreditur. Inde ad Narceam fluvium veniens, congregatam armatorum equitum, peditumque Nepotiani multitudinem, sibi bellum comminantem, offendit, sed frustra, nam in primo ingressu Nepotianus à suis destitutus, in fugam vertitur. Quem duo comites Scipio, scilicet, & Sonna, insequentes, apud Pianoniam (*) captum utroque frontis lumine pro meritis reddiderunt. Sed hunc Ramirus, misericordiæ visceribus motus, in Monastico ordine, dum vixit, gubernare censuit.

34 Eodem quoque tempore classis Normanorum nostra appulit littora, Gens crudelissima nostris in finibus antea non cognita. Adversus quam, structo milite, Dominus Ramirus, jam factus Rex, consurgens, juxta Farum Brecantinum maximam ejusdem partem prostravit; traditis igni Navibus numero LXX. onustus præda ad propria incolumis reducitur. Verum civilibus bellis rursus lacessito mitissimo Rege, duo magnatorum suorum Proceres adversus eum conspiravere. Porrò tanta vesania detecta, uni eorum, cui nomen erat *Alvitus*, Rex oculos effodere præcepit: alterum vero, *Piniolum* nomine, canonica sententia pro traditione condemnatum capitalem sententiam cum septem suis filiis subire jussit. At ubi à privato tumultu animus quieverat, ne per ocium torperet, multa, duobus ab Oveto milliariis remota, ex murice, & marmore opere for-

(*) Pianoniam *Tudensis dicit*: *Rodericus vero Tol.* Pramariam.

fornicio ædificia construxit. Siquidem ad titulum Archangeli Michaelis in latere Naurancii montis adeo pulchram Ecclesiam fabricavit, quod quicumque eam vident, testantur se secundam ei pulchritudine nusquam vidisse. Quæ Michaeli Victorioso Archangelo bene convenit, qui divino nutu Ramiro Principi ubique de inimicis triumphum dedit. Fecit quoque in spatio LX. passuum ab Ecclesia Palatium sine ligno, miro opere, inferius, superiúsque cumulatum; quod in Ecclesiam postea versum beatæ Dei Genitris, Virgo Maria inibi adoratur. Ceterum Ramirus Rex post septem Regni sui annos, menses octo, dies XVIII. febre correptus spiravit, qui in coementerio Regum Oveti tumulatur.

ORDONIUS I.

35 Quo mortuo ejus filius Ordonius in Regnum successor extitit. Vir iste in omnibus negotiis discretus & paciens fuit. Civitates antiquas destructas, id est, in maritimis partibus Galleciæ *Tudam*; in finibus Legionensis Regni *Astoricam*; ipsam *Legionem*, & *Amayam* Patriciam muris circundedit; portasque earundem turribus circunquaque munientibus altis circuire fecit. Porrò in exordio Regni, quum perfidè Vasconum Provincia ei rebellare videretur, & ipse arreptis armis ipsius transgressioni finem imponere properaret; ecce ex alia parte (ut credo) consilio foedifragorum Vasconum multitudo Maurorum armata in necem Ordinii Regis ocurrit. Ceterum strenuissimus Rex & barbaros, multis prostratis, fugavit, & Vascones proprio dominio mancipavit.

36 Verum qui quorundam Francorum Regum mansiones describere pergunt, animadvertant, quia pro natalitiis & paschalibus civis, quos per diversa loca eos consumpsisse asserunt; nos labores exercitus Hispanorum Regum, pro liberanda Sancta Ecclesia à ritibus Paganorum, & sudores, & convivia, & delicata fercula describimus. Ad hoc perpendant munera, quibus Carolus pro redimendis suorum confinium captivis rabiem Barbarorum miti-

gaverat; victoria Hispanici Regis ab eorum manibus esse extorta. Siquidem eo tempore fuerat vir quidam magnanimus, natione Gottus, sed ut variis dæmonum erroribus nonnulli illaqueantur Mahometica superstitiosa secta, cum omni domo sua ab Abderramen deceptus, *Muza* per impositionem vocatus est, amittens Christi sectam, sed originis magnanimitatem non deserens. Erat enim inter omnes Barbaros, & cognatione excellentior, & millitaribus armis omnibus fortior.

37 Talibus igitur fultus, adversus Abderramen arma sumens, ei mediam Regni sui partem ferè abstulit. Primo *Cæsaraugustam* Civitatem cum omnibus Castellis & Civitatibus sibi adjacentibus, deinde *Toletum* cum omni Regno sibimet subacto, partim gladio, partim fraude invasit. Sed Toletano Regno *Lupum* Filium præponens novam sibi forte opere constructam sedem fabricavit, cui & *Albailda* pompaticum nomen imponens, totum Cæsaraugustanum Regnum ei mancipavit. Denique in Francos arma convertens, magnum captivorum & expoliorum ex eis conglomeravit domi numerum. Inter quos duos Caroli Regis magnos Duces Sanctium, videlicet, & Adblum ferro vinctos in carcerem trudit. Quem nisi Carolus qui jam senio conficiebatur, & postea Ludovicus ejus Filius, necnon & Luctarius ejus nepos, postulata ejus & munera blandiri festinarent, totam Citeriorem Hispaniam ad usque Rodanum flumen ferro, & igne devastare intendebat. Igitur ob tantæ victoriæ prosperos eventus Muza tertium se Hispanorum Regem à suis appellare jussit.

38 Ad cujus vesaniam & rem novam comprimendam, Ordonius Rex cum sibi festinandum judicaret, strenuissimum quemque suorum militum secum ducens, in *Albaildam*, modernam Civitatem, raptim proficiscitur: positisque undique Castris, consedit. Quo nuntio, Muza commotus, adunatis Maurorum validissimis copiis sine dilatione ad pugnam properat. Porro Ordonius Rex hoc facillimum factu considerans; omnem exercitum in duas turmas divisit: alteram, quæ Civitatem circunsederet; alteram vero, ne suis auxilio foret, quæ adversus barbarum

di-

dimicaret. Initoque certamine tanti barbari cæde prostrati sunt, quod exceptis à gregariis equitibus, quorum sanguinis effusio ennumerosa fuit, decem millia magnatorum pariter cum genero barbari, nomine Garsia, interempta sunt. Ceterum Muza ter gladio confossus, cursu equino manus hostium semivivus evasit. Sed ad Civitatem Ordonius Rex exercitum animosus applicans, post septem dies eam bello aggressus est: captam usque ad fundamentum destruxit. Omnes quoque bellatores barbaros extinguens, magnam puerorum, & matrum turbam in captivitatem redegit. In quo bello Muza omnem armorum, & equorum multitudinem, simulque spolia, ex diversis victoriis congesta, necnon & insignia munera, quæ Carolus ei direxerat, amisit. Ita dumtaxat quod effectum ulterius victoriæ nusquam habuerit. Quod audiens *Lupus*, quem Muza Pater Toleto præfecerat, dum Ordonius Rex victor ad propria reverteretur; turpi trepidatione perterritus, ei obvius occurrit, & se inermem, & totum Toletanum Regnum suis legibus subdidit. Hoc foedus Barbarus insolubiliter servans, & Regi, dum vixit, tributarius fuit, & cum eo adversus Caldæos multa prælia gessit. Ordonius vero, peractis Regni sui XVI. annis, mensibus tribus, die uno, è corpore migravit ad Cælum: cujus artus Oveti tumulus tegit.

ALDEFONSUS III.

39. Cujus rei nuntium Aldefonsus Magnus, qui casu obeunte patre à Palatio aberat, postquam accepit, summa cum festinatione Oveti venit. Erat enim Aldefonsus unicus Ordonii Domini Regis filius, quem patricius Pater ad omnem regendi Regni utilitatem studiose educaverat. Quo advecto cum totius Regni magnatorum coetus summo cum consensu, ac favore, patri successorem fecerunt. Igitur XIII. ætatis suæ anno unctus in Regem commissam suscepti Regni administrationem disponere strenue inchoavit. Ceterum ab infantia sua magnus puer Aldefonsus timere Deum, & amare didicerat: & quidquid in domo Patris super se habebat, propter nomen Domini,
tu-

tutoribus qui pueritiam ejusdem usque ad præfinitum tempus à Patre observabant ignorantibus, pauperibus devote erogare consueverat. Tandem itaque Deus in eo devotionem respiciens, non aliter Mathatiæ olim Judam de inimicis Israeliticam plebem, quam huic ad corroborandum Regnum Gothorum, & domandas Barbaras gentes, sobolem multiplicavit.

40 Sed inter Regni negotia, quæ ab eo legitime gesta permaxima sunt, & inter frequentia bella, quæ à primo tyrocinii sui anno strenue exercuit; Mauros, qui ex Toletano Regno adventantes secus Dorium flumen fines suos vastabant, felici pugna propulsavit. Siquidem eos, ut strenuus miles, non quasi dubius tyro invadens, CCCCXVI. ex eis primo ictu prostravit. Verum fugientium terga insecutus, tanta cæde eos per totum diem fudit, ut de innumerabili eorum multitudine perpauci evasisse dicantur. Hujusmodi victoria perpetrata, in Legionem Rex Aldefonsus invertitur. Quumque eodem anno Barbari Castellam ferro, & igne depopulare niterentur; Rex Aldefonsus, adunatis fortissimorum militum copiis, ad locum ubi congregati erant, sine cunctatione profectus est. Congressusque cum eis prospero eventu dimicavit. Namque Commisso equestri prælio tria millia DLXXV. Caldæorum interfecit; spoliisque direptis, captivorumque magnus adductus est numerus. Inde victor in campos Gothorum reversus, duxit uxorem ex Regali Gothicæ gentis natione, nomine *Xemenam* anno ætatis suæ XXI. ex qua sex filios, & tres filias genuit.

41 Porrò Aldefonsus Magnus, quum in administrando Regno esset severus, ut in exercitio bellorum providus, in desiderio placendi summo opifici Deo valde erat perspicuus. Fecit namque super Corpus Beati Jacobi Compostellæ Ecclesiam, magnis honoribus, & sacris aureis, sericisque indumentis ditatam; quæ postea à Barbaris destructa est. Nihilominus super athletas Christi *Facundum* scilicet & *Primitivum* Basilicam summa cum devotione Ceyæ construxit. Hanc etiam Mauri eo tempore, quo Jacobensem, hostiliter invaserunt, & destruxerunt. Sed ne ullus

re-

religiosus locus suis donis immunis videretur; ad defensionem Sancti Salvatoris Ovetensis, oppidum *Gauzon* miro & forti opere in maritimis partibus Asturiæ fabricavit. Timebat enim quod navigio locum sanctum hostes attingerent. Ædificavit quoque intus in honore Sancti Salvatoris Ecclesiam pretiosissimis marmoribus decoratam, quam à tribus Episcopis Sisnando Jacobensi, Nausto Conimbriensi, Recharedo Lucensi consecrari honorifice fecit. Ad hoc inter cetera aurea ornamenta, quæ Ovetensi Ecclesiæ devote contulit, ex obrizo auro variisque pretiosis gemmis eximiam crucem venerabili loco obtulit. Exactoque hujuscemodi Regni negotio, quum finis vitæ appropinquaret; apud Semuram Civitatem febre correptus, decubuit. Septimo vero die postquam laborare cœpit, Sacra Communione percepta XIII. Kalendas Januarii media nocte perrexit in pace, quinquagenarius, additis octo, Æra DCCCCXVIII. Aldefonsus Magnus. Cujus corporis membra primo Astoricæ, deinde transvecta Oveti retinet urna.

GARSIAS, ET ORDONIUS II.

42. Quo defuncto filius ejus Garsias ei sucessit. Ceterum post triennium humanum debitum exolvens, mortis subiit jura. Isto quoque præsenti vita discedente (ut decebat) Ordonius Frater Regni curam adeptus est. Quem profecto Ordonium Insignem militem Aldefonsus Pater, Magnus & Gloriosus Rex vivens Galliciensium provinciæ præfecerat. Ab ipsa namque juvenili flore paterna fortia facta secutus, prostratis totius Hispaniæ publico bello sæpe robustissimis Barbaris omnes eorundem Civitates sibi tributarias fecit. Erat nanque in omni bello providus, ac prudentissimus. In Civibus justus, & misericordissimus, in miserorum pauperum necessitudinibus ultra modum humanum misericordiæ visceribus affluens, & piissimus, atque in universa gubernandi Regni honestate præclarus. Siquidem dum Pater adhuc viveret, & ipse Galliciensibus dominaretur, collecto totius provinciæ exercitu Bæticam Provinciam petiit. Dein vastatis circumquaque agris, & Villis incensis, primo impetu *Regel* Civitatem quæ inter

Oc-

Occidentales omnes Barbarorum urbes fortior opulentiorque videbatur, pugnando cepit: omnesque bellatores Caldæos gladio consumens, cum maximo captivorum, spoliorumque numero, ad *Visensem* reversus est urbem.

43 Defuncto vero Patre, & Garsia fratre, ei succedente, Ordonius belliger, exercitum rursus movens in *Elvoram* Civitatem Toletani Regni (quæ nunc *Talavera* vocatur) profectus est. Ad quam ubi accessit, positis super eam in gyro Castris, consedit. Cui neque robur murorum, neque pugnatorum valida manus profuit: quin statim victoriæ Ordonii fortissimi militis subjaceret. Nempe irrumptione brevi facta, non solum Civitatem cepit, imo universos qui ad pugnam processerant cum Duce Zuit interfecit. Direptisque omnium oppidanorum spoliis cum magna captivorum turba ad propria alacer reducitur.

44 Ceterum Garsias Rex postquam ultimam præsentis vitæ clausit horam, ad Ordonium Christi belligerum successio Regni Divino nutu pervenit. Omnes siquidem Hispaniæ Magnates, Episcopi, Abbates, Comites, Primores, facto solemniter generali Conventu eum acclamando sibi constituit: impositoque ei diademate à duodecim Pontificibus in solium Regni Legione perunctus est. Igitur anno Regni sui quarto ab expugnatione Maurorum quiescere non sustinens, peractis compendiis, ultra *Emeritensem* urbem hostiliter proficiscitur. Sed & castrametatus, iquum totam Provinciam horrifero impetu vastaret, Castrum Colubri, quod nunc à Caldæis *Albanze* nominatur, invasit. Interfectisque quos inibi invenit barbaris, omnes eorum mulieres, & parvulos cum immenso auri, & argenti, sericorumque ornamentorum pondere in patriam rapuit. Cui omnes Emeritenses cum Rege eorum *Badalioz* Civitate obviam exeuntes, curvi, pronique pacem obnixius postulando, et innumerabilia munera obtulerunt. Ipse vero victor, & præda onustus, in Campestrem Gothorum Provinciam revertitur.

45 At ubi Legionem ventum fuerat, pro tantis victoriis immensas Deo gratias referens, ejus Genitrici Beatæ Mariæ Virgini ex proprio Palatio Ecclesiam fieri jussit,
Ca-

Cathedramque Episcopalem in ea statuens, quæ priùs extra murum Civitatis perparva, Diœcesi compta, in honore Sancti Petri Apostolorum Principis ambiabatur. Hanc ergo profectò Pontificalem Sedem in nominis veneratione Beatæ Mariæ noviter sancitam, ampliori Diœcesi, magnisque honoribus Regali auctoritate catholicè locupl.tavit.

46 Rex autem Ordonius labori nescius cedere, ne quasi per ocium torpere, seu tempus distrahere pugnæ videretur, arrepto iterum commeatu, ad remanentes terras acti belli *Elvoræ* civitatis reliquias devastandas accedens, omnia ejusdem urbis suburbana, igne combusta, depredatus est. Ammiratem quoque Cordubensem quemdam Ducem, sinistris factis pro suorum defensione armatum, sibi bellum comminantem, capiens, ferro vinctum, Legionem perduxit. Conturbati igitur totius Mauritaniæ barbari, lugubri præconio vociferantes, necessario ad Cordubensem Regem legationem mittunt: dicentes, impetum Christianorum se ulteriùs sustinere non posse. Ad quorum vociferationem barbarus animum flectens, universis Maurorum Regibus cum omnibus copiis ad bella procedere imperat; ea conditione, scilicet, ut siquis imperata transgrederetur, Regem offenderet. Ad hoc, pro expellendo tanto hoste, Tingitanorum præsidia Maurus rogans, immensum Moabitarum coadunavit numerum. Comparatis igitur ex tota Mauritania quam validissimis copiis, & à maximo barbaro Rege commeatibus omnibus datis, ad expugnandos Christianorum fines innumera Ismaelitarum multitudo dirigitur. Cui expeditioni Rex Cordubensis duos magnanimos Duces præfecerat: nomen unius Ulit Albulhabaz, & nomen alterius Benizuz. Verum barbari (prout res postulabat.) arrepto itinere, littora Dorii fluminis accesserunt. Fixisque innumerabilibus tentoriis apud Sanctum Stephanum de Gonmaz, toti Christianorum Regno velut ruinam comminabantur.

47 Porrò Ordonius Christi clypeo, cui famulabatur, protectus, structo milite eis occurrit. Non aliter miserum pecudum gregem Lybicus Leo, quam mavortius Rex turbam Maurorum invadit. Tantamque ex eis stragem fecisse
fer-

fertur, quod si quis Astrorum investigator, tot millia Maurorum computare conaretur, profecto præ multitudine cadaverum modum numerus excederet. Siquidem ab ipso Dorii littore, quo barbari castramentati sunt, usque ad Castrum Atenza & Paracollos, omnes montes, & colles, sylvas, & agros, exanimes Amorræorum arctus tegebant, adeo ut perpauci persequentium manus evaderent, qui Nuntium Cordubensium Regi fecerunt. Ubi inter alios quam plurimos Ismaelitarum Reges duo nobiles ceciderunt, quorum nomina Abulmutarraph, & Hibenmantel erant, necnon & Ulit Abulhabaz in eodem loco occubuit. Cujus caput cum apri capite pro signo celebri nominis Ordonius victoriosissimus Rex super mœnia Civitatis, quam expugnare Mahometico nomine venerat, suspendere jussit. Denique post multas hujusmodi præclaras victorias, termino mortis appropinquante, Ordonius pius & gloriosus Rex, debitum carnis persolvit anno VIII. Regni sui, mensibus duobus, cujus membrorum cineres sepulchrum circumclaudit.

[DE ALDEFONSO III. ITERUM. EX SAMPIRO.]

48 Post cujus obitum Aldefonsus filius Ordonii (1) successit in Regnum. Hic fuit bellicosus, undique partibus satis exercitatus. In ingressione Regni annos gerens ætatis XIIII. filius quidem perditionis Froila Lemundi ex partibus Galleciæ venit ad inquirendum Regnum, sibi non debitum. Rex vero Aldefonsus, hoc audiens, seccessit in partibus Alavensium. Ipse vero nefandus Froila à Senatu Ovetensi interfectus est. Hæc audiens Rex ad propria remeavit, & gratificè susceptus est. Exinde veniens Legionem, populavit Sublantium, quod nunc à populis *Sublancia* dicitur, & *Ceyam*, Civitatem mirificam. Ipse vero istis satagens operi-

(1) *Ordonii scil. I. non II. immediate præcedentis, ut historiæ poscebat ordo, si ab eodem series texeretur. Nempe Chronicon hic Sampiri intruditur, qui multo antea (post Ordon. I.) ingeri debuit. Vide in prænot. n. 3.*

ribus Nuntius ex Alavis advenit; eo quod intumuerant corda illorum contra Regem. Rex verò hoc audiens, illuc ire disposuit: terrore adventus ejus compulsi sunt, & subito jura debita cognoscentes, supplices colla ei submiserunt, pollicentes se Regno, & ditioni ejus fideles existere, & quod imperaretur, efficere. Sicque Alavam obtentam proprio imperio subjugavit. Gilonem (1) verò, qui Comes illorum videbatur, ferro vinctum, Ovetum secum attraxit.

49 Interea ipsis diebus Ismaelita hostis urbem Legionensem attentavit cum duobus Ducibus Imundar, & Alcatenatel, ubique multis millibus amissis alius exercitus fugiens evassit. Non multo post universam Galliam, simul cum Pampilona causa cognationis, secum associat, uxorem ex illorum prosapia accipiens nomine *Ximenam* consubrinam Caroli Regis. Studio quippe exercitus, concordante favore victoriarum, multos inimicorum terminos sortitus est. *Lenzam* urbem (2) iste cepit, atque cives illius captis plurimis igne turre consumptis, *Altenzam* pace adquisivit. In diebus his frater Regis, nomine *Froilanus* (ut fertur) necem Regis detractans, aufugit ad Castellam. Rex quidem Dominus Aldefonsus, adjutus à Domino, cepit eum, & pro tali causa orbavit hos simul Froilanum, etiam Veremundum, & Odoarium. Ipse Veremundus orbatus, fraudulenter ex Oveto exivit, & Astoricam venit, & per septem annos tyrannidem gessit: Arabes secum habens, una cum ipsis Getulis exercitum *Graliare* direxit. Rex verò Aldefonsus hoc audiens, obviam illis processit, & eos usque ad internitionem delevit: cæcus autem ad Sarracenos fugit.

50 Tunc edomuit Rex *Astoricam* simul & *Ventosam*; *Conimbriam* quoque ab inimicis obsessam, defendit, suoque imperio subjugavit. Cesserunt etiam armis illius plurimæ Hispaniæ urbes. Eius quoque tempore Ecclesia ampliata est.
Ur-

(1) Gylonem *apud Sampirum legimus. Plura etiam, quæ sequuntur, tam Virorum quam Urbium nomina, aliter ibi scripta reperies.* Vide Tom. 14. à pag. 438.

(2) *Lenzam* urbem [Chron. Albelden. *Dezam Castrum iste accepit ... Antezam pace adquisivit* p. 454.]

Urbes namque *Portugalensis*, *Bracharensis*, *Vesensis*, *Flavensis*, *Aucensis* (*) Christianis populantur; & secundum sententiam Canonicam Episcopi ordinantur, & usque ad flumen Tagum populando producitur. Sub cujus Imperio Dux quidam Hispaniæ & Proconsul, nomine Abophalit, bello comprehensus, Regis obtutibus est præsentatus. Qui se precio redimens C. millia solidorum in redemptionem suam dedit. Per idem fere tempus Cordubensis exercitus venit ad Civitatem *Legionensem*, atque *Astoricensem* urbem, & exercitum Toletanæ Urbis; atque alium ex aliis Hispaniæ Civitatibus post eum venientem, in unum se tunc congregari voluit, ad destruendam Dei Ecclesiam. Sed prudentissimus Rex per exploratores omnia noscens, magno consilio Dei juvante, instat adjutus. Nam Cordubense agmen post tergum relinquens, sequenti exercitui obviam properavit. Illi quidem præ multitudine armatorum nil metuentes, *Polvorariam* tendentes venerunt.

51 Sed gloriosissimus Rex ex latere sylvæ progressus irruit super eos in prædictum locum Polvoratile juxta flumen, cui nomen est *Urbicum*. Ubi interempti ad duodecim millia corruerunt. Illa quidem Alia Azeifa Cordubensis Valledemora venit fugiendo. Rege vero persequente omnes ibidem gladio interempti sunt. Nullus inde evasit præter X. involutos sanguine inter cadavera mortuorum. Post hoc Arabes ad Regem Aldefonsum legatos miserunt pro pace. Sed Rex per triennium illis pacem accomodans, fregit audaciam inimicorum. Rex hinc magna exultavit gloria. Ac triennio peracto sub Æra DCCCCXXXVII. urbes desertas ab antiquitus populare jussit. Hæc sunt *Zemora*, *Septimancas*, & *Donias*, vel omnes campi Gothorum. *Taurum* namque dedit ad populandum filio suo Garseano. Interea sub Æra DCCCCXXXIX. congregato exercitu magno, Arabes Zemoram properarunt. Hoc audiens serenissimus Rex, congregato exercitu, inter se confligentes, cooperante divina clementia, delevit eos usque ad internitionem, etiam Alchamam, qui Propheta dicebatur, ibidem corruit, & quievit terra.

In

(*) Lege *Auriensis*. Vide pag. 53.

52 In illis diebus, quando (*Reges*) solent ad bella procedere; Rex congregato exercitu *Toletum* perrexit, & ibidem à Toletanis copiosa (*munera*) accepit. Exinde reversus, cepit gladio Castellum, quod dicitur *Quincialubel*, partem gladio truncavit, partem secum adduxit: atque *Carrionem* venit, & ibidem servum suum Addaninum à filiis suis trucidari jussit, eo quod cogitaverat necem Regis. Et veniens Zemoram filium suum Garseanum comprehendit, & ferro vinctum ad *Gozonem* duxit. Socer quidem ejus Nunio tyrannidem gessit, ac rebellum paravit. Etenim omnes filii Regis inter se conjuratione facta patrem suum expulerunt, Bortes villula consedentem. Etenim causa orationis ad Sanctum Jacobum Rex perrexit, atque inde reversus Astoricam venit, atque à filio suo Garseano petivit, ut adhuc vel semel Sarracenos persequeretur. Et multitudine, & agmine congregata, perrexit, multasque strages fecit, & cum magna victoria regressus est, atque Zemoram veniens, proprio morbo abscessit. Oveto in pace quiescit, sub aula Sanctæ Mariæ Dei Genitricis. XLIIII. annis regnavit Æra DCCCCXLVIII.

GARSIAS.

53 Aldefonso defuncto Garsias filius ejus successit in Regno. Primo anno Regni sui maximum agmen aggregavit, & ad persequendum Arabes properavit. Dedit illi Dominus victoriam, prædavit, ustulavit, & multa mancipia secum atraxit. Insuper & Regem Ajolas gladio cepit; & dum venit in loco, qui dicitur Altremulo, negligentia custodum aufugit. Rex vero regnavit annos tres, mense uno, morbo proprio Zemoræ discessit Æra DCCCCLI.

ORDONIUS II.

54 Garseano mortuo frater ejus Ordonius, ex partibus Galleciæ veniens, adeptus est Regnum. Magnum interim agmen Cordubense unà cum Alcaide, nomine Albulhabaz, ad Castellum ripæ Dorii, quod dicitur *S. Stephani*, venit. Rex verò Ordonius hoc audiens, ut erat vir bel-

bellicosus, magno exercitu aggregato, illuc festinus pertexit, & confluentibus ad invicem, dedit Dominus triumphum Catholico Regi, & delevit eos usque ad mingentem ad parietem. Ipsum quidem agmen cum supradicto Alcaide corruit, ejus capite truncato. Etiam alium Regem Crassum interfecit Abulmutaraph, & reversus est Rex cum magno triumpho ad Sedem suam Legionensem.

55 Deindè alia Azeipha venit ad locum, quem vocitant Mitonia, & inter se conflictantes, ac prælium moventes corruerunt ex ambabus partibus. Ut ait David: *Varii sunt eventus belli*. Exhinc in anno tertio, tertia venit Azeipha ad locum quem dicunt Mois. Rex vero Sancius Garsiani filius misit ad Regem Domnum Ordonium, ut adjuvaret eum contra acies Agarenorum. Rex vero perrexit cum magno præsidio, & obviaverunt sibi in Valle, qui dicitur *Juncaria* (& ut adsolet) peccato impediente, multi corruerunt ex nostris, etiam duo Episcopi *Dulcidius*, & *Ermogius* ibidem sunt comprehensi, & Cordubam sunt adducti. Pro isto Episcopo Ermogio ingressus fuit subrinus ejus *S. Pelagius* carcerem, qui postea pervenit ad martyrium. Quos Episcopos præfatus Rex, adhuc viventes, adduxit. At vero Rex ipse Ordonius, cogitans quatenus ista contrairet, primo vindicaret; congregato magno exercitu, jussit arma componi, & in eorum terra, quæ dicatur Sintilia, strages multas fecit; terram depopulavit, etiam Castella multa in ore gladii cepit. Hæc sunt Sarmaleon, Eliph, Palmacio, & Castellion, & Magnanza deprædavit.

56 Siquidem & alia multa, quod longum est prænotare, in tantum ut unius diei spatio non pervenit ad Cordubam. Exinde remeans cum magno triumphoe *Zmoram*, invenit Reginam Dominam *Gelviram* defunctam. Et quantum habuit gaudium de triumpho, tantam gustavit tristitiam de Reginæ letho. Aliam quoque duxit uxorem ex partibus Galleciæ, nomine *Aragontam*, quæ postea fuit ab eo spreta, quia non fuit illi placita.. Et postea tenuit inde confessionem dignam. Equidem Rex Ordonius, ut erat providus, & perfectus, direxit *Burgis* pro Comitibus, qui tunc eamdem terram regere videbantur. Hi sunt Nunius Fernandi,

Albolmondar albus, & suus filius Didacus, & Fernandus Ansurii filius, venerunt ad Junctam Regis in rivo qui dicitur *Carrion*, loco dicto Tebulate, & ut ait Aglographa, *cor Regis, & cursus aquarum, in manu Domini*; nullo sciente, exceptis Consiliariis propriis, cepit eos, & vinctos & cathenatos ad Sedem Regiam Legionensem secum adduxit, & ergastulo carceris trudi jussit.

57 Interea Nuntii veneruut ex parte Regis Garseani, ut illuc pergeret Rex noster suprafatus, ad debellandas urbes perfidorum: hæc sunt *Najara*, & *Begera*. Rex vero iter egit cum magno exercitu, & pugnavit, & oppressit, atque cepit supradictam Najaram, quæ ab antiquo *Tricio* vocabatur. Tunc sortitus est filiam suam in uxorem, nomine *Sanctiam*, convenientem sibi, & cum magna victoria ad Sedem suam venit. Regnavit in pace annos novem, menses sex; progrediens de Zemora morbo proprio discessit, & quiescit in aula Sanctæ Mariæ Virginis, Sedis Legionensis Æra DCCCCLXII.

FROILANUS II.

58 Ordonio defuncto, Froilanus frater ejus successit in Regno. Propter paucitatem dierum nullam victoriam fecit, nullos hostes exercuit, nisi quod (ut autumant) filios Olimundi sine culpa trucidari jussit. Et ut dicunt, justo Dei judicio festinus regno caruit. Quia Episcopum nomine Fruminum post occisionem fratrum absque culpa in exilium misit, & ob hoc abbreviatum est Regnum, ac breviter vitam finivit, & morbo proprio discessit. Regnavit anno uno, mensibus duobus, Æra DCCCCLXIII.

ALDEFONSUS IV.

59 Mortuo Froila Aldefonsus filius Domini Ordonii adeptus est sceptra paterna. Huic consistenti in regno voluntas evenit arripiendi viam confessionis, & in talibus operibus satagens, nuntios misit pro fratre suo Ramiro in partes Visei, dicens, qualiter vellet à Regno discedere, & fra-

fratri suo tribuere. Venit quidem Ramirus in Zemoram cum omni exercitu magnatum suorum, & suscepit Regnum. Frater quidem ejus properat ad Monasterium in locum, qui dicitur *Dominis Sanctis* super crepidinem alvei Ceyæ. (a) Qui Ramirus exercitum movit ad persequendum Arabes, Zemoramque ingresso, nuntius illi venit, quia frater Aldefonsus ex Monasterio progressus, Legionis regnum esset iterum adeptus. Hæc audiens Rex, ira commotus, jussit intonare buccinis, vibrare hastas, iterum Legionem remeans, festinus obsedit eum die, ac nocte, usquequo illum cepit, & comprehensum jubet ergastulo retrudi. Arte quidem facta, omnes magnates Asturiensium nuntios miserunt pro supradicto Principe Ramiro; ille vero Asturias ingressus, cepit omnes filios Froilani, *Aldefonsum*, qui sceptra paterna regere videbatur, *Ordonium*, & *Ramirum*, secum adduxit, pariterque cum fratre suo suprafato Aldefonso, qui ergastulo tenebatur, conjunxit, & omnes simul uno in die oculis orbare præcepit. Regnaverat quidem Aldefonsus annos septem, & menses septem Æra DCCCCLXIX.

RAMIRUS II.

60 Ramirus securus regnans consilium inivit cum omnibus magnatibus sui regni, qualiter Caldæorum ingrederetur terram. Et coadunato exercitu pergens ad Civitatem, quæ dicitur *Mageritæ*, confregit muros ejus, & maximas fecit strages. Dominica clementia adjuvante reversus est in domum suam cum victoria in pace. Legione vero consedenti, nuntius venit à Fernando Gundisalvi ex Azeipha (b) grandi, quæ properabat ad Castellam. Quo audito, exercitum movit Rex, & obviam illis exivit in loco qui dicitur *Oxoma*, ac nomen Domini invocando, acies ordinare jussit, & omnes viros ab bellum parare præcepit. Dedit illi Dominus victoriam magnam, partem ex eis occidit, partem multa millia captivorum secum adduxit, & reversus ad propriam

(a) *Vulgo* Sahagun, i. e. *Ss. Facundi, & Primitivi.*
(b) Azeipha, i. e. *Exercitu.*

priam Sedem cum victoria magna. Post hæc Ramirus congregato exercitu *Cæsaraugustam* perrexit, Rex namque Sarracenorum Abohahia Regi Magno Ramiro colla submisit, & omnem terram ditioni Regis nostri subjugavit: Abderramen Regi suo mentitus est, & Regi Catholico cum omnibus suis se tradidit.

61 Rex ipse noster, ut erat fortis & potens, omnia Castella Abohahia, quæ habebat infesta, edomuit, & illi tradidit, & reversus est Legionem cum magna victoria. Abohahia igitur iterum Regem Ramirum fefellit, & Abderramen pro pace misit. Postea Abderramen Rex Cordubensis cum magno exercitu *Septimancas* properavit. Rex noster Catholicus hoc audiens illic ire disposuit cum magno exercitu, & ibidem confligentibus ad invicem, dedit Dominus Victoriam Regi Catholico, secunda feria imminente festo SS. Justi & Pastoris, deleta sunt ex eis LXXX. millia. Etiam ipse Abohahia Rex Agarenus ibidem à nostris comprehensus, & Legionem adductus, & ergastulo trusus, quia mentitus est Domino Ramiro, comprehensus est recto judicio Dei. Illi vero, qui remanserant, itinere arrepto, in fugam versi sunt. Rege vero ipsos persequente, dum ipsi pervenerunt ad urbem, quæ dicitur Albandegua, à nostris ibidem comprehensi, & extincti sunt. Ipse vero Rex Abderramen semivivus evasit. Unde nostri multa attulerunt spolia, aurum videlicet, argentum, & vestes pretiosas. Rex quidem jam securus perrexit ad domum suam cum victoria magna in pace.

62 Postea secundo mense Azeipham ad ripam Turmi ire disposuit, & Civitates desertas ibidem populavit. Hæ sunt *Salmantica* sedes antiqua Castrorum, *Ledesma*, *Ripas*, *Balneos*, *Albandegua*, *Penna*, & alia plurima Castella, quod longum est prænotare. His factis Fernandus Gundisalvi, & Didacus Munionis contra Regem Dominum Ramirum tyrannidem gesserunt, necnon & bellum paraverunt. Ille vero Rex, ut erat prudens & fortis, comprehendit eos, & unum in Legione, alterum *Gordone*, ferro vinctos, carcere trusit. Multo quidem tempore transacto, juramento Regi dato exierunt de ergastulo. Tunc Ordonius filius Regis

gis sortitus est filiam Fernandi in conjugem, nomine *Uracam*, & Ramirus, qui erat Rex mitissimus, filiam suam *Gelviram* Deo dicavit; & sub nomine ejusdem Monasterium intra urbem Legionensem miræ magnitudinis construxit in honore Sancti Salvatoris juxta Palatium Regis. Alia quidem Monasteria in nomine Sancti Andreæ, & Sancti Christophori ædificavit super ripam fluminis Ceiæ. Aliud super ripam Dorii in nomine Sanctæ Mariæ ædificavit. Aliud etiam Monasterium in sua hereditate propria in nomine Sancti Michaelis Archangeli super fluvium nomine Ormam. XIX. regni sui anno, consilio inito, exercitu aggregato, perrexit evolvere Civitatem Agarenorum, quæ nunc à populis *Talavera* vocitatur, & bello inito occidit ibidem duodecim millia, & asportavit septem millia captivorum, & reversus est ad propria cum victoria. Et tunc Ovetum ire disposuit, & illic graviter ægrotavit. Ad Legionem reversus, accepit confessionem ab Episcopis, & Abbatibus, valde eos exhortatus; & vespere Apparitionis Domini ipse se ex proprio Regno abstulit, & dixit: Nudus egressus sum de utero matris meæ, nudus revertar illuc. *Dominus meus adjutor meus, non timebo, quid faciat mihi homo;* proprio morbo discessit, & quiescit in sarcophago juxta Ecclesiam Sancti Salvatoris ad coemenrerium, quod construxit filiæ suæ Dominæ Gelviræ. Regnavit annis XIX. mensibus II. diebus XXV. Æra DCCCCLXXXVIII.

ORDONIUS III.

63 Ramiro defuncto filius ejus Ordonius sceptra paterna est adeptus. Vir satis prudens, & in exercendis, disponendisque exercitibus nimis sapiens. Frater quidem ejus, nomine *Sancius*, consilio iniquo unà cum avunculo suo, nomine Garsiano, Rege Pampilonensium, necnon Fernandus Gundisalvi Burgensium Comes, unusquisque cum exercitu suo Legionem accesserunt, qualiter Ordonium à Regno expellerent, & Sancium fratrem ejus in Regno confirmarent. Quo audito Rex Ordonius satis exercitatus,

ste-

stetit, suasque Civitates defensavit, & regni sceptra vindicavit. His supradictis remeantibus ad propria, ipse quidem Rex Ordonius, magno exercitu aggregato, Galleciam edomuit. *Olixiponam* deprædavit, & multa spolia simul cum captivis secum adduxit; & ad Sedem Regiam cum pace, & victoria rediit. Fernandus vero supradictus, quia socer ejus erat, volens nolens, cum magno metu ad ejusdem servitium properavit. Rex vero regnavit annos quinque, menses VII. propria morte urbe Zemora decessit, & Legione quiescit juxta aulam Sancti Salvatoris juxta sarcophagum patris sui Ramiri Regis, Æra DCCCCXCIII.

SANCIUS I.

64 Ordonio defuncto frater ejus Sancius Ramiri filius pacifice apicem regni sui suscepit. Annoque idem regni sui expleto quadam arte, exercitus conjuratione ex Legione egressus, Pampiloniam pervenit, ac missis nuntiis, una cum consensu avunculi Garsiani Regis ad Regem Cordubensem Abderramen ire jussus est. Omnes vero magnates regni ejus consilio inito, unà cum Fernando Burgensium Comite Regem *Ordonium* elegerunt in regno, Aldefonsi Regis filium, qui orbatus fuerat (*oculis*) cum fratribus suis. Ferdinandus quidem Comes dedit ei filiam suam uxorem, relictam ab Ordonio Ramiri filio. Sancius quidem Rex, cum esset crassus nimis, ipsi Agareni herbam attulerunt, & crassitudinem abstulerunt à ventre ejus, & ad pristinam levitatis astutiam reductus, consilium iniit cum Sarracenis, qualiter ad regnum sibi ablatum perveniret, ex quo ejectus fuerat. Egressus cum innumerabili exercitu, pergit Legionem.

65 At ubi terram Regni sui intravit, & Ordonio auditum fuit, ex Legione per noctem fugiit, & Asturias intravit, & regno caruit. Ille caruit, Sancius suscepit. Ingressus Legionem, edomuit omne regnum patrum suorum: supradictus quippe Ordonius ab Asturiis projectus, *Burgis* pervenit. Ipsum etiam Burgenses, muliere ablata, cum filiis duobus, à Castella expullerunt, & ad terram

Sar-

Sarracenorum direxerunt: ipsa quidem remanens *Urraca* nomine, alio se sociavit viro. Ordonius adhuc vivens, inter Sarracenos mansit, & exulando pœnas persolvit. Rex vero Sanctus salubre inivit consilium una cum sorore *Gelvira*, ut nuntios mitteret Cordubam, & peteret corpus Sancti *Pelagii* Martyris, qui martyrium accepit in diebus Ordonii Principis sub Rege Arabum Abderramen, Æra DCCCCLXII I. Et dum legatos illis pro pace, & ipsius corpore Sancti miserunt, egressus Rex Sancius Legione, venit Galleciam, & edomuit eam usque ad flumen Doril. Quo audito, Gundisalvus, qui Dux erat ultra flumen illud, congregato magno exercitu, venit usque ad ripam ipsius fluminis. Deinde missis nuntiis, & conjuratione facta, ne exolveret tributum ex ipsa terra, quam tenebat; callidè adversus Regem cogitans, veneni pocula illi in pomo duxit. Quod dum gustasset, sensit cor suum immutatum: silenter musitans, festinus cœpit remeare ad Legionem. Ipso itinere die tertio vitam finivit. Regnavit annos XII. Æra MV.

RAMIRUS III.

66 Sancto defuncto filius ejus Ramirus, habens à nativitate annos V. suscepit regnum Patris sui; continens se cum consilio Amitæ suæ Domnæ *Gelviræ*, devotæ Deo, ac prudentissimæ, habuit pacem cum Sarracenis, & corpus Sancti Pelagii ex eis recepit, & cum religiosis Episcopis in Civitate Legionensi tumulavit. Anno II. regni sui C. classes Normanorum cum Rege suo nomine Gunderedo, ingressæ sunt urbes Galleciæ, & strages multas facientes in gyro Sancti Jacobi, Episcopum loci illius gladio peremerunt, nomine *Sitenandum*, ac totam Galleciam deprædaverunt, usquequo pervenerunt ad Pyreneos montes Ezebrarii. Tertio vero, remeartibus illis ad propria, Deus, quem occulta non latent, retribuit ultionem. Sicut enim illi plebem Christianam in captivitatem miserunt, & multos gladio interfecerunt, ita illi priusquam à finibus Galleciæ exirent,

malmulta mala perpessi sunt. Comes namque Gundisalvus (1) Santionis in nomine Domini, & honore Sancti Jacobi, cujus terram devastaverunt, exivit cum exercitu magno obviam illis, & coepit praeliari cum illis. Dedit illi Dominus victoriam, & omnem gentem ipsam simul cum Rege suo gladio interfecit, atque classes eorum igne cremavit, Divina adjutus clementia.

67 Rex vero Ramirus, quum esset in pueritia, & modica scientia, coepit Comites Galleciae factis ac verbis contristari. Ipsi quidem Comites talia ferentes, callidè adversus eum cogitaverunt, & Regem alium, nomine *Veremundum* super se erexerunt; qui fuit ordinatus in Sede Sancti Jacobi Idibus Octobris, Æra MXX. Quo audito, Ramirus ex Legione ad Galleciam properavit. Rex vero Veremundus obviam illi exivit in Portella de Arenas, & coeperunt acriter praeliari. Nullus tandem eorum alteri cedens, separati sunt ab invicem. Ramirus verò reversus est Legionem, ibique proprio morbo decedens XVI. regni sui anno vitam finivit. [*]

VEREMUNDUS II.

68 Mortuo Ramiro Veremundus Ordonii filius regressus est Legionem, & accepit Regnum pacificè. Vir satis prudens. Leges à Vambano Principe conditas, firmavit; Canones aperire jussit: dilexit misericordiam & judicium, reprobare malum studuit, & eligere bonum. In diebus vero regni ejus propter peccata populi Christiani, crevit ingens multitudo Sarracenorum, & Rex eorum, qui nomen falsum sibi imposuit *Almanzor*, qualis non antea fuit, nec futurus erit, consilio inito cum Sarracenis transmarinis, & cum omni gente Ismaelitarum, intravit fines Christianorum, & coepit devastare multa regnorum eorum, atque gladio

tru-

(1) *Perperam Berganza* Guillermus. (*) *Hucusque Sampiri Chronicon.*

trucidare. Hæc sunt regna Francorum, regnum Pampilonense, regnum etiam Legionense. Devastavit quidem Civitates, Castella, omnemque terram depopulavit, usquequo pervenit ad partes maritimas occidentalis Hispaniæ, & Galleciæ Civitatem, in qua corpus Beati Jacobi Apostoli tumulatum est, destruxit. Ad sepulchrum verò Apostoli, ut illud frangeret, ire disposuerat; sed territus rediit: Ecclesias, Monasteria, Palatia fregit, atque igne cremavit, Æra MXXXV. Rex Cælestis memorans misericordiæ suæ, ultionem fecit de inimicis suis. Morte quidem subitanea, & gladio, ipsa gens Agarenorum cœpit interire, & ad nihilum quotidie pervenire. Rex vero Veremundus, à Domino adjutus, cœpit restaurare ipsum locum Sancti Jacobi in melius. Et secundo anno post Azeipham terra Bericensi proprio morbo in confessione Domini emisit spiritum. Regnavit annos XVII. (a)

69 Quo defuncto, Aldefonsus filius ejus, habens à nativitate annos tres, adeptus est regnum, Æra MXXXVII. ex quorum stirpe Ferdinandus, Sancii Cantabriensis Regis filius, uxorem ducens, ad expellendos barbaros imposterum regnaturus, emicuit. Siquidem tempore Sancii commemorati Ramiri Regis filii pro quorundam iniquitate, qui regnaverant, quia expulerant alii socios regno, alii effoderant, ut pater istius, fratribus oculos, sicuti gentes pro diversis flagitiis Ismaelitico (*) populo, Mauros Hispaniis Divina permissio dominare rursus permisit.

RAMIRUS III.

70 Æra igitur MIIII. (b) defuncto Sancio Rege, Almanzor omnium barbarorum metas regni Christianorum audacter transgressus est. Nempe post mortem istius, ut in tali negotio evenire solet, Comites qui provinciis præerant, alii regnum (c) imperium plus justo perpessum ad memoriam

(a) *Infra iterum de* Veremundo num. 72. (b) *Era MV. supra num.* 65. *legimus in Sampiro.* (*) Forte, *Israelitico.* (c) Regni, *vel* Regum *imperium lege.*

riam revocantes, alii ambitione imperitandi absque jugo munitiones contraponentes; Ramiro Sancii Regis filio, adhuc teneris annis detento, parere recusabant. Hanc itaque Christianorum discordiam Barbarus audiens, Dorium fluvium, qui tunc temporis inter Christianos & Barbaros pro limite habebatur, vado trajecit. Adjuvabat in hoc facto Barbarorum & largitas census, qua non modicos Christianorum milites sibi illexerat; & justitia ad judicium faciendum, quam semper, ut paterno relatu didicimus, præ omnibus, si fas est dicere, etiam Christianis, caram habuerit. Ad hoc si in hibernis aliqua seditio oriretur, ad sedandum tumultum potius de barbaro, quam de Christiano supplicium sumebatur. Igitur quidquid infra Provinciam interjacet, ferro & igne devastans, animosus super ripam fluminis *Estulæ*, (a) ad bellandam Legionem urbem, castra fixit, nactus scilicet sibi in posterum nil contrarium foret, si Legionensium regiam Civitatem ingredi potuisset.

71 Quibus auditis Ramirus puer, quem Legione mater Teresia Regina adhuc tenerum (b) cum quibusdam Comitibus armatus hostibus occurrit. Commissoque prælio usque ad tentoria, eos ingenti cæde prostravit. Porrò Barbarus post ubi suos fœda fuga præbere animadvertit dedignatus, suo solio prosiliit. Fertur enim Almanzor hoc signum calumniæ, dum male pugnavissent, suis militibus ostendere quod deposito aureo galero, quo assiduè caput tegebat, humi cum calumnia resideret, quem decalvatum videntes milites barbari, alteros alteri cohortantes, nostros undique magno cum fremitu circumveniunt, atque versa vice eos à tergo perurgentes per medias civitatis portas intermixti irruerunt, nisi ingens nix cum turbine hanc dirimeret litem. Barbarus hoc anno propter eminentem hyemem infesto negotio recepit se in patriam. Cui tamen divina ultio in posterum licentiam tantam dedit, ut per XII. continuos annos Christianorum fines totidem vicibus aggrediens, & Legionem, & ceteras Civitates cape-

(a) Ezla *hodie*. (b) *Deest aliquid*.

peret, Ecclesiam Sancti Jacobi, ac Sanctorum Martyrum Facundi, & Primitivi, ut superius prælibavi, cum aliis compluribus, quas longum est exprimere, destrueret, quæque sacra ausu temerario pollueret, postremo omnem regnum sibi subactum tributarium faceret. Eadem verò tempestate in Hispania omnis Divinus cultus periit; omnis Christicolarum gloria decidit; congesti Ecclesiarum thesauri funditus direpti sunt. Quum tandem Divina pietas, tantæ ruinæ compatiens, hanc cladem à cervicibus Christianorum auferre dignaretur. Siquidem XIII. regni anno post multas Christianorum horriferas strages Almanzor à Dæmonio, quod eum viventem possederat, interceptus, apud *Metinam-Cælim* maximam Civitatem, in inferno sepultus est.

VEREMUNDUS II.

73 Genus vero Gothorum Dei miseratione jugo à tanta strage vires paulatim recepit. Ordonius namque Froilani Regis filius, qui parvo tempore regnaverat, superstitem filium nomine *Veremundum* reliquit; qui profectò Veremundus post ubi in finibus Galleciæ arcem Regni adeptus est, non ut præceps & iners negotii; sed in ipso Principatus sui exordio Mauros solerti cura expugnare cœpit. (*)

ALDEFONSUS V.

73 Hic genuit Aldefonsum, in Ecclesias & pauperes Christi misericordiæ visceribus satis affluentem, atque Barbarorum, & eorumdem Civitatum strenuissimum expugnatorem. Verum legem Dei zelando, quum barbaricam superstitiosam sectam maximo odio propulsaret; apud Castrum *Veseose* fertur, quosdam Mauros ferro, famequè inclusos tenuisse; in qua expeditione præ nimia æstate sola linea interula indutus, dum prope moenia Civitatis spatiando, super equum resideret, à quodam barbaro insigni Balea-

---

(*) *Vide supra num. 68. & infra sæpius.*

learia de turre sagitta percusus est: ex quo vulnere ad extrema perductus, superstitibus liberis *Veremundo*, & *Sancia* puella, spiritum (ut credimus) Deo redidit.

NAVARRÆ REGES GARSIAS, ET SANCIUS.

74 Ceterum patefacta Aldefonsi (*) nostri Imperatoris materna prosapia, ut quoque ejusdem patris nobilis origo patefiat, paulisper sermo versatur. Igitur Cantabriensium regnum, quamquam occupatione Maurorum subversum ex parte novimus, in parte tamen munitione, & difficultate introitus terrarum, solidum permansit. Si aliquando namque hostis, plus solito formidolosus irruerat; relicta planicie ad Civitates, & Castella in intervallis montium sita currebatur. Ad hoc Cantrabi algoris & laborum pro loco & necessitudine utcumque patientes, & arreptis levioribus armis, per colles & opaca sylvarum loca pedientes, serpiendo ex improviso castra hostium, dum aderant invadendo, sæpe conturbabant. Neque hujusmodi factum ab hostibus vindicari nusquam poterat: quia Cantabri succincti & leves, statim ut res postulabat, in diversa rapiebantur. Itaque Maurorum rabies, quæ aliis formidolosa erat, Cantabris ludibrio habebatur. Sed *Garsias*, qui ex nobili Petri Cantabriensium Ducis origine ducebatur, postquam declaratur Rex, & Barbaris armatus crebro occurreret, & eorum impetus, ne in fines Christianorum solito more desævirent instanter compescere cœpit. Quo defuncto, *Sancius* filius ejus paterno subiit regno, quem Deus Christianæ fidei cum sudore exercitus sui devotum ultorem prospiciens, & successus prosperos eidem addidit, & sobolem ejusdem multiplicem generationem crescere fecit. Ab ipsis namque Pyrinæis jugis ad usque castrum *Najara* quidquid terræ infra continetur, à potestate Paganorum eripiens, Iter S. Jacobi, quod barbarico timore per devia Alavæ peregrini declinabant, absque retractionis obstaculo currere fecit.

FER-

(*) *Aldefonsi, sexti scil. qui scripti hujus argumentum fuit.*

FERNANDUS I. CASTELLÆ.

75 Meruit quoque natorum contubernio diu fœliciterque perfrui. Quibus vivens pater benigne regnum dividens, *Garsiam* primogenitum Pampilonensibus præfecit: *Fernandum* verò bellatrix Castella jussione patris pro gubernatore suscepit. Dedit *Ramiro*, quem ex Concubina habuerat, quandam semotim regni sui particulam, scilicet, ne fratribus eo quod materno genere impar erat, quasi hereditarius regni videretur. Interim Fernandus Sanciam filiam Aldefonsi Galleciensis Regis nobilissimam puellam *Veremundo* fratre regales sororis nuptias exhibente, in conjugium accepit. Ceterum Veremundus Infans à finibus Galliciensium usque ad fluvium *Pisorga*, qui Cantabriensium regnum separat, obeunte patre, Rex constituitur.

76 Porrò Sancius Rex in senectute bona plenus dierum, dum filius ejus Garsias, ob vota solvenda, Romam commearet, hac vita decessit Æra MLXXIII. quem Fernandus apud Onniense Cœnobium magno cum honore, ut tantum patrem decebat, humari fecit. Garsias verò, postquam solutis Deo votis Roma rediit, ac jam obitu patris percepto, Pampilonensi Provinciæ appropinquatur, audit Ramirum fratrem ex Concubina ortum super regnum sibi insidias prætendere. Qui nimirum Ramirus, ad hoc facinus perpetrandum illexerat sibi quosdam affines Maurorum Reges, & *Cæsaraugustanum* scilicet, & *Oscensem*, pariter & Regem de *Tudela*: quorum præsidio magis quam de se fretus, positis Castris super oppidum *Tafaia* bellum fratri indigne comminabatur. Cujus contumaciam, quia misera videbatur, animositas Garsiæ Regis ferre non sustinens, collectis Pampilonensium fortissimorum militum copiis, castra hostium extemplo aggreditur. Deinde maxima parte more pecudum trucidata; ceteri qui remanserant, relictis tentoriis, stipendisque, inermes fugam arripiunt. Sed & Ramirus adulterinus ille, nisi descalciatus super equum capistro regente tuta peteret loca, dies illa sibi ultima foret.

77 Interea ex vinculo unitatis & dilectionis oritur inter Fernandum & Veremundum cognatum suum atra discordia, quæ ab initio omnium malorum seminarium, bonorumque innopinata turbatrix fuit. Quid enim mirum, si causa existente suas hic exercuit vires, dum motibus humanarum rerum diversis crebrescentibus, etiam mellifluas mentes commovendo, se ultro ingerit? Quum & ipsam immortalem creaturam ab Angelica concordia divideret, non videtur magnum, si inter mortales, adhuc terrena sapientes, bella mortifera commovit. Verum in hoc certamine secundum humanam rationem uterque suam videtur habere causam. Siquidem Santius Cantabriensium post mortem Aldefonsi Galleciensium Principis, Veremundo teneris annis impedito, partem regni sui, videlicet à flumine *Pisorga* ad usque *Ceyam* suo dominio mancipaverat. Porrò Veremundus adulta jam ætate, ubi Sancius Rex spiravit, paternum Regnum vindicare disposuit.

78 Ad hoc Fernandus, cui Aldefonsi filia nupserat, videretur injustum, (*) & quasi quoddam à ratione alienum esse, si ipsemet expers hujus regni foret. His itaque repugnantibus, magna inter utrumque nascitur commotio. Sed quoniam viribus militum impares erant; adeò quod Fernandus Veremundi impetus ferre non valeret; auxilia fratris sui Garsiæ ad expugnandum hostem obnoxius poscit. Mihi verò mortem tanti Regis scribenti, dum nobile ejus sceptrum considero, dolor utcumque occurrit. Nempe Veremundus, patricius puer in Regem constitutus, ren ut illa ætas, diversis puerilibus, & lascivis cupiditatibus assolet astringi, constrictus dignoscitur: sed in ipso teneri regni exordio Ecclesias Christi gubernare, easque à pravis hominibus defendere, Cœnobiorum ceu pius pater consolator, existere cœpit. Unde non dubium est Veremundum, hoc mundo abstractum lapidem ad Cælestis Hierusalem cumulandam struem fuisse. Juxta illud: Tolite de via lapides, ad cæleste ædificium colliguntur: & rursus: Ecce quomodo periit justus, & nemo considerat. 79

(*) *Aliquid desideratur.*

79 Fernandus igitur, & Garsias frater ejus, aggregatis fortissimorum militum copiis, dum ad expugnandum hostem properant, ecce Veremundus cum suis transjecto Cantabriensium limite eis armatus obvius procedit, & jam super Vallem *Tamaron* duæ oppositæ acies circunspiciebant se fulgentibus armis, cum Veremundus acer & imperterritus primo Pelagiolum insignem equum suum calcaribus urget, ac cupiens hostem ferire, rapido cursu inter densissimum cuneum stricta hasta incurrit. Sed nuraica mors, quam nemo mortalium vitare poterit, eum præoccupans, dum ferox Garsias, & Fernandus acrius instarent, in ipso equino impetu confoditur, atque corruens in terra mortuus, septem super eum ex militibus suis acerbatim occubuerunt. Cujus corpus inter ceteros Reges sepulturæ Legione traditum est.

80 Fernandus deinde, extincto Veremundo, à finibus Galleciæ omne regnum suæ ditioni degitur. Æra MLXXVI. X. Kalend. Julii consecratus Dominus Fernandus in Ecclesia Beatæ Mariæ Legionensis, & unctus in Regem à venerandæ memoriæ *Servando* ejusdem Ecclesiæ Catholico Episcopo: qui postquam cum conjuge *Sancia* sceptra regni gubernandi suscepit, incredibile est memoratu, quam brevi Barbarorum provincias totius Hispaniæ formido ejus invaserit: qui in initio maturius depopularet, nisi ad sedandos regni sui tumultus, prius quorumdam magnatorum rebelles animos corrigere sagaciter procuraret. Ad hoc amplitudo regni ejus animum fratris sui Garsiæ stimulaverat, atque ex fraterna unitate eumdem ad cumulum invidiæ usque perduxerat. Fernandus itaque Rex talibus impeditus, spatio *sexdecim annorum* cum exteris gentibus ultra suos limites nihil confligendo peregit.

81 Interea Santia Regina concepit & peperit filium, cujus nomen *Santius* vocabatur. Deinde prægnans, edidit filiam, nomine *Gelviram*. Rursus concepit, & peperit filium, quem ab utroque parente vocare placuit *Aldefonsum*. Denique, concepto semine, minimus *Garsias* progenitus est. *Urracam* namque decore & moribus nobilissimam puellam priusquam Regni apicem obtinuissent, genuerunt. Rex vero Fernandus filios suos & filias ita censuit instruere, ut

primo liberalibus disciplinis, quibus & ipse studium dederat, erudirentur. Dein ubi ætas patiebatur more Hispanorum equos cursare, armis & venationibus filios exercere fecit. Sed & filias, ne per ocium torperent, ad omnem muliebrem honestatem erudire jussit. Igitur administratio Regni Fernandi Regis, post ubi liberis moribus, militibusque aucta, satis prospera, satisque pollens videbatur, sicuti pleraque habentur mortalium, inter eum & Garsiam fratrem suum ex istius opulentia orta est invidia. Ceterum Fernandus, quum per omnia mansuetus & pius inveniretur, à naturali benignitate & solita pietate segmentari abhorrens; proposuerat in corde simultates, & fratris invidiam utcumque ferre; ita quod ne ad iracundiam quidem ab eo provocari potuisset: ratus, sua scilicet gloria, quandoque fraternam invidiam vincere.

82 Itaque Garsias apud Najaram infirmatur: Fernandus Rex fraternis visceribus commotus eum visere festinat. Jamque eo ventum erat, cum inito consilio, ut Regem capiant, insidiæ mutuo parantur. Post ubi vero timore tantam rem impediente, id frustra fuit, Fernandus strinctim recepit se in patriam. Factum est autem, ut è converso Fernando ægrotante, quum Garsias Rex, vel pro tanto scelere placandi gratia, seu infirmitatis causa humiliter accederet. Mihi tamen videtur magis pro mitigando frustrato facinore, quam ut fratrem de infirmitate consolaretur, Garsiam advenisse. Quippe ut solus regno potiretur, non solum infirmitate fuisse detentum, verum de hoc mundo funditùs exisse desiderabat, ita habent sese Regum avidæ mentes. Quo ergo viso, Fernandus Rex in iram compulsus, Ceyæ in vinculis ponere imperat: qui post aliquot dies callidè evadens, cum quibusdam militibus furtim præparatis, ad propria remeavit.

83 Garsias deinceps acer, & furibundus, cœpit occasiones belli apertè quærere, atque fraternum sanguinem sitiens, ejusdem fines, quos attingere poterat, hostiliter devastare. Quibus auditis Fernandus Rex collecto à finibus Galleciæ immenso exercitu, injuriam regni ulcisci properat. Interim Legatos idoneos ad Garsiam Regem mittit,

tit, quatenus dimissis finibus suis, uteretur pace, neve cum eo mortiferis gladiis confligere præsumeret: fratres enim erant; ideoque unumquemque in regno suo deceret quiete vivere: atque tantorum militum multitudinem se sustinere non posse, ei prædicit. Porrò Garsias Rex ferox & animosus, audita Legatione, nuntios è Castris, despecta fratris pietate, exire imperat, ac statim subinferendo minas, eos cum sociis, qui pugnæ subierint, triumphato Domino, more pecudum se rapere in patriam dicit. Confidebat namque Garsias in viribus suis; eo quod tunc temporis, excepto Regio imperio præ omnibus militibus insignis miles habebatur. Siquidem in omni bello strenui militis, & boni Imperatoris officia simul peragi assueverat. Illexerat quoque sibi maxima turba Maurorum, quos tumultus causa ad pugnam conscripserat.

84 Igitur ab utroque dies & locus infelici pugnæ constituuntur. Jam autem Garsias in media valle de *Ataporca* posuerat castra, quum Fernandi Regis milites noctu desuper imminentem præoccupant collem. Qui nimirum milites ex cognatione Veremundi Regis plerumque existentes, ubi voluntatem Domini sui fratrem suum avidam vivum capiendi, potius quam extinctum animadvertunt, ut credo, instinctu Sanciæ Reginæ communem sibi sanguinem vindicare, singulariter anhelabant. Mane itaque facto, quum primo Titan emergeretur undis, ordinatis aciebus ingens clamor utrumque attollitur, inimica pila eminus jaciuntur, mortiferis gladiis communis res geritur. Cohors tamen fortissimorum militum, quos paulò tetigi, laxis habenis, desuper incursantes, per medias acies secando omnem impetum, crispatis hastis, in Garsiam Regem inferunt, atque confossum, exanimem in terram de equo præcipitant. In quo bello duo ex militibus Garsiæ cum eo interfecti sunt. Sed & Mauri, qui pugnæ subierant, dum fugam arripere moliuntur, magna pars illorum captivata est. Æra M.XCII. Corpus vero Garsiæ Regis in Ecclesia Beatæ Mariæ *Najarensis* sepulturæ traditur, quam ipse à fundamento devote construxerat, atque argento, & auro, sericisque indumentis pulchre ornaverat.

85 Fernandus Rex, postquam mortuo fratre, & cognato, omne regnum sibi sine obstaculo ditioni suæ subactum videt; jam securus de patria reliquum tempus in expugnandos Barbaros, & Ecclesias Christi corroborandas agere decrevit. Igitur transacto hyemali tempore, æstatis initio, quum propter pabuli copiam exercitus jam duci potuisset, Rex de campis Gothorum movens, *Portugalem* profectus est: maximè parti cujus est (*a*) Lusitania Provincia, & Bætica, Barbari eructantes (*b*) impie dominabantur. Ceterum Fernandus Rex per omne vitæ suæ tempus hoc in divina mente firmiter studuerat, non prius ab incepto posse desistere, aut simul suscepto labori cedere, quoniam hoc quod efficere conaretur, perfecto fine concluderet. Ex qua re formido ejus, velut viso serpente, corda Barbarorum perterrefaceret. Paratis itaque stipendiis omnibus, primo impetu oppidum *Sena* cum aliis circumjacentibus Castellis invadit, interfectisque Barbaris, quos voluit in servitutem sibi, suisque humiliavit. Sed quoniam fastidiosum videbatur, villulas & crebra Barbarorum Castella, à Fernando invictissimo Rege depopulata, stylo synaxim enumerare; nomina principalium Civitatum Ecclesiis quarum olim Pastores præfuerant, quas viriliter pugnando à sacrilegis manibus extorsit, exprimere curavi.

86 Triumphato ergo oppido Sena, ad debellandam *Visensem* urbem accelerat; ea scilicet intentione, ut factorum suorum reddita vice, pro Aldefonso socero suo interfecto, Civitatis illius Barbari solverent debitas pœnas. Erat namque in eadem Civitate sagittariorum manus fortissima. Cujus impetum, si aliquando muros dimicandi causa properavissent, nisi clypeis tabulas superponerent, vel aliqua fortiora obstacula, ferre non valebant, quin sagitta singularem clypeum, & triplicem loricam pertransiret. Exploratis igitur omnibus Civitatis ingressibus, positis Castris, Rex delectos milites, & cum his Balearios ad Visensium Civitatem cursu tendere, & portas obsidere ju-

(*a*) Et *melius leges*, *quam est*. (*b*) Forte *irrumpentes*.

jubet. Deinde commiso prælio, per aliquot dies cum magna vi certaretur, cepit eam; atque invento inibi sagittario, qui Aldefonsum Regem interfecerat, eum ab utraque manu privare jussit. Ceteri vero Mauri militibus præda fuere: impropere amovens castra *Lamencensem* urbem petiit. Ad quam dum pervenit, circumdato exercitu, murum magno conamine irrumpere. Quæ quamvis difficultate loci inexpugnabilis videretur, oppositis tamen turribus, & diversorum generum machinis, eam brevi expugnavit, expugnatamque suis legibus subdidit. Lamecenses quoque Mauri partim gladiis obtruncati, partim vero ob diversa Ecclesiarum opera ansis ferreis sunt constricti.

87 Siquidem Fernandus Rex solerti semper cura providebat, ut de victoriarum suarum spoliis ad laudem summi opificis, qui eum victorem reddebat, melior pars per Ecclesias, & Christi pauperes distribueretur. Cepit etiam Castrum S. *Justi* super flumen Malva situm, & *Tharoca* cum aliis quam pluribus, circumquaque positis. Quæ ne in eis contra Christianos, eo quod importunitate locorum infesta erant, Barbari ulterius præsidia ponerent, ad solum usque destruxit. Quibus triumphatis, ut *Conimbria* illarum partium maxima Civitas, quæ istis præfuerat, in cultum Christianitatis redigeretur, limina Beati Jacobi Apostoli, cujus Corpus per Divinam nostri Redemptoris visitationem ad Hispaniam delatum dicitur, Rex flagitando petiit. Ibique supplicatione per triduum facta, ut id bellum prosperos ac felices haberet eventus: Apostolum ad Divinam Majestatem pro eo intercessorem postulabat. Donato itaque venerando loco, Fernandus Rex divino fretus munimine, Conimbriam audacter accelerat, castris supra eam positis, consedit. Ceterum ut devotissima ejus oratio qualiter Deo accepta fuerit, omnibus clareat, exprimere dignum duxi.

68 Completa namque extitit in devotione Fernandi Regis rara sententia nostri Salvatoris: *Amen*, inquiens, *dico vobis, quodcumque petieritis patrem in nomine meo, dabit vobis,* In hoc enim quod Civitatem illam à ritibus Paganorum erui, & ad fidem Christianorum reverti flagitabat, pro-
fec-

fecto in nomine Jesu, quod Salvator interpretatur, Deum Patrem pro ejus salute rogabat. Sed quoniam adhuc Fernandus, incorruptibili carne positus, familiarem se divinæ gratiæ esse per meritum vitæ nesciebat, Apostoli suffragia postulat; quatenus ad intercedendum, piissimi magistri familiarem notitiam accedat. Pugnat itaque Fernandus Rex apud Conimbriam materiali. (a) Pro cujus victoria capessenda Jacobus Christi miles magistrum apud intercedere non cessat. Tandem Fernando Serenissimo Regi cælitùs concessum triumphum hoc modo Beatus Apostolus Compostellæ innotuit.

89 Venerat à Hierosolimis peregrinus quidam Græculus (ut credo) & spiritu & operibus pauper, qui in porticu Ecclesiæ Beati Jacobi diu permanens, die, noctuque, vigiliis, & orationibus instabat. Quum nostra loquela jam paulisper uteretur, audit indigenas, templum sanctum pro necessitatibus suis crebrò intrantes, aures Apostoli, bonum militem nominando, interpellantes. Ipse vero apud semetipsum non solum equitem non fuisse, imò etiam nec usquam ascendisse, asserens. Supereminente nocte, clauditur dies. Tunc ex more quum peregrinus in oratione pernoctaret, subito in extasi raptus, ei Apostolus Jacobus, velut quasdam claves in manu tenens, apparuit, eumque alacri vultu alloquens, ait: Heri, inquit, pia vota precantium deridens, credebas me strenuissimum militem numquam fuisse. Et hæc dicens, allatus est magnæ staturæ equus splendidissimus ante fores Ecclesiæ, cujus nivea claritas totam, apertis portis, perlustrabat Ecclesiam. Quem Apostolus ascendens, ostensis clavibus, peregrino innotuit Conimbriam Civitatem Fernando Regi in crastinum circa tertiam diei horam se daturum. Interea labentibus astris cum die Dominica Sol primo clarus patefecerat orbem, Græcus tanta visione attonitus, omnes Clericos, & omnes villæ primores in unum convehat, (b) atque hujus nominis & ex-

(a) Arte, aut quid simile desideratur. Vel potius magna vi pro materiali legendum: ita enim supra in Viseo: Cum magna vi certaretur. (b) Forte, convocat.

expeditionis ignarus, eis ordine rem pandendo, Fernandum Regem hodie Conimbriam ingressum dicit. Qui denotato die legatos cum festinatione ad castra invictissimi Regis dirigunt. Qui solerter iter agentes, percipiant utrum ex Deo hæc visio procederet, ut ad laudem nominis sui ministri debuisset huic mundo. At Legati postquam maturantes in Conimbriam pervenerunt, ipso die quem Apostolus Jacobus Compostellæ significaverat, Regem aggressum hora tertia Civitatem, invenerunt. Siquidem quum per aliquot temporis in spatia Conimbrienses infra mœnia inclusos teneret, positis in gyro arietibus murum Civitatis in parte fregerat. Quod videntes barbari, Legatos cum supliciis ad Regem miserunt, qui sibi, liberisque vitam tantummodo postulantes, & urbem & omnem substantiam præter viaticum per parcum stipendium Regi tradiderunt.

90 Expulsa itaque de Portugale Maurorum rabie; omnes ultra fluvium *Mondego*, qui utramque à Gallecia separat provinciam, Fernandus Rex ire cogit. Sed his civitatibus, quas juri Paganorum abstulit, *Sisenandum* quemdam consiliis illustrem præfecit. Is namque ab Abenhabeth Baticæ Provinciæ Rege cum alia præda, ex Portugale olim raptus, multis præclaris commissis inter barbaros insudando, in tantam claritatem pervenerat, ut præ omnibus totius Regni barbaro Regi carior haberetur. Quippe cujus neque consilium, neque inceptum ullum frustra fuerat. Ceterum ubi relicto Abenhabet Sisenandus ad Fernandum Regem profectus est, his supradictis artibus, & novis insignis, & barbaris usque ad extremam diem maximo terrori fuit. Rex vero Fernandus pro triumphato hoste limina Beati Apostoli cum donis deosculans, ad Legionensem urbem alacer revertitur. Ubi magnatorum suorum generalem habens conventum, statuit barbaros, qui à parte orientis ex provincia *Carthagine*, & Cæsaraugustano Regno invadentes munitiones, & crebra Castella, secus Dorium flumen sita, inhabitabant, bello aggredi. Erant namque, affinitate loci Castellæ confinibus, prædas, & mancipiorum extemplo agentes, inevitabiles hostes.

Re-

91 Redeunte igitur anni congruo tempore, Fernandus Rex eos, recreato milite, invadit. Captoque brevi Castro *Gormaz*, Vadum Regis accessit. Quod oppidum postquam suæ ditioni mancipavit; Civitatem *Berlanga*, quæ cetera circumquaque posita protegebat Castella, animosus petiit. Sed & Mauri illius Civitatis, ne hostium præda forent; nimio terrore concussi, ante quam Rex eos interciperet, per aliquot dies murum in diversa perforantes, relicta turba puerorum, mulierumque, fugam paraverunt. Post cujus triumphum oppidum *Aquilera* invasit, Castro quoque Sancti Justi (1) triumphato; Sanctæ *Mayræ* (2) Municipium pugnando cepit. Nihilominus Castrum *Guermos* (3) aggrediens ad solum usque destruxit: prostravit etiam turres omnes vigiliarum barbarico more super montem Parrantagon (4) eminentes, atque municipia in valle Horcecorex (5) ob tuitionem arantium boum per agros passim constructa.

92 Ceterum ubi Cantabriensium confinia à formidine barbarorum ex Celtiberia provincia, & Toletano Regno eructantium, secura fecit; comparatis ex omni regno validissimis militum, Baleariorumque copiis, *Cartaginensem* Provinciam Fernandus Rex expugnare intendit. Superatis igitur Onniæ montis rapidissimo cursu alpibus, ut famelicus

(1) [*Nota*. Las variantes de este num. 91. estan tomadas del Chronicon del Arzobispo D. Rodrigo lib. 6. c. 13. fol. LI. = *Castro quoque Sancti Justi*] Roder. *Ripam S. Justi* Es hoy la Ribera de Sancti Juste en el valle de Siguenza.

(2) *Sanctæ Mayræ*] Roder. *Sanctam Emerentianam* Es hoy *Santa Mera* en el valle.

(3) *Castrum Guermos*] Roder. *Gormicis*, Es hoy Guermeces en lo de Siguenza.

(4) *Montem Parrantagon*] Sandoval le llama monte *Tarazon*, y *Taranzon* = la Chronica del Cid, *Carracion*: hoy es *Campo Tarance* cerca de Medina-Celi.

(5) *Valle Horcecorex*] Roder. *in Valle Borgecorrexi*: hoy Bordecorex, entre Berlanga y Medina-celi.

cus Leo cum patentibus campis armentorum turbam oblatam vidit, sic Hispanus Rex prædia Maurorum sitibundus invadit. Siquidem structo milite, secus oppidum *Talamanca* castra movens, plæraque barbarorum loca armentis & pecoribus, aliisque prosperis rebus opulentissima præoccupat, agros vastat, multa Castella, & oppida temere munita, vel sine præsidio, capit incenditque, Mauros interfecit, pueros & mulieres, & omnem eorum substantiam militum prædam esse jubet. Siquidem ad Civitatem *Complutensem* (quæ nunc Alcala vocatur) pertingens; depopulatis ferro & flamma undique ejusdem prædiis circunvenit moenia castris. Complutenses vero Barbari postquam infra muros constricti; omnes res suas de foris afflictas, murumque arietibus ferire vident; necessario ad Almenonem Toletanum Regem legatos mittunt, quatenus tantum hostem, vel bello propulsando, seu muneribus mitigando, de sua regnique incolumitate pertractet: quod nisi celerius faciat, & se & Toletanum regnum perditum iri, in proximo sciat.

93 At barbarus, saniori usus consilio, immensam pecuniam auri, & argenti, pretiosarumque vestium conglomerat, atque accepta formidinis fide, ad Regis præsentiam humiliter properans excellentiam illius obnoxius postulet, ut acceptis muneribus fines suos vastare desistat. Ad hoc, & se & regnum suum suæ potestati commissum dicit. Porro Fernandus Rex barbarum, quamvis ficta locutum intelligebat, & ipse longe animo gereret; tamen pro tempore, accepta pecunia, Carthaginensem Provinciam expugnare desinens multa onustus præda in Campos Gothorum se recepit.

94 Interea Domini Regis colloquium Sancia Regina petens, ei in sepulturam Regum Ecclesiam fieri Legione persuadet. Ubi & eorumdem corpora juxta, magnificeque humari debeant: decreverat namque Fernandus Rex vel Oniæ, quem locum carum semper habebat, sive in Ecclesia Beati Petri de Aslanza corpus suum sepulturæ tradere. Porro Sancia Regina, quoniam in Legionensi Regum coemente-

terio pater suus dignæ memoriæ Aldefonsus Princeps, & ejus frater Veremundus Serenissimus Rex in Christo quiescebant; ut quoque & ipsa, & ejusdem vir cum eis post mortem quiescerent, pro viribus laborabat. Rex igitur petitioni fidissimæ conjugis annuens, deputantur cæmentarii, qui assidue operam dent tam dignissimo labori.

95 Ceterum Fernandus Rex ordinatis per confinia rebus, quum primum oportunitas temporis advenit, congregato rursus exercitu, in *Bæticam*, & *Lusitaniam* provincias hostiliter profectus est. Depopulatisque barbarorum agris, ac plerisque villis incensis, eidem Abenhabet Hispalensis Rex cum magnis muneribus occurrit, eumque per amicitiam perque decus Regni obsecrat, ne ipsum regnum suum persequi velit. Fernandus vero Rex more humanas miseratus angustias, dum precibus grandævi barbari flectitur, omnes idoneos viros ex hibernis accersiri jubet; quorum consilio disponat, quem finem supplicationibus Regis Maurorum ponat. At ubi consilium erat ex consilii decreto, & munera recipit, & corpus Martyris *Beatæ Justæ*, quæ olim Hispali cum corona martyrii perrexit ad Christum, quatenus eam ad Legionensem urbem transferat, reddi sibi imperat. Imperialibus cujus jussis illico barbarus asensum præbens, ei se daturum Beatissimæ Virginis corpus spopondit.

96 Qua sponsione accepta, postquam de expeditione illa ventum fuerat Legione, Rex Fernandus convocat ad se *Alvitum* hujuscemodi Regiæ urbis venerabilem Episcopum, & *Ordonium* Astoricensem reverendum Antistitem, simulque Munionem Comitem, & eos cum manu militum ad deferendum præfatæ Virginis corpus, *Hispalim* mittit. Qui venientes mandata Regis Abenhabet referunt. Quibus ille, novi, inquit, me Domino vestro promisisse, quod quæritis. Sed nec ego, nec aliquis meorum vobis corpus, quod desideratis, ostendere poterit. Vos ipsi quærite, & inventum tollite, abeuntes cum pace. Ceterum delitescendo, an vere barbarus nostræ Legationi ista dixerit, parum comperimus. Sed plerumque humanæ vo-
lun-

luntates, ut sunt vehementes, ita & mobiles. Quod audiens egregius Alvitus Episcopus, socios suos (*alloquitur*) sic dicens: Ut cernimus, fratres, nisi Divina miseratio labori nostri itineris subvenerit, frustrati recedemus. Necessarium itaque videtur, dilectissimi, ut à Deo, cui nihil impossibile est, opem quærentes, triduo jejuniis, & oratio ibus insistamus; quatenus Divina Majestas occultum nobis sancti Corporis thesaurum revelare dignetur.

97 Placuit cunctis exhortatio Præsulis, ut triduum illud precibus peragerent. Jamque die tertia emenso olympo Sol occubuerat; quum, quarta perveniente nocte, venerabilis Præsul Alvitus pervigil orationi insistebat. Interea dum sella residens, fessa membra paulisper sustentaetr, atque secum nescio quid de Psalmis recitans, præ nimio vigiliarum labore somno opprimeretur; apparuit ei quidam vir veneranda canitie comptus, pontificali infula amictus, eumque tali voce alloquens, ait: Scio quidem, te cum sociis tuis ad hoc venisse, ut corpus Beatissimæ Virginis Justæ, hinc transferentes, vobiscum ducatis. Sed quoniam non est Divinæ voluntatis, ut hæc civitas abscessu hujus Virginis desoletur, immensa Dei pietas vos remittere vacuos non patiens, corpus meum donatum est vobis, quod tollentes ad propria remeate. Quem quum reverendus vir interrogaret, quis esset qui talia sibi injungeret, ait: Ego sum Hispaniarum Doctor, hujuscemodi urbis Antistes *Isidorus*. Hæc dicens, ab oculis cernentis evanuit.

98 Evigilans autem Præsul cepit visioni congratulari, ac Deum attentius exorare, deprecans, ut si ex Deo esset hæc visio, iterum, & tertio plenius innotesceret: taliter orans rursus obdormivit. Et ecce idem vir in eodem habitu non dissimilia quàm prius verba perorans, rursum evanuit. Expergefactus iterum Pontifex alacrius trinam visionis admonitionem à Domino implorabat. Qui dum obnoxius Deum exoraret, tertio somno corripitur; tunc vir supradictus, veluti semel, & secundo, ei apparens, quæ antea dixerat, tertio replicavit; atque virga, quam manu te-

ne-

nebat, terræ solum ter percutiens, locum, in quo sanctus thesaurus latitabat ostendit, dicens: Hìc, hìc, hìc, meum invenies corpus: & ne putes te phantasmate deludi, hoc erit tibi signum mei veridici sermonis, quod mox, ut meum corpus super terram eductum fuerit, molestia corporis corripieris, quam finis vitæ subsequens, exutus hoc mortali corpore ad nos cum corona justitiæ pervenies. Qui postquam loquendi finem fecit, visio ablata est.

99 Surgens ergo Præsul à somno, certus de tanta visione; sed lætior de sui vocatione, facto jam mane, socios hortatur dicens: oportet nos, dilectissimi, Omnipotentiam summi Patris Divinam pronis mentibus adorare, qui nos sua gratia præcedente, est dignatus, & mercedem nostri (Itineris) frustrari non est passus. Divino etenim nutu prohibemur, membra Beatæ Deo dicatæ Virginis Justæ hinc abstrahere; sed non minora deferimus dona, dum corpus Beatissimi Isidori, qui hac in urbe sacerdotii potitus est infula, & totam Hispaniam suo opere decoravit & verbo, delaturi sumus. Et hæc dicens ordinem visionis eis seriatim patefecit; quod audientes, immensas Deo gratias referendo, Regem Sarracenorum simul adeunt, eique universa ordine pandunt. Expavit barbarus, & licet infidelis, virtutem tamen. Domini admirans, dixit eis: Et si Isidorum vobis tribuo, cum quo hic remanebo? Ceterum tantæ auctoritatis viros spernere non audens; dat licentiam Confessoris membra inquirere. Stupenda loquor, ab his tamen qui interfuere, prolata. Siquidem sepulchrum Beati corporis dum quæreretur vestigium virgæ, cum qua Sanctus Confessor trina percusione locum monumenti monstraverat, in ipso terræ solo inventum est. Quo detecto, tanta odoris flagrantia emanavit, ut capillos capitis & barbæ omnium qui aderant veluti nebula nectareoque balsami rore perfunderet. Corpus autem Beatum ligneo vasculo, ex junipero facto, erat obtectum, statimque ut reseratum est, venerabilem virum Alvitum Episcopum ægritudo corripuit, ac septimo die, accepta pœnitentia, Angelicis manibus (ut vera fides credidit) spiritum traddidit.   Or-

100 Ordonius autem Astoricensis Episcopus, & omnis exercitus, accepta gleba Beati Isidori, & corpore Legionensis Præsulis, jam ad Regem Fernandum repedare festinabant; quum ecce Rex Sarracenorum supradictus Abenhabet cortinam miro opere contextam super sarcophagum Beati Confessoris jactavit, atque ex imo pectore magna emittens suspiria, dixit: En ab hinc, Isidore vir venerande, recedis; ipse tamen nosti tua qualiter, & mea res est. Hæc ab illis sunt nota, qui præsentialiter se audisse, testati sunt. Legati vero cum tanto dono, cœlitus misso, iter arripientes, ad propria sunt reversi. In reditu quorum gloriosissimus Rex Fernandus magnum exhibuit apparatum; qui licet de obitu Legionensis Episcopi contristaretur, tamen adventu Beatissimi Confessoris Isidoti ambitiosam exhibuit pompam, cujus sanctum corpus in Basilica Beati Joannis Baptistæ, quam idem Serenissimus Rex, ut paulo memini, Legione noviter fabricaverat, reposuit. Alvitus autem venerandus Antistes, in Ecclesia Beatæ Mariæ, cui præfuerat, Deo annuente, habet sepulchrum.

101 Igitur post annos quatuorcentos obitus sui ab Hispalensium civitate translatum est corpus Beatissimi Isidori Confessoris Christi, atque in urbe Legionensi cum digno honore conditum. Aggregatis etenim totius Regni sui nobilibus Episcopis, Abbatibus, præfatam Ecclesiam Rex in honore Confessoris consecrari fecit anno Dominicæ Incarnationis millesimo quinquagesimo (*a*) secundo, undecimo Kalendas Januarii. Ceterum cum tanta devotione in festivitate illa Rex gloriosissimus ob reverentiam Sancti Antistitis humilitati deditus fuisse perhibetur, ut quum ad convivium ventum fuerat, Religiosis quibusque viris delicatos cibos, deposito regali supercilio, vice famulorum, propriis manibus apponeret. Regina quoque Sancia cum filiis & filiabus suis reliquæ multitudini, more servulorum, omne obsequium humiliter exhiberet.

102 In eo autem loco quo beati corporis reliquiæ à fide-

(*a*) *Sexagesimo legendum.*

deli populo venerantur, tanta & talia miracula Dominus noster ad honorem & gloriam nominis sui dignatus est ostendere, quod si aliquis peritus ea membranis traderet, non minima librorum volumina conficeret. Sed mihi qui Regum gesta tantummodo scribere proposui, non est intentio in præsenti, horum evolvere quanta & quam crebra miracula per Confessoris merita in diversorum languentium corporibus, ejusdem suffragia quærentium à Divino Opifice sunt percepta; ipsi gloria in sæcula sæculorum. Amen.

103 Igitur post adventum corporis Isidori, almi Pontificis, quum Fernandus in tuendo, & ampliando, simulque exornando regno, serenissimus Princeps solio suo Legione resideret; habito Magnatorum generali conventu suorum, ut post obitum suum si fieri posset, quietam inter se ducerent vitam, regnum suum filiis suis dividere placuit. *Aldefonsum* itaque, quem præ omnibus liberis carum habebat, campis Gothorum præfecit, atque omne Legionensium regnum suæ ditioni mancipavit. Constituit quoque *Sancium* primogenitum filium suum super Castellam Regem. Necnon & juniorem *Garsiam* Galleciæ prætulit. Tradidit etiam filiabus suis omnia totius regni sui Monasteria, in quibus usque ad exitum hujus vitæ absque maritali copula viverent. Sed & Religionem Christianam, quam ab infantia devote amplexatus est, summa cum devotione custodiens, hanc quam noviter construxerat Ecclesiam & in honore Sancti Antistis Isidori dedicaverat plurimæ pulcritudinis, auro, & argento, lapidibusque pretiosis, ac sericis cortinis decoravit: Ecclesiam mane, vespere, item nocturnis horis, & sacrificii tempore, impigre frequentabat. Interdum cum clericis voces modulando, in Dei laude pollenter exultabat.

104 Colebat præ ceteris sacris & venerabilibus locis Ecclesiam Sancti Salvatoris Ovetensis; quam multo auro, & argento donavit. Nihilominus Ecclesiam Beati Jacobi Apostoli diversis muneribus exornare studuit. Quid plura? Neque Fernandus pius & excellentissimus Princeps toto

vi-

vitæ suæ curriculo quidquam carius (a) duxit, quam ut regni sui principales Ecclesiæ suis donis veteri pollerent auctoritate, atque omnes per illum non solum quietæ, & defensæ, (b) *verum etiam suis laboribus ornatæ*, & ditatæ forent. Amabat pauperes peregrinos, & in eis suscipiendis magnam habebat curam. Ad hoc ubicumque Christianos, Monachos, Clericos, vel mulieres Deo dicatas, in paupertate vivere compererat, eorum penuriæ compatiens, aut per se, ut eos consolaretur, venire, seu pecuniam mittere crebro consueverat. Unde factum est, ut Monachos coenobii Sancti Facundi visere misericorditer veniens, Monastico ordine contentus, hora refectionis cum eis humiliter sumeret cibum. Ceterum quum ex more coram Abbatis mensa, super quam & ipse recumbebat, phialæ ad vinum benedicendum præpararentur; allatum est Domino Regi quoddam vitreum cratera vino plenum, quod jussu Abbatis ut de vino pro benedictione biberet, Rex incaute accipiens, cecidit super mensam, & ut erat fragilis naturæ frustratim confractus erat. Tunc Rex anxietate velut magni reatus percussus, vocat necessario ad se unum de circunstantibus suis pueris, & vas aureum, quo ipse assiduè bibebat, sibi adduci celeriter imperat: quod ubi incunctanter differtur, super mensam erectus, sic fratres alloquitur dicens: En Domini mei, pro confracto hoc Beatis Martyribus restituo vas. Statuit quoque, per unumquemque annum vivens, pro vinculis peccatorum resolvendis Cluniacensis Coenobii Monachis mille aureos ex proprio ærario dari.

105 Quibus rebus ita bene ordinatis cum expedita manu ad Celtiberiæ Provinciæ pagos vastandos, ac Villas Maurorum diripiendas profectus est. Quumque ibi diu moraretur; omnia quæ extra munitiones erant, ferro, & igne depopulatus, *Valentiam* civitatem accessit: quam in bre-

(a) *Berganza*, quidquid carnis : *legendum verò existimo* quidquam carius. (b) *Diversis scripta caracteribus extant in Ms. de quo in prænotatis n.* 13.

brevi expugnasset, ni ægritudine correptus decubuisset. Omnibus tamen Celtiberiæ Provinciæ Civitatibus & Castellis in deditionem acceptis, in ipsa corporis valetudine mense Decembris Legione delatus apud Sancti Isidori Confessoris Christi memoriam oravit: ingressus est enim Civitatem octavo Kalendas Januarii, die Sabato, ex more corpora Sanctorum fixis poplitibus adorans & petens, ut si jam hora terribilis mortis sibi imminere videtur, ipsis cum Angelicis choris intervenientibus anima ejus à potestate tenebrarum libera, ante tribunal Christi sui Redemptoris illæsa præsentetur. Ceterum in ipsa celebri Nativitatis Dominicæ nocte, cum clerici festivo more Natalitium matutinum canerent; affuit inter eos Dominus Rex, atque virtute, qua poterat, lætus concinere cœpit ultimum sonum matutinorum; *Advenit nobis*, quem tunc temporis more Toletano canebant: succentoribus autem respondentibus; *erudimini omnes, qui judicatis terram*. Quod Fernando Serenissimo Regi non incongrue tunc conveniebat. Qui dum vivere sibi licuit, & Regnum catholice gubernavit, & se ipsum presso impudicitiæ fræno funditus eruditum reddidit.

106 Porrò illuscente Nativitatis Filii Dei clara universo orbi die, ubi Dominus Rex se arctubus deficere prospicit, Missam canere petit, ac percepta Corporis, & Sanguinis Christi participatione ad lectum manibus deducitur. In crastinum verò, luce adveniente, sciens quod futurum erat, vocavit ad se Episcopos, & Abbates, & Religiosos viros, & ut exitum suum confirmarent, una cum eis ad Ecclesiam defertur, cultu regio ornatus cum corona capiti imposita; dein fixis genibus coram altario Sancti Joannis, & Sanctorum corporibus Beati Isidori Confessoris Domini, & Sancti Vincentii Martyris Christi, clara voce ad Dominum dixit: Tua est potentia, tuum Regnum, Domine, tu es super omnes Reges, tuo imperio omnia Regna cælestia, & terrestria subduntur. Ideoque Regnum, quod te donante accepi, acceptumque quandiu tuæ liberæ voluntati placuit regi, ecce reddo tibi: tantum

animam meam de voragine istius mundi ereptam, ut in pace suscipias, deprecor. Et hæc dicens ,exuit Regalem clamydem, qua induebatur corpus, & deposuit gemmatam coronam, qua ambiebatur caput, atque cum lacrymis Ecclesiæ solo prostratus pro delictorum venia Dominum attentius exorabat. Tunc ab Episcopis accepta pœnitentia, induitur cilicio pro regali indumento, & aspergitur cinere pro aureo diademate: cui in tali permanenti pœnitentia duobus diebus vivere à Deo datur. Sequenti autem die, quæ est feria tertia, hora diei sexta, in qua Sancti Joannis Evangelistæ festum celebratur, Cælo inter manus Pontificum tradidit spiritum. Sicque in senectute bona plenus dierum perrexit in pace. Æra MCIII. cujus corpus humatum est in Ecclesia Beati Isidori summi Pontificis, quam ipse Legione à fundamento construxerat. Anno Regni sui XXVII. mensibus VI. diebus XII.

ERRATAS.

PAG. 5. col. 2. lin. 23. Britonio, *lee* Britonia. Pag. 13. col. 2. lin. 29. Coices, *lee* Codices. Pag. 20. col. 2. lin. 22. arcoyo, *lee* arroyo. Pag. 115. asisttendole, *lee* asistiendole. Pag. 120. col. 1. lin. 31. Trayo, *lee* Truyo. Pag. 251. lin. ult. Vida, *lee* Vide.

INDICE

DE LAS COSAS MAS NOTABLES de este Tomo XVII.

A Bobriga, Ciudad. Pag. 2.
Acebedo (Fr. Antonio) Escritor. 177.
-- Fr. Luis, Escritor. 177.
Aguiar, territorio. 115.
Albatcos. 26.
Alfonso III. gobernó en Galicia, viviendo su padre, y restauró el Obispado de Orense. 52.
Fr. Alonso Fernandez, Escritor. 175.
Allariz, Villa. 84. 85. 207.
Amphiloquia. 2. 211.
Ancea, Villa. 85.
S. Ansurio, ò Asuri, Obispo de Orense. 64.
Aquæ calidæ. 3.
Aquæ originis, pueblo. 9.
Araugio. 26.
Araujo. 93.
Ardena, Villa. 84.
Arlocinos. 26.
Armena, territorio. 67. y 216.
Arnoya, Rio. 115.
Auca equivocada con Auria. 53.
Auregium, pueblo. 6.
Auria (hoy Orense) su etimología. 4. Vease *Orense.*

B Ande. 9. y 10. Vease *Vande.*
Bio, territorio. 111.
Barbantes. 21.
Barbeyrac, herege. 200.
Señor Barcia, Obispo de Cadiz. 192.
Baro, monte. 20.
Barra. 26.
Barragan, apellido. 139.
Barredo. 26.
Barreto. 24. 51.
Beltranes (D. Beltran) 127.
Bellarifonso, Abad. 51.
Bibalos, pueblo. 14.
Biblanes (Alfonso) 119.
--(Juan) 102.
S. Bimarasio. 70.
Blancos, dineros. 114. 129. col. 1.
Blas Ortiz, Escritor. 166.
Boan. 219.
Bolando, corregido. 126.
Bonata, Iglesia. 66.
Boso, Cardenal. 81.
Borello, Canonigo. 163. y sig.
Bovadela, lugar. 100.

Bo-

Boveda, Monasterio. 90.
Braga agregada à Lugo. 49.
Bubal, y Bubalos. 15. 21. y 94.
Bufon de un Rey Suevo. 34.
Buller, impugnado. 5.
Burgas de Orense. 7.

CAizanes, lugar. pag. 100.
Caldas, lugar. 88.
Caldo, Rio. 93. Vease *Rio Caldo.*
Calvos (S. Salvador.) 26.
Candaes. 26.
Cañedo, su coto. 91.
Carballeria, lugar. 160.
Cardaillac, apellido. 123.
Cardenalías de Orense. 182. y 205.
Casos raros en Orense. 142. y sig.
Castrelo, lugar. 89.
Castro, Iglesia junto à Orense. 45. 63. y 121.
Cebollino, coto. 140.
Celanova. 21. 71. Compitió su Abad con el Obispo de Orense. 85. y 97. Es Arcediano de Orense. 101. Colocacion de sus Santos. 179
Celenis. 3.
Chancilleres de Orense 129.
Chantría de Orense. 102.
Sta. Christina, Monasterio. 20.
Christo de Orense. 120. Su Capilla. 173.

Tom. XVII.

Cisma de Urbano VI. y Clemente VII. 135.
Citofacta, nombre de varias Iglesias. 36.
S. Clodio. 30.
Coaledro. 26.
Coimbra, 311. y sig.
Colegio de mugeres en Orense. 188.
Santa Comba. 25. 96.
Concepcion Immaculada de nuestra Señora. 124. Votada en Orense. 183.
Confesa, dictado. 24.
Congosto. 26.
Consagracion de la Iglesia de Santiago fue en el año de 899. pag. 57. La de la Iglesia de Fuentefria. 96. Del Altar mayor de Orense. *Alli.* y 165.
Santa Constancia. 170.
Cornoces, Villa. 85.
Cudeyro. 94.
Cusanca. 42. 145.

DAtas erradas. Pag. 61. 86. y 90.
Duyo, Villa. 120.

ECclesiola, Lugar. 88.
Eigon, Villa. 98.
Eleccion de un Obispo, que tardó mucho en consagrarse. 105.
Elvira, Infanta, restauró à Orense. 74.

Em-

Emparrado de Orense. 34.
Entredicho en Orense. 92. Otro 168.
S. Esteban de Ribas de Sil. 16. Milagros de sus cuerpos santos. 68. Los nueve Obispos Santos. 70.
Sta. Eufemia. Su Anillo. 170. Su Vida. 214. y 203.

SAN Facundo, y Primitivo. 203. y 218.
S. Famiano. 30. 223.
Finisterræ. 120. Commutada por otra. 134.
Fonsino, Presbytero. 73.
S. Francisco. Su Convento en Orense quemado. 107.
S. Francisco Blanco, Martyr. 228.
Franquila. 17. 19. 23.
Fruela, hermano de S. Rosendo. 21.

GEntil, Apellido ilustre. pag. 160.
Geres, monte, ò la Geyra. 8.
Gil Gonzalez. Sus yerros. 45. 113. 130. 145. y 160.
Gil Soutelo. 141.
Godino, Arzobispo de Braga. 96.
Gomariz. 93. y 98.
Gomesende, heredad. 98.
Graices, Lugar. 86.
Grou. 26.
Guillamil, Iglesia. 89.

Guisamonde, Villa. 84.
Gundulfes. 93.

DE Herias. (S. Salvador) 24.
Fr. Hernando Oxea, Escritor. 181.
Hildemiro Arcipreste. 42.
Homicidios en Orense. 107. de un Obispo. 143.
Hospital de San Roque. 172. El de la Trinidad. 208.
Huerta, Escritor, mal informado. 121.

IDacio, Obispo. Su Patria. 14.
Inscripcion de los Limicos. 12. De Chaves. 15. Del Abad Franquila. 19. De la Iglesia de Castro, 46. La de S. Ansurio. 66. Del Obispo Ederonio. 76. Del Obispo D. Diego. 83. De Junquera de Ambia. 89. Del Cardenal Antonioto. 162. Del Obispo D. Miguel Ares. 179. Del Obispo Bricianos. 180.

SAN Juan. Su Iglesia dentro de la Cathedral de Orense. 101. 158. y 204.
Junquera de Ambia, Colegiata. 89. 100. y 206.
Junquera de Espadañedo. 28.

La-

L Aboceto, Monasterio. 26.
Lagares, Lugar. 100.
Lamego. 311.
Laonia, territorio. 95.
Laragia. 26.
Laxas, territorio. 116.
Laureto. 24.
Leboreiro, ò Leporario. 21.
Lerez. Data errada de la Escritura de Lerez. 61. y sig. Consagraronse alli unos Obispos. 79.
Limicos. Su situacion. 12. Sus hijos ilustres. 13. y sig.
Loredo, y Loreda. 24. 26.
Lorujo. 26.
Louredo. 84.
Loyno, Villa. 84.
Lugo tuvo jurisdiccion sobre Braga, y Orense. 48. y sig. 58. y 75.

SAN Mamed, Iglesia. 95.
Mamila, Abad. 23.
Marco, Presbytero. 44.
Sta. Maria la Madre, Cathedral antigua de Orense. 33. 76. 191. 199. y 201.
Santa Marina de Aguas Santas. 26. 194. Su Vida. 209.
S. Martin Turonense. Sus milagros en Galicia. 32. Su Cathedral en Orense. 33. y 202. Milagro alli. 35. y 233.
Fr. Martin Alfonso de Cordoba. 157.

Martin de la Sierra, no fue Obispo de Orense. 132.
Mediana, Lugar. 117.
Mijos (Santa Maria de) 26.
Monasterios principales. San Esteban de Ribas de Sil. 16. Santa Christina. 20. De Pombeyro. 20. De Celanova. 21. De Monte de Ramo. 26. Junquera de Espadañedo. 28. De Osera. 28. S. Clodio. 30.
Montemisero. 85.
Monte de Ramo. 26.
Morales (Ambrosio.) 17. 22.
Muerte. Congregacion de la Buena Muerte en Orense. 199.
Muñiz, Lugar. 98.

N Anton, Monasterio. Pag. 25.
Naviola. 26.
Niñodaguia, Lugar. 95.
Nogales, Monasterio. 90.
Normanos en Galicia. 74.

Obispos. Violencias hechas à los de Orense. 108. 143. En el Siglo XIV. no firmaban los Obispos Privilegios Reales por orden de antiguedad. 124. El Rey D. Pedro prendió à algunos Obispos de Orense. 125, 129.

Obis-

Indice de las cosas mas notables

Obispos por orden de sucesion.

Pastor. 40.
Siagrio. 40.
Wirimiro. 40.
Lupato. 42.
Theodoro. 43.
David. 43.
Gaudesteo. 44.
Sonna. 44.
Alario, ò Hylario. 45.
Fructuoso. 46.
Maydo. 48.
Adulfo. 50.
Sebastian. 52. Fue Obispo de Arcavica, y de Orense. *Allí.*
Censerico. 55.
Summia. 56.
Egila. 57.
Esteban. 60.
De Martin. 61.
S. Ansurio. 64.
Dego I. 71.
—III. 72.
Fredulfo. 72.
Gonzalo. 72.
Ederonio. 75.
Pedro. 77.
Diego III. 78.
Martin. 83.
Pedro Seguin. 87.
Adan. 91.
Alfonso I. 92.
Fernando Mendez. 97.
Lorenzo. 99.
Juan Diaz. 102.
Pedro Yañez de Noboa. 104.
Rodrigo. 109.
Gonzalo Daza. 110.
Gonzalo de Noboa. 114.
Vasco Perez Mariño. 118.
Alvaro Perez de Viedma. 122.
Juan de Cardallaco. 123.
Fr. Alfonso. 127.
Juan Garcia Manrique. 130.
Garcia. 133.
Pasqual Garcia. 134.
Diego Anaya Maldonado. 137. Su Testamento. 137.
Pedro Diaz. 139.
Francisco Alfonso. 142.
Fr. Alfonso de Cusanca. 145.
Alvaro Perez Barreguin. 147.
Diego Rapado. 147.
Fr. Juan de Torquemeda. 150. y 157. Fue Dean de Orense. 154.
Fr. Pedro de Silva. 154.
Alfonso Lopez de Valladolid. 158.
Diego de Fonseca 159.
Antonioto Palavicino Gentil. 160.
Pedro Isualles de Rijolis. 163.
Orlando de la Rubere. 164.
Fernando de Valdés. 165.
Rodrigo de Mendoza. 166.
Antonio Ramirez de Haro. 167.
Fernando Niño de Guevara. 168.
Francisco Manrique de Lara. 169.

Francisco Blanco. 171.
Fernando Tricio de Atenza-
 na. 172.
Juan de S. Clemente. 174.
Pedro Gonzalez de Acebe-
 do. 175.
Miguel Ares. 177.
Fr. Sebastian de Brizianos.
 180.
Pedro Ruiz de Valdivieso.
 182.
Juan de la Torre y Ayala.
 183.
Fr. Juan Venido. 184.
Diego de Zuñiga y Sotoma-
 yor. 184.
Luis Garcia Rodriguez. 185.
Juan de Velasco y Acebe-
 do. 185.
Antonio Payno. 186.
Fr. Alfonso de S. Vitores.
 186.
Joseph de la Peña. 187.
Francisco Rodriguez Casta-
 ñon. 187.
Fr. Balthasar de los Reyes.
 188.
Diego Ros de Medrano. 188.
Fr. Damian Cornejo. 189.
Juan de Arteaga Dicastillo.
 190.
Marcelino Siuri. 190.
Fr. Juan Muñoz. 191.
Fr. Andrés Cid. 196.
Fr. Pedro Manso, consulta-
 do. 197.
Fr. Juan Zuazo. 197.

Fr. Agustin de Eura. 198.

Obispos por orden alphabetico.

Adan. 91.
Adulfo. 50.
Fr. Agustin de Eura. 198.
Alario, ò Hylario. 45.
Alfonso I. 92.
Fr. Alfonso. 127.
-- De Cusanca. 145.
-- Lopez de Valladolid. 158.
-- de S. Vitores. 186.
Alvaro Perez Barreguin. 147.
-- Perez de Viedma. 122.
Fr. Andrés Cid. 196.
S. Ansurio. 64.
Antonio Payno. 186.
-- Ramirez de Haro. 167.
Antonioto Palavicino, Gen-
 til. 160.
Fr. Balthasar de los Reyes.
 188.
Censerico 55.
Fr. Damian Cornejo. 189.
David. 43.
Diego, ò Jacobo. 66.
Diego I. 71.
-- II. 72.
-- III. 78.
-- Anaya Maldonado. 137.
 Su testamento. 137.
-- De Fonseca. 159.
-- Rapado. 147.
-- Ros de Medrano. 188.
-- De Zuñiga y Sotomayor.
 184.

Ede-

330 *Indice de las cosas mas notables*

Ederonio. 75.
Egila. 57.
Esteban. 60.
Fernando Mendez. 97.
— Niño de Guevara. 168.
— Tricio de Arenzana. 172.
— Valdés. 165.
Francisco Alfonso. 145.
— Blanco. 171.
— Manrique de Lara. 169.
— Rodriguez Castañon. 187.
Fredulfo. 72.
Fructuoso. 46.
García. 133.
Gaudesteo. 44.
Gonzalo. 72.
— Daza. 110.
— De Novoa. 114.
Joseph de la Peña. 187.
Juan de Arteaga Dicastillo. 190.
— De Cardallaco. 123.
— De S. Clemente. 174.
— Diaz. 102.
— García Manrique. 130.
— Muñoz. 191.
— De Torquemada. 150. y 157. Fue Dean de Orense. 154.
— De la Torre y Ayala. 183.
— De Velasco y Acebedo. 185.
— Venido. 184.
— De Zuazo, electo. 197.
Lorenzo. 99.
Luis García Rodriguez. 185.
Lupato. 42.
Marcelino Siuri. 190.
Martin. 83.
Maydo. 48.
Miguel Ares. 177.
Orlando de la Rubere. 614.
Pasqual Garcia. 134.
Pastor. 40.
Pedro. 77.
— Diaz. 139.
— Gonzalez de Acebedo. 175.
— Isualles de Rijolis. 163.
— Manso, consultado. 197.
— Ruiz de Valdivieso. 182.
— Seguin. 87.
— De Silva. 154.
— Yañez de Noboa. 104.
Rodrigo. 109.
— De Mendoza. 166.
Sebastian. 52. Fue Obispo de Arcavica, y de Orense. *Alli.*
— De Bricianos. 180.
Siagrio. 40.
Sonna. 44.
Sumna. 56.
Theodoro. 43.
Vasco Perez Mariño. 118.
Witimiro. 40.

Obobriga. 1.
Ordoño II. no contó los años de reynado hasta el novecientos y catorce. 17.
Orense. Su etimología. 4. Sus Fuentes. 7. Convirtieronse alli los Suevos. 32. Su Ca-
the-

thedral antigua. 33. y sig.
Es de los Obispados antiguos. 38. Lugares de su Diocesi. 41. 56. Obispos fingidos. 46. Fue arruinada por los Moros. 47. Aplicada à Lugo. 48. 52. 75. Monasterios de su Diocesi. 16. y sig. 51. Restauracion de su Sede por D. Alfonso III. 52. Por D. Sancho II. 74. Su titulo de Ciudad, y jurisdiccion propria del Obispo. 82. 89. Jurisdiccion de su Diocesi. 85. Entredicho. 92. Su Puente. 99. Tiene hermandad con la Iglesia de Tuy. 131. y 159. Con la Turonense de Francia. 149. y con otras Iglesias. 206. Estado actual de su Iglesia. 201. y sig. Reliquias de su Diocesi, y Parroquias. 206. Sus Ermitas. 235.
Ortiz (Blas) 166.
Osera. 28.
Oviedo, Metropoli. 58. Mantuvo à Obispos. *Alli.*
Ourantes, Lugar. 107.
Ousende, Lugar. 142.

Paderne, Convento de S. Agustin. 150.
Palaciolo. 26.
Palmes. 25.
Pallito, nombre, y apellido. 73.
Papelle. 20.
Paradela, Lugar 95.
Paramo, monte. 24.
Paratela. 26.
Pazos. 26.
D. Pedro Infante de Portugal, Mayordomo del Rey de Castilla. 100.
Peduca, arroyo. 20.
Penedo, Villa. 98.
Pertiguero Mayor de Santiago. 119.
Piñeyra. 28.
Podentes, Lugar. 116.
Pombeyro. 20.
Porquera, Lugar. 82. 87. 93. 95.
Pozo Meymon. 143.
Presentacion de Cardenalías en Orense. 182.
Puente de Orense. 99.
Puga, Lugar. 116.
Pungin, Lugar. 223.

San Quardo, pag. 30. y 223.
Quarquernos, Pueblo. 10.
Quintian, Villa. 84.
Quizanes, Lugar. 100.

Rabeda, territorio, pag. 115.
Ramiro, Castillo. 99. 123.
Ramposo, y Rapado, apellido. 147. y 153.
Rante, Lugar. 110.
Refojos. 26.
Rio Caldo. 93. y 94.

Ri-

Riva oglo. 24.
Rivoyra sagrata. 26. 82.
Rocas (S. Pedro de) 25. 168.
S. Rosendo. 223.

SAbinao. 20.
Salaniana, Pueblo. 9.
Sanabalo. 20.
Seyro, ò Serio, monte. 65.
Sena de Portugal. 310.
Senior, Abad. 51.
Servando, Escritor fingido. 46. y sig.
Servoi, Lugar. 82.
Siaval, Lugar. 88. 100.
Synodos Diocesanos. 128. 134. 156. 159. 161. 163. 168. 169. 170. 174. 185. y 200.
Sorbeyra (Juan) 109.
-- Villa. 93.
Sorga, Rio. 25.
Suevos. No introdugeron el nombre de Orense. 4. Convirtieronse à la Fé en Orense. 32.

TAmeyron, Villa, pag. 228.
Tellado, Lugar 142.
Temames. 20.
S. Thomas de Aquino hizo un milagro con el Arzobispo de Braga. 126. Su Reliquia en Anillo del Señor Barcia. 193.
Tomar, rio. 25.
Tornesas, libras, en Castilla. 106.
Toubes, Lugar. 88.
Touza, Lugar. 116.
Tructin, Lugar. 116.
Tructino. 26.
Truyo, Villa. 120.

VAnde. 25.
Varonceli, Valle. 16. 204.
Vasco, lo mismo que Velasco. 118.
Vasco Diaz de Frexenal, Escritor, Racionero de Orense. 171.
Verin. 25.
Vilella. 26.
Viliulfo. 70. y 73.
Villar. 21. y 26.
Villarrubin. 88.
Vimara, y Vimarano. 70. y 71.
Viniero. 20.
S. Vintila. 121. 234.
Viseo, Ciudad. 310.
Untes. 25.
Ur, y *Urium*. 1.
Ursaria. Vid. *Osera*.

YAntares de Personas Reales. 112. y 116.

www.ingramcontent.com/pod-product-compliance
Lightning Source LLC
Chambersburg PA
CBHW060501170426
43199CB00011B/1292